Hacer teología
y
ética teológica
frente a
la crisis de los abusos

Editado *por*

Daniel J. Fleming,
James F. Keenan, SJ,
y
Hans Zollner, SJ

Traducción de Lourdes Calduch Benages

☛PICKWICK *Publications* · Eugene, Oregon

HACER TEOLOGÍA Y ÉTICA TEOLÓGICA FRENTE A LA CRISIS DE LOS ABUSOS
Teología, Ética y Justicia Social

Copyright © 2024 Daniel J. Fleming, James F. Keenan, SJ, y Hans Zollner, SJ.
Todos los derechos reservados.

Salvo breves citas en publicaciones científicas o recensiones, ninguna parte de este libro puede ser reproducida de ninguna manera sin permiso previo del editor por escrito. Diríjase a Permissions, Wipf and Stock Publishers, 199 W. 8th Ave., Suite 3, Eugene, OR 97401.

Pickwick Publications
Impreso por Wipf and Stock Publishers
199 W. 8th Ave., Suite 3
Eugene, OR 97401

www.wipfandstock.com

TAPA BLANDA ISBN: 978-1-5326-6837-1
TAPA DURA ISBN: 978-1-5326-6838-8
EBOOK ISBN: 978-1-5326-6839-5

DEDICATORIA

Dedicamos este libro a todas aquellas personas cuyo bienestar se ha visto perjudicado por cualquier tipo de abuso en la Iglesia. Esperamos que contribuya a construir un futuro en el cual pueda garantizarse la dignidad de todos aquellos que han sido confiados al ministerio o al cuidado de la Iglesia.

Serie de libros Ética Teológica Global

Editores de la serie
Jason King, Universidad de Santa Maria—San Antonio, TX
M. Therese Lysaught, Universidad Loyola de Chicago

La serie de libros *Ética Teológica Global* publica obras escritas por autores y autoras provenientes de todo el mundo, que se inspiran en las tradiciones de la ética teológica católica y abordan cuestiones concretas a las que se enfrenta el mundo actual. Además, esta serie promueve la misión del *Journal of Moral Theology* que consiste en fomentar la investigación profundamente enraizada en las tradiciones científicas sobre la vida moral, en contacto con los problemas contemporáneos, y que explora la interrelación entre la filosofía de la teología moral católica, la economía, la filosofía política, la psicología y otras disciplinas.

Esta serie está patrocinada en cooperación con la Ética Teológica Católica en la Iglesia Mundial (CTEWC, siglas en inglés). La CTEWC reconoce la necesidad de dialogar desde y más allá de las culturas locales y de interactuar dentro de una Iglesia mundial. Su red global de académicos, profesionales y activistas impulsa conversaciones interculturales e interdisciplinares —a través de conferencias, simposios y coloquios, tanto presenciales como virtuales— sobre cuestiones críticas de ética teológica, basadas en una visión compartida y llena de esperanza.

Las versiones digitales de los volúmenes de la serie *Ética Teológica Global* pueden descargarse gratuitamente como capítulos en jmt.scholasticahq.com/. Los ejemplares impresos pueden adquirirse en Wipf & Stock. Esta doble posibilidad de acceso refleja el compromiso del *Journal of Moral Theology* con el bien común, ya que intenta que los conocimientos de los especialistas en ética teológica católica estén siempre disponibles, sobre todo en otros países. Además, se puede encontrar la serie en el sitio web de la CTEWC: catholicethics.com/book-series/catholic-%20theological-ethics-series/.

Títulos de la serie

Ethical Challenges in Global Public Health: Climate Change, Pollution, and the Health of the Poor, editado por Philip J. Landrigan y Andrea Vicini, SJ (2021)

The Rising Global Cancer Pandemic: Health, Ethics, and Social Justice, editado por Andrea Vicini, SJ, Philip J. Landrigan y Kurt Straif (2022)

Doing Theology and Theological Ethics in the Face of the Abuse Crisis, editado por Daniel J. Fleming, James F. Keenan, SJ, y Hans Zollner, SJ (2023)

A Prophet to the Peoples: Paul Farmer's Witness and Theological Ethics, editado por Jennie Weiss Block, M. Therese Lysaught y Alexandre A. Martins (2023)

Hacer teología y ética teológica frente a la crisis de los abusos, editado por Daniel J. Fleming, James F. Keenan, SJ, y Hans Zollner, SJ (2024).

Índice

Agradecimientos ix

Introducción
Daniel J. Fleming, James F. Keenan, SJ, y Hans Zollner, SJ 1

1. Abuso sexual en la Iglesia y violación de la «agencia vulnerable»
Michelle Becka 12

2. Vulnerabilidad, abuso eclesial y «adultos vulnerables»
Carolina Montero Orphanopoulos 31

3. La teología del fracaso según John Navone, SJ, y su importancia para la espiritualidad del papa Francisco a la luz de la misión pastoral de la Iglesia en favor de las víctimas/supervivientes de abusos
Dawn Eden Goldstein 43

4. Escándalos sexuales en la Iglesia católica: la urgencia de construir una nueva cultura formativa
Ronaldo Zacharias 62

5. El pensamiento de diseño en las estructuras organizativas de la Iglesia católica: respuesta al problema retorcido de la crisis de los abusos sexuales
Stephanie Ann Puen 76

6. La protección de la infancia en la Iglesia como familia de Dios
Idara Otu 93

7. ¿Poder frente a ministerio? Desafíos recientes para la formación sacerdotal en respuesta a la doble crisis de la Iglesia católica
Štefan Novotný 114

8. El abuso sexual clerical como daño moral: hacer frente a una Iglesia herida e hiriente
Marcus Mescher 130

9. ¿Obedecer el plan de Dios? El abuso espiritual de las religiosas
Rocío Figueroa y David Tombs 150

10. Sexualmente violados: una respuesta teológica moral a los derechos del niño
Anthonia Bolanle Ojo 168

11. «Caminar juntos»: ¿una Iglesia sinodal mejora el respeto por la persona humana?
Daniel Bogner 188

12. ¿(De)formaciones teológicas? La crisis de los abusos sexuales en el contexto de la eclesiología nupcial y la teología del sacerdocio
Tina Beattie 208

13. Entre poner en descrédito e informar de forma fidedigna: sobre el papel de los medios de comunicación en respuesta a la crisis de los abusos sexuales en la Iglesia católica polaca
Konrad Glombik 228

14. Una comisión de la verdad y la reconciliación frente al abuso clerical
Kate Jackson-Meyer 246

15. Abuso, encubrimiento y necesidad de una reforma de la Iglesia y la teología
Werner G. Jeanrond 265

16. La necesidad del enfoque historiográfico para comprender y abordar la crisis de los abusos sexuales en la Iglesia católica
Massimo Faggioli 284

17. La eclesiología y el reto del fracaso eclesiológico
Richard Lennan 301

18. Interconexión: el hilo que permite una respuesta teológica y sinodal al abuso
Gill Goulding 317

19. ¿Puede ayudar el purgatorio? Reflexiones desde la teología dramática en el contexto de la crisis de los abusos
Nikolaus Wandinger 334

20. Misión, reforma y sufrimiento: el desafío de la crisis causada por los abusos sexuales en la Iglesia
Neil Ormerod 352

21. Abuso sexual en un contexto eclesial y perspectiva de género: desafíos para una gestión ética del poder
Claudia Leal 369

22. Abuso sexual clerical, teología basada en el trauma y promoción de la resiliencia
Nuala Kenny 384

Agradecimientos

Queremos dar las gracias a todas las personas que han colaborado en este volumen. Esta publicación internacional ha requerido una gran dosis de confianza y respeto compartidos a la hora de responder crítica y teológicamente a la crisis de los abusos sexuales en la Iglesia. En nuestra opinión, la calidad de los artículos transmite la magnitud y profundidad de esa confianza recíproca y espíritu de colaboración.

Damos las gracias a los participantes en la mesa virtual, la cual fue clave en la elaboración de este libro. Las reuniones fueron tan estimulantes que hemos decidido continuar con la iniciativa. Para más información, véase catholicethics.com/virtual-tables/.

Este volumen se ha beneficiado en gran medida del apoyo de varios estudiantes del Boston College. Jessica Saeli ayudó a nuestros autores cuya lengua materna no es el inglés, corrigiendo el estilo, la sintaxis y la expresión de sus escritos. Samuel Peterson y Steven Roche se encargaron de que los elementos técnicos de los artículos—especialmente las notas a pie de página— fueran conforme a la guía de estilo del *Journal of Moral Theology*. También expresamos nuestra gratitud a Alexander Rivera por su ayuda en la traducción del castellano al inglés de la contribución de Claudia Leal (en el capítulo veintiuno).

Además, agradecemos a los editores del *Journal of Moral Theology* su magnífica orientación y apoyo constante.

Por último, queremos expresar nuestro agradecimiento a Lourdes Calduch Benages por la traducción del volumen y a Carolina García Rizo y Luis Alfonso Zamorano Lopez por la revisión del texto en castellano.

Daniel J. Fleming, James F. Keenan, SJ, y Hans Zollner, SJ

Introducción

Daniel J. Fleming, James F. Keenan, SJ, y Hans Zollner, SJ

En la primavera de 2019, James Keenan era profesor invitado en su alma mater, la Universidad Gregoriana de Roma. Después de varias reuniones con su amigo y compañero jesuita Hans Zollner y sus colaboradores en el entonces Centro para la Protección de los Menores, ambos decidieron que dicho Centro y la red internacional Ética Teológica Católica en la Iglesia Mundial (CTEWC, siglas en inglés) organizarían en la Universidad Gregoriana un «laboratorio teológico», llamado «Hacer teología frente al abuso sexual».

Lo denominamos laboratorio porque preveíamos un proyecto de estrecha colaboración entre ochenta teólogos y teólogas especialistas en diversas disciplinas, provenientes de distintos lugares y con diversas perspectivas. Se definieron cinco grupos de investigación y el 15 de julio de 2019 enviamos cartas invitando a una reunión que debía tener lugar del 11 al 14 de marzo de 2020.

Para preparar la reunión, el australiano Daniel Fleming propuso copresidir con Keenan una de las recién inauguradas «mesas virtuales» de la CTEWC, dedicada al tema de la teología y el abuso sexual. Después de la conferencia internacional en Sarajevo en 2018, la CTEWC comenzó a organizar dichas «mesas»: eran reuniones mensuales de teólogos y teólogas de todo el mundo que abordaban colectivamente un desafío ético determinado durante noventa minutos. Fleming hizo su propuesta en noviembre, y en diciembre de 2019 se celebró la primera mesa virtual, compuesta por ocho miembros que asistirían al Laboratorio en Roma. Invitamos a tres de estos miembros a lanzar breves «provocaciones», a fin de poner en marcha el debate antes de nuestra reunión presencial.

Entonces llegó el COVID. El 5 de marzo de 2020 el gobierno italiano cerró todas las universidades y aplazamos nuestra reunión hasta enero del año siguiente. Sin embargo, el 15 de octubre de 2020 reconocimos que el COVID nos afectaría más de lo previsto. Volvimos a posponer la reunión hasta finales de 2021 y decidimos invitar a otros teólogos y teólogas a unirse al grupo de la mesa virtual.

La mesa virtual continuó ampliándose hasta contar con dieciséis miembros y, con Fleming y Keenan como copresidentes, siguió reuniéndose hasta la actualidad. A finales de abril de 2021, nos dimos cuenta de que planificar una reunión presencial estaba retrasando nuestro proyecto y que, de hecho, en diversos foros, sobre todo en la mesa virtual, los especialistas ya se estaban conectando y llevando a cabo lo que el laboratorio esperaba conseguir: hacer teología ante los abusos sexuales. Realizamos una convocatoria de artículos entre los miembros iniciales de los grupos de investigación, los miembros de la mesa virtual y otras partes interesadas. Ahora Vds. tienen en sus manos el fruto de este proyecto.

Hay una cierta urgencia respecto a este volumen, que no suele reflejarse en las obras de teología o ética teológica. La magnitud del atropello a la dignidad humana a través de los abusos sexuales que se han producido en el seno de la Iglesia plantea preguntas a los estudiosos que trabajan en estas disciplinas: ¿hasta qué punto hemos permanecido ciegos ante estos problemas? ¿Por qué nuestros esfuerzos en teología y ética teológica han sido tan lentos a la hora de encarar esta crisis? ¿Qué implicación tienen la teología y la ética teológica en la crisis? ¿Y cómo podrían responder de forma constructiva estas disciplinas? En este volumen, un amplio abanico de especialistas de todo el mundo se enfrenta a estas y otras cuestiones.

En el capítulo uno, Michelle Becka escribe desde Alemania «Abuso sexual en la Iglesia y violación de la "agencia vulnerable"». Becka traslada el discurso en torno a la vulnerabilidad en la ética teológica al contexto de la crisis de los abusos, defendiendo que el principal problema moral de la violencia sexual es que viola esta agencia vulnerable. A continuación, Becka explora las implicaciones de este planteamiento en las culturas de la seguridad, que, según ella, deberían abordar concepciones más matizadas del poder con el fin de proteger la agencia vulnerable.

En el capítulo dos, Carolina Montero Orphanopoulos, de Chile, también se centra en la vulnerabilidad en su artículo «Vulnerabilidad, abuso eclesial y "adultos vulnerables"». Montero Orphanopoulos introduce una definición transdisciplinaria de vulnerabilidad y, a partir de ella, lanza su mirada crítica sobre la categoría de «adultos vulnerables», que a menudo se utiliza dentro de la Iglesia y en las ciencias de la salud y el derecho para describir a potenciales sujetos de abuso. Aunque admite la importancia de reconocer a los adultos víctimas de abusos, Montero Orphanopoulos demuestra cuán problemático es utilizar la categoría de vulnerabilidad en este contexto, ya sea porque proporciona incorrectamente una justificación para el abuso en el caso de una persona en particular, ya sea porque la vulnerabilidad es una característica compartida por todos.

En el capítulo tres, Dawn Eden Goldstein, de Estados Unidos, escribe sobre «La teología del fracaso según John Navone, SJ, y su importancia para la espiritualidad del papa Francisco a la luz de la misión pastoral de la Iglesia en favor de las víctimas/supervivientes de abusos». Centrándose en la espiritualidad del sufrimiento según el papa Francisco, Goldstein encuentra una fuente de inspiración clave de este cuerpo de pensamiento en la teología del sufrimiento de John Navone, SJ, en particular la que se expresa en su obra de 1984 *Triumph through Failure: A Theology of the Cross*. El artículo trata estos temas y ofrece reflexiones sobre cómo los entes responsables de la pastoral en la Iglesia pueden informar y guiar a quienes viven con las heridas espirituales causadas por el abuso sexual.

En el capítulo cuatro, Ronaldo Zacharias, de Brasil, presenta su estudio «Escándalos sexuales en la Iglesia católica: la urgencia de construir una nueva cultura formativa». Tras destacar la importancia de la reforma en el contexto de la formación del clero, los religiosos, los seminaristas y las autoridades eclesiásticas, Zacharias llama la atención sobre los elementos que faltan en los actuales procesos de formación y aboga por su inclusión. En concreto, propone un enfoque más amplio de la formación que incluya la salud sexual y la integración de la sexualidad en el proyecto de vida. En su opinión, esto es esencial para desarrollar una cultura que evite los abusos en la Iglesia.

En el capítulo cinco, Stephanie Ann Puen, de Filipinas, reflexiona sobre

Introducción

«El pensamiento de diseño en las estructuras organizativas de la Iglesia católica: respuesta al problema retorcido de la crisis de los abusos sexuales». Basándose en estudios sobre organización y liderazgo, Puen introduce la metodología del pensamiento de diseño y el concepto de «problemas retorcidos» —ambos ayudan a las grandes organizaciones a abordar problemas complejos y a gestionar cambios—, y los aplica a la crisis de los abusos sexuales en la Iglesia. Puen sostiene que considerar la crisis de los abusos como un «problema retorcido» favorece un análisis adecuado de sus causas profundas y del carácter intrínsecamente desafiante de la respuesta. Se abre así la posibilidad de utilizar el pensamiento de diseño para generar respuestas que realmente fomenten la transparencia y la responsabilidad en las estructuras de la Iglesia, sin las consabidas carencias de las respuestas fallidas que tantas veces hemos visto.

En el capítulo seis, Idara Otu escribe desde Nigeria su artículo «La protección de la infancia en la Iglesia como familia de Dios». Partiendo de la eclesiología de la familia de Dios —elemento fundamental de la identidad y la misión de algunas Iglesias de África— Otu propone una teología de la responsabilidad para el catolicismo africano, en la que insta a las Iglesias de África a reconocer los lamentos desatendidos de quienes han sufrido abusos en el seno de la Iglesia y a actuar como guardianas y protectoras de los menores. Esto proporciona una plataforma desde la que Otu efectúa un análisis crítico de las estrategias adoptadas por determinadas Iglesias africanas, incluyendo sus principales obstáculos, y ofrece una visión del papel crucial de la Iglesia africana en la protección de la infancia.

En el capítulo siete, Štefan Novotný, de Eslovaquia, presenta su contribución «¿Poder frente a ministerio? Desafíos recientes para la formación sacerdotal en respuesta a la doble crisis de la Iglesia católica». Novotný plantea una reflexión teológica que busca un paradigma para pasar del poder al ministerio en la Iglesia. Basándose en la escena joánica de la crucifixión y sepultura de Jesús (Jn. 19), Novotný sostiene que José de Arimatea y Nicodemo son ejemplos interesantes de cómo se pasa del poder al ministerio; dichos ejemplos pueden ser útiles para la educación y formación de los futuros sacerdotes. Al sugerir que tal paradigma incluya

Introducción

aptitudes como la presencia, la escucha, la generosidad, el servicio y la cooperación, Novotný hace referencia a varias comisiones nacionales de investigación sobre la crisis de los abusos que ponen de relieve un cambio de paradigma similar para la futura formación de los sacerdotes. A continuación, ilustra cómo podría aplicarse este paradigma mediante la evaluación de la idoneidad de los candidatos a la formación.

En el capítulo ocho, Marcus Mescher, de Estados Unidos, escribe sobre «El abuso sexual clerical como daño moral: hacer frente a una Iglesia herida e hiriente». Mescher introduce el concepto de daño moral —ampliamente utilizado en la literatura sobre la salud y la autodefensa— para ayudar a comprender los efectos del daño profundo y sistémico causado por el abuso sexual cometido por el clero y su encubrimiento. Mescher destaca las características del daño moral que son propias de esta herida en el contexto de la autoimagen, la percepción y el razonamiento moral, la capacidad de actuar libremente, las relaciones y la credibilidad institucional, antes de analizar el fenómeno en el marco de la comunidad eclesial. A partir de esto último, Mescher introduce el fenómeno de la conciencia —conocer juntos— que, según él, debería proceder de un modo que priorice las experiencias de los supervivientes de abusos sexuales clericales. Tal planteamiento proporciona una base sobre la cual Mescher es capaz de introducir varias estrategias para curar las heridas espirituales y morales que perduran en la Iglesia de hoy.

En el capítulo nueve, Rocío Figueroa y David Tombs, de Nueva Zelanda, reflexionan sobre «¿Obedecer el plan de Dios? El abuso espiritual de las religiosas». Su capítulo sintetiza los resultados de la investigación sobre el maltrato sistémico sufrido por seis exreligiosas que pertenecían a la comunidad Siervas del Plan de Dios en Perú, Chile, Colombia y Ecuador. Figueroa y Tombs sostienen que la categoría de «abuso espiritual» describe adecuadamente la experiencia de estas religiosas. Aunque el abuso sexual no formó parte de su experiencia, Figueroa y Tombs sugieren que las ideas recogidas a través de este estudio relativas al fenómeno del abuso espiritual son relevantes ya que, cuando el abuso sexual tiene lugar dentro de una institución religiosa, es muy común que el abuso espiritual sea un factor facilitador. Su contribución recomienda, por lo tanto, ahondar en la comprensión del abuso espiritual a la hora de analizar la crisis de los abusos sexuales en la Iglesia.

En el capítulo diez, Anthonia Bolanle Ojo, de Nigeria, expone su artículo titulado «Sexualmente violados: una respuesta teológica moral a los derechos del niño». Bolanle comienza abordando el abuso sexual como violación de los derechos del niño, con consecuencias tanto para los propios niños como para la comunidad en su conjunto. Plantea el principio teológico de la dignidad de la persona humana como una limitación del dominio que una persona puede tener sobre otra y, basándose en varios casos estudiados en el contexto nigeriano, defiende que este principio puede afianzar el lugar crucial de la Iglesia a la hora de hablar con fuerza y convicción sobre los derechos del niño y sobre la necesidad de políticas de protección infantil.

En el capítulo once, Daniel Bogner, de Suiza, reflexiona sobre «"Caminar juntos": ¿una Iglesia sinodal mejora el respeto por la persona humana?». Ante la popularidad actual de la sinodalidad como respuesta a la crisis de los abusos, Bogner se pregunta si el concepto es suficiente. Señalando que la «sinodalidad» es un instrumento de la mentalidad sociofilosófica de la Antigüedad y que a menudo se entiende como una forma imprecisa que incluye diferentes voces, Bogner sostiene que la sinodalidad de hoy debe incorporar elementos de la tradición constitucional de la democracia y el estado de derecho si quiere desempeñar un papel constructivo en la respuesta a la crisis de los abusos, así como impedir nuevos abusos y su encubrimiento.

En el capítulo doce, Tina Beattie, del Reino Unido, ofrece su contribución «¿(De)formaciones teológicas? La crisis de los abusos sexuales en el contexto de la eclesiología nupcial y la teología del sacerdocio». El artículo de Beattie comienza con una investigación sobre el fenómeno del clericalismo entre los sacerdotes más jóvenes y, partiendo de esta base, pasa a considerar las formas en que la teología nupcial de Hans Urs von Balthasar y la Teología del Cuerpo del papa Juan Pablo II se entrelazan con este fenómeno a través de un énfasis exagerado en la diferencia sexual anatómica. Beattie hace hincapié en las analogías sexuales sumamente problemáticas utilizadas tanto por Balthasar como por algunos defensores de la Teología del Cuerpo, vinculándolas a la dinámica disfuncional del poder clerical masculino que se ha puesto de manifiesto a través de la crisis de los abusos. La autora aboga por una transformación urgente de la simbología de género en la teología católica, con el fin de sentar las bases de una eclesiología verdaderamente vivificante y positiva.

En el capítulo trece, el polaco Konrad Glombik contribuye al volumen con un artículo titulado «Entre poner en descrédito e informar de forma fidedigna: sobre el papel de los medios de comunicación en respuesta a la crisis de los abusos sexuales en la Iglesia católica polaca». Glombik se centra en el delicado papel de los medios de comunicación en el contexto de la crisis de los abusos en la Iglesia polaca: por un lado, los medios desempeñaron un rol primordial detectando los abusos y sacándolos a la luz; por otro, emitieron juicios acríticos y perjudicaron la investigación justa de los abusos. A partir de ahí, Glombik invita a considerar los retos de la reflexión teológica y propone una forma de entender la responsabilidad y el papel de los medios de comunicación en este ámbito tan difícil.

En el capítulo catorce, Kate Jackson-Meyer, de Estados Unidos, escribe sobre «Una comisión de la verdad y la reconciliación frente al abuso clerical». Basándose en el funcionamiento de las comisiones de la verdad y la reconciliación en el ámbito político, Jackson-Meyer sostiene que, en el contexto de la crisis de los abusos, un instrumento como este podría ser apropiado y promovido a través de compromisos teológicos con la verdad, la justicia y el perdón. Una comisión de este tipo ofrecería una vía de sanación ya que daría prioridad a las necesidades e historias de los supervivientes y crearía una cultura de asunción de responsabilidades a través de un proceso íntegro. Jackson-Meyer analiza cómo funcionaría una comisión de esta índole en la Iglesia (en contraposición a los contextos políticos específicos en los que a menudo han operado otras comisiones) y ofrece varias sugerencias prácticas para su creación.

En el capítulo quince, el alemán Werner G. Jeanrond presenta su artículo «Abuso, encubrimiento y necesidad de una reforma de la Iglesia y la teología». Jeanrond aboga por una reflexión renovada sobre la praxis cristiana del amor, que sitúe en el centro de la preocupación teológica a las víctimas y supervivientes de abusos en el seno de la Iglesia. Jeanrond analiza cómo este planteamiento se contradice con varios elementos de la teología y la práctica de la Iglesia. Al situar la praxis cristiana del amor en el centro, Jeanrond también considera sus implicaciones en la división entre laicos y clérigos.

En el capítulo dieciséis, Massimo Faggioli escribe desde Estados Unidos sobre «La necesidad del enfoque historiográfico para comprender y abordar la crisis de los abusos sexuales en la Iglesia católica». Faggioli analiza dos puntos de vista dominantes que han caracterizado y perfilado nuestra forma de comprender la crisis de los abusos en la Iglesia. El primero es el planteamiento dominante del periodismo de investigación y el segundo, el de los tribunales. A diferencia de estos, él postula la importancia de un enfoque historiográfico que pretende entender la crisis de los abusos como un fenómeno histórico complejo. Sostiene que dicho enfoque puede facilitar una comprensión más profunda de las raíces de los abusos, su encubrimiento y la incapacidad de responder adecuadamente a ellos.

En el capítulo diecisiete, Richard Lennan, de Estados Unidos, contribuye con el artículo «La eclesiología y el reto del fracaso eclesiológico». Lennan pone el acento en la necesidad de una comprensión sacramental de la Iglesia para permitir la reflexión autocrítica, apoyar la reforma y alimentar la esperanza en la capacidad de la Iglesia para dar testimonio de la misericordia de Dios, incluso tras la crisis. Según Lennan, esta es la forma en que la eclesiología puede responder constructivamente a la crisis de los abusos, a la contradicción inherente entre el escándalo de los abusos y su encubrimiento, y a la «opción misionera» que promueve el papa Francisco. Lennan considera que formar una comunidad cristiana para el discipulado en el mundo es una tarea fundamental para la credibilidad de la eclesiología en la actualidad.

En el capítulo dieciocho, Gill Goulding, de Canadá, escribe sobre la «Interconexión: el hilo que permite una respuesta teológica y sinodal al abuso». La contribución de Goulding toma como punto de partida la mitología griega y el hilo que Ariadna da a Teseo para que pueda encontrar la salida del laberinto. La autora sostiene que el concepto de interconexión es un hilo de esta índole en el contexto de la crisis de los abusos: permite encontrar cierta congruencia entre una serie de cuestiones y abre la posibilidad de una respuesta teológica. El artículo de Goulding fundamenta dicha respuesta en el claro mandato de Cristo de prestar atención al niño y a su propia identidad como niño en relación con el Padre, suscitando reflexiones sobre la autoridad en cuanto servicio y la importancia del niño en cuanto sujeto y maestro.

En el capítulo diecinueve, el austríaco Nikolaus Wandinger presenta su artículo «¿Puede ayudar el purgatorio? Reflexiones desde la teología dramática en el contexto de la crisis de los abusos». Wandinger comienza con observaciones sobre las limitaciones de los sistemas existentes de justicia legal y de las teologías pastorales contemporáneas que enfatizan la misericordia y el perdón de Dios ante la experiencia de los supervivientes. Observando que en estos contextos los supervivientes nunca pueden tener la seguridad de que se haga justicia en respuesta a los abusos cometidos contra ellos, Wandinger recurre a la teología dramática para proponer una interpretación del juicio final que se inspira en la idea del purgatorio. Sostiene que, si el juicio final se entiende de una manera particular, se puede albergar la esperanza de que se haga justicia sin sacrificar al mismo tiempo la esperanza en la misericordia y el perdón de Dios, junto a la posibilidad de una salvación universal.

En el capítulo veinte, Neil Ormerod escribe desde Australia sobre «Misión, reforma y sufrimiento: el desafío de la crisis causada por los abusos sexuales en la Iglesia». Su artículo explora la naturaleza de la misión de la Iglesia y su relación con la misión de Jesús, defendiendo que tal análisis puede descubrir formas de perversión de esa misión, como se ha visto en la crisis de los abusos. Ormerod propone tres dimensiones de una posible reforma de la Iglesia. Sobre esta base, el autor considera el lugar que ocupa el sufrimiento en el camino hacia la reforma actual.

En el capítulo veintiuno, Claudia Leal, de Chile, ofrece su contribución

Introducción

«Abuso sexual en un contexto eclesial y perspectiva de género: desafíos para una gestión ética del poder». Leal se interesa específicamente por la situación de las mujeres dentro de la Iglesia, profundizando en el análisis de los abusos desde una perspectiva de género. Desde la perspectiva de la teología moral, propone varias categorías para entender el abuso de poder dentro de la Iglesia: vulnerabilidad posicional, vulnerabilidad personal, consentimiento y ética profesional. Leal muestra las implicaciones de estas categorías mediante casos concretos del contexto latinoamericano, destacando su importancia para comprender y responder a la crisis de los abusos.

Y, por último, en el capítulo veintidós, Nuala Kenny, de Canadá, escribe sobre «Abuso sexual clerical, teología basada en el trauma y promoción de la resiliencia». Partiendo de la consideración del daño abrumador—incluido el trauma espiritual—causado por el abuso de menores por parte del clero, Kenny examina los factores sistémicos que generan una condición de posibilidad para dicho daño. Volviendo su atención al trabajo actual sobre la vulnerabilidad como condición de la vida moral, Kenny sostiene que las respuestas al abuso dentro de la Iglesia deben estar fundamentadas en el trauma y buscar la promoción de la integridad moral de los niños y su resiliencia. Sugiere un camino a seguir a través de una teología de la infancia, centrada en el discipulado.

Felicitamos a los autores y autoras por aportar sus conocimientos en este tema tan difícil. Hacer teología y ética teológica frente al abuso sexual es un trabajo doloroso, pero crucial. Presentamos este volumen con la esperanza de que ofrezca una respuesta constructiva y crítica a la ofensa contra la dignidad humana que supone el abuso sexual en la Iglesia. Es nuestro deseo que la labor realizada ayude a garantizar la dignidad humana en el futuro.

Daniel J. Fleming es director de Ética en St. Vincent's Health Australia y profesor adjunto de Ética en la Facultad de Medicina de la Universidad de Notre Dame Australia. Fleming es doctor en Filosofía Moral y Teología y autor de más de cincuenta publicaciones académicas y mediáticas sobre ética teológica, ética de la atención sanitaria y educación moral. Es miembro activo de la red Ética Teológica Católica en la Iglesia Mundial (CTEWC) y copreside la mesa virtual de la CTEWC sobre el tema de los abusos en la Iglesia junto con James F. Keenan, SJ.

James F. Keenan, SJ, es titular de la cátedra Canisius, director del Instituto Jesuita y vicerrector de cooperación global en el Boston College. Además de ser un distinguido académico, con más de veinticinco libros y trescientos artículos publicados, es fundador de la red CTEWC. Su libro más reciente es *A History of Catholic Theological Ethics* (Paulist, 2022). Licenciado y doctorado por la Pontificia Universidad Gregoriana de Roma, Keenan es sacerdote jesuita desde 1982.

Hans Zollner, SJ, es director y profesor del Instituto de Antropología y estudios interdisciplinares sobre la dignidad humana y el cuidado de las personas vulnerables (IADC), en la Pontificia Universidad Gregoriana de Roma. Fue miembro de la Comisión Pontificia para la Protección de los Menores desde su creación en 2014 hasta 2013.

Capítulo 1: Abuso sexual en la Iglesia y violación de la «agencia vulnerable»

Michelle Becka

Las causas de los abusos sexuales en la Iglesia son múltiples. El abusador es el responsable. Hay causas sistémicas y estructurales que favorecen la violencia sexualizada e impiden su reprocesamiento. También hay una teología que oculta o incluso justifica algunos de los factores que favorecen dicha violencia. Se podría decir mucho sobre cada una de estas dimensiones personales, estructurales y teológicas[1].

Este estudio se centra en una de las causas del abuso sexual: el desprecio por la dignidad de la persona y, especialmente, por su autodeterminación. Los abusadores desprecian la autodeterminación de la persona. Además, la tradición moral-teológica ha ignorado a menudo este aspecto de la dignidad. Aunque el respeto por la autonomía relacional y vulnerable de la persona humana se ha convertido recientemente en uno de los fundamentos de la ética teológica, todavía se presta muy poca atención en el debate de la Iglesia a la violencia sexual. Para abordar esta cuestión, el artículo procede en cuatro pasos. En primer lugar, basándose en un concepto creado por Hille Haker, se describe la agencia vulnerable que vincula la autonomía con la relacionalidad y la vulnerabilidad[2]. En segundo lugar, se defiende que el principal problema moral de la violencia sexual es que viola esta agencia vulnerable, en contraste con otro punto de vista que la vería principalmente como una violación del voto de castidad. En tercer lugar, se habla de una cultura de la seguridad que, para proteger la agencia

---

[1] Un gran número de publicaciones recientes, que no pueden presentarse aquí, ilustran este tema. Las situaciones varían de una región a otra. La perspectiva de este artículo es europea, sobre todo alemana.

[2] Hille Haker, *Towards a Critical Political Ethics. Catholic Ethics and Social Challenges* (Basilea: Schwabe Verlag, 2020).

vulnerable, requiere un cambio en la comprensión del poder, así como estructuras de control que sean transparentes. El artículo termina con advertencias contra la instrumentalización de las personas y acciones concretas a la hora de desarrollar estructuras para proteger la agencia vulnerable.

Autonomía, vulnerabilidad, agencia vulnerable

El supuesto básico de toda ética teológica es el ser humano como sujeto responsable. Como seres racionales, somos capaces de tomar decisiones y actuar en consecuencia. En virtud de esta capacidad, todo ser humano debe ser respetado por los demás, por un lado, y debe ser responsable de sus actos, por otro. Estas ideas están firmemente arraigadas en la teología moral y la ética social, por ejemplo, en el principio de la personalidad. Este principio fundamental de la doctrina social católica implica supuestos antropológicos básicos. Se remonta muy atrás en la tradición teológica y, a la vez, es muy actual en su interrelación entre individualidad y sociabilidad. El ser humano es un individuo y, como tal, es especial, único y dotado de razón. Al mismo tiempo, el ser humano, desde el sentido de la tradición que se remonta en particular a Aristóteles también, se considera un ser *social*. El ser humano es un individuo *y* está en relación con los demás. Como tal, la sociabilidad no está subordinada a la individualidad, como si uno fuera primero un yo al que de algún modo se añade un otro, sino que individualidad y sociabilidad comparten el mismo origen, porque sin una u otra no existe el yo.

Estas ideas pueden conectarse con los conceptos contemporáneos de autonomía y dignidad (sobre todo a través de la influencia de las teorías feministas, la filosofía de la alteridad y las teorías de la intersubjetividad, así como los conceptos de educación especial y otros), que ya no construyen la autonomía y la relacionalidad como opuestas entre sí, sino que las consideran interconectadas. En estos enfoques sigue existiendo el supuesto del sujeto moral autodeterminado y responsable, pero esta capacidad se relativiza. Siempre estamos condicionados por las estructuras y por los demás. Hille Haker acuña el término *agencia vulnerable* en este contexto[3]. El concepto es de especial importancia porque expresa que la autonomía y la capacidad de acción, por un lado, y la vulnerabilidad y la relacionalidad, por otro, no pueden separarse. Van unidas. Este vínculo da al concepto de dignidad humana contornos más claros, en la medida en que se hace evidente lo que hay que respetar y proteger exactamente.

Influido de manera significativa por Kant, en la ética filosófica y teológica contemporánea, el concepto de dignidad humana está estrechamente relacionado con la autodeterminación[4]. Puesto que todo ser humano es esencialmente capaz de tomar decisiones y actuar de acuerdo con ellas y, por tanto, es un sujeto de responsabilidad, debe ser respetado como tal. Por consiguiente, en correspondencia con el imperativo categórico, tenemos que tratarnos unos a otros no como un medio para alcanzar un fin, sino siempre como un fin. El respeto incondicional es la actitud que corresponde a la dignidad. La instrumentalización, que convierte al otro en un objeto, es una falta de respeto y una violación de la dignidad. Asimismo, Kant subraya que a la dignidad humana no se le puede asignar un valor particular y comparable, como un precio, ya que «lo que tiene un precio puede ser sustituido por otra cosa como su equivalente; en cambio, lo que está por encima de todo precio y, por tanto, no admite equivalente, tiene una dignidad»[5]. Los seres humanos no son intercambiables; la dignidad exige que «los seres humanos sean respetados en su singularidad. Los seres humanos solo son comparables en su incomparabilidad, es decir, en su particularidad injustificable, que, sin embargo, debe ser respetada en todos y cada uno de ellos»[6]. Estas dos nociones han sido parte integrante del concepto de dignidad humana hasta nuestros días y también caracterizan la ética teológica.

---

[3] Hille Haker, *Critical Political Ethics*, 135–168.
[4] Me refiero principalmente a los discursos en lengua alemana, pero también es aplicable en otros ámbitos.
[5] Immanuel Kant, *Groundwork of the Metaphysic of Morals*, ed., trad. Mary Gregor (Cambridge: Cambridge University Press, 1998), 42–43.
[6] Heiner Bielefeldt, *Auslaufmodell Menschenwürde?* (Friburgo de Brisgovia: Herder, 2011), 71.

Ahora bien, la idea de autodeterminación estaría excesivamente sobredimensionada si se pensara que, en nombre de la autonomía, uno puede defenderse de cualquier reclamo ajeno. Esta interpretación errónea debe contrarrestarse con la idea de que la propia libertad siempre termina en la libertad de los demás, porque esos otros también tienen derecho a ser respetados. Además, tal y como todos experimentamos, nuestra autonomía es limitada. En este contexto, la idea de autonomía humana y, por ende, el supuesto básico de sujeto responsible, deben defenderse y modificarse en la actualidad.

El concepto contemporáneo de dignidad basado en la autonomía es consciente de las limitaciones de esta. Incluye la relacionalidad y la vulnerabilidad. Esto es importante porque supera la oposición creada entre los que son autónomos (por ejemplo, las personas sanas, jóvenes, etc.) y los que supuestamente no lo son (por ejemplo, los enfermos, ancianos, etc.). Todas las personas son autónomas, todas pueden configurar espacios de acción más o menos amplios. Esta capacidad difiere a menudo en las distintas fases y situaciones de la vida, y para algunos grupos de personas las restricciones son mayores que para otros. Sin embargo, la autonomía total es tan ilusoria como la dependencia total. A menudo estos conceptos se presentan como mutuamente excluyentes: los conceptos de dignidad basados en la autonomía, por un lado, y la ética asistencial que hace hincapié en la dependencia, por otro. Pese a ello, no son opuestos. Aunque la capacidad de autonomía sea limitada, subsisten espacios de acción, y el ser humano sigue siendo un sujeto responsable que tiene derecho a la dignidad. Ahora bien, en condiciones de gran dependencia, reconocer, abrir y ampliar los pequeños espacios de acción se convierte en un reto especial. Toda autonomía debe ser respetada, incluso y sobre todo si parece pequeña.

Judith Butler ayuda a comprender este supuesto básico de un modo más profundo (aunque ella no habla de autonomía ni de dignidad humana)[7]. Butler señala que el otro es indispensable para mi propia historia

---

[7] Judith Butler, *Kritik der ethischen Gewalt* (Fráncfort: Suhrkamp, 2003), 34–45.

y, por tanto, para mi autoconstitución. Dependo de él o de ella porque tengo que ser reconocido por los demás para ser un sujeto. En esta dependencia se basa la vulnerabilidad. Mi expectativa puede ser defraudada, la confianza puede ser objeto de abuso y la dependencia puede no ser satisfecha. En consecuencia, si queremos hablar de autonomía, lo haremos bajo la condición de esta vulnerabilidad. La vulnerabilidad impregna toda autonomía. Como el sujeto solo existe a través de los demás y con los demás, estamos inmersos en la relacionalidad. Así pues, la relacionalidad y la vulnerabilidad se incluyen en el concepto de dignidad humana al igual que la autonomía. Y como el ser humano es especialmente vulnerable, hay que proteger su integridad. Estas premisas conducen a la expresión *agencia vulnerable*[8].

Según el concepto de Haker, la vulnerabilidad comprende tres dimensiones. En primer lugar, la vulnerabilidad ontológica se refiere a la susceptibilidad antropológica del ser humano, es decir, a ser tocable por los demás y estar abierto al mundo (en un sentido totalmente positivo). Es significativa y caracteriza a todo ser humano. A través de ella, somos receptivos y sensibles a los demás. En segundo lugar, la vulnerabilidad moral se refiere a la susceptibilidad al daño infligido por otros. «Así como la vulnerabilidad ontológica es, ante todo, la susceptibilidad a cualquier dolor y sufrimiento, la vulnerabilidad moral es, ante todo, la susceptibilidad a ser dañado por otra persona»[9]. Estos daños son profundos porque afectan a la complejidad de la autoconstitución en la que dependemos de los demás. Esto, a su vez, también compromete la acción. El sujeto es al mismo tiempo un agente libre *y* vulnerable. Dado que la autodeterminación y la acción que configuran al ser humano están siempre en riesgo, requieren una protección especial. La dignidad de este sujeto combina ambas dimensiones: «Desde el punto de vista normativo, la dignidad no solo apunta al estatus del sujeto humano como agente libre y/o autónomo, sino que también reconoce la fragilidad de este estatus en

---

[8] Haker, *Critical Political Ethics*, 136–167.
[9] Haker, *Critical Political Ethics*, 139.

el mundo de las interacciones humanas, las estructuras sociales y las instituciones, que a menudo afianzan privilegios en lugar de garantizar la igualdad de derechos»[10]. Siguiendo en esta línea, la tercera dimensión, que es la vulnerabilidad estructural, aborda las estructuras que crean un entorno o unos códigos sociales que fomentan transgresiones. «La vulnerabilidad estructural se refiere a determinados estados de vulnerabilidad»[11]. Es lo que Butler denomina «precariedad»: situaciones y estructuras en las que las personas carecen de la seguridad y libertad social que otros grupos tienen[12]. Es un obstáculo importante para que las personas desarrollen cualquier sentido de su propia acción. Las personas ya no se sienten sujetos que pueden ser escuchados; son silenciadas o bien pierden toda apertura al mundo y, con ello, la capacidad de confiar. Por otra parte, la protección de la dignidad humana, entendida como agencia vulnerable, pretende garantizar que la receptividad al sufrimiento y al daño no destruya la libertad y la capacidad de interactuar. «La receptividad no es lo contrario de la acción, sino una dimensión esencial de la misma»[13].

Categorizaciones teológicas del abuso sexual

Con respecto al abuso sexual de menores y adultos, estas consideraciones básicas son relevantes de varias maneras. El término *abuso* sexual no pretende sugerir que pueda haber algo así como un *uso adecuado* de otras personas. Por supuesto, no lo hay. Este término es difícil; se refiere al hecho de que en las diversas formas de violencia sexualizada se expresa una actitud fundamentalmente errónea hacia otra persona, a saber, no se respeta a una persona como tal, sino que *se la utiliza* y, por tanto, *se abusa de ella* para la satisfacción de las propias necesidades. Cuando se abusa de la propia posición de poder, la otra persona se convierte en un objeto.

---

[10] Haker, *Critical Political Ethics*, 144.
[11] Haker, *Critical Political Ethics*, 145.
[12] Judith Butler, *Precarious Life: The Powers of Mourning and Violence* (Londres/Nueva York: Verso, 2004).
[13] Haker, *Critical Political Ethics*, 158.

Abuso sexual en la Iglesia y violación de la «agencia vulnerable»

El abuso contradice convicciones éticas básicas, pero, al mismo tiempo, hay tradiciones y corrientes de pensamiento teológicas en las que no ha prevalecido el respeto por la autonomía de los demás. Tales líneas de pensamiento favorecen las relaciones abusivas: «Desde el principio, los comentarios y las declaraciones eclesiásticas oficiales sobre los casos de abuso hablaban con frecuencia de pecados contra el sexto mandamiento o, basándose de nuevo en el criterio del derecho canónico vigente, de faltas de los sacerdotes contra la castidad o la promesa de celibato»[14]. Al igual que el *Codes Iuris Canonici* (CIC) c. 1395 § 2, el *Catecismo de la Iglesia Católica* (núm. 2351-2359) también concibe el abuso sexual y la violación como transgresiones del voto de castidad. El *Compendio del Catecismo de la Iglesia Católica* enumera en una serie—bajo el título de principales pecados contra la castidad y sin más diferenciación—«adulterio, masturbación, fornicación, pornografía, prostitución, violación, actos homosexuales» (núm. 492). Entender la violencia sexual como un pecado individual contra el sexto mandamiento impide comprender el núcleo del problema, es decir, que la gente desprecie la autodeterminación y la dignidad de otras personas, un desprecio que culmina en violencia.

Hasta cierto punto, la unilateralidad del derecho canónico puede explicarse por el hecho de que se caracteriza por el principio de no tomar en consideración tales delitos porque ya están penados por el derecho secular. Sin embargo, esta explicación tiene que ser evaluada críticamente, como señala Stephan Ernst, ya que no se aplica, por ejemplo, al homicidio[15]. Además, las consecuencias del desequilibrio del derecho canónico son de gran alcance y no deben ser ignoradas. Así, en el caso de los abusos sexuales, este principio condujo a «un remedio puramente

---

[14] Konrad Hilpert, «Die Diskussion um den Missbrauch in der Theologie von 2010 bis 2020», en *Ohnmacht, Macht, Missbrauch: Theologische Analysen eines systemischen Problems*, ed. Jochen Sautermeister y Andreas Odenthal (Friburgo de Brisgovia: Herder, 2021), 177.

[15] Stephan Ernst, «"Ein Kleriker, der sich auf andere Weise gegen das sechste Gebot des Dekalogs verfehlt..." Anmerkungen aus moraltheologischer Sicht», en *Der Strafanspruch der Kirche in Fällen von sexuellem Missbrauch*, ed. H. Hallermann, Th. Meckel, S. Pfannkuche y M. Pulte (Würzburg: Echter, 2012), 188.

interno de la "molestia", decidido según el propio criterio, a menudo exclusivamente subjetivo»[16]. Ernst destaca que incluso en la teología moral se ha tardado mucho tiempo en exponer con claridad en qué consiste exactamente la injusticia de la violación y de los abusos sexuales. Incluso en el importante *Handbook of Christian Ethics* de 1978 (editado por Hertz, Korff y otros), el abuso de menores no aparece en absoluto. En cuanto al delito afín de violación, Ernst lo diagnostica como una «taciturnidad extraña y espantosa»[17] porque apenas se aborda el daño que se inflige realmente a la víctima. También en este caso la violación se considera principalmente un acto contra la castidad. Con el Concilio Vaticano II, cambiaron algunos presupuestos básicos de la doctrina de la Iglesia sobre la sexualidad, en la medida en que se considera consumada de forma responsable cuando está inmersa en una relación de amor personal (*Gaudium et spes*, núm. 49). La sexualidad se entiende como un medio de expresión de la persona, aunque las normas de prohibición (relaciones sexuales prematrimoniales, actos homosexuales, contracepción, etc.) siguen vigentes y ponen límites muy estrechos a esta expresión. No obstante, hay un cambio importante: «Que la sexualidad debe integrarse en el marco del amor personal significa, de hecho, a la inversa, que es éticamente inaceptable toda acción en la que se utilice egoístamente al otro como objeto u oportunidad para satisfacer las propias necesidades sexuales»[18]. Si esto se toma en serio, la violación y el abuso sexual son censurables no por la violación del mandamiento de la castidad, sino porque se convierte a una persona en objeto en contra de su voluntad. Aplicar esta conclusión de forma coherente en la práctica (pero también en la proclamación magisterial y en el derecho canónico) es una tarea pendiente.

La violación de las normas básicas de la ética cristiana es evidente. Al

---

[16] Sabine Demel, «Moral ohne Recht—Recht ohne Moral? Über die Freiheitsordnung in Staat und Kirche», en *Zukunftshorizonte kirchlicher Sexuallehre: Bausteine zu einer Antwort auf die Missbrauchsdiskussion*, ed. K. Hilpert (Friburgo de Brisgovia: Herder, 2011), 257.
[17] Ernst, «Ein Kleriker», 193.
[18] Ernst, «Ein Kleriker», 197, con referencia a *Familiaris consortio*, núm. 24.

ignorar la voluntad de la «víctima»[19] (o ni siquiera considerar que esta persona pueda existir y desempeñar un papel), no se la respeta como persona, sino que se la degrada e instrumentaliza. Es una violación del derecho a la autodeterminación, sobre todo del derecho a la autodeterminación sexual, y una explotación de la vulnerabilidad.

Hay que tener en cuenta que, en relaciones muy asimétricas, expresiones como «por voluntad propia» y «contra la propia voluntad» se difuminan. En particular, los niños y adolescentes que se sienten muy unidos a una figura de autoridad, por afecto o admiración, a menudo son incapaces de clasificar una agresión por parte de esta última. Desde el afecto (inicial) y el sentirse halagado hasta la confusión y el miedo, el shock, el asco y el odio a sí mismo, hay una gran variedad de reacciones posibles. Por lo general, la joven víctima no es capaz de evitar por sí misma la agresión ni hacer nada para contrarrestarla, ¡pero esto no es sinónimo de consentimiento o acto voluntario! Por ello, no puede aceptarse bajo ningún concepto que los abusadores hagan referencia a una falta de resistencia por parte de la persona abusada (posiblemente interpretada como consentimiento). Dado que la personalidad de los niños y adolescentes es sumamente vulnerable, no puede haber consentimiento con respecto a la edad y la posición de poder en las relaciones de carácter muy asimétrico. Son moralmente inaceptables. Además, las heridas infligidas a los niños y adolescentes suelen tener efectos más profundos[20]. El desprecio de la capacidad de actuar (aún en desarrollo y, por tanto, muy

---

[19] Para no revictimizar a los afectados, en este documento se ha evitado hasta ahora el concepto de *víctima*. Por otra parte, el concepto de víctima ha recibido una carga teológica muy fuerte. No puedo abordar aquí ninguna de las dos cuestiones. El hecho de que, a pesar de todo, hable de «víctimas» en este punto quiere indicar que estos contextos difíciles tampoco deben ser ignorados. Los abusadores convierten a otros en víctimas, es decir, en personas que se sienten impotentes. Hay que fortalecer a los afectados para que puedan ampliar su campo de acción—por pequeño que sea—y volver a empoderarse.

[20] Los menores son más vulnerables física y psicológicamente que los adultos. Por lo tanto, la violencia sexualizada tiene graves consecuencias para el desarrollo de la personalidad. Véase Jörg Fegert, «Sexueller Missbrauch an Kindern und Jugendlichen», *Bundesgesundheitsblatt—Gesundheitsforschung—Gesundheitsschutz* 50 (2007): 78–89.

vulnerable) de los niños y adolescentes pone en peligro el desarrollo posterior de la misma, el desarrollo de la personalidad en su conjunto y su capacidad para depositar la confianza en los demás. El daño causado a los jóvenes es inmenso. La teología moral y la enseñanza moral de la Iglesia deben decir abiertamente que el abuso es un mal y no trivializarlo relacionándolo con el sexto mandamiento. Hasta que el respeto y la protección de la agencia vulnerable no se conviertan en el eje de la moral sexual, la enseñanza de la Iglesia no podrá comprender ni analizar adecuadamente el abuso sexual.

Es necesario prestar mucha atención al punto en el que las relaciones en el ámbito pastoral se tuercen y se convierten en vulnerabilidad estructural. En las relaciones de confianza—a las que pueden pertenecer las relaciones pastorales, puesto que hablar de fe y de duda es algo profundamente personal—la persona es especialmente vulnerable. Uno se abre, confiando férreamente en un espacio seguro. El sacerdote tiene que mantener esta seguridad, que a su vez le da poder. Si se abusa de esta posición de poder, se comete una violación estructural que causa daños duraderos a la persona. «Pero si se abusa con descaro de esta intimidad, ¿a dónde debo dirigirme, buscando a Dios?»[21] Esta es una de las preguntas que se hacen las víctimas de abusos sexuales. Es una pregunta teológica fundamental que va mucho más allá de lo que se puede tratar aquí. Asimismo, dirige nuestra mirada a las estructuras y formas de gestionar el poder.

Estructuras de poder que favorecen los abusos

La violencia sexualizada en la Iglesia no puede separarse de la responsabilidad y la culpa de los individuos, es decir, de los agresores y de quienes encubrieron los actos. Sin embargo, no se trata de casos aislados. Hay causas sistémicas y estructuras favorecedoras. La institución y quienes ocupan cargos de liderazgo tienen la responsabilidad de prevenir futuros

---

[21] Kai Christian Moritz, «Theologie—es geht weder mit ihr noch ohne sie», en *Nicht ausweichen: Theologie angesichts der Missbrauchskrise*, ed. Matthias Remenyi y Thomas Schärtl (Ratisbona: Pustet, 2019), 36.

abusos y hacer frente a los abusos del pasado. Por lo general, esto no se hizo en el pasado. Con el encubrimiento de los abusos sexuales, los afectados fueron y son una vez más desatendidos. El bien o la reputación de la institución se anteponen al respeto por la persona. El respeto por la agencia vulnerable no solo incumbe a los individuos, sino que requiere estructuras que permitan y apoyen este respeto. Requiere un manejo responsable del poder porque la violencia sexualizada por parte de sacerdotes es siempre un abuso de una posición de poder[22]. Así pues, prevenir futuros abusos, así como desvelar y afrontar los abusos existentes, requiere abordar el poder de forma reflexiva, responsable y controlada.

Las relaciones humanas siempre se caracterizan por el poder. El poder se refiere a la influencia sobre las acciones de los demás en la esfera personal y social. Según Max Weber, puede entenderse como la oportunidad de hacer valer la propia voluntad incluso frente a la oposición[23] o, según Arendt, como la capacidad de unir fuerzas con otros y actuar junto a ellos[24]. Independientemente de que el poder se defina de esta manera o de otra muy distinta, da forma a la interacción humana. En consecuencia, no se trata de su existencia, sino de la forma en que se ejerce. El poder se configura de formas muy diferentes. En las relaciones entre posiciones desiguales, como las que existen entre el sacerdote y el niño, pero también entre el sacerdote y los laicos en general, la distribución del poder es asimétrica. El poder puede ser ejercido por uno sobre el otro de diferentes modos: «beneficioso, aceptable o abusivo»[25]. No todo uso del poder es un abuso. En las relaciones asimétricas, también es posible que los más poderosos contribuyan a aumentar la capacidad de actuar de los menos

---

[22] Este punto solo puede tratarse aquí brevemente. Véase Jochen Sautermeister y Andreas Odenthal, ed., *Ohnmacht, Macht, Missbrauch*; Stefan Kopp, ed., *Macht und Ohnmacht in der Kirche: Wege aus der Krise* (Friburgo de Brisgovia: Herder, 2020).

[23] Hannah Arendt, *Macht und Gewalt* (Múnich: Piper, 1970).

[24] Max Weber, *Wirtschaft und Gesellschaft: Grundriss der verstehenden Soziologie* (Tubinga: Mohr Siebeck, 2002).

[25] Hans Zollner, «Macht und Ohnmacht aus psychologischer und theologischer Sicht», en *Macht und Ohnmacht in der Kirche: Wege aus der Krise*, ed. Stefan Kopp (Friburgo de Brisgovia: Herder, 2020), 31.

poderosos mediante el empoderamiento.

Ahora bien, en las relaciones en el ámbito pastoral el desequilibrio de poder se refuerza y se disfraza simultáneamente de diversas maneras. En este contexto, se suele hacer referencia a la noción de poder pastoral de Foucault. Este poder no se ejerce mediante la coacción directa, sino a través de poderosos relatos como el del pastor y el rebaño, y a través de prácticas como la confesión y el fomentar la disposición a dejarse guiar[26]. La cercanía y la distancia, así como la heteronomía y la autonomía, se difuminan. En la guía permanente hacia la salvación, se encuentra inherente un control permanente. Aunque este poder pastoral, cuyos inicios Foucault sitúa en la Edad Media, haya cambiado y disminuido, sigue existiendo en parte una relación singular con la guía del alma caracterizada por la confianza, la dependencia y la obediencia. Es una de esas situaciones en las que esta franqueza especial va de la mano de una mayor vulnerabilidad. Es una vulnerabilidad que debe tratarse con suma delicadeza, porque es una vulnerabilidad en la que el peligro de abuso es sumamente alto. El desequilibrio de poder que no se refleja favorece el abuso. También favorece el silencio y la ocultación sistémicos: en multitud de informes los supervivientes dan testimonio de lo difícil que es hablar, porque no solo tienen que enfrentarse a muchos obstáculos psicológicos, sino también a la dificultad de ser escuchados y creídos por los demás[27].

Dada la complejidad de estos contextos, solo podemos señalar algunas líneas de actuación. La primera se refiere al discurso eclesiástico (y teológico). El poder fáctico en la Iglesia sigue estando oculto por un determinado uso del lenguaje: hablar de *servir* en lugar de ejercer el poder representa una idealización que amenaza con ocultar las estructuras asimétricas de poder existentes[28], lo cual facilita el abuso de poder. Porque

---

[26] Michel Foucault, *Ästhetik der Existenz* (Fráncfort: Suhrkamp, 2007), 81–104. Véase también Rainer Bucher, «Body of Power and Body Power: The Situation of the Church and God's Defeat», *Concilium* 40 (2004): 120–129.

[27] Moritz, «Theologie», 32–37.

[28] Hilpert señala que hay varios términos que pueden disfrazar las diferencias de poder, como hablar de «hermanos y hermanas»; véase Hilpert, «Die Diskussion um den Missbrauch», 185.

donde no hay poder, no se puede abusar de él; no supone ningún problema. En cambio, sería necesario percatarse de las estructuras de poder y del poder personal, y reflexionar sobre ello. Al igual que en otras profesiones en las que la interacción con personas en relaciones asimétricas es importante (como el trabajo social), la propia posición tendría que ser objeto de reflexión crítica como parte de una ética profesional. La autorreflexión forma parte de la profesionalidad. En segundo lugar, la propia asimetría de poder ha de ser cuestionada y desmantelada. Se trata de una cuestión eclesiológica de gran alcance, especialmente para la teología del ministerio. Desde el punto de vista de la ética social, hay otra exigencia de la división de poderes. Si la Iglesia ya no ignora los efectos de las estructuras de poder existentes, el siguiente paso tiene que ser el control adecuado de ese poder. El principio de la división de poderes también debe aplicarse en la Iglesia. Si el poder no se distribuye y se hace así controlable, no se podrá contener su mal uso y abuso. El silencio sistémico y el encubrimiento de los abusos sexuales se fomentan si los que pueden ejercer más poder son simultáneamente los que controlan ese poder, mientras que los laicos quedan en gran medida excluidos[29]. Así pues, aunque la autorreflexión crítica sobre la propia posición de poder es un aspecto importante de la profesionalidad, el control del poder debe institucionalizarse al mismo tiempo mediante la división de poderes, la participación de los laicos, la transparencia y los órganos de control institucionalizados.

Incluso más allá del control del poder, las estructuras desempeñan un papel importante a la hora de abordar la violencia sexualizada. El concepto de «sociedad decente» de Avishai Margalit proporciona pistas importantes a este respecto[30]. Para él, la ausencia de humillación es el mínimo de una sociedad decente. La humillación —el desprecio total y consciente de la persona— es una forma fuerte de instrumentalización. A

---

[29] Hilpert, «Die Diskussion um den Missbrauch», 184-185.
[30] Avishai Margalit, *Politik der Würde. Über Achtung und Verachtung* (Berlín: Suhrkamp, 2012). Véase también Jochen Sautermeister, «Theologie unter dem Vorzeichen von Missbrauch in der Krise», en *Ohnmacht, Macht, Missbrauch*, 25.

Margalit no solo le preocupa que las personas no se humillen unas a otras, sino que subraya que las prácticas y estructuras sociales pueden ser en sí mismas humillantes, como en ciertas formas de sistemas penales. Una sociedad humana no ha de tener estructuras humillantes; es más, sus estructuras han de evitar la humillación. La violencia sexualizada es un abismo. Tiene que ver con prácticas que destruyen a las personas, que dejan *supervivientes*. Es un tipo de humillación, un tipo de instrumentalización y violación de la dignidad. Entonces, ¿dónde se desprecia y viola la agencia vulnerable? ¿Qué estructuras la protegen? ¿Qué estructuras y prácticas contribuyen a su violación? ¿Cómo puede evitarse la humillación? Estas son las preguntas que deben guiar la creación de una cultura de la seguridad. Ese es el criterio de prueba para las instituciones y las prácticas cotidianas. Porque: «No hay nada más importante que el ser humano. Está en el centro y debe estarlo»[31].

Consecuencias de la prevención y consideración de los afectados

Para que la autodeterminación se tome en serio, en primer lugar, hay que dar espacio a las voces de los afectados y, en segundo lugar, hay que implicarlos en el desarrollo de directrices y medidas concretas de prevención. Se trata de cuestiones importantes, pero son complejas. Hay escollos a la hora de abordarlas. Me gustaría señalar dos de ellos. La participación y la prevención son demasiado importantes como para permitir que los afectados sean instrumentalizados (una vez más) y que la prevención se convierta en accionismo.

Las personas afectadas hablan por sí mismas; hay muchos ejemplos de ello en la zona de habla alemana[32]. Estas voces han de ser escuchadas, pero el camino es largo para muchas de ellas. Han sido silenciadas en numerosas

---

[31] Moritz, «Theologie», 36.
[32] Véase Barbara Haslbeck, Regina Heyder, Ute Leimgruber y Dorothee Sandherr-Klemp, *Erzählen als Widerstand: Berichte über spirituellen und sexuellen Missbauch an erwachsenen Frauen in der katholischen Kirche* (Münster: Aschendorff, 2020).

ocasiones. Algunas han perdido el habla. Por lo tanto, es necesario considerar cuándo y cómo pueden y no pueden hablar los supervivientes. En un contexto muy diferente, pero bastante comparable, Gayatri Spivak cuenta la historia de Khan, un agricultor bengalí al que, para ilustrar sus difíciles circunstancias, se le pidió que hablara ante la ONU[33]. Lo hizo, pero no pudo hacerse entender porque el marco en el que se le obligó a hablar era demasiado restringido. El tiempo de uso de la palabra era corto, su idioma no era el de los delegados —lo que no solo supuso un problema de traducción— y su mundo era demasiado diferente para hacerse entender. En paralelo, los organizadores cumplieron supuestamente con su deber. Al fin y al cabo, estaban escuchando a alguien afectado. Se necesita algo más para escuchar y comprender. Del mismo modo que no se puede presionar al agricultor para que se ajuste a un esquema preestablecido que, dicho sea de paso, permanece inmutable, tampoco se puede escuchar *en passant* a las víctimas de abusos en la Iglesia. Hace falta romper la rutina, hace falta tiempo y hace falta tolerancia con las distintas formas de lenguaje. Además, algunas cosas pueden seguir siendo incomprensibles para las personas que no han vivido experiencias similares. Es una tarea continua, no una tarea que puede tacharse rápidamente como completada.

Prevenir la violencia sexualizada en el futuro requiere trabajar en directrices y medidas concretas de prevención. En las diócesis alemanas existen actualmente diferentes programas de formación sobre la prevención. Es importante que estos programas existan, y muchas de estas medidas son buenas. Sin embargo, a veces surge una sensación de malestar. Cuando los responsables de grupos de jóvenes en campamentos juveniles no cogen en brazos a un niño que añora, por miedo a que se les pueda acusar de intrusismo, entonces las medidas se han pasado de la raya. Cuando en las instituciones asistenciales (para menores, ancianos, discapacitados, etc.) el difícil equilibrio entre cercanía y distancia lleva a evitar cualquier acercamiento, se pierden beneficios importantes. A veces cabe preguntarse si las medidas se orientan a quienes tienen más

---

[33] Gayatri Spivak, «Responsibility», *Boundary* 21, núm. 3 (1994): 19–64.

probabilidades de convertirse en abusadores. Las medidas de prevención no deben convertirse en un accionismo ciego destinado a mostrar que «estamos haciendo algo», pero sin hacer nada para cambiar las causas. Es difícil diseñar pautas y medidas de prevención con acierto. Es más fácil tener éxito si en su elaboración participan diferentes grupos de personas.

Asimismo, hay que distinguir entre las medidas de prevención específicas para cada grupo destinatario y la prevención en un sentido más general. Esta última tiene por objeto sensibilizar sobre las cuestiones de proximidad y distancia y sobre la vulnerabilidad de la persona. Hay que respetar al otro en su autonomía, y lo mismo vale para mí como para cualquier persona, incluido todo niño o niña. Cada uno debe ser respetado como un fin en sí mismo y no debe ser instrumentalizado, y la vulnerabilidad especial requiere una protección especial. Es la base de una cultura de la seguridad. Uno de los muchos retos que se plantean aquí es minimizar el riesgo de ser herido por otros, pero manteniendo al mismo tiempo una actitud abierta y receptiva. Así pues, el objetivo de la prevención general es el respeto y la protección de la agencia vulnerable de mí mismo y de los demás.

Michelle Becka es profesora de Ética Social Cristiana en la Facultad de Teología de la Universidad de Würzburg (Alemania). Se doctoró con una tesis sobre reconocimiento e interculturalidad en Tubinga y obtuvo su habilitación en Maguncia con una tesis sobre la ética en el sistema penal. Sus campos de investigación son los fundamentos de la ética social, la ética en el sistema penal, la ética de los derechos humanos, la ética y la migración, la interculturalidad y la teología latinoamericana. Es coeditora de la revista teológica internacional *Concilium*. Es también miembro de la comisión alemana de Justicia y Paz y responsable del grupo de trabajo sobre derechos humanos de dicha comisión.

Capítulo 2: Vulnerabilidad, abuso eclesial y «adultos vulnerables»

Carolina Montero Orphanopoulos

El término *adulto vulnerable* se utiliza desde hace décadas[1], generalmente en el ámbito de las ciencias de la salud o en informes científico-jurídicos, para describir a los sujetos víctimas de abuso o a potenciales sujetos de abuso, como los ancianos, los pobres o las personas con algún tipo de discapacidad. Ya sea por la edad o por limitaciones cognitivas o de otro tipo, el término suele referirse a personas que no pueden defender sus derechos y su integridad debido a algo que aparentemente les falta a ojos de la sociedad moderna. En este contexto, el funcionamiento eficiente en todos los aspectos de la vida se considera obligatorio, exigible y autoexigible[2]. En otros contextos, si uno busca *adultos vulnerables* en español, por ejemplo, la mayoría de las referencias serán sobre políticas discriminatorias debidas a diferencias socioeconómicas. La variación en el énfasis no es accidental ya que, según la ética teológica, existen diferencias notables entre las interpretaciones norteamericana, europea y latinoamericana de la palabra «vulnerabilidad»[3].

En su uso ordinario, el riesgo de abuso entre la llamada población *adulta vulnerable* deriva generalmente de su dependencia de otras personas para recibir cuidados, de su eventual incapacidad para comunicarse y, como en todo abuso, de la disparidad de poder que existe

---

[1] Véase, por ejemplo, Richard L. Douglass, Tom Hickey y Catherine Noel, *A Study of Maltreatment of the Elderly and Other Vulnerable Adults* (University of Michigan: Institute of Gerontology, 1980).

[2] Byung-Chul Han, *The Burnout Society* (Stanford, CA: Stanford University Press, 2015).

[3] Por ejemplo, una excelente investigación que pone de relieve estas diferencias desde un punto de vista ético es Henk Ten Have, *Vulnerability: Challenging Bioethics* (Nueva York: Routledge, 2016) y, desde una perspectiva sociológica, Barbara Misztal, *The Challenges of Vulnerability* (Londres: Palgrave Macmillan, 2011).

entre el cuidador y la persona que recibe los cuidados. Una relación de confianza entre el agresor y la víctima es otro factor que contribuye al riesgo de abuso. El abuso de las personas vulnerables abarca siempre una realidad compleja y polifacética. La amplitud y el alcance de las vulnerabilidades experimentadas y la variedad de abusos posibles complican el reconocimiento y la prevención de dicha explotación.

Más recientemente, el término *adultos vulnerables* ha aparecido, en relación con los abusos eclesiales, vinculado a la definición de estos adultos y a los términos de la reparación que se les debe. En la carta apostólica emitida *motu proprio* por el papa Francisco, *Vos estis lux mundi* (2019), el artículo primero enumera «los delitos contra el sexto mandamiento del Decálogo que consisten en i) obligar a alguien, con violencia o amenaza o mediante abuso de autoridad, a realizar o sufrir actos sexuales; ii) realizar actos sexuales con un menor o con una persona vulnerable» y, a continuación, define explícitamente a la *persona vulnerable* como «cualquier persona en un estado de enfermedad, de deficiencia física o psicológica, o de privación de la libertad personal que, de hecho, limite incluso ocasionalmente su capacidad de entender o, en cualquier caso, de resistir a la ofensa». Una vez más, el aspecto fundamental es la autonomía de la persona, entendida como la capacidad de consentir.

Sin embargo, en 2021, el papa Francisco estableció un nuevo canon[4] en la sección del Código de Derecho Canónico titulada «Delitos contra la vida, la dignidad y la libertad del hombre»:

> Canon 1398 §1. Debe ser castigado con la privación del oficio y con otras justas penas, sin excluir la expulsión del estado clerical, si el caso lo requiriese, el clérigo:
> 1. que comete un delito contra el sexto mandamiento del Decálogo con un menor o con una persona que habitualmente tiene un uso imperfecto de la razón o a la que el derecho reconoce igual tutela;

---

[4] Para una revisión completa de los aspectos canónicos relativos a esta cuestión, véase Brendan Daly, «Canon Law in 2021 on Sexual Abuse», *Australasian Catholic Record* 98, núm. 4 (2021): 449-473.

2. que recluta o induce a un menor, o a una persona que habitualmente tiene un uso imperfecto de la razón, o a la que el derecho reconoce igual tutela, para que se muestre pornográficamente o para para que participe en exhibiciones pornográficas, sean verdaderas o simuladas;
3. que inmoralmente obtiene, conserva, exhibe o divulga, de cualquier modo y por cualquier medio, imágenes pornográficas de menores o de personas que habitualmente tienen un uso imperfecto de la razón.

Como podemos ver aquí, se excluye el término *adulto vulnerable* y se sustituye por la explicación más larga «persona que habitualmente tiene un uso imperfecto de la razón o a la que el derecho reconoce igual tutela». Esta formulación ya se había incluido antes de 2019 como equivalente a la definición de «menor» en la *Sacramentorum sanctitatis tutela* de Juan Pablo II de 2001, y se recupera en la definición más reciente de los que antes se consideraban *adultos vulnerables*. Se trata, en esencia, de una descripción jurídica que hace hincapié en los aspectos cognitivos y racionales de la humanidad de una persona.

En la Iglesia católica, admitir la existencia de víctimas adultas de abusos sexuales o de conciencia supone un avance hacia el reconocimiento de que el daño cometido no solo afecta a los menores. No obstante, el uso del término *adultos vulnerables* para describir a estas víctimas es ambiguo. Dicho uso conlleva un riesgo por su posible revictimización, ya que sitúa el origen y la razón (perversa) del abuso en la supuesta vulnerabilidad —y en una forma específica de entender la vulnerabilidad— de ese adulto en particular, y no en la persona que comete el abuso. Tal enfoque distorsiona lo sucedido: un abuso de poder contra la integridad sexual y de conciencia de un adulto, alegando la falta de ciertas cualidades —especialmente una determinada forma de entender la autonomía— en la víctima.

Los problemas que conlleva este enfoque se ponen de manifiesto cuando nos planteamos varias cuestiones críticas. ¿Qué ocurre en el caso de abusos perpetrados contra adultos que no tienen deficiencias cognitivas o de autonomía? ¿O aquellos que no tienen «deudas» económicas o sociales (frecuentes en América Latina) con la Iglesia? ¿Qué sucede cuando son factores de confianza, generosidad o fe, y no de discapacidad o precariedad, los que hacen posible el abuso? ¿O si es el resultado de una imagen distorsionada de Dios, de la voluntad de Dios y de cómo Dios la manifiesta en lo que llamaríamos hombres y mujeres perfectamente «capaces» e «independientes»?

Redefinir la categoría ético-antropológica de la vulnerabilidad

Como hemos visto, en una sociedad en la que prevalece el *mito de la autonomía*[5], la vulnerabilidad se entiende habitualmente como una falta de libertad cognitiva y voluntaria para consentir y/o proteger los propios intereses[6]. Se considera un defecto en la lucha por la independencia y tiene sus raíces en el concepto de que la plenitud humana es un estado en el que la voluntad y la razón son insustituibles.

Voy a intentar redefinir el concepto de vulnerabilidad. Basándome en una amplia investigación y en las aportaciones de muchos autores que también han reflexionado sobre este término, defino la vulnerabilidad humana como un rasgo antropológico universal. Debe entenderse como la apertura intrínseca del ser humano al mundo en el que está inmerso, a los vínculos que establece cada persona y a la forma en que se posiciona ante su propia subjetividad y la de quienes le rodean[7]. Es la capacidad potencial de toda mujer y todo hombre de verse afectado corporal, mental, emocional o existencialmente por la presencia, el ser o el actuar de alguien o de algo. Es la condición del ser permeable, poroso, de quien se ve afectado y transformado al interactuar con su entorno, consigo mismo, con los

---

[5] Martha Albertson Fineman, *The Autonomy Myth: A Theory of Dependency* (Nueva York: The New Press, 2004).

[6] Consejo de Organizaciones Internacionales de las Ciencias Médicas, *International Ethical Guidelines for Biomedical Research Involving Human Subjects*, 2ª ed. (Ginebra, 1993), 10.

[7] Véase Ignacio Boné Pina, *Vulnerabilidad y enfermedad mental. La imprescindible subjetividad en psicopatología* (Madrid: Editorial Comillas, 2010).

demás y con aquello que le trasciende. Esta apertura se refleja de forma más evidente en la corporalidad humana, pero también es constitutiva de nuestra condición social y de las diversas formas en que las personas interactúan con el mundo[8].

La vulnerabilidad es un atributo inherente, universal y antropológico que se categoriza o individualiza en mujeres y hombres concretos de diferentes maneras. Todos somos vulnerables, pero cada individuo se posiciona de diferentes maneras en la vida, en su biografía, en los espacios sociales y en la forma en que somos apoyados —o no— por las instituciones sociales[9]. El resultado es que cada ser humano no siempre es igual de vulnerable en diferentes situaciones. Esto es lo que se denomina *vulnerabilidad situacional*, pero es el resultado directo de la característica humana de vulnerabilidad antropológica común definida como la apertura inherente de uno mismo. Aquí recordamos la noción de Karl Rahner del ser humano como *espíritu*[10], abierto a su realidad, a los demás y a Dios. La realidad nos afecta y nuestra conducta incide en las personas, en la naturaleza, en nosotros mismos, etc., y eso diferencia nuestra vulnerabilidad de la vulnerabilidad animal[11].

Sin embargo, la experiencia concreta de la vulnerabilidad antropológica universal es siempre situacional, cambiante, asimétrica, singular y contingente. La vulnerabilidad humana, a pesar de ser una característica antropológica común para todos, no todos la experimentan de igual manera, ni se puede evaluar o comparar objetivamente en situaciones y escenarios diversos. Algunos de nosotros somos, de diferentes modos, y en determinadas circunstancias, más vulnerables que otros, viviendo quizá con un mayor grado de exposición o precariedad, aunque todos

---

[8] Carolina Montero Orphanopoulos, *Vulnerabilidad. Hacia una ética más humana* (Madrid: Editorial Dykinson, 2022).

[9] Martha Albertson Fineman, «The Vulnerable Subject and the Responsive State», *Emory Law Journal* 60 (2010): 31.

[10] Karl Rahner, *Oyente de la Palabra: Fundamentos para una filosofía de la religión* (Barcelona: Editorial Herder, 1976), 79.

[11] Cf. Orphanopoulos, *Vulnerabilidad*.

participemos de una vulnerabilidad radical compartida. La jurista estadounidense Martha Albertson Fineman resuelve con claridad esta aparente contradicción:

> Si bien la vulnerabilidad es universal, constante y compleja, también es particular. Aunque todos los individuos se encuentran en una posición de vulnerabilidad constante, cada uno se posiciona de forma individual. Tenemos diferentes formas de encarnarnos a nosotros mismos, y también estamos situados de manera diferente en redes de relaciones económicas e institucionales. En consecuencia, nuestras vulnerabilidades varían en magnitud y potencial a escala individual. Por lo tanto, la vulnerabilidad es a la vez universal y particular, experimentada de forma única por cada uno de nosotros[12].

Por ello, no hay oposición entre entender la vulnerabilidad como una condición humana universal y las evidentes diferencias entre las vulnerabilidades particulares de cada uno, ya que existen contextos existenciales, físicos, sociopolíticos y económicos que agravan la vulnerabilidad antropológica común.

Es cierto que la palabra *vulnerabilidad* se refiere etimológicamente a la capacidad o exposición de todo ser humano a ser herido. Quizá la posibilidad de ser herido sea a su vez una condición de posibilidad de un tipo de relación intersubjetiva que aspira a algo importante y profundo, es decir, a tener una *vida buena*. Así pues, la vulnerabilidad humana subrayaría la permeabilidad necesaria para ser afectado por los demás. Si fuéramos autosuficientes, impermeables y completamente independientes, no podríamos ser heridos, pero también estaríamos condenados al solipsismo más monótono y absurdo. Ciertamente, reconocer la vulnerabilidad como posibilidad humanizadora no es sencillo. La vulnerabilidad ajena puede generar sentimientos tan contradictorios como el desprecio o la compasión, el cuidado o la violencia, y la propia vulnerabilidad, como indicábamos, puede provocar miedo, vergüenza y

---

[12] Martha Albertson Fineman, «The Vulnerable Subject and the Responsive State», 31.

diversos mecanismos psicológicos de defensa.

Además, por vivir expuestos y por la *labilidad humana*[13], la posibilidad latente de fracasar en el proyecto axiológico personal y social es real. Hay realidades sociales y personales que agravan la vulnerabilidad y la conducen a ser, de hecho, violada. El concepto de vulnerabilidad nos obliga entonces a examinar cómo se distribuyen el poder, los bienes sociales y la riqueza. Lo relevante es señalar la necesidad de reestructurar las instituciones sociales y cuestionar las desigualdades sociales. El riesgo perpetuo y la realidad de la vulnerabilidad es que a menudo desembocan en la explotación o el abuso, la manipulación, el conflicto, la desigualdad y la violencia, más que en la solidaridad, que reconoce el destino compartido y los intereses mutuos del bien común. Esta explotación de la vulnerabilidad no tiene su origen en la persona o grupo vulnerable. Se origina más bien en la voluntad—ya sea personal, institucional o política—de quienes se aprovechan de una situación vulnerable de forma que acaban agudizándola.

Vista así, la vulnerabilidad humana es tanto la posibilidad de transformación generativa como de devastación, de ser herido y explotado. La vulnerabilidad es una característica de la persona humana, irremediablemente expuesta a ser herida y abierta a la sanación, a la contingencia y a la relacionalidad, en múltiples experiencias a lo largo de la vida[14]. La vulnerabilidad expresa cómo el ser humano experimenta un deseo y anhelo ilimitados, así como la realidad limitada de cada persona y del mundo. La vulnerabilidad exige siempre una opción ética porque implica el rostro—el *rostro* de Levinas— del otro, de los otros y nuestro propio rostro, desnudo[15]. La vulnerabilidad humana—radical, antropológica y

---

[13] Propongo aquí el término *labilidad humana* tal como lo define el gran filósofo francés Paul Ricoeur: «Entiendo por labilidad aquella debilidad constitucional que hace posible el mal» (Paul Ricoeur, *Finitud y culpabilidad*, 2ª ed. [Madrid: Editorial Trotta 2011], 15). Traducción propia.

[14] A. Cavarero, *Horrorismo. Nombrando la violencia contemporánea* (Barcelona: Editorial Anthropos, 2009), 58.

[15] Véase Emanuel Levinas, *Humanismo del otro hombre* (Madrid: Editorial Siglo Veintiuno, 1974), 58.

situacional—puede ser amenazadora o enriquecedora, puesto que es un rasgo ambiguo de la vida humana. En la actualización de las amplias posibilidades de realización de la vulnerabilidad, esta puede experimentarse como pura amenaza, pura alegría, confianza o todas ellas juntas. Así pues, la vulnerabilidad podría calificarse como una cualidad neutra, en la medida en que no posee una connotación valorativa específica, pero cuando se aborda desde una perspectiva ética y, por tanto, fenomenológica, también puede evaluarse en su ambigüedad.

La vulnerabilidad así entendida se refiere a una dimensión humana que no ha sido plenamente incorporada en nuestra sociedad moderna. Parece que la invitación única y constante de la sociedad contemporánea es el imperativo de autonomía y autosuficiencia, donde la construcción de la identidad personal y el proyecto de vida son voluntaristas y solitarios. No obstante, hay quienes sostienen que el ser humano es esencialmente una *estructura desvalida*[16], dada su vulnerabilidad ontológica, ética, psicológica, social, cultural y natural. El sufrimiento y la enfermedad serían *epifanías de esa vulnerabilidad*[17] y conllevarían una dimensión ética: la responsabilidad por el otro. Lo cierto es que siempre somos vulnerables, estamos potencialmente abiertos a la posibilidad de amar y de ser heridos.

¿Adultos vulnerables?

Si asumimos que esta definición de vulnerabilidad es cierta, entonces todos los seres humanos, niños, adultos y ancianos, son vulnerables. El problema se presenta en los casos eclesiales cuando se traicionan relaciones que, por su naturaleza, se suponen acogedoras, solidarias y que acompañan la vida y la fe de quienes han depositado su confianza en aquellas personas que para ellos representan la autoridad. En la asimetría del poder y en el control de la propia conciencia, la vulnerabilidad es *vulnerada*—es decir, explotada y

---

[16] Véase, por ejemplo, Arnold Gehlen, *El hombre: Su naturaleza y su lugar en el mundo* (Salamanca: Editorial Sígueme, 1980), 37.
[17] Francesc Torralba, *Antropología del Cuidar* (Madrid: Institut Borja de Bioètica – Fundación Mapfre Medicina, 1998), 267.

abusada—haciendo real lo que siempre es latente y posible.

Afirmar que la vulnerabilidad puede reconocerse como una característica potencialmente valiosa e inherente al ser humano es una cosa. Sin embargo, muchas veces lo que produce—en relaciones de poder, manipulación y cosificación—es algo muy distinto. Garantizar que los aspectos vulnerables del ser humano pueden ser portadores de belleza no disminuye la exigencia ética de la propia responsabilidad en relación con esa vulnerabilidad. La vulnerabilidad de quien se abre a la fe y a la comunidad eclesial en busca de un sentido trascendente y de una vida impregnada por la buena noticia de Jesús viene marcada por la generosidad y el deseo de Dios. Esta apertura, es decir, esta vulnerabilidad compromete de manera vinculante a quienes interactúan con ella a respetar y proteger la integridad del otro sin manipular la intimidad expuesta y la generosidad de la búsqueda de una relación con la trascendencia, con el Trascendente.

El abuso sexual, el abuso de poder y la manipulación de las conciencias *vulneran* la integridad física, biográfica y psicológica de la víctima, así como su visión del mundo, sus creencias y sus valores. Esta forma de verse afectado no ocurre solo en personas con capacidad disminuida para consentir. Sucede a todos aquellos que, desde su vulnerabilidad, su actitud abierta y su permeabilidad, están dispuestos a confiar, amar y creer en el otro, en una relación que tiene sus raíces en valores trascendentes. Nuestra Iglesia se compone de esta realidad compartida de ser personas vulnerables. Todos—niños, jóvenes y adultos—estamos expuestos al abuso porque todos somos vulnerables.

Teniendo en cuenta lo anterior, considero que el término «adulto vulnerable» es peligroso. En el abuso sexual, de conciencia y de poder, el problema no es la vulnerabilidad de la víctima. El problema surge cuando en una determinada relación humana—por ejemplo, en un caso de asimetría de poder o de presunto control de la conciencia—se abusa de la vulnerabilidad antropológica común de uno de los presentes, transformando un eventual daño en lesión física o moral, a causa de su actitud abierta y confiada[18]. Tanto el abuso sexual como el no sexual no violan únicamente la integridad física del otro, sino también su integridad biográfica, psíquica y su visión del mundo, sus valores y creencias, y su vulnerabilidad radical. Asimismo, la existencia y el reconocimiento de esta realidad en el ámbito social agrava la vulnerabilidad de todo ser humano en la sociedad, produciendo escándalo, derrumbando la confianza y deslegitimando a líderes e instituciones.

La propia Iglesia, como estructura e institución humana, es también vulnerable y, por tanto, lábil, capaz de actuar sobre la vulnerabilidad de sus miembros dentro de todo el espectro que va desde los márgenes del amor a la violencia. Solo a partir de la crisis eclesial de abusos a menores y adultos en la que estamos inmersos, hemos empezado a comprender que la posibilidad de abusos y violencia puede darse en el seno de la Iglesia. Esta situación nos escandaliza porque no tiene nada que ver con la persona de Jesús y su forma de relacionarse y vivir, ni con el Evangelio que nos anunció como buena noticia para todo el mundo y para todos los tiempos, ni con la misión de la Iglesia de seguir a Jesucristo, resucitado y presente, especialmente en medio de la vulnerabilidad humana. Lo que impacta, junto con el narcisismo eclesial que ha llevado al encubrimiento sistemático o a la negación categórica de estos abusos, es la falta de preparación y de respuesta, que ha dejado a la Iglesia estructuralmente desprotegida[19].

---

[18] Véase, por ejemplo, Kathleen McPhillips, «"Soul Murder": Investigating Spiritual Trauma at the Royal Commission», *Journal of Australian Studies* 42 (2018): 231–242; Danielle M. McGraw, Marjan Ebadi, Constance Dalenberg, Vanessa Wu, Brandi Naish y Lisa Nunez, «Consequences of Abuse by Religious Authorities: A Review», *Traumatology* 25, núm. 4 (2019): 242-255; M. Benkert, Thomas P. Doyle, «Clericalism, Religious Duress and its Psychological Impact on Victims of Clergy Sexual Abuse», *Pastoral Psychology* 58 (2009): 223-238.

[19] Para una investigación muy sugerente sobre las sombras (en la línea de Carl Gustav Jung) de la Iglesia y el narcisismo eclesial, cf. Camilo Barrionuevo Durán, *Una Iglesia devorada por su propia sombra: Hacia una comprensión integral de la crisis de los abusos sexuales en la Iglesia Católica* (Santiago de Chile: Ediciones Universidad Alberto Hurtado, 2021).

El «control coercitivo en un contexto religioso»[20] (en este caso, abusos sexuales y no sexuales en contextos eclesiásticos) tiene una doble vertiente respecto a la vulnerabilidad humana. En primer lugar, no se produce porque la víctima del abuso sea una persona débil o disfuncional en algún aspecto, tal como en nuestro imaginario colectivo estamos acostumbrados a pensar, aunque muchas veces no lo verbalicemos. En segundo lugar, paradójicamente, el control eclesial coercitivo se produce a veces a partir de nuestras fortalezas como la generosidad descentrada, el deseo de dar la vida, el sentido que se encuentra en la fidelidad y la búsqueda de la voluntad de Dios. En este caso, el abuso conduce a una desposesión de uno mismo en beneficio del agresor, que crece en poder y control sobre la persona abusada.

Hay otros casos en los que lo que existe es una vulnerabilidad específica o situacional. Son personas en situaciones de especial vulnerabilidad debido a violaciones previas, condiciones de fragilidad física o mental, o biografías particularmente marcadas por el daño, la pobreza, la exclusión y la ausencia afectiva. De alguna manera, todos podríamos encontrarnos con estas dificultades en algún momento de la vida. En el caso de personas que experimentan una gran vulnerabilidad, lo que inquieta es que el abusador ejerce el control identificando esa vulnerabilidad, muchas veces bajo la apariencia de protegerla o acogerla; de este modo daña aún más a la víctima al manipular y cosificar esa vulnerabilidad y abusar de ella[21].

Como hemos señalado, la doble concepción de la vulnerabilidad, antropológica y situacional, exige el respeto a la integridad de todas las personas y una protección especial para quienes experimentan una mayor

---

[20] Lisa Oakley y Justin Humphreys, *Escaping the Maze of Spiritual Abuse: Creating Healthy Christian Cultures* (Londres: Society for Promoting Christian Knowledge, 2019).

[21] En su tesis doctoral sobre el emblemático «Caso Karadima» en Chile, Carlos Barria realiza un estudio exhaustivo de este *modus operandi*; véase Carlos Barria, «*Condiciones psíquico-institucionales de producción subjetiva y de violencia sexual presentes en el caso Karadima*» (tesis doctoral, Universidad de Chile, 2017), repositorio.uchile.cl/handle/2250/146182.

vulnerabilidad[22]. Esto significa que, en el caso de los protocolos y políticas de prevención de abusos—incluidos los no sexuales—puestos en marcha por muchos grupos, congregaciones o diócesis en la actualidad, debería hacerse explícita esta doble vulnerabilidad. En primer lugar, todos somos vulnerables al abuso sexual o de poder. Por consiguiente, se debe respetar y fomentar la integridad física, emocional y de conciencia de cada cristiano, de cada ser humano. En segundo lugar, se debe proteger explícitamente a los individuos o grupos que se encuentran en situaciones de mayor vulnerabilidad de cualquier posibilidad creciente de abuso.

Es cierto que, desde la perspectiva de la psicología clínica, formulada con criterios más relacionales y fenomenológicos, podrían permitirse ciertas distinciones a la hora de medir la fragilidad o fortaleza psíquica de cada persona (por ejemplo, con respecto a la coherencia, la estructuración y la unidad interna), que varía en función de diversas experiencias de apego o traumas de relaciones tempranas[23]. Por un lado, a partir de esta distinción podría decirse que hay adultos cuyas dinámicas relacionales son más frágiles y que pueden ser más vulnerables al abuso. Ahora bien, por otro lado, los diversos contextos relacionales eclesiales colocan a los creyentes en una situación de especial vulnerabilidad, sobre todo cuando se trata de las relaciones con el clero, que siguen siendo, para muchos, asimétricas. En el caso de los abusos eclesiales, esta vulnerabilidad se acentúa aún más por el modo en que lo sagrado se proyecta en el lenguaje performativo de la Iglesia católica y en sus miembros, en particular, el clero.

Sostengo, entonces, que el término «adultos vulnerables» es inapropiado, en primer lugar, porque todo adulto puede ser y *es*—en la realidad de la estructura eclesial clerical en la que vivimos hoy—vulnerable al abuso sexual y no sexual. En segundo lugar, es inapropiado porque

---

[22] UNESCO, *Declaración Universal sobre Bioética y Derechos Humanos*, 2005. Art. 8. unesdoc.unesco.org/ark:/48223/pf0000146180_spa.

[23] Véanse, por ejemplo, las teorías que van desde los distintos tipos de apego en John Bowlby, *Attachment and Loss*, vol. 1: *Attachment* (Nueva York: Basic Books, 1969), hasta las teorías de la resiliencia en Boris Cyrulnik, *Resilience: How Your Inner Strength Can Set You Free from the Past* (Londres: Penguin, 2011).

desplaza el foco de la responsabilidad del abuso cometido desde el agresor hacia la víctima. El mensaje que la expresión «adultos vulnerables» parece sugerir es «han abusado de ti porque, incluso siendo adulto, eres vulnerable. La manipulación, explotación o cosificación de la que has sido objeto es culpa de tu vulnerabilidad». Por último, referirse a «adultos vulnerables» es inadecuado porque estigmatiza, como cualquier intento de categorizar a las personas en grupos o poblaciones vulnerables, y aumenta el riesgo de paternalismo indebido, al incrementar la vulnerabilidad de las personas a los abusos.

Conclusión

A lo largo de este capítulo hemos visto cómo la vulnerabilidad humana universal y las vulnerabilidades situacionales pueden definirse de una nueva manera que rompe con el mito de la autonomía individual autosuficiente de la sociedad contemporánea. Esta forma de entender la vulnerabilidad conlleva una dimensión ética explícita: el respeto y la solidaridad en nuestra vulnerabilidad compartida y la protección y el fomento de la integridad de quienes se encuentran en situaciones de especial vulnerabilidad.

El abuso sexual de menores ha sido, desde hace al menos cinco décadas, motivo de un sufrimiento inconmensurable, de trauma y traición para miles de personas en todo el mundo. Ha sido también, como algunos han dicho, la mayor crisis eclesial desde la Reforma protestante. Ha sido ocasión de escándalo y deslegitimación de la fe cristiana en la sociedad civil. Mucho se ha escrito, se ha investigado científicamente y se ha redactado para reaccionar ante el abuso eclesial y prevenirlo.

El abuso no sexual no es ni una versión diluida del abuso sexual más grave ni un mero preludio de este. El abuso no sexual, dada la actual estructura de la Iglesia institucional, está tristemente extendido y silenciado, y sus huellas llevan consigo trauma, humillación, dolor y desprecio por la inaprensible subjetividad de todo ser humano. No se trata de meros actos autoritarios o narcisistas de una autoridad mal entendida, ni son perpetrados exclusivamente por «manzanas podridas» dentro de la comunidad eclesial. Estos abusos manifiestan dinámicas sistemáticas que se infiltran en nuestras estructuras organizativas, nuestras formas de relacionarnos con los demás y nuestras percepciones sobre cómo responder a lo que se considera sagrado, manchando el *ethos* institucional y perpetuando la violencia y las violaciones.

El Dios cristiano, el Padre de Jesús, es ciertamente un Dios enamorado de todo lo humano y, en particular, de la belleza de la vulnerabilidad humana, entendida como la hemos venido definiendo. De ahí que esta apertura inherente, aunque nos exponga a ser heridos, haga posible la solidaridad, el amor, la ternura y la compasión. Como Iglesia, ya sean comunidades eclesiales o estructuras jerárquicas, estamos fallando cuando no somos capaces de velar por la integridad de cada ser humano, reconociendo su fragilidad, sus deseos, sus necesidades y la belleza sagrada que conlleva su búsqueda de felicidad y plenitud. Cuando abusamos del modo más despreciable de las situaciones particulares y concretas de vulnerabilidad en que se encuentran mujeres y hombres, niños y jóvenes, estamos traicionando la alianza y la misión mediante la cual Dios nos ha hecho partícipes de la vida de Jesucristo, especialmente presente en cada una de las víctimas y supervivientes.

> Puede discutirse y de hecho se discute filosóficamente
> si el ser humano goza de una dignidad especial en el conjunto de la naturaleza.
> Se discute si su lugar preeminente en el conjunto del cosmos es verídico o una simple reivindicación gremial,
> pero lo que no entra en el terreno de la discusión es su radical vulnerabilidad.
> Lo que nos une a los seres humanos, a todos los seres humanos,
> más allá de las evidentes diferencias, es la vulnerabilidad[24].

---

[24] Francesc Torralba, *Ética del Cuidar: Fundamentos, contextos y problemas* (Madrid: Institut Borja de Bioètica – Fundación Mapfre Medicina, 2002), 247.

Vulnerabilidad, abuso eclesial y «adultos vulnerables»

Carolina Montero Orphanopoulos tiene un máster en Bioética y es doctora en Teología Moral por la Universidad Pontificia de Comillas (Madrid). Su tesis doctoral, *Vulnerabilidad: hacia una ética más humana*, representa un esfuerzo interdisciplinar por articular una ética teológica cristiana antropológicamente centrada en la vulnerabilidad humana; fue publicada en Madrid por la Editorial Dykinson en marzo de 2022. Por vocación y por formación, su razonamiento ético y su enseñanza se nutren del diálogo con otras disciplinas (por ejemplo, la teología, la filosofía y la psicología). Actualmente es investigadora académica del Instituto de Teología Egidio Viganó de la Universidad Católica Silva Henríquez (Chile). Sus líneas de investigación actuales son la religión y el poder, las mujeres y la sinodalidad, la ética y las emociones, y la bioética global. Es miembro del consejo editorial del Centro Teológico Manuel Larraín y de la *Revista Iberoamericana de Bioética* desde 2016. Es también miembro colaborador de la red internacional Ética Teológica Católica en la Iglesia Mundial.

Capítulo 3: La teología del fracaso según John Navone, SJ, y su importancia para la espiritualidad del papa Francisco a la luz de la misión pastoral de la Iglesia en favor de las víctimas/supervivientes de abusos

Dawn Eden Goldstein

En el ministerio pastoral «a las personas hay que acompañarlas, las heridas necesitan curación»[1]. Estas palabras del papa Francisco, pronunciadas en su primera entrevista importante como pontífice, dan testimonio de la prioridad que ha dado en su pontificado a abordar el sufrimiento en sus diversas formas. Además, tanto antes como durante su pontificado, Francisco ha propuesto una espiritualidad del sufrimiento que puede ofrecer una orientación a las víctimas/supervivientes de abusos sexuales y a quienes las acompañan pastoralmente.

Francisco ha reconocido que algunas de las ideas que presenta en su espiritualidad del sufrimiento están inspiradas en la obra de un compañero jesuita. Cuando era arzobispo de Buenos Aires, dijo a sus biógrafos que las ideas de John Navone, SJ, en *Triumph through Failure*, sobre la paciencia de Cristo, le llevaron a entender la paciencia como una experiencia límite que permite a quienes la soportan alcanzar la verdadera madurez[2].

---

[1] P. Antonio Spadaro, «Entrevista al papa Francisco del padre Antonio Spadaro», 21 de septiembre de 2013, www.vatican.va/content/francesco/es/speeches/2013/september/documents/papa-francesco_20130921_intervista-spadaro.html.

[2] John Navone, SJ (1930-2016), fue profesor de Teología en la Pontificia Universidad Gregoriana. Los comentarios del arzobispo Jorge Bergoglio sobre la influencia de Navone aparecen en Francesca Ambrogetti y Sergio Rubin, *Pope Francis: His Life in His Own Words*, trad. Laura Dail Literary Agency (Nueva York: G.P. Putnam & Sons, 2013), 71-72. La edición del libro de Navone que leyó Francisco fue John Navone, *Teologia del Fallimento* (Roma: Pontificia Università Gregoriana, 1988), la traducción al italiano de *Triumph through Failure: A Theology of the Cross* (Homebush, Australia: St. Paul's Publications, 1984), que es a su vez una edición ampliada de *A Theology of Failure* (Nueva York: Paulist Press, 1974). Véase Jorge Mario Bergoglio, *Open Mind, Faithful Heart* (Nueva York: Crossroad, 2013), 297, n. 19,

También siendo arzobispo, Francisco publicó una reflexión, «El fracaso de Jesús», en la que reconoce abiertamente haber adaptado algunas ideas de *Triumph through Failure*[3].

Frases, imágenes y conceptos de dicho libro aparecen también en las enseñanzas papales de Francisco sobre el significado espiritual del sufrimiento. Aunque muchas de las similitudes entre las espiritualidades de los dos autores pueden atribuirse a su legado ignaciano común, existen numerosos pasajes en los escritos de Francisco en los que parece desarrollar claramente ideas del citado libro o inspirarse en ellas.

En este artículo analizo cómo Francisco ha utilizado ideas de *Triumph through Failure* para desarrollar una espiritualidad del sufrimiento que puede ayudar a la misión pastoral de la Iglesia católica, dirigida a quienes viven con las heridas espirituales causadas por los abusos sexuales. En primer lugar, identifico los conceptos de los *Ejercicios espirituales* de san Ignacio de Loyola que Francisco utiliza en su espiritualidad del sufrimiento. Esto arrojará luz sobre el prisma a través del cual Francisco lee a Navone, quien, como el papa, se formó en la tradición espiritual jesuita. A continuación, esbozo los principales conceptos de *Triumph through Failure* que Francisco ha integrado en su propia espiritualidad del sufrimiento. Concluyo con una reflexión sobre el significado que las ideas de Navone y la adaptación que Francisco hace de ellas tienen para mí, en cuanto víctima/superviviente de abusos sexuales en la infancia.

Fundamentos ignacianos de la espiritualidad del sufrimiento según Francisco

Respecto a la espiritualidad del sufrimiento, el papa Francisco pone mucho énfasis en que todo cristiano debe esforzarse en purificar su memoria. El

---

donde Bergoglio cita la edición de 1988 de *Teologia del Fallimento*. Para la versión española, sigo Jorge M. Bergoglio, *Mente abierta, corazón creyente* (Madrid: Publicaciones Claretianas, 2013), aquí 225, n. 26 (N. de la T.).

[3] Bergoglio, *Mente abierta*, 225, n. 26: «Sobre el tema del fracaso de Jesús, he tomado algunas ideas del capítulo 3 de la obra de John Navone, *Teologia del Fallimento*».

papa habla de la memoria en términos que sugieren un espacio sagrado o, puesto que elegimos qué recordamos y cómo, un espacio que tendría que ser sagrado. Según Francisco, debemos ofrecer nuestra memoria al Padre, por medio del Espíritu Santo, para que el Padre haga de ella un lugar privilegiado de encuentro con Cristo.

En su primera gran entrevista como papa, Francisco, hablando con el editor de *Civiltà Cattolica*, Antonio Spadaro, SJ, se refirió al papel de la memoria en los *Ejercicios espirituales*. Habló del tema en respuesta a una pregunta sobre su método preferido de oración.

> La oración es para mí siempre una oración «memoriosa», llena de memoria, de recuerdos, incluso de memoria de mi historia [...] Para mí se trata de la memoria de la que habla san Ignacio en la primera semana de los *Ejercicios*, en el encuentro misericordioso con Cristo crucificado. Y me pregunto: «¿Qué he hecho yo por Cristo? ¿Qué hago por Cristo? ¿Qué debo hacer por Cristo?». Es la memoria de la que habla Ignacio en la «Contemplación para alcanzar amor», cuando nos pide que traigamos a la memoria los beneficios recibidos[4].

Francisco describió entonces cómo Dios, concretamente Dios Padre, a través del vehículo de la memoria (tanto la de Dios como la de los fieles), revela a los fieles su identidad en Cristo:

> Pero, sobre todo, sé que el Señor me tiene en su memoria. Yo puedo olvidarme de Él, pero yo sé que Él jamás se olvida de mí. La memoria funda radicalmente el corazón del jesuita: es la memoria de la gracia, la memoria de la que se habla en el Deuteronomio, la memoria de las acciones de Dios que están en la base de la alianza entre Dios y su pueblo. Esta es la memoria que me hace hijo y que me hace también ser padre[5].

De este modo, el papa destacó tres aspectos de los *Ejercicios espirituales*, a

---

[4] Spadaro, «Entrevista al papa Francisco».
[5] Spadaro, «Entrevista al papa Francisco».

saber: (1) el papel de la memoria para facilitar el encuentro con Cristo, (2) el «encuentro con el misericordioso Cristo crucificado», y (3) la *Contemplatio ad amorem* (el nombre latino de la «Contemplación para alcanzar amor»)[6]. Merece la pena dedicar un momento a examinar más de cerca cómo entiende Francisco estos aspectos.

El papel de la memoria

Cuando Francisco habló con Spadaro del papel de la memoria para facilitar el encuentro con Cristo, expresó ideas que había empezado a desarrollar muchos años antes. En un discurso de 1978 a una congregación provincial de la Compañía de Jesús en Argentina, el entonces padre Jorge Bergoglio, SJ, afirmó: «es la memoria quien funda radicalmente el corazón del jesuita. Cuando S. Ignacio nos dice "traer a la memoria..." [en la *Contemplatio ad amorem* (*Ejercicios espirituales*, núm. 234)], nos habla de recuperar una historia de gracia»[7].

Con las siguientes palabras, Bergoglio identificó el recuerdo ignaciano con el recuerdo de la misericordia de Dios:

> [Las gracias], por nuestra condición de pecadores, son siempre gracias de misericordia. La conciencia de estar fundados en la paternal misericordia del Señor, que nos hace hijos, nos funda como padres. El deseo de S. Ignacio de que fuéramos familiares con Dios tiene también para mí este sentido: el jesuita familiar con Dios es el que puede ser hijo, hermano y padre[8].

Así pues, vemos que, para Bergoglio, cuando los cristianos, en actitud de oración y meditación, hacen un acto de memoria ignaciana, ese acto les

---

[6] Spadaro, «Entrevista al papa Francisco».

[7] Jorge Mario Bergoglio, «Holding the Tensions», *Studies in the Spirituality of Jesuits* 45, núm. 3 (2013): 25. Sigo la siguiente versión española: Jorge M. Bergoglio, «Sobrellevar las antinomias», en *Meditaciones para religiosos* (Buenos Aires: Ediciones Diego de Torres, 1982), aquí 59 (N. de la T.).

[8] Bergoglio, «Sobrellevar las antinomias», 59.

permite recordar su historia personal dentro del contexto global de la misericordia divina. De esta forma, basan su autoconocimiento en su identidad en Cristo. Francisco introdujo esta concepción de la memoria en *Lumen fidei*, núm. 38: «El conocimiento de uno mismo solo es posible cuando participamos en una memoria más grande».

El encuentro con Cristo crucificado

Los ejemplos de oración ignaciana que Francisco cita en la entrevista de Spadaro son efectivamente los colofones de los *Ejercicios espirituales*: el encuentro con Cristo crucificado (con el autocuestionamiento que Francisco menciona) tiene lugar en la primera meditación, y la *Contemplatio ad amorem* es la meditación final del manuscrito de Ignacio[9]. Juntos forman el marco espiritual en el que el ejercitante abre su mente y su corazón a la guía del Espíritu Santo.

«Imaginando a Cristo nuestro Señor delante y puesto en cruz» (*Ejercicios espirituales*, núm. 53)[10]. Esas palabras de la primera meditación señalan la primera de las muchas veces que en los *Ejercicios espirituales* Ignacio invita a los ejercitantes a imaginarse cara a cara con Jesús. Incluso se podría decir que todo el programa de los *Ejercicios* está diseñado para permitir a los participantes encontrarse directamente con Cristo en el momento presente. Entonces, ¿por qué Francisco, al hablar del «encuentro con el misericordioso Cristo crucificado», habla de esa meditación principalmente en términos de recordar algo que es pasado? ¿Por qué la llama «oración llena de memoria»?

---

[9] Ignacio sitúa la *Contemplatio* fuera de la estructura de cuatro semanas de los ejercicios, una decisión que dio lugar a disputas entre los primeros comentaristas sobre en qué momento de las cuatro semanas debía realizarse. En la actualidad, hay un acuerdo general en que debe realizarse en la última semana de los ejercicios. Véase la nota de George Ganss en *Ignatius of Loyola: The Spiritual Exercises and Selected Works* (Nueva York: Paulist Press, 1991), 418; también Giles Cusson, *Biblical Theology and the Spiritual Exercises* (St. Louis: Institute of Jesuit Sources, 1988), 312-315.

[10] Todas las citas de los *Ejercicios espirituales* están tomadas de San Ignacio de Loyola, *The Spiritual Exercises of St. Ignatius*, trad. Louis J. Puhl (Chicago: Loyola Press, 2010).

Para responder a esta pregunta, es útil considerar otra afirmación que Francisco hizo en la entrevista de Spadaro y que revela su modo de entender el recuerdo ignaciano como «recuperar una historia de gracia»[11]. Dijo: «Hay que embarcarse en la aventura de la búsqueda del encuentro y del dejarse buscar y dejarse encontrar por Dios. Porque Dios está primero, está siempre primero, Dios *primerea*»[12]. El énfasis de Francisco en la prevalencia de la acción de Dios es característico del concepto ignaciano del amor humano como respuesta a la iniciativa divina[13]. Lo que es importante para nuestro propósito es que sus escritos y declaraciones, tanto antes como durante su papado, indican que relaciona este concepto con el recuerdo ignaciano. Según él, nuestro encuentro con Dios nos permite ver cómo Dios ya ha estado presente a lo largo de nuestras vidas. Por ello, Francisco dijo en una reflexión antes de ser papa que, aunque la oración incluye el recuerdo de la historia de la salvación,

> a la vez, hay una superación, pues ve en el hecho divino singular una constante que se ofrece como clave de lectura para el presente, y como una promesa abierta hacia el futuro. [...] De ahí que la carne humana, cuando se pone en oración, rescate la memoria. Nuestra carne es memoriosa. Y la memoria de la Iglesia es precisamente la memoria de la carne sufriente de Dios, la memoria de la pasión del Señor, la oración eucarística[14].

La propia experiencia de Francisco de la «memoria de la carne sufriente de Dios» está muy influenciada por una oración de la primera semana de los *Ejercicios espirituales* que, aunque no fue escrita por Ignacio, ha llegado a

---

[11] Bergoglio, «Sobrellevar las antinomias», 59.

[12] Spadaro, «Entrevista al papa Francisco». El papa ha señalado este punto en múltiples ocasiones. Véase, por ejemplo, Ambrogetti y Rubin, *Pope Francis*, 41; Ivereigh, *The Great Reformer*, 13; Silvina Premat, «The Attraction of the Cardinal», *Traces*, julio de 2001, archivio.traces-cl.com/Giu2001/argent.htm.

[13] Véase, por ejemplo, Bernard Lonergan, *Method in Theology* (Nueva York: Herder and Herder, 1972), 123.

[14] Bergoglio, *Mente abierta*, 201.

identificarse con la espiritualidad ignaciana: el *Anima Christi*. En su discurso a la congregación provincial de los jesuitas, Bergoglio señaló que «en el *Anima Christi*, [Ignacio] nos ha puesto en contacto con el cuerpo santificador del Señor hasta escondernos en sus llagas y curar así nuestras llagas y postemas»[15]. Como arzobispo y como papa, continuará incorporando el *Anima Christi* a sus reflexiones[16].

Contemplatio ad amorem (*Contemplación para alcanzar amor*)

La *Contemplatio ad amorem* es una meditación totalmente dirigida a llevar al ejercitante a una mayor gratitud hacia Dios y, por lo tanto, a un mayor amor hacia Él. Ignacio la divide en cuatro puntos, cada uno de los cuales comienza con una contemplación de Dios como donador: (1) dador de todo lo que el ejercitante ha recibido personalmente; (2) dador de la creación misma y de la vida a todas las criaturas; (3) dador de su propia obra, trabajando para el ejercitante «en todas las criaturas sobre la faz de la tierra», y (4) dador de «todas las bendiciones y dones» (*Ejercicios espirituales*, núm. 234-237). De este modo, Ignacio lleva al ejercitante a vislumbrar un círculo cada vez más amplio de acción de gracias, que comienza con lo personal y termina con lo universal. Seguramente por esta razón Francisco cita esta meditación como el ejemplo por excelencia del recuerdo ignaciano, «recuperar una historia de gracia»[17], ya que une la historia personal con la historia de la salvación.

Dentro de cada uno de los puntos de contemplación del ejercicio, después de realizar el recuerdo prescrito, el ejercitante reza la oración conocida por su primera palabra en latín como el *suscipe*: «Toma, Señor, y recibe mi libertad, mi memoria, mi entendimiento y toda mi voluntad». La palabra *suscipe* es un imperativo presente singular, voz activa, de

---

[15] Bergoglio, «Sobrellevar las antinomias», 61.
[16] Véase, por ejemplo, Bergoglio, *Mente abierta*, 230 y Francisco, «Misa papal para la toma de posesión de la cátedra del obispo de Roma», 7 de abril de 2013, www.vatican.va/content/francesco/es/homilies/2013/documents/papa-francesco_20130407_omelia-possesso-cattedra-laterano.html.
[17] Bergoglio, «Sobrellevar las antinomias», 59.

suscipere, que significa «tomar, coger, levantar [o] recibir»[18]. En el contexto de la oración, denota, por tanto, la ofrenda de uno mismo que tiene connotaciones eucarísticas. (De hecho, la liturgia eucarística de la época de Ignacio empleaba una forma de la palabra *suscipe* en el ofertorio; también aparece en el texto latino del ofertorio actual).

Francisco está muy sensibilizado con el aspecto eucarístico del *suscipe.* Dirigiéndose a sus compañeros jesuitas en la congregación provincial, dijo que, cuando rezamos nuestro propio *suscipe,* «[e]s el trasfondo eucarístico de nuestra piedad; es el seguimiento de Jesús allí donde Él se ha hecho todo acción de gracias al Padre que está en los cielos»[19].

El sacrificio que hace el ejercitante comienza, como hemos visto, con su libertad y luego se extiende a sus facultades mentales, que Ignacio enumera como memoria, intelecto y voluntad; son las facultades a través de las cuales la mente humana constituye una imagen de la Trinidad, según san Agustín[20]. Francisco, en una homilía para la solemnidad del *Corpus Christi,* afirmó que los fundamentos de esta ofrenda de uno mismo están íntimamente relacionados. Mencionó la lectura del Deuteronomio del día, en la que Moisés recuerda a los israelitas cómo el Señor, después de liberarlos de la esclavitud en Egipto, proveyó para ellos durante los cuarenta años en que fueron conducidos por el desierto a la Tierra Prometida: «El Señor, tu Dios […] te alimentó con el maná, que tú no conocías» (Dt. 8,2-3). Así, dijo Francisco:

> Las Escrituras exhortan a recordar, a hacer memoria de todo el camino recorrido en el desierto, en el tiempo de la carestía y del desaliento. La invitación es volver a lo esencial, a la experiencia de la total dependencia de Dios, cuando la supervivencia estaba confiada a su mano, para que el hombre comprendiera que «no solo de pan vive el hombre, sino … de

---

[18] T. Charlton Lewis, «Suscipio», en *An Elementary Latin Dictionary* (Nueva York: American Book Company, 1890), www.perseus.tufts.edu.
[19] Bergoglio, «Sobrellevar las antinomias», 61–62.
[20] Véase Agustín, *De Trinitate,* 10.11.

todo cuanto sale de la boca de Dios» (Dt. 8,3)[21].

Si soñamos con otros alimentos que no sean el pan de vida, añadió Francisco, somos «como los judíos en el desierto, que añoraban la carne y las cebollas que comían en Egipto, pero olvidaban que esos alimentos los comían en la mesa de la esclavitud. Ellos, en esos momentos de tentación, tenían memoria, pero una memoria enferma, una memoria selectiva. Una memoria esclava, no libre»[22].

Las palabras del papa plantean un reto especial para el oyente cuya historia personal incluye remordimientos o resentimientos. Si nos han herido o hemos soportado otro tipo de dificultades, podemos sentir la tentación de la autocompasión, la desesperación o la ira. ¿Cómo podemos escapar a estos pensamientos, basados en nuestras experiencias pasadas? Al pronunciar la homilía, Francisco pareció reconocer este desafío, pues procedió a ofrecer una solución. Exhortó a los fieles a optar por recordar su encuentro con el Padre, que «nos dice: "Te he alimentado con el maná que tú no conocías"». «Esta es la tarea», dijo, «recuperar la memoria», la memoria que nos lleva a «nuestro maná, mediante el cual el Señor se nos da a sí mismo»[23].

La influencia de John Navone, SJ, en la espiritualidad del sufrimiento según Francisco

En la entrevista en la que reconoció que la obra *Triumph through Failure* de Navone le había llevado a entender la paciencia de Jesús y su «fracaso», el entonces arzobispo Bergoglio dijo que a menudo utilizaba la expresión «viajar a través de la paciencia». «En la experiencia del límite, en el diálogo con el límite, se fragua la paciencia. A veces la vida nos lleva, no a "hacer",

---

[21] Papa Francisco, «Santa Misa en la solemnidad del *Corpus Christi*», 19 de junio de 2014, www.vatican.va/content/francesco/es/homilies/2014/documents/papa-francesco_20140619 _omelia-corpus-domini.html.
[22] Francisco, «Santa Misa en la solemnidad del *Corpus Christi*».
[23] Francisco, «Santa Misa en la solemnidad del *Corpus Christi*».

sino a "padecer", soportando, sobrellevando (del griego *hypomoné*) nuestras propias limitaciones y las de los demás»[24].

La importancia del libro de Navone para la visión de Francisco sobre la paciencia se extiende a otros aspectos de su espiritualidad del sufrimiento. En esta sección, analizo cómo Francisco desarrolla las ideas de *Triumph through Failure* en relación con tres temas teológicos: (1) el «fracaso» de Jesús, (2) el papel liberador de la memoria y (3) la realidad de la resurrección.

El «fracaso» de Jesús

En la teología de Navone, el «fracaso» es una sinécdoque de todos los efectos del mal físico y moral, *malum culpae* y *malum poenae*, que resultan de la finitud humana[25]. Así, al referirse a la pasión y muerte de Jesús como su «fracaso», Navone subraya que Jesús, mediante su acto redentor, «ha abrazado y elevado la finitud humana», con todas sus consecuencias negativas[26]. Lo que esto significa para la persona es que

> el fracaso, ya sea culpable o no culpable, siempre puede ser redimido en una especie de *felix culpa* a través del poder transformador del amor. Esta es la lección de la cruz, donde el símbolo mismo del fracaso y de la muerte se ha transformado en símbolo de amor y de vida. El amor supera el fracaso invirtiendo su significado, dándole un sentido nuevo, positivo, redentor, que se convierte en el mensaje y la buena nueva de los discípulos de Jesús[27].

---

[24] Véase Francesca Ambrogetti y Sergio Rubin, *El Jesuita: Conversaciones con el cardenal Jorge Bergoglio, SJ* (Buenos Aires: Vergara, 2010), 69.

[25] Por ejemplo, la primera línea del capítulo 1 de *Triumph through Failure: A Theology of the Cross* (Eugene, OR: Wipf & Stock, 2014), 9, dice así: «El fracaso, sea culpable o no culpable, es una experiencia humana universal». Otras nueve veces en el libro, Navone habla del fracaso en términos que engloban tanto el fracaso culpable como el no culpable; véase Navone, *Triumph through Failure*, 9, 10, 14, 21, 24, 32, 53, 88, 103.

[26] Navone, *Triumph through Failure*, 28.

[27] Navone, *Triumph through Failure*, 21–22.

El relato de Navone según el cual la cruz da un «sentido nuevo, positivo, redentor» al sufrimiento evoca el Concilio Vaticano II en *Gaudium et spes*, núm. 22, donde refiriéndose a Cristo se dice: «Padeciendo por nosotros, nos dio ejemplo para seguir sus pasos y, además, abrió el camino, con cuyo seguimiento la vida y la muerte se santifican y adquieren nuevo sentido».

El papa Francisco, en su primer mensaje para la Jornada Mundial del Enfermo, pareció inspirarse tanto en el Concilio como en Navone, al escribir:

> El Hijo de Dios hecho hombre no ha eliminado de la experiencia humana la enfermedad y el sufrimiento, sino que, tomándolos sobre sí, los ha transformado y delimitado. Delimitado, porque ya no tienen la última palabra que, por el contrario, es la vida nueva en plenitud; transformado, porque en unión con Cristo, de experiencias negativas, pueden llegar a ser positivas[28].

Otro punto de *Triumph through Failure* que Francisco parece haber asimilado es el relato de Navone sobre la intervención del Padre en el momento del «fracaso» de Jesús. Al referirse a «la fuerza transformadora del amor»[29] que da sentido al sufrimiento, Navone quiso hacer reflexionar a los lectores sobre cómo el Padre aceptó la entrega de Jesús. Señala: «El fracaso es una invitación y un desafío al amor. Es un grito de amor que se plasma en la pregunta de Jesús agonizante: "Dios mío, Dios mío, ¿por qué me has abandonado?"»[30] Por eso, escribió: «la resurrección de Jesús es la luz después de la oscuridad del fracaso; es la respuesta de amor del Padre al grito de Jesús en el calvario»[31].

Francisco también ve la resurrección como la respuesta del Padre a la llamada de Jesús desde lo más profundo. En una audiencia general de 2014,

---

[28] Papa Francisco, «Mensaje con ocasión de la XXII Jornada Mundial del Enfermo», 6 de diciembre de 2013, www.vatican.va/content/francesco/es/messages/sick/documents/papa-francesco_20131206_giornata-malato.html.
[29] Navone, *Triumph through Failure*, 21-22.
[30] Navone, *Triumph through Failure*, 24.
[31] Navone, *Triumph through Failure*, 24.

afirmó: «Cuando todo parece perdido, [...] es entonces cuando Dios interviene con el poder de la resurrección. La resurrección de Jesús no es el final feliz de un hermoso cuento, no es el *happy end* de una película; sino la intervención de Dios Padre allí donde se rompe la esperanza humana»[32]. Al contrastar la intervención de Dios con un «final feliz», el papa subraya que la resurrección de Jesús no es el final, sino que más bien muestra lo que Dios pretende hacer a través de Jesús por cada uno de nosotros, si, como Jesús, estamos dispuestos a soportar la humillación, el fracaso y la muerte por la mayor gloria de Dios.

Así pues, según Francisco, nuestros momentos de mayor debilidad se convierten en oportunidades privilegiadas para la *sequela Christi*. «Cuando en ciertos momentos de la vida no encontramos algún camino de salida para nuestras dificultades», dijo en una audiencia general, «[...] es el momento de nuestra humillación y despojo total, la hora en la que experimentamos que somos frágiles y pecadores. Es precisamente entonces, en ese momento, que no debemos ocultar nuestro fracaso, sino abrirnos confiados a la esperanza en Dios, como hizo Jesús»[33].

El papel liberador de la memoria

En un capítulo titulado «The Remembering that Transcends Failure», Navone afirma que «recordar es esencial para el pueblo de Dios»[34]. Llama la atención sobre la acción polivalente de la memoria divina: «Dios recuerda a ciertas personas y les muestra su gracia y misericordia (Gn. 8,1; 19,29; 30,22; Ex. 32,13; 1 Sam. 1,11.19; 25,31). Su recuerdo es un acontecimiento eficaz y creativo, que permite al hombre recordar a Dios»[35]. Navone explica que, por medio del Espíritu Santo, la memoria se convierte en campo de acción para el encuentro con Cristo. «Cristo está realmente presente en el pueblo de Dios porque su Espíritu Santo les hace

---

[32] Papa Francisco, «Audiencia General», 16 de abril de 2014, www.vatican.va/content/francesco/es/audiences/2014/documents/papa-francesco_20140416_udienza-generale.html.
[33] Francisco, «Audiencia General».
[34] Navone, *Triumph through Failure*, 144.
[35] Navone, *Triumph through Failure*, 199, n. 1.

recordar su presencia»[36]. Para iluminar este papel liberador del recuerdo, Navone estudia las referencias a la memoria en el Antiguo y el Nuevo Testamento. Constata que, «a lo largo del Antiguo Testamento, Dios, como Moisés, David y Nehemías, anima a Israel a recordar [...]. El futuro de Israel era prometedor a condición de que recordara un camino de promesas»[37].

Pasando a los Evangelios, Navone escribe que «los modelos que utiliza el Antiguo Testamento para expresar el recuerdo continúan en el Nuevo Testamento»[38]. Entre los ejemplos que cita está el del encuentro de las mujeres con el ángel en la tumba de Jesús:

> En el relato lucano de la resurrección, la fe en el Señor resucitado está vinculada a la obligación de recordar sus palabras, cuando el ángel ordena: «Recordad que él os habló de esto cuando aún estaba en Galilea. Ya os dijo entonces que el Hijo del hombre tenía que ser entregado en manos de pecadores y que iban a crucificarlo, pero que resucitaría al tercer día» (Lc. 24,6). Las mujeres que habían acudido al sepulcro de Cristo obedecen el mandato: «Ellas recordaron, en efecto, las palabras de Jesús y, regresando del sepulcro, llevaron la noticia a los once y a todos los demás» (Lc. 24,8–9)[39].

Escribe Navone: «Lucas reconoce el recuerdo del Señor como la gracia de la salvación que permite la entrada del pecador en el reino de Dios, así como la obligación del cristiano de recordar las palabras del Señor, como requisito previo para comunicar el misterio de la resurrección y participar en él»[40].

El papa Francisco, comentando el mismo pasaje de la Escritura en una homilía de la Vigilia Pascual, llega a una conclusión similar sobre el papel liberador de la memoria. Hablando sobre las mujeres junto al sepulcro, dice

---

[36] Navone, *Triumph through Failure*, 147, cursiva en el original.
[37] Navone, *Triumph through Failure*, 150–151.
[38] Navone, *Triumph through Failure*, 152.
[39] Navone, *Triumph through Failure*, 152–153, cursiva en el original.
[40] Navone, *Triumph through Failure*, 153.

estas palabras:

> Esto es la invitación a *hacer memoria* del encuentro con Jesús, de sus palabras, sus gestos, su vida; este recordar con amor la experiencia con el Maestro, es lo que hace que las mujeres superen todo temor y que lleven la proclamación de la Resurrección a los Apóstoles y a todos los otros[41].

La realidad de la resurrección

Hemos visto que la enseñanza católica sobre la humanidad redentora de Jesús y la realidad de su resurrección son importantes para la teología de Francisco respecto al sufrimiento y la redención, porque orientan al cristiano hacia la imitación de Cristo. Por ello es significativo que el capítulo «Jesus' Response to Failure» de *Triumph through Failure*, que Francisco reconoció como fuente de sus propias reflexiones[42], trate específicamente estos temas.

En ese capítulo, Navone escribe: «La teología del fracaso contrarresta la tendencia a minimizar la humanidad y la condición histórica de Jesús»[43]. A continuación, afirma que esta tendencia, que se manifestó en grado extremo en la herejía docetista, sigue entre nosotros:

> En sus formas más sutiles, los cristianos cuyas creencias son por lo demás ortodoxas vacilan en atribuir a Jesús aquellos aspectos de lo humano que en sociedades más refinadas se consideran groseros o indecorosos [...]. Que el Jesús histórico murió como un fracasado y que su muerte fue la de un malhechor avergonzado y deshonrado públicamente son elementos de la historia que los neodocetistas rehúyen[44].

Bergoglio, en «El fracaso de Jesús», se basó en los argumentos de Navone:

---

[41] Francisco, «Homilía de la Vigilia Pascual», 30 de marzo de 2013, www.vatican.va/content/francesco/es/homilies/2013/documents/papa-francesco_20130330_veglia-pasquale.html.
[42] Bergoglio, *Mente abierta*, 225, n. 26.
[43] Navone, *Triumph through Failure*, 44.
[44] Navone, *Triumph through Failure*, 44.

Hay que «tocar» la carne de Jesús. Existen otras maneras «educadas» de evitar el «escándalo», pero esto sería precisamente negar la carne de Jesús en este fracaso: se trata del neodocetismo ilustrado tan cotidiano en nuestras élites eclesiales, en nuestras izquierdas ateizantes y en nuestras derechas descreídas[45].

Bergoglio reforzó su crítica al «neodocetismo ilustrado» afirmando que las «élites eclesiales» se autoexcluyen de la llamada de Jesús a practicar las bienaventuranzas, que se refieren sobre todo a «los fracasos que experimenta la gente sencilla»; al escuchar el mensaje de Jesús, «[las élites exquisitas] saben fruncir la nariz ante el fracaso, se escandalizan»[46]. Y, lo más importante, dijo el arzobispo:

Son neodocetistas y, en el fondo, tampoco están muy convencidas de que Jesús, el Cristo, está vivo con su cuerpo, está resucitado. A lo más, aceptan una resurrección más cercana al concepto bultmaniano o una resurrección espiritualista... simplemente porque negaron la carne de Cristo al no aceptar el fracaso[47].

En otras palabras, según Bergoglio, negar la realidad del «fracaso» de Cristo —es decir, su «completa humillación»[48]— es negar su resurrección.

Los paralelismos entre las reflexiones de Navone sobre los «neodocetistas» y las ya señaladas por Bergoglio son evidentes. Ambos identifican a los exponentes modernos de la herejía con élites cristianas escandalizadas por el «fracaso» de Jesús. Hay, sin embargo, una sutil diferencia de énfasis. Mientras que Navone trata de contrarrestar «la tendencia a minimizar la humanidad y la condición histórica de Jesús»[49], Bergoglio persigue un objetivo más específico: desea identificar el error de

---

[45] Véase Bergoglio, *Mente abierta*, 226-227.
[46] Bergoglio, *Mente abierta*, 227.
[47] Bergoglio, *Mente abierta*, 227.
[48] Francisco, «Audiencia General».
[49] Navone, *Triumph through Failure*, 44.

quienes básicamente no creen que «Jesús, el Cristo, está vivo con su cuerpo, está resucitado»[50].

Al mismo tiempo, el mensaje principal de Bergoglio —sin el «fracaso» de Jesús, no puede haber resurrección— es igualmente crucial en las reflexiones que hace Navone en «Jesus' Response to Failure», ya que sirve de base a su argumento según el cual la esperanza escatológica no entra en conflicto con la misión sanadora de la Iglesia, sino que más bien la posibilita. Navone señaló: «La teología del fracaso no fomenta el fatalismo, la pasividad, la indiferencia ante el mundo; afirma más bien que el hombre que no puede entregar libremente su vida es aquel cuyos ideales y valores ya están comprometidos»[51]. De ahí que Navone escribiera:

> La teología del fracaso, basada en el redescubrimiento del fracaso histórico de Cristo (la cruz) y la confianza en una solución divina (la resurrección), tiene una gran repercusión en el fermento revolucionario actual en todo el mundo, con el anhelo de una nueva sociedad basada en la justicia social y la paz [...]. Una teología así debe recordarnos que no hay cristianismo auténtico sin la voluntad de arriesgarse a fracasar y que intentar aislarnos de la posibilidad del fracaso es una traición al espíritu cristiano, de modo que nuestra actitud hacia el fracaso mide el grado de nuestra autotrascendencia en Cristo[52].

La idea central de la argumentación de Navone, e incluso algunas de sus expresiones («solución divina», «fermento revolucionario»), encuentran eco en un pasaje de «El fracaso de Jesús» de Bergoglio:

> Precisamente es en la cruz donde Jesús asume definitivamente el fracaso y el mal; y los trasciende [...]. Jesús muere como un fracasado. En él alcanzan su plenitud las situaciones momentáneas o coyunturales y parciales, que son fracasos en el Antiguo Testamento [...]. Ahora solo queda una solución: la solución divina, en este caso la resurrección como

---

[50] Bergoglio, *Mente abierta*, 227.
[51] Navone, *Triumph through Failure*, 43.
[52] Navone, *Triumph through Failure*, 43–44.

fermento revolucionario. Esto quiere decir que un cristiano tiene que incorporar en su vida cotidiana la convicción de que Jesucristo está vivo en medio de nosotros[53].

La visible similitud entre las palabras de Bergoglio y *Triumph through Failure* da testimonio de la profunda influencia de Navone en su pensamiento. Cabe notar que Navone escribió su libro en inglés, Bergoglio lo leyó en una traducción italiana y lo resumió en una reflexión escrita en español, y la reflexión española fue luego traducida al inglés.

Observaciones finales

Desde un punto de vista pastoral, el relato de Navone sobre el «fracaso» de Jesús consigue tres logros. En primer lugar, al presentar el drama de la redención y la respuesta del ser humano, centra la atención en la gratuidad de la misericordia divina más que en la obligación moral del ser humano. En segundo lugar, desafía al ser humano a una *imitatio Christi* que implica necesariamente morir a uno mismo y, por consiguiente, morir al pecado: el camino hacia la resurrección para cada cristiano debe pasar por el «fracaso» de la cruz. En tercer lugar—y esto creo que es clave para Francisco—el cristiano que sufre puede experimentar la curación psicológica y espiritual a otro nivel, una vez que consigue entender el *malum culpae* y el *malum poenae* como dos dimensiones complementarias del pecado, esa esclavitud de la que Jesús redimió a la humanidad.

El dolor psicológico y espiritual proviene de sentirse uno mismo herido por el mal. De este dolor surgen preguntas clásicas de la teodicea como, por ejemplo, «¿por qué a la gente buena le pasan cosas malas?» y «¿por qué sufren los niños?». El relato de Navone sobre el «fracaso» de Jesús, adaptado por Francisco, ofrece una respuesta positiva a estas preguntas porque afirma que Dios nos transforma, nos recrea, en la medida en que hemos participado en el «fracaso» de Jesús. En este sentido, nuestro dolor

---

[53] Bergoglio, *Mente abierta*, 227–228.

cobra el nuevo significado del que habla el Concilio Vaticano II en *Gaudium et spes*, núm. 22: cualquier mal que hayamos sufrido es nuestra participación en la redención del mundo por Cristo.

Los lectores que, como yo, son víctimas-sobrevivientes de abusos sexuales en la infancia podrían objetar a esto: ¿no es la espiritualidad del sufrimiento que promueve Francisco, tal como la he articulado aquí, simplemente una nueva versión de la antigua exhortación de «ofrecerlo» por Cristo? Admito que, en cierto sentido, lo es, en la medida en que invita a identificar los propios sufrimientos con los de Cristo. Pero ahí termina la similitud. Porque, mientras que el enfoque de «ofrecerlo» por Cristo enfatizaba el aspecto pasivo del sufrimiento (a veces de manera profundamente perjudicial)[54], la espiritualidad del sufrimiento según Francisco—y sus precedentes en Ignacio, *Gaudium et spes*, núm. 22, y Navone—devuelve la capacidad de acción personal al que sufre.

No puedo borrar las heridas que llevo de los abusos que sufrí. Ahora bien, sí puedo, con la ayuda de la gracia de Dios, volver a concebir mis heridas de modo que el poder de mi abusador ya no habite en ellas. Dios me permite participar en mi propia recreación, dándome la fuerza para apreciar mis debilidades como oportunidades para que el poder divino se manifieste en mí. Así pues, en palabras de Francisco:

> Nuestras heridas empiezan a ser potencialidades cuando por gracia descubrimos que el verdadero enigma ya no es «¿por qué?», sino «¿por quién?», por quién me ha sucedido esto. ¿En vista de qué obra Dios me ha forjado a través de mi historia? Aquí todo se vierte, todo resulta valioso, todo se convierte en constructivo. Mi experiencia, aunque triste y dolorosa, a la luz del amor, ¿cómo se convierte para los demás, para quién, en fuente de salvación?[55]

---

[54] Véase Robert Orsi, «Mildred, Is It Fun to Be a Cripple? The Culture of Suffering in Mid-Twentieth Century American Catholicism», en *Between Heaven and Earth* (Princeton, NJ: Princeton University Press, 2005), 19–47.

[55] Papa Francisco, «Audiencia General», 19 de septiembre de 2018, www.vatican.va/content/francesco/es/audiences/2018/documents/papa-francesco_20180919_udienza-generale.html.

Dawn Eden Goldstein, doctora en Teología Sagrada, es autora de varios libros, entre ellos *My Peace I Give You: Healing Sexual Wounds with the Help of the Saints* y *Father Ed: The Story of Bill W.'s Spiritual Sponsor*. Desde que obtuvo su doctorado en Teología Sistemática por la University of St. Mary of the Lake en 2016, ha enseñado en seminarios y universidades de Estados Unidos, Inglaterra e India.

Capítulo 4: Escándalos sexuales en la Iglesia católica: la urgencia de construir una nueva cultura formativa

Ronaldo Zacharias

Los escándalos sexuales en la Iglesia han modificado ciertos comportamientos de algunos clérigos, religiosos, seminaristas y autoridades eclesiásticas. Hay algunos que tal vez han tomado mayor conciencia de las exigencias de su vocación en el ámbito de la sexualidad y actúan de acuerdo con esta conciencia. También puede haber otros que hayan cambiado su forma de relacionarse con los demás por miedo a consecuencias no deseadas como, por ejemplo, castigos, expulsión, escándalo, encarcelamiento, o por miedo al control comunitario, cuando una comunidad toma conciencia de su papel y de su responsabilidad en la protección de los jóvenes y de los adultos vulnerables.

Ahora bien, es prematuro afirmar que estos cambios son consecuencia de una mayor madurez de los individuos o que son el resultado de cambios sustanciales en el proceso formativo. No ha habido tiempo suficiente para que los cambios hayan tenido un impacto significativo. Un cambio sustancial requiere la conversión de la mentalidad y la construcción de una nueva cultura. Si no hay un gran esfuerzo comunitario por construir una nueva cultura formativa, los cambios necesarios corren el riesgo de ser solo cosméticos. Demostrarán que la comunidad eclesial es sensible a la cuestión de los abusos sexuales, pero no se producirá un verdadero cambio cultural[1]. Aunque ser cada vez más rígidos y claros sobre las «reglas» y hacer hincapié en las orientaciones del Magisterio puede reforzar la

---

[1] Véanse los estudios importantes de: Amedeo Cencini, *È cambiato qualcosa? La Chiesa dopo gli scandali sessuali* (Bolonia: EDB, 2015); Daniel Portillo Trevizo, ed., *Teología y prevención. Estudio sobre los abusos sexuales en la Iglesia* (Maliaño, Cantabria: Sal Terrae, 2020); Daniel Portillo Trevizo, ed., *Formación y prevención. La prevención de los abusos sexuales en los procesos formativos de la Iglesia* (Boadilla del Monte, Madrid: PPC, 2019).

conformidad externa, estas orientaciones no serán eficaces a largo plazo, especialmente desde una perspectiva preventiva, si no hay una verdadera conversión.

Mi interés en este artículo, más que tomar en consideración los escándalos sexuales en sí mismos, es dirigir la atención al proceso formativo del clero y de los religiosos. Abordo diez elementos del proceso formativo que no se pueden seguir ignorando si, como Iglesia, queremos realmente afrontar con eficacia las heridas causadas en su seno por el abuso sexual de los vulnerables por parte de algunos clérigos. Sin un cambio sistemático en nuestra formación hacia una sexualidad sana en los seminarios, las heridas causadas por representantes de la Iglesia se agravarán y el daño continuará[2].

Algunos elementos esenciales a tener en cuenta[3]

Los escándalos sexuales en la Iglesia desvelaron la necesidad de considerar el proceso inicial y continuado de formación del clero y de los religiosos en referencia a qué se debe hacer para integrar la propia sexualidad en un proyecto de vida[4]. Si bien no se puede ignorar una cuestión tan importante

---

[2] Véase, por ejemplo, Marco Marzano, *La casta dei casti. I preti, il sesso, l'amore* (Milán: Bompiani, 2021).

[3] Véase el estudio de Alfredo César da Veiga y Ronaldo Zacharias, ed., *Igreja e escândalos sexuais. Por uma nova cultura formativa* (São Paulo: Paulus, 2019). Merece especial atención el capítulo «Equívocos no processo formativo» (209-252), que constituye la base de las propuestas que aquí se ofrecen. Esta obra pretende ayudar a quienes tienen la responsabilidad del discernimiento vocacional y del proceso formativo dentro de la Iglesia. Aunque el presbiterio y las comunidades religiosas tienen esta responsabilidad, quienes trabajan más directamente con los jóvenes en formación necesitan ir más allá de establecer una cultura solo preventiva e iniciar una nueva cultura formativa. Concretamente, será necesario integrar la sexualidad y la castidad, el celibato y la calidad de las relaciones, el eros y el ágape y, especialmente, la formación del corazón para la vida ministerial en el currículo de las comunidades de formación.

[4] Véase, por ejemplo, Irma Patricia Espinosa Hernández, «La integración de la afectividad y de la sexualidad en la formación vocacional para la prevención del abuso sexual», en *Formación y prevención*, 135–149; Jose Parappully y Jose Kuttianimattathil, ed., *Psychosexual Integration & Celibate Maturity: Handbook for Religious and Priestly Formation* (Bangalore: Salesian Psychological Association/South Asian Formation Commission of the Salesians, 2012); Paolo

como esta, algunas ideas erróneas sobre la misma han llevado a la Iglesia en todo el mundo a enfrentarse a graves consecuencias negativas. Por ello, estas cuestiones, si se tienen debidamente en cuenta, podrían allanar el camino para promover una nueva cultura de prevención y abordaje de los escándalos sexuales en la Iglesia, una nueva cultura formativa. Señalo a continuación los diez elementos esenciales de este trabajo.

En primer lugar, el clero y los religiosos no pueden ignorar que son personas sexuales. La sexualidad es una dimensión constitutiva del ser humano, que incluye al clero y a los religiosos[5]. Caracteriza por completo la forma de ser de las personas, la manera de manifestarse y comunicarse con los demás. La sexualidad también caracteriza el modo de sentir, expresar y encarnar el amor humano[6]. Es la verdadera forma de ser desde la propia personalidad[7]. Siendo un «elemento básico de la personalidad»[8], no podemos ignorar la sexualidad en el proceso formativo. El clero y los religiosos existen en la vida real como hombres y mujeres. Son personas profundamente marcadas por su propia sexualidad. Expresan lo que son y establecen relaciones con los demás desde su realidad sexual, como hombres y mujeres. No hay otro modo de existir y realizarse como personas que no sea como personas sexuales. Por consiguiente, al abrazar el celibato sacerdotal o el voto de castidad como camino de realización personal, los clérigos y religiosos deben comprender que esta opción no significa negar su propia sexualidad ni reducirla a algo accidental o secundario en su vida.

Gambini, Mario O. Llanos y Giuseppe M. Roggia, *Formazione affettivo-sessuale. Itinerario per seminaristi e giovani consacrati e consacrate* (Bolonia: EDB, 2017).
[5] Todd A. Salzman y Michael G. Lawler, *The Sexual Person: Toward a Renewed Catholic Anthropology* (Washington: Georgetown University Press, 2008).
[6] Sagrada Congregación para la Educación Católica, *Orientaciones educativas sobre el amor humano. Pautas de educación sexual*,
www.vatican.va/roman_curia/congregations/ccatheduc/documents/rc_con_ccatheduc_doc_19831101_sexual-education_sp.html.
[7] Giuseppe Mariano Roggia, «Cammino spirituale e maturazione affettivo-sessuale», en *Formazione affettivo-sessuale*, 107. Todas las traducciones son del autor.
[8] Sagrada Congregación para la Educación Católica, *Orientaciones educativas sobre el amor humano. Pautas de educación sexual*.

Por el contrario, deben abrazar y recibir su sexualidad como un don que poseen y también como un don que dan a los demás. Dado que la sexualidad humana es «el lugar» desde el que se relacionan con los demás, con el mundo y con Dios, está «destinada» a inspirarles para ir más allá de sí mismos y abrirse a la realidad que les rodea. En este proceso, descubren que todo es susceptible de una relación significativa. La sexualidad es a la vez un gran don y una gran forma de fragilidad en la vida de los seres humanos. Si el clero y los religiosos no saben integrar su sexualidad en un proyecto de vida dotado de sentido, esa misma sexualidad puede convertirse en un «lugar» de experiencias deshumanizadas de uno mismo y con el otro[9]. En lugar de ser un lenguaje de amor, fidelidad, reciprocidad, apertura y entrega, la sexualidad puede significar desamor, infidelidad, abuso, posesión, explotación y violencia. Es posible que esto suceda independientemente de nuestra opción personal por el celibato sacerdotal o la vida consagrada.

En segundo lugar, el clero y los religiosos no pueden ignorar que la orientación sexual forma parte de la identidad de una persona. Los clérigos y religiosos son hombres y mujeres que aman a las personas como heterosexuales y homosexuales. En cuanto al deseo sexual, no eligen por quién se sienten atraídos. Todos descubren su propia atracción en el seno de un proceso de desarrollo y maduración sexual. Cuando la atracción es constitutiva, es decir, exclusiva o predominante[10], también forma parte de su identidad. Por lo tanto, esta atracción debe aceptarse si se quiere integrar

---

[9] Véase, por ejemplo, Dysmas de Lassus, *Schiacciare l'anima. Gli abusi spirituali nella vita religiosa* (Bolonia: EDB, 2021).

[10] Es importante tener en cuenta que hay atracciones sexuales—tanto heterosexuales como homosexuales—que se caracterizan por ser momentáneas, ocasionales, periféricas. Dichas atracciones no forman parte de la identidad de una persona, sino que dependen de las etapas de desarrollo, los contextos en los que se vive, las experiencias que se han tenido y otros factores diversos. Dado que no son constitutivas de la identidad, están más condicionadas por las experiencias vividas que por una determinada forma de ser. Véase Ronaldo Zacharias, «Orientação afetivo-sexual. Para além da cultura do "não pergunte, não diga"», en *Formação: Desafios morais*, ed. J.A. Trasferetti, M.I.C. Millen y R. Zacharias (São Paulo: Paulus, 2018), 201–233.

en una existencia personal. La orientación sexual se caracteriza por ser una forma concreta de encarnar el amor. Por ello, puede definirse como condición antropológica[11], una forma de ser y de amar, conlleve o no una relación sexual con alguien. Si bien la orientación sexual, en cuanto constitutiva, no depende de la elección personal, la manera de satisfacer este deseo forma parte de la libertad de cada uno. Así pues, la persona es la responsable de sus decisiones. El clero y los religiosos no pueden olvidar que eligen el celibato sacerdotal o la vida consagrada como personas que, en cuanto al deseo, son heterosexuales u homosexuales. Esta toma de conciencia significa reconocer que el proceso de integración de la sexualidad depende siempre de la autoaceptación de la propia identidad y de la satisfacción del propio deseo. El celibato sacerdotal y el voto de castidad no anulan ningún deseo, sino que exigen que tal deseo, sea hetero u homosexual, se integre en un proyecto personal de vida[12].

En tercer lugar, el clero y los religiosos no pueden ignorar el riesgo de identificar la continencia y la castidad como la misma cosa. Mientras que la continencia significa la abstinencia del sexo para experimentar placer, la castidad es «la integración lograda de la sexualidad en la persona» (*Catecismo de la Iglesia Católica*, núm. 2337). En otras palabras, la castidad significa la integración de la sexualidad en el propio proyecto de vida. Ciertamente, una persona puede ser abstinente sin ser casta, es decir, puede abstenerse del sexo sin integrar su propia sexualidad. El clero y los religiosos también deben tener en cuenta que, aunque la abstinencia sexual limita y regula una determinada expresión del deseo sexual—es decir, la expresión a través de la intimidad genital—esta abstinencia es incapaz de limitar o regular todas las expresiones de este deseo[13]. De ahí que sea un inmenso y

---

[11] Marciano Vidal, *Ética da sexualidade* (São Paulo: Loyola, 2017), 119.

[12] Zacharias, «Orientação afetivo-sexual», 213.

[13] Merece la pena considerar los indicadores del proceso de integración sexual descritos por Milena Stevani, «Il processo di maturazione a livello affettivo e sessuale», en *Formazione affettivo-sessuale*, 45-76, y los indicadores de madurez afectiva descritos por Paolo Gambini y Carla de Nitto, «Affettività, sessualità e vita di relazione», en *Formazione affettivo-sessuale*, 77-101.

trágico error creer que la abstinencia sexual conduce al control del deseo sexual. La tensión entre la satisfacción del deseo y las normas sociales forma parte de la condición humana. Cuando la abstinencia sexual no es un compromiso personal, sino una imposición externa, el deseo no encuentra una resolución satisfactoria, y lidiar con una energía tan poderosa no es un asunto que dependa únicamente de la voluntad de la persona[14].

En cuarto lugar, el clero y los religiosos no pueden ignorar que el celibato sacerdotal y la vida consagrada no son opciones para quienes simplemente las «desean». El motivo es que se trata de opciones—elegir el celibato o vivir el voto de castidad—que requieren de una determinada condición objetiva para fomentar la elección correspondiente. Por lo tanto, estas opciones son para quienes «pueden», en el sentido de renunciar a tener una pareja, renunciar al sexo por placer y renunciar a la posibilidad de ser padres biológicos[15]. Estas opciones no se entienden solo con la razón o la voluntad. Tienen su origen en una llamada divina, cuya respuesta exige un reconocimiento honesto de esta llamada y, con ello, un don que permite a estas personas con vocación dar una respuesta positiva. El clero y los religiosos han de comprender que tales opciones no se subliman fácilmente. El proceso de sublimación, caracterizado por la capacidad de reorientar y resignificar el deseo,[16] no depende solo de la

---

[14] Véanse los importantes artículos de Ana Cristina Canosa, «Realização sexual. Para além da perversão e da tolice», en *Formação: Desafios morais* 2, ed. J.A. Trasferetti, M.I.C. Millen y R. Zacharias (São Paulo: Paulus, 2020), 301-315; Luiz Augusto de Mattos, «Da duplicidade à integração da sexualidade. Formar para relacionamentos de qualidade», en *Formação: Desafios morais*, 151-171.
[15] William C. Castilho Pereira, «Por uma compreensão da pessoa e da vivência do celibato», en *O dom do celibato na vida e na missão da Igreja*, ed. Conferência Nacional dos Bispos do Brasil (Brasilia: Edições CNBB, 2012), 129.
[16] Como nos recuerda Juan María Uriarte, «la sublimación no es la transformación de los impulsos genitales en otra realidad. No hay ningún proceso alquímico que transforme los impulsos genitales en conductas socialmente aceptables o válidas». La sublimación se entiende mejor como «un proceso psíquico mediante el cual este valioso potencial [el impulso sexual] se separa de su polo genital y se orienta hacia otros objetos y fines no genitales, socialmente positivos y válidos. [...] Más que un proceso de transformación, es un proceso de

voluntad, sino también de la «capacidad» de hacerlo[17]. En este sentido, el proceso formativo debe ayudar a clérigos y religiosos a elegir lo que es más significativo para cada uno de ellos, centrándose en menor medida en aquello a lo que hay que renunciar. El amor de una persona célibe «será siempre el amor de una persona pobre y débil, y su expresión se encuentra limitada por su compromiso previo»[18]. En otras palabras, el proceso formativo debe ser un camino para educar a amar como una persona «pobre», es decir, reconociendo que no es posible dar al otro lo que se dio definitivamente a Dios y aceptando el sacrificio de la privación de algunas expresiones sexuales del amor.

En quinto lugar, el clero y los religiosos no pueden ignorar la necesidad de reconocer que su propio deseo es una «condición esencial para un liderazgo ministerial responsable»[19]. Este reconocimiento presupone ser sensibles a sus propios sentimientos, necesidades y deseos, que deben reconocerse, aceptarse e interpretarse para ser integrados. Una propuesta formativa que no contemple esta realidad será una propuesta frágil, que expondrá a grandes riesgos tanto a los candidatos al sacerdocio o a la vida religiosa como a quienes formarán parte de su camino. No existe una formación estandarizada, una «talla única» en materia de emociones y castidad. Sería un gran error que el clero y los religiosos creyeran que, con solo conocer las orientaciones del Magisterio, ya es suficiente para saber qué hacer y cómo tratar sus propios deseos y fantasías. Lamentablemente, algunos clérigos y religiosos tienden fácilmente a idealizar y espiritualizar esta cuestión y, al hacerlo, se encuentran sin un punto de referencia para

---

transferencia»; véase Juan María Uriarte, *O celibato. Apontamentos antropológicos, espirituais e pedagógicos* (Prior Velho: Paulinas, 2018), 55–56.

[17] Pereira, «Por uma compreensão da pessoa e da vivência do celibato», 134, 137. También merece consideração el siguiente artículo: Mario O. Llanos y Stefano Tognacci, «Elementi antropologici dell'affettività e sessualità», en *Formazione affettivo-sessuale*, 19-28.

[18] Eduardo López Azpitarte, *Ética da sexualidade e do matrimônio* (São Paulo: Paulus, 1997), 427.

[19] Cristina L.H. Traina, «Erotic Attunement. Rethinking Love Across Pastoral Power Gradients», en *Professional Sexual Ethics. A Holistic Ministry Approach*, ed. P.B. Jung y D.W. Stephens (Mineápolis: Fortress Press, 2013), 44.

tomar las decisiones más adecuadas según su proyecto de vida. En consecuencia, generan un sentimiento negativo de soledad y, sin darse cuenta, empiezan a crear una serie de circunstancias que conducen al origen de los comportamientos que forman parte de las crisis a las que ahora nos enfrentamos como Iglesia[20].

En sexto lugar, el clero y los religiosos no pueden ignorar que no es posible separar el modo de vivir su sexualidad de su madurez personal. La madurez sexual forma parte de la madurez humana. Esta madurez está relacionada con la coherencia fundamental entre lo que una persona es y lo que profesa ser como resultado de la integración entre la identidad autónoma y la interdependencia mutua. Así, su madurez se manifiesta externamente en su capacidad de ser fiel a los compromisos y deberes que libremente ha asumido. Como parte de la madurez humana, la madurez sexual es más que un estado a alcanzar. Debe entenderse más bien como un proceso que hay que vivir. Nunca es saludable cuando se persigue de manera obsesiva[21]. Este proceso ha de expresar la integración de la sexualidad clerical y religiosa en un proyecto de vida, así como el sentido que la sexualidad tiene en la personalidad de cada uno. De esta forma se establece una relación coherente entre el ser y el vivir, y se genera una apertura del yo que luego se convierte en un don entregado al otro. Para ello se requieren actitudes concretas que eviten un cierto estilo de vida propicio a la atracción narcisista y al ensimismamiento o, en otras palabras, a la autorreferencialidad[22]. El clero y los religiosos necesitan formarse a sí

---

[20] Ronaldo Zacharias, «De uma crise sem precedentes aos precedentes de muitas crises. A urgência de uma nova compreensão da sexualidade», en *Francisco. Renasce a esperança*, ed. J.D. Passos y A.M.L. Soares (São Paulo: Paulinas, 2013), 62.

[21] Véase López Azpitarte, *Ética da sexualidade e do matrimônio*, 421-423; *Catecismo de la Iglesia Católica*, núm. 2342. Francisco J. Insa Gómez ofrece una útil descripción de la personalidad obsesivo-perfeccionista y propone una serie de pautas para los formadores; cf. su estudio «Dependência afetiva e perfeccionismo: uma proposta a partir da teoria do apego», en *Amar e ensinar a amar. A formação da afetividade nos candidatos ao sacerdócio*, ed. F.J. Insa Gómez (São Paulo: Cultor de Livros, 2019), 101-122.

[22] Según el papa Francisco, ser un auténtico discípulo misionero significa asumir el discipulado como una constante llamada-respuesta imperativa en la propia vida. Es la manera más eficaz de

mismos y formar a los demás en un modo que les ayude a relacionarse con todos apertura, compartiendo, dialogando, respetando, perdonando y siendo recíprocos: «La sexualidad y la manera de encarnarla son un termómetro de la madurez de una persona»[23].

En séptimo lugar, el clero y los religiosos no pueden ignorar el hecho de que no todos los casos de abuso sexual son consecuencia de patologías no identificadas previamente. Aunque a veces se da la identificación previa de una patología durante el proceso de formación, necesitan comprender que muchos casos de abuso «son la consecuencia final de una serie de compensaciones sexuales y afectivas [...] de una vida célibe que se volvió mediocre: la frontera entre mediocridad y perversión es menos clara de lo que queremos creer»[24]. Además, deben ser conscientes de que el autoerotismo no ha de reducirse a una cuestión física, es decir, a la manipulación de los genitales para obtener placer. Poco a poco, clérigos y religiosos pueden acostumbrarse a un estilo de vida egocéntrico y narcisista, en el que solo se centran en sí mismos excluyendo a los demás. En lugar de llevar un estilo de vida que abra nuevas ventanas, se rodean de espejos que solo reflejan lo que quieren ver[25]. Un comportamiento puede ser autoerótico incluso cuando alguien no toca sus genitales. «Una persona puede pensar en su vida desde un prisma autoerótico, es decir, desde lo que le ofrece placer y gratificación inmediatos, lo que le hace sentirse bien. De este modo, el horizonte y las aspiraciones de una persona se reducen a esta

---

evitar el ensimismamiento y de verse a sí mismo como un sujeto que se trasciende a sí mismo, un sujeto que se ve impulsado hacia el encuentro con los demás, hacia las periferias existenciales, sociales y geográficas de la vida; véase papa Francisco, «Discurso del santo padre Francisco al Comité de Coordinación del Consejo Episcopal Latinoamericano», www.vatican.va/content/francesco/es/speeches/2013/july/documents/papa-francesco_20130728_gmg-celam-rio.html.

[23] Cencini, *È cambiato qualcosa?*, 111. Véase también José María Recondo, *Imparare ad amare da pastori. Eros e ágape nella vita del prete* (Bolonia, EDB, 2017), 29.

[24] Cencini, *È cambiato qualcosa?*, 24. Aunque me referiré al comportamiento institucional que el carácter de patología confiere a la acción pastoral, merece la pena considerar la excelente reflexión que propone Daniel Portillo Trevizo, «Iglesia y prevención. Hacia una teología de la prevención», en *Teología y prevención*, 9–35.

[25] Recondo, *Imparare ad amare da pastori*, 50.

gratificación, sin incluir al "otro", en cuanto otro, en el centro de su propia vida»[26]. No es difícil comprender que, cuando alguien vive de forma autoerótica, se abre fácilmente la puerta para abusar de los demás.

En octavo lugar, el clero y los religiosos no pueden ignorar que la vocación se recibe en todo momento. La opción por una vida sacerdotal o consagrada debe entenderse como una opción personal «por ser»[27], una opción por trascenderse a sí mismos y abandonar su actitud egoísta para abrir su vida a Dios, a la realidad y a los demás por medio del amor. La llamada y los desafíos de Dios para todos nosotros se producen en una perspectiva continua de diálogo, en la que todos podemos afirmar que «la vocación se recibe en todo momento»[28]. En otras palabras, «como opción de vida, la vocación [...] supone una experiencia de éxodo del yo: salida de un "yo centrado en sí mismo" para recibirse a sí mismo como un "yo llamado" por Dios»[29]. Esto significa que la fidelidad de Dios precede y sostiene la respuesta del individuo a la llamada divina. Solo la percepción y la convicción de esta realidad pueden conducir al clero y a los religiosos a una conciencia adecuada de los desafíos morales de su vocación. En consecuencia, esta conciencia genera el cuidado que necesitan para que su propia identidad sea definida o redefinida a partir de un «yo» constantemente llamado por la voluntad de Dios, constantemente identificado con la persona del Hijo y constantemente movido por una fuerza-acción proveniente del Espíritu. Así pues, esta perspectiva implica

---

[26] Recondo, *Imparare ad amare da pastori*, 28. Recondo ofrece un excelente enfoque para comprender algunas formas —intelectuales, espirituales, litúrgicas y pastorales— en las que se manifiesta el autoerotismo en la vida sacerdotal y consagrada. Véase también Amedeo Cencini, *Quando a carne é fraca. O discernimento vocacional diante da imaturidade e das patologias do desenvolvimento afetivo-sexual* (São Paulo: Paulinas, 2007); Eliana Massih, «Transtornos psicoafetivos na vivência da sexualidade. Uma interlocução com a formação para a vida religiosa consagrada e sacerdotal», en *Formação: Desafios morais*, 235-258.
[27] Judith A. Merkle, *O compromisso da escolha. A vida religiosa nos dias atuais* (São Paulo: Loyola, 2007), 46.
[28] Merkle, *O compromisso da escolha*, 48.
[29] Carlos Palácio, «Luzes e sombras da vida religiosa consagrada nos dias de hoje», *Convergência* 444 (2011): 433.

que el proceso formativo reconozca que el clero y los religiosos deben entender su vocación como un *desafío* continuo. Uno de los criterios fundamentales para su discernimiento no es centrarse simplemente en si *tienen o no vocación*, sino en si son capaces de *vivir como personas que son llamadas constantemente*.

En noveno lugar, el clero y los religiosos no pueden ignorar que la opción por el celibato sacerdotal o por la vida consagrada presupone fundamentalmente el deseo de una relación plena con Dios y con los demás. Esta opción no debe hacerse simplemente después de ponderar los pros y los contras. Dado que esta opción es una respuesta vocacional a una llamada eminentemente ministerial, solo puede sostener y fortalecer auténticas motivaciones vocacionales si se fundamenta en una relación de amor con Dios y se plasma como expresión de esta relación. En otras palabras, la experiencia de una relación de amor con Dios, que es quien llama, desafía al clero y a los religiosos a materializar esta llamada en una relación plena con los demás[30]. En última instancia, Dios les llama a servir a los necesitados. Los escándalos sexuales nos dicen que todos, sin excepción, somos vasijas de barro y, por ello, no podemos seguir a Jesús sin una conversión radical de mente y corazón. El hecho de profesar públicamente un determinado estilo de vida no libera a alguien de ser incoherente e hipócrita, sobre todo si sabía que no podía vivir de acuerdo con ese estilo de vida o no quería ser fiel a los valores profesados. Como todos somos vasijas de barro, nuestro tesoro está permanentemente en peligro. Por consiguiente, todos debemos tomar la decisión de cuidar el tesoro y las vasijas. La mejor manera de cuidar ambos es permanecer unidos a la vid verdadera para producir buenos frutos (Jn. 15,5). De ahí que podamos afirmar que «un discípulo no es infiel cuando y porque hace algo malo, sino cuando no produce [buenos] frutos: es la infertilidad la que revela la infidelidad»[31].

---

[30] Véase el importante estudio de Luis Manuel Ali Herrera, «El ecosistema del celibato sacerdotal», en *Teología y prevención*, 173–203.

[31] Pascual Chávez Villanueva, «Eu sou a videira, vós os ramos» y «A vocação a permanecer sempre unidos a Jesus para ter a vida», *Atos do Conselho Geral* 408 (2010): 14.

En décimo lugar, el clero y los religiosos no pueden ignorar que, al mismo tiempo que son el resultado de algunas eclesiopatologías, también las generan y alimentan cuando asumen mentalidades elitistas o un clericalismo estructural. En este contexto, por «eclesiopatologías» se entiende «toda dinámica anómala que, dentro del ambiente eclesial, fomenta una cultura del abuso y desencadena posibles comportamientos sexuales inapropiados»[32]. El término pone de manifiesto la (ir)responsabilidad institucional de todos los que forman parte de la institución eclesial, la corrupción de su eclesiología y la patologización de la centralidad del Evangelio[33]. Una de estas dinámicas anómalas se denomina «clericalismo», el cual «surge de una visión elitista y excluyente de la vocación, que interpreta el ministerio recibido como un *poder* que hay que ejercer más que como un *servicio* gratuito y generoso que ofrecer [...]. El clericalismo es una perversión y la raíz de muchos males en la Iglesia»[34]. Es urgente terminar con la cultura eclesial clerical que impregna todo el proceso de formación, sobre todo si se tiene en cuenta que dicha cultura tiene sus raíces en una teología distorsionada del ministerio ordenado, en un modelo eclesiológico obsoleto, en una forma anticuada de ejercer el poder y el liderazgo por parte de la jerarquía, en una cultura del secreto y en una teología equivocada del perdón. Todo ello debe ser sustituido por una cultura eclesial que dé testimonio del amor y la misericordia de Dios hacia los más vulnerables[35].

---

[32] Trevizo, «Iglesia y prevención», 13.
[33] Véase la provocadora reflexión de Fabrizio Rinaldi, «Abusos, poder y educación», en *Formación y prevención*, 53–70.
[34] Papa Francisco, «Discurso del santo padre Francisco en la apertura del Sínodo de los Obispos dedicado a los jóvenes, la fe y el discernimiento vocacional», www.vatican.va/content/francesco/es/speeches/2018/october/documents/papa-francesco_20181003_apertura-sinodo.html.
[35] Véanse los importantes estudios que se recogen en *Teología y prevención*: Rafael Luciani, «La renovación en la jerarquía eclesial por sí misma no genera la transformación. Situar la colegialidad al interno de la sinodalidad», 37-63; Sandra Arenas, «Desclericalización: antídoto para los abusos en la Iglesia», 127-143; Eamonn Conway, «Clericalismo y violencia sexual. Explorando las implicaciones para la formación sacerdotal», 145–172.

Conclusión

El sufrimiento humano conmueve el corazón de Dios, y tan solo podemos imaginar cómo le afecta un sufrimiento que se podría evitar, como es el caso de los abusos sexuales a menores. Nadie está llamado a ningún tipo de ministerio que haga sufrir a otra persona[36]. En el contexto de los abusos sexuales, únicamente la atención y la proximidad efectiva a las víctimas pueden liberarnos de manipulaciones ideológicas y conectarnos con lo más profundo del ser humano.

De ahí surgen tres sentimientos morales que nos dignifican: la *solidaridad*, la capacidad de mirar a quienes sufren para ver el rostro del que sufre; la *misericordia*, la capacidad de tener un corazón que siente la causa del dolor de quienes sufren, y la *compasión*, la respuesta generada por la indignación. La compasión y la indignación no nos llevan necesariamente a servir a quien sufre. La misericordia da el sentido auténtico a la indignación y a la compasión, «promoviendo un cambio en el lugar existencial y ético»[37] que nos guía para ser «samaritanos» en la vida de los que sufren. Así, entendemos dónde y con quién queremos estar.

En el contexto de los escándalos sexuales en la Iglesia, también es necesario revisar continuamente la cultura y las estructuras institucionales existentes y ajustarlas para eliminar lo que permite que se produzcan abusos[38]. Dicha revisión debe ir más allá de la creación de políticas que mitiguen o limiten las responsabilidades legales y económicas que la

---

[36] José Luis Segovia Bernabé, «*Evangelii Gaudium*: desafíos desde la crisis», en *Evangelii Gaudium y los desafíos pastorales para la Iglesia*, ed. J.L. Segovia Bernabé, A. Ávila Blanco, J.M. Velasco y J.A. Pagola (Madrid: PPC, 2014), 45.

[37] Fernando Altemeyer Junior, «Sujeitos da misericórdia», en *O imperativo ético da misericórdia*, ed. M.I.C. Millen y R. Zacharias (Aparecida: Santuário, 2016), 97–115.

[38] Vale la pena considerar la referencia a la vinculación formación-abuso sexual propuesta por Jesús Yovani Gómez Cruz, «El abuso sexual en el ambiente formativo», en *Formación y prevención*, 71-83. Véanse también los estudios de Agenor Brighenti, *O novo rosto do clero. Perfil dos padres novos no Brasil* (Petrópolis: Vozes, 2021), y Enrico Brancozzi, *Rifare i preti. Come ripensare i seminari* (Bolonia: EDB, 2021).

institución tiene ante las víctimas de abusos. Aunque importantes, no son suficientes. Necesitamos políticas que garanticen que los seminarios y las comunidades religiosas educan a todos los miembros —desde las primeras etapas de formación hasta los líderes de la comunidad— en todos los ámbitos de una sexualidad sana[39]. También son esenciales las políticas proactivas orientadas a la prevención de los abusos sexuales[40]. En otras palabras, no se producirá un cambio en el comportamiento de los individuos si no se da un cambio en el comportamiento institucional. Este cambio es esencial para construir una nueva cultura formativa que capacite a los futuros sacerdotes y religiosos para ser personas con una sexualidad bien integrada.

Ronaldo Zacharias, doctor en Teología Moral (Escuela Jesuita de Teología de Weston, Cambridge, MA, EUA), enseña en el Centro Universitario Salesiano de São Paulo (Brasil) y durante muchos años fue decano de Teología en la Escuela Salesiana de Teología de São Paulo y formador de los estudiantes salesianos de Teología de todo Brasil.

---

[39] Véase, por ejemplo, Karolin Kuhn y Hans Zollner, «Enseñar teología de una manera que fomente la formación humana y la prevención», en *Formación y prevención*, 85–108, y Angela Rinaldi, «La importancia de la formación humana de los candidatos a la vida consagrada y religiosa para una cultura de la tutela de los menores», en *Formación y prevención*, 109–133.
[40] Len Sperry, *Sexo, sacerdocio e Iglesia* (Maliaño, Cantabria: Sal Terrae, 2004), 239.

Capítulo 5: El pensamiento de diseño en las estructuras organizativas de la Iglesia católica: respuesta al problema retorcido de la crisis de los abusos sexuales

Stephanie Ann Puen

La crisis de los abusos sexuales en la Iglesia católica ha planteado muchos interrogantes sobre el liderazgo y la teología en la Iglesia. Se necesita una respuesta urgente para garantizar que se haga justicia y que los abusos no continúen. Este artículo espera contribuir a esta respuesta ofreciendo una herramienta y una metodología que ayuden a identificar planes de acción para remodelar la cultura organizativa y el clima de la Iglesia católica, mediante el uso de los conceptos de pensamiento de diseño y problemas retorcidos[1]. El pensamiento de diseño es una metodología utilizada por las empresas para responder a problemas retorcidos, que son problemas complejos y difíciles de resolver debido a diversos factores. Los problemas retorcidos se denominan así porque son multicausales y multifactoriales. Son especialmente difíciles de abordar y resolver, y cualquier intento de solucionarlos puede tener consecuencias imprevistas[2]. La metodología del pensamiento de diseño se ha utilizado para cambiar estructuras y operaciones tanto en empresas como en organizaciones sin ánimo de lucro.

El concepto de problemas retorcidos, así como la metodología del

---

[1] Un ejemplo de un trabajo que utilizó estudios organizativos para aplicarlos a la institución de la Iglesia católica es *Church Ethics and Its Organizational Context: Learning From the Sex Abuse Scandal in the Catholic Church*, ed. Jean M. Bartunek, Mary Ann Hinsdale y James F. Keenan (Lanham, MD: Sheed and Ward, 2006).

[2] Horst Rittel y Melvin Webber, «Dilemmas in a General Theory of Planning», *Policy Sciences* 4 (1973): 160. Sigo la siguiente versión española del artículo: Horst Ritttel y Melvin Webber, «Dilemas de una teoría general de planeación», Administración Gubernamental y Políticas Públicas locales. CUCEA (3 de enero de 2011), aquí 175-176 (N. de la T.).

pensamiento de diseño, ayudan a comprender la naturaleza de los problemas complejos en la crisis de los abusos sexuales y por qué son difíciles de resolver. En este artículo se sostiene que esta metodología podría ser útil para responder a un problema retorcido: el de la crisis de los abusos sexuales. La transparencia y la asunción de responsabilidades pueden contribuir de varias maneras a que las estructuras de la Iglesia católica sean más transparentes: esclareciendo las raíces del problema y su relación entre ellas; considerando la crisis de los abusos sexuales como un problema retorcido, y cambiando la gestión y la iteración a la hora de generar soluciones en respuesta a lo que se ha identificado como causa o agravante de dicha crisis.

La crisis de los abusos sexuales como problema retorcido

Las múltiples facetas de la crisis de los abusos sexuales en la Iglesia católica presentan características de lo que el pensamiento sistémico y el pensamiento de diseño podrían denominar problemas retorcidos. Un problema retorcido lo es por su complejidad, la cual lo hace especialmente difícil y complicado de resolver. El problema retorcido implica a «partes interesadas que ni siquiera pueden ponerse de acuerdo sobre el problema, y mucho menos sobre la solución; y a [personas] que son reacias a cambiar comportamientos y asumir riesgos, y que suelen ser recompensadas por su conformidad en lugar de por su rendimiento»[3]. Los problemas retorcidos se comparan a menudo con los problemas dóciles. Los problemas dóciles son fáciles de resolver y, una vez resueltos, ya quedan concluidos sin más implicaciones ni repercusiones.

Los teóricos del diseño Horst Rittel y Melvin Webber describen algunas características de los problemas retorcidos; este artículo destacará tres en particular que podrían ayudarnos a entender la crisis de los abusos sexuales. En primer lugar, la forma en que se describen tales problemas varía. Elegir cómo se enfoca el problema depende de quién forme parte del grupo que

---

[3] Jeanne Liedtka, Randy Salzman y Daisy Azer, *Design Thinking for the Greater Good: Innovation in the Social Sector* (Nueva York: Columbia University Press, 2017), 4.

afronte el problema y determinará las posibles soluciones que se generen. En segundo lugar, no hay una forma inmediata de comprobar si una solución a un problema retorcido será útil o no, ni cuáles serán sus efectos. En tercer lugar, puesto que no hay forma de probar las soluciones, cada intento de responder al problema retorcido es importante y cambiará drásticamente las limitaciones y los factores de dicho problema, que habrá que tener en cuenta en el siguiente intento de resolución. Analizo cada una de estas tres características en el contexto de la crisis de los abusos sexuales.

La primera característica es que «la existencia de discrepancias ante un problema retorcido se explica de muchas maneras. La elección de la explicación determina la naturaleza de la resolución del problema»[4]. «No existe ninguna regla o procedimiento que determine cuál explicación o combinación de explicaciones [en forma de hipótesis] es la correcta [...] [porque al] no poder realizar una experimentación rigurosa [como se ha mencionado anteriormente], no es posible poner H [una hipótesis] realmente a prueba»[5]. En consecuencia, «el criterio que rige la elección tiene que ver con la actitud. La gente elige aquellas explicaciones que le parecen más plausibles. No sería muy exagerado decir que todos escogen la explicación que mejor cuadre con sus intenciones y que mejor encaje con los proyectos de acción disponibles. La "visión del mundo" del analista es el factor determinante para explicar una discrepancia y, por lo tanto, para resolver un problema enredado»[6]. La situación y el contexto particulares de las personas que tienen voz en el grupo y forman parte de la respuesta afectarán en gran medida al modo en que se entienda y articule el problema retorcido, así como a las posibles soluciones que puedan y deban adoptarse como respuesta. Por ejemplo, Jaisy Joseph explica cómo los líderes de la Iglesia católica en la India conducen el discurso sobre la cuestión de la crisis de los abusos sexuales a través de un mecanismo de autodefensa: «Cuando salen a la luz las primeras acusaciones de violencia sexual, no es raro oír

---

[4] Rittel y Webber, «Dilemas de una teoría general de planeación», 181.
[5] Rittel y Webber, «Dilemas de una teoría general de planeación», 181–182.
[6] Rittel y Webber, «Dilemas de una teoría general de planeación», 182.

preguntas desdeñosas [...] o que las propias acusaciones se consideren represalias contra la Iglesia»[7]. Así, estas preguntas cambian la forma en que se plantea el problema. En lugar de relacionar el problema con la cultura institucional, el tipo de preguntas que plantea la Iglesia desplaza el problema hacia el comportamiento individual de las víctimas o los acusadores. Dado que la forma en que se define el problema retorcido depende en gran medida de las perspectivas de los analistas y de las personas que lo abordan, la resolución de la crisis de los abusos sexuales requiere que un conjunto diverso de voces forme parte del debate a la hora de elaborar, aplicar y evaluar una respuesta y sus futuras iteraciones.

La segunda característica es que «no existe una prueba última o inmediata para una solución a un problema retorcido»[8]. Rittel y Webber señalan que, en el caso de problemas sencillos como el problema matemático de 2+2 = 4, «se puede determinar inmediatamente qué tan bueno ha resultado tal o cual intento u operación de solución. Más aún, la prueba de la solución está enteramente bajo control de la poca gente involucrada e interesada en el problema»[9]. Sin embargo, este no es el caso de los problemas retorcidos, ya que la gama completa de consecuencias de cualquier solución que se aplique no está clara, y dichas consecuencias se generan a lo largo de un periodo de tiempo prolongado e ilimitado. Al no estar claras, también son posibles consecuencias negativas imprevistas que incluso superen cualquier resultado positivo que se haya conseguido aplicando la solución. La crisis de los abusos sexuales presenta muchas facetas diferentes: cuestiones sobre la formación del clero, sobre la forma de entender la sexualidad, la familia y el género dentro de la teología católica, sobre la estructura organizativa de la Iglesia, que tal vez resulte opaca y poco útil en el contexto de la asunción de responsabilidades, y muchas más cuestiones. Implementar una solución para un solo aspecto, como vincular un rasgo de personalidad concreto con la crisis de los abusos

---

[7] Jaisy A. Joseph, «Responding to Shame with Solidarity: Sex Abuse Crisis in the Indian Catholic Church», *Asian Horizons* 14, núm. 2 (2020): 388.
[8] Rittel y Webber, «Dilemas de una teoría general de planeación», 175.
[9] Rittel y Webber, «Dilemas de una teoría general de planeación», 175.

sexuales, tendrá consecuencias intencionadas y no intencionadas que también afectarán posiblemente a la educación católica, a la formación del clero en los seminarios, a cómo se organiza la Iglesia o incluso a si se logrará hacer justicia. Un ejemplo de esta cuestión es la respuesta de «vincular homosexualidad y pedofilia, y culpar implícitamente a los sacerdotes homosexuales de los abusos sexuales». Dicha respuesta no solo condena injustamente a un grupo concreto basándose en afirmaciones infundadas, sino que también tiene ramificaciones en otros aspectos como las enseñanzas sobre el sacerdocio, el sexo y el género, y quiénes están por tanto cualificados para ser líderes de la Iglesia[10]. Aunque de alguna manera la solución aspira a cambiar la forma de abordar el problema, la finitud humana, así como la dificultad para predecir todas las reacciones a la solución, hacen que sea difícil tener en cuenta todos los cambios posibles y todos los sujetos que se verán afectados, ya sea para bien o para mal.

La tercera característica es que «toda solución a un problema retorcido es una "operación de un solo golpe". Ya que no hay oportunidades de aprender mediante ensayo y error sobre la marcha, cualquier intento es altamente significativo»[11]. Debido al gran número de personas afectadas y a la dificultad de considerar las consecuencias, cada intento será crucial y probablemente incompleto a la hora de responder totalmente al problema,

---

[10] Véase Michael J. O'Loughlin, «Vatican Reaffirms Ban on Gay Priests», *America Magazine*, 7 de diciembre de 2016, www.americamagazine.org/faith/2016/12/07/vatican-reaffirms-ban-gay-priests: «El lenguaje que excluye a los homosexuales del sacerdocio salió a la luz por primera vez en 2005, bajo el mandato del papa Benedicto XVI, pero se elaboró poco después de que estallara el escándalo de los abusos sexuales del clero a principios de los años 2000. Algunos observadores afirmaron entonces que los responsables eclesiásticos intentaban culpar del escándalo a los sacerdotes homosexuales, a pesar de que los expertos en psicología y en derecho afirmaban que no existía relación alguna entre la homosexualidad y los abusos a menores». Véase también James Martin, SJ, «It's Not About Homosexuality: Blaming the Wrong People for the Sexual Abuse Crisis», *Huffington Post*, 14 de junio de 2010, www.huffpost.com/entry/its-not-about-homosexuali_b_537810; Robert Mickens, «The Catholic Church is Enabling the Sex Abuse Crisis by Forcing Gay Priests to Stay in the Closet», *The Washington Post*, 23 de julio de 2018, www.washingtonpost.com/news/acts-of-faith/wp/2018/07/23/the-catholic-churchs-sex-abuse-scandals-show-it-has-a-gay-priest-problem-theyre-trapped-in-the-closet/.

[11] Rittel y Webber, «Dilemas de una teoría general de planeación», 176.

lo que dará lugar a varias iteraciones para mejorar la situación. Cada intento cambiará también las limitaciones del problema retorcido, en función de las consecuencias del intento anterior. Las soluciones que se centren en la formación del clero o hagan hincapié en la confesión sacramental tendrán sin duda efectos duraderos, pero no abordarán por completo la crisis de los abusos sexuales, puesto que otros factores, como la justicia y las enseñanzas doctrinales, también deben tenerse en cuenta y recibir la respuesta adecuada. El teólogo Aaron Milavec identificó la confesión sacramental como una de las maneras en que los obispos de Estados Unidos trataron la crisis de los abusos sexuales, la cual puede ser sanadora para algunos—como el agresor—y supuestamente permitirles cambiar con la gracia de Dios. Sin embargo, esta teología de la confesión «reducía cualquier posibilidad de que los padres indignados escucharan alguna vez una admisión de culpabilidad» o cualquier posibilidad de resarcimiento y, a menudo, no conllevaba penitencias como no quedarse nunca a solas con las posibles víctimas o acudir a rehabilitación o terapia[12]. Esta solución sacramental tampoco tuvo efecto en las enseñanzas sobre el celibato o el sexo y el género en la Iglesia católica, aspectos que muchos también consideran necesarios para afrontar este problema. Por consiguiente, cada puesta en práctica de una solución debe pensarse con el mayor cuidado posible, dadas estas limitaciones y el impacto real en las comunidades. Cualquier solución «deja huellas que no pueden borrarse» fácilmente, ya que «la vida de muchas personas se verá irreversiblemente afectada, y será también mucho el gasto público de dinero [...]. Y cualquier intento por revertir la decisión o por corregir lo que ha traído consecuencias indeseables significa entrar en otra serie de problemas enredados, que a su vez están sujetos a los mismos dilemas»[13].

---

[12] Aaron Milavec, «Reflections on the Sexual Abuse of Minors by Priests», *Asian Horizons* 4, núm. 1 (2010): 187.
[13] Rittel y Webber, «Dilemas de una teoría general de planeación», 176–177.

Pensamiento de diseño en la estructura organizativa de la Iglesia católica

Ante la complejidad de la respuesta a problemas retorcidos como la crisis de los abusos sexuales, ¿cómo se debe responder? Un marco de referencia para responder a los problemas retorcidos es el pensamiento de diseño, un sistema de resolución de problemas que se utiliza para responder a problemas de este tipo. El pensamiento de diseño ha sido utilizado por empresas para diseñar sus productos y servicios, así como por organizaciones sin ánimo de lucro para mejorar sus servicios a diversas personas y comunidades marginadas y vulnerables[14]. La metodología incluye varios «pasos», aunque los pensadores de diseño siempre insisten en que no se trata de un sistema perfectamente diseñado que sea mano de santo para todos y cada uno de los problemas. El pensamiento de diseño ayuda más bien a grupos de personas diversas a aprovechar su creatividad y organizar sus pensamientos para abordar un problema que parece demasiado complejo de gestionar, debido a las exigencias contradictorias sobre el bien, los intereses y las limitaciones. De este modo, el pensamiento de diseño se convierte en una metodología adecuada para responder a los problemas retorcidos. En respuesta a las tres características de un problema retorcido descritas en la primera parte de este artículo, el pensamiento de diseño ofrece herramientas y principios útiles. En primer lugar, el uso de arquetipos sistémicos por parte del pensamiento de diseño serviría para aumentar y diversificar las voces que se escuchan y se tienen en cuenta a la hora de responder a la crisis de los abusos sexuales. En segundo lugar, el énfasis que el pensamiento de diseño pone en la gestión del cambio y la iteración permitiría a quienes intentan responder a la crisis de los abusos sexuales comprender más profundamente y gestionar los efectos del intento de solución en las comunidades implicadas.

---

[14] Para más información, véase Liedtka, Salzman y Azer, *Design Thinking for the Greater Good*.

Arquetipos sistémicos

En respuesta a la primera característica de los problemas retorcidos, según la cual la descripción del problema y las soluciones elaboradas dependen en gran medida de las perspectivas de las personas que responden a dicho problema, la solución requiere incluir un conjunto diverso de voces con el fin de obtener una descripción más sólida del problema retorcido en cuestión. El pensamiento de diseño anima a quienes lo practican a fomentar un profundo sentido de la empatía y la voluntad de escuchar; una premisa del pensamiento de diseño es que parte de la solución consiste en «empatizar [con las personas a las que se atiende], comprenderlas y hacer que participen [...] en el proceso de diseño»[15].

En relación con lo mencionado anteriormente en la descripción de la iteración, la participación de nuevas voces es clave en este proceso, así como la participación de las voces de los que están más gravemente afectados. Este compromiso refleja la importancia de la solidaridad como indicador relevante de la visión social católica. La solidaridad, un principio clave del pensamiento social católico, es la convicción de que todas las criaturas, incluidas las personas, están interconectadas y, por lo tanto, debemos implicarnos con «la determinación firme y perseverante de empeñarse por el bien común; es decir, por el bien de todos y cada uno, para que todos seamos verdaderamente responsables de todos» (*Sollicitudo rei socialis*, núm. 38), especialmente de los más afectados o de los que viven en comunidades vulnerables.

Esta solidaridad conduce a un planteamiento basado en la subsidiaridad, otro principio clave del pensamiento social católico: «A la subsidiaridad entendida *en sentido positivo*, como ayuda económica, institucional, legislativa, ofrecida a las entidades sociales más pequeñas, corresponde una serie de implicaciones *en negativo*, que imponen al Estado abstenerse de cuanto restringiría, de hecho, el espacio vital de las células menores y esenciales de la sociedad. Su iniciativa, libertad y responsabilidad no deben ser suplantadas» (*Compendium*, núm. 186). Aunque se debate

---

[15] IDEO.org, *Field Guide to Human Centered Design* (Canadá: Design Kit, 2015), 22.

si la subsidiaridad debe practicarse dentro de la estructura organizativa de la Iglesia, el pensamiento de diseño estaría a favor, especialmente en la crisis de los abusos sexuales en la cual hay elementos que deben abordarse en el ámbito de la Iglesia universal, pero también en el ámbito de la diócesis o la parroquia[16]. Tal compromiso y tales soluciones conllevarán algún tipo de cambio estructural en ambos ámbitos.

En el pensamiento de diseño, emprender el cambio estructural supone comprender el pensamiento sistémico y el concepto de arquetipos sistémicos para ayudar a clarificar las pautas de comportamiento de tipo estructural entre agentes o grupos relacionados. La premisa básica es que una acción desencadenará algún tipo de reacción, y estas acciones y reacciones se denominan bucles de retroalimentación. Ciertos bucles de retroalimentación se han convertido en «arquetipos» predecibles que pueden servir de ayuda a quienes participan en proyectos de cambio estructural para garantizar el éxito y evitar los obstáculos más comunes. Un ejemplo de arquetipo sistémico es la tragedia del terreno común, en la que el uso descoordinado y exclusivamente interesado de un recurso concreto por parte de individuos que tienen acceso libre a él conduce al agotamiento del recurso[17]. Una vez identificado un arquetipo sistémico, es importante considerar qué tipo de reacción o retroalimentación se ha producido para evaluar qué hay que mejorar para acercarse a un objetivo[18]. También puede haber retrasos cuando las personas perciben la retroalimentación de forma incorrecta, lo que puede llevar a malinterpretar qué se necesita para la siguiente iteración de la solución.

---

[16] Para un ejemplo del análisis realizado y el debate sobre si la subsidiaridad y la participación auténtica pueden aplicarse al diseño organizativo de la Iglesia católica, véase Kathryn R. Hamrlik, «The Principle of Subsidiarity and Catholic Ecclesiology: Implications for the Laity» (tesis doctoral, Loyola University Chicago, 2011).

[17] Para más información sobre el concepto de la tragedia del terreno común, véase Elinor Ostrom, *Governing the Commons: The Evolution of Institutions for Collective Action* (Nueva York: Cambridge University Press, 1990); Garrett Hardin, «The Tragedy of the Commons», *Science* 162, núm. 3859 (1968): 1243-1248.

[18] Radim Spicar, «System Dynamics Archetypes in Capacity Planning», *Procedia Engineering* 69 (2014): 1351.

Otro arquetipo sistémico son las «soluciones que fallan», es decir, aquellas soluciones fáciles que simplemente arreglan los síntomas, pero no la causa real[19]. La «solución» no hace más que reforzar el problema a largo plazo, con el agravante adicional de consecuencias tardías e inesperadas que se suman a los síntomas, al tiempo que crean una adicción a la solución fácil debido al «cambio» percibido. Tales soluciones—por ejemplo, trasladar a un sacerdote acusado de mala conducta a otra diócesis—dan tal vez la impresión de que la Iglesia católica está respondiendo a la crisis de los abusos sexuales, pero no son suficientes para abordar las causas profundas y, en su lugar, se limitan a tratar los síntomas.

Las «soluciones que fallan» también pueden conducir al «desplazamiento de la carga», otro arquetipo similar a las «soluciones que fallan», pero que desplaza la atención desde el problema fundamental a los efectos secundarios. La atención se centra entonces en resolver esos efectos secundarios en lugar de resolver el problema fundamental. Se crea así una cultura de evitación o dependencia de una intervención concreta que, en realidad, solo sería parcialmente útil o incluso inútil, como centrarse únicamente en el celibato sin comprender el papel de la formación del clero y la enseñanza de la Iglesia sobre el sexo y el género. Considérese cómo la cita del obispo auxiliar de Hamburgo Hans-Jochen Jaschke, según la cual «el estilo de vida célibe puede atraer a personas que tienen una sexualidad anormal y no pueden integrar la sexualidad en sus vidas», se utiliza indebidamente para vincular el celibato solo con la crisis de los abusos sexuales y la pedofilia[20].

Estos arquetipos también dan lugar a otro arquetipo denominado «erosión de metas», en el que se pide a la comunidad sistémica que acepte las cosas tal como están y se conforme en nombre de unos valores determinados, en lugar de arriesgarse y trabajar por la justicia. Una de los

---

[19] Peter M. Senge, *The Fifth Discipline: The Art and Practice of the Learning Organization* (Nueva York, EUA: Doubleday, 2006), 422.

[20] Senge, *The Fifth Discipline*, 104, 110. La cita de Jaschke se encuentra en Tom Heneghan, «Celibacy Debate Re-emerges Amid Church Abuse Scandal», *Reuters*, 13 de marzo de 2010, www.reuters.com/article/idUSTRE62B38C20100312.

dos supervivientes de abusos que abandonaron la Comisión Pontificia para la Protección de Menores en 2016, Marie Collins, reconoce que este arquetipo está en juego en el Vaticano cuando describe la «resistencia cultural» impulsada por «el miedo al cambio [...] o una mentalidad cerrada que ve los abusos como un inconveniente o un aferrarse a viejas actitudes institucionales»[21].

Preguntarse «¿qué arquetipos sistémicos están en juego?», «¿qué retroalimentación se ha producido y cómo evitamos la oscilación, en la que un sistema simplemente se mueve entre lo bueno y lo malo sin una mejora permanente?» y, en el caso de retrasos o lagunas continuas, «¿hay intereses ocultos que obstaculizan la mejora de la retroalimentación?» es útil para sacar a la luz qué voces se están escuchando y cuáles no, y qué experiencia se necesita en el tipo de soluciones requeridas en función de los arquetipos presentes en el sistema. Aportar nuevas voces y practicar la escucha activa de los marginados puede cambiar el tipo de bucles de retroalimentación que se producen en el sistema y revelar otros aspectos del mismo que estarían afectando al problema.

Tomar conciencia de los arquetipos sistémicos puede ayudar a generar el cambio estructural que se requiere para dar cabida a otras voces que contribuyan a la continua iteración de soluciones necesarias a la hora de abordar la crisis de los abusos sexuales en la Iglesia católica. Las voces diversas, en particular las voces de las víctimas y de los marginados, sirven para abrir vías alternativas y catalizar el cambio en las estructuras dentro de la Iglesia, a fin de fomentar la sanación y la justicia. Incorporar sus voces también demuestra que son valoradas en la Iglesia, y esto incluye que compartan la perspectiva y el proceso como parte de la gestión del cambio, del mismo modo que lo han hecho diversas organizaciones utilizando esta metodología[22].

---

[21] Frances D'Emilio, «Abuse Survivor Quits Pope Francis' Panel Over Vatican Stonewalling», *The Associated Press*, 2 de marzo de 2017, www.apnews.com/article/vatican-city-ma-state-wire-ap-%20top-news-pope-francis-international-news-f49acb21f4a646faa9290c56063f37fc.
[22] Ejemplos de otras organizaciones que han utilizado el pensamiento de diseño para promover el diálogo en toda la comunidad con el fin de generar soluciones son los casos del Monash

Gestión del cambio e iteración

La segunda forma en que el pensamiento de diseño puede contribuir a afrontar la crisis de los abusos sexuales es a través de las herramientas de la gestión del cambio y la iteración. En respuesta a la segunda y tercera características de los problemas retorcidos —no hay una prueba definitiva para ver si una solución funcionará antes de su aplicación y, por consiguiente, cada intento de responder a la crisis de los abusos sexuales tiene un peso importante y lo más probable es que solo sea una solución parcial con consecuencias intencionadas y no intencionadas—, el pensamiento de diseño ofrece herramientas útiles para gestionar los intentos de manera que los beneficios positivos de un intento tengan continuidad. También puede contribuir a mitigar las consecuencias negativas que surjan en relación con los distintos intereses y preocupaciones de las diversas partes implicadas en cuestiones tan delicadas y polémicas.

En primer lugar, las herramientas de la gestión del cambio propias del pensamiento de diseño hacen que los responsables eclesiásticos y quienes intentan responder a la crisis de los abusos sexuales dialoguen con las víctimas, la comunidad y otras partes interesadas y sectores implicados, en lugar de volver a una «mentalidad de búnker», en la cual «la Iglesia quiere resolver sus problemas desde dentro y excluir la dimensión pública porque

---

Medical Centre de Australia y el Institute without Boundaries (IwB) de Toronto (Canadá) en colaboración con la ciudad de Iveragh (Irlanda). El personal médico del Monash Medical Centre utilizó el pensamiento de diseño para involucrar a sus pacientes y a la comunidad atendiendo a «las personas, los procesos y los sistemas, sin olvidar el papel de las emociones humanas. En particular, apreciar el poder del sistema global para impulsar comportamientos y resultados intencionados y no intencionados» fue clave para conseguir la adhesión y rediseñar sus sistemas. La comunidad de Iveragh (Irlanda) también utilizó el pensamiento de diseño para «entablar un debate en toda la comunidad» sobre la revitalización de la comunidad rural y su población, asegurándose de que el éxito económico derivado del turismo llegara a la población. Para más información sobre estos dos casos y otros, véase Liedtka, Salzman y Azer, *Design Thinking*, 79-102, 125-146.

teme su propia reputación y la de la institución»[23]. Muchos están legítimamente disgustados por la gestión de la crisis de los abusos sexuales, y es posible que muchas de las partes implicadas estén soportando emociones fuertes —enfado, tristeza, abatimiento, desesperación, repugnancia— ante la situación, ante los abusadores y ante la institución de la Iglesia católica[24]. La gestión del cambio reconoce las diferentes formas en que las organizaciones sufren cambios —cambios estructurales, cambios de procesos, cambios culturales— y se han propuesto diversas estrategias para que las organizaciones consigan cambiar sistemas injustos o terribles, ayudando al mismo tiempo a gestionar las muchas y diferentes emociones, opiniones e intereses en juego.

En este contexto, la propuesta del reportero de finanzas Richard Luecke es de gran utilidad, ya que enumera varios pasos para gestionar estos cambios o transiciones altamente emocionales: 1) potenciar el compromiso y la energía, 2) desarrollar una visión compartida de lo que se quiere conseguir, 3) identificar a los líderes, 4) concentrarse en los resultados y no solo en las actividades y la «palabrería», 5) iniciar el cambio en la periferia y dejar que se extienda sin impulsarlo necesariamente desde arriba, para demostrar que el cambio puede funcionar y reportar beneficios a las personas y a la organización, 6) institucionalizar los éxitos mediante políticas, sistemas y estructuras formales y 7) supervisar y ajustar las estrategias en respuesta a los problemas que surjan en el proceso de cambio[25].

Algunos de estos pasos, como los pasos 1, 2 y 5, son útiles sobre todo

---

[23] Hans Zollner, SJ, «The Spiritual Wounds of Sexual Abuse», *La Civiltà Cattolica*, 18 de enero de 2018, www.laciviltacattolica.com/spiritual-wounds-sexual-abuse/.

[24] Kathleen Davis, «'Beyond Anger': Pittsburgh Priest Says Sex Abuse Report 'Shook' Parishioners», *NPR*, 18 de agosto de 2018, www.npr.org/2018/08/18/639648032/beyond-anger-pittsburgh-priest-says-sex-abuse-report-shook-parishioners; Sean Reynolds, «How Are Grassroots Catholics Responding to the Sex Abuse Crisis?», *America Magazine*, 8 de abril de 2019, www.americamagazine.org/faith/2019/04/08/how-are-grassroots-catholics-responding-sex-abuse-crisis.

[25] Richard Luecke, *Managing Change and Transition* (Boston: Harvard Business School Press, 2003), 33–45.

para introducir pequeños cambios culturales o estructurales en toda la institución—dada la amplitud de la Iglesia católica—y también para gestionar los temores, motivaciones y preocupaciones en juego. Por ejemplo, el paso 1 exige que la organización afronte los problemas con honestidad y que todas las personas de la misma se involucren y se comprometan, para aclarar las implicaciones y consecuencias en caso de que los problemas sigan sin abordarse. Esto es lo que organizaciones como Survivors Network of those Abused by Priests (SNAP) o Rete L'Abuso exigen a instituciones religiosas como la Iglesia católica[26]. El paso 2 requiere que la Iglesia se enfrente al clericalismo, al sexismo y a otros -ismos que azotan sus estructuras comunitarias y organizativas. Esta visión se articula a través del trabajo de organizaciones católicas como el Movimiento del Trabajador Católico. El paso 5 subraya la importancia de la solidaridad y la subsidiaridad para promover el cambio, en lugar de que las autoridades superiores repriman por miedo los movimientos de las periferias. El estudio de Esther Cameron y Mike Green también es crucial para este paso, a fin de apaciguar los temores y las preocupaciones sobre el cambio. Cameron y Green sostienen que, para que se produzca el cambio, «la ansiedad por la supervivencia debe ser mayor que la ansiedad por el aprendizaje, y la ansiedad por el aprendizaje debe reducirse en lugar de aumentar la ansiedad por la supervivencia»[27]. La ansiedad por el aprendizaje se reduce aumentando la seguridad psicológica a través de la formación, la comunicación de una determinada visión compartida, grupos de apoyo y modelos positivos, y sistemas y estructuras útiles[28].

En segundo lugar, el énfasis del pensamiento de diseño en la importancia de la iteración como forma de pensar ayuda a gestionar las

---

[26] Nicole Winfield, «Italian Clergy Abuse Survivors Demand Catholic Church Inquiry», *CTV News*, 15 de febrero de 2022, www.ctvnews.ca/world/italian-clergy-abuse-survivors-demand-%20catholic-church-inquiry-1.5781713.

[27] Esther Cameron y Mike Green, *Making Sense of Change Management: A Complete Guide to the Models, Tools, and Techniques of Organizational Change*, 5ª ed. (Nueva York: Kogan Page, 2020), 52.

[28] Cameron y Green, *Making Sense of Change Management*, 52–54.

expectativas, mientras que mantiene el proceso de cambio transparente y continuo al poner en práctica las herramientas de la gestión del cambio. En lugar de intentar una gran solución y terminar ahí, la iteración permite descomponer el proceso y anima a quienes abordan la crisis de los abusos sexuales a pensar en las relaciones entre los diversos agentes, instituciones y cuestiones que afectan a la crisis, sobre todo por la posible presencia de ciertos arquetipos de sistemas mencionados en los párrafos anteriores. En la iteración, sería importante considerar cómo la solución afectará a los implicados en términos de bucles de retroalimentación y retrasos, y pensar en lo que habría que hacer a continuación, dado que no se satisfarán las necesidades de todos en la ejecución de la solución. Se asume que cada solución tiene sus propios contornos únicos en respuesta a las características únicas del problema retorcido y que el proceso para responder a dicho problema llevará tiempo, recursos y esfuerzo. La iteración también «hace que las aportaciones de las personas [para las que trabajamos] sean una parte fundamental de la evolución de una solución», recordando que el trabajo por la justicia y la asistencia debe incluir las voces de las víctimas y de las personas vulnerables[29]. Este tipo de retroalimentación puede servir para explicar más claramente los beneficios positivos, así como para identificar las consecuencias negativas no deseadas, que podrían no ser obvias para quienes no fueron víctimas o personas vulnerables.

Ambos ejemplos exigen diversas intervenciones con la presencia de especialistas externos a la organización para fomentar la honestidad y facilitar debates más innovadores que ayuden a la organización—en este caso, la Iglesia católica—a avanzar hacia la justicia y evitar que se repita la crisis de los abusos sexuales. En lugar de emplear un proceso confuso u opaco, la gestión del cambio y la iteración contribuyen a mostrar los pasos de la solución y cómo avanzar hacia el objetivo de la justicia y la asunción de responsabilidades. La iteración puede ser útil para gestionar los efectos de cualquier solución aplicada, entendiendo que una solución no basta

---

[29] IDEO, *Field Guide to Design*, 25.

para resolver absolutamente la crisis de los abusos sexuales. Al mismo tiempo, la gestión del cambio puede unir a las personas para que remen en la misma dirección, sabiendo que cada intervención cuenta y, por tanto, requiere compromiso. Además, la gestión del cambio puede hacer frente a las preocupaciones e intereses de los afectados, tales como la Iglesia, las víctimas, los abusadores y la comunidad. El énfasis del actual papa en la sinodalidad es un terreno propicio para experimentar estos planteamientos, dada la apertura de Francisco a escuchar a los demás y dialogar con ellos[30].

Conclusión

Para comprender las complejidades y dificultades a la hora de afrontar la crisis de los abusos sexuales en la Iglesia católica, es necesario trazar un mapa de las relaciones y las partes implicadas. La metodología del pensamiento de diseño puede ser útil para identificar estas relaciones y partes interesadas, así como para gestionar un camino a seguir tanto en el ámbito de la Iglesia local, incluidas diócesis y parroquias, como en el ámbito de la Iglesia universal. Aunque la amplitud de la Iglesia católica, su adaptabilidad y los diferentes intereses, temores y preocupaciones que están en juego harán que el cambio sea bastante difícil, complicándose aún más por las categorías de pecado y gracia, iniciar una conversación y un diálogo con las ciencias sociales y administrativas puede ofrecer modelos y herramientas para que los responsables eclesiásticos los utilicen en la mejora de las estructuras y de la cultura de la Iglesia católica.

Stephanie Ann Puen es doctora y profesora adjunta en el Departamento de Teología de la Universidad Ateneo de Manila (Filipinas), donde imparte clases tanto de grado universitario como de posgrado. Se doctoró en Ética

---

[30] Francesca Merlo, «Pope to Rome's Faithful: Synodality Expresses the Nature of the Church», *Vatican News*, 18 de septiembre de 2021, www.vaticannews.va/en/pope/news/2021-09/pope-francis-discourse-rome-faithful-synodal-process.html.

Teológica y Social en la Universidad de Fordham, donde también impartió clases de grado. Filipina de ascendencia china, trabajó en planificación empresarial en la industria manufacturera antes de dedicarse al mundo académico; actualmente dirige una empresa junto con su familia. Sus intereses académicos se centran en la economía y la ética empresarial, el pensamiento social católico, la ética sexual y de género, y la teología y la cultura popular. Cuenta con publicaciones académicas y divulgativas sobre estos temas.

Capítulo 6: La protección de la infancia en la Iglesia como familia de Dios

Idara Otu

Los niños y las niñas son tesoros inestimables y dones preciosos de Dios. El futuro de cualquier nación está determinado en gran medida por el lugar de privilegio que se concede a los niños en el presente, lo que exige el cuidado de su dignidad inviolable y la protección de sus derechos inalienables. Esta responsabilidad básica de la sociedad civil de velar por el bienestar integral de los niños no puede sacrificarse en el altar de la negligencia. Como parte de la sociedad, la Iglesia católica no puede permitirse el lujo de convertirse en una espectadora pasiva o de adoptar una postura defensiva a la hora de cuidar y proteger a la infancia. Es una responsabilidad eclesial, moral y social apoyar a las familias y a las instituciones civiles en el cuidado y la protección de los menores. Mientras que la mayoría de las naciones cuentan con normas constitucionales y cartas internacionales internas destinadas a proteger a la infancia de toda forma de abusos, solo en las últimas décadas la Iglesia ha desarrollado normas de actuación y directrices éticas orientadas a fomentar una *ecclesia* responsable que proteja a los niños de los abusos sexuales, la explotación y el acoso.

El reciente número sin precedentes de denuncias de abusos sexuales y de otras formas de abuso y violencia contra menores en la Iglesia indica que los fieles, y muy especialmente el clero, a menudo han fracasado en su responsabilidad de tutelar a los menores. En muchos casos, ha prevalecido una cultura de negligencia y silencio entre las autoridades eclesiásticas responsables del cuidado y la protección de los niños. En particular dentro de la Iglesia africana, el clero a menudo no ha reconocido lo suficiente el lugar privilegiado que ocupan los niños en la familia de Dios. Los niños suelen quedar relegados a un segundo plano en lo que respecta a la atención espiritual y pastoral. Sin embargo, su bienestar va más allá de la familia, y la familia de Dios también comparte la responsabilidad de velar por su bienestar y desarrollo integral.

Este artículo presenta una teología de la responsabilidad de la Iglesia en África como familia de Dios e invita a las Iglesias particulares a avanzar para convertirse en tutoras y dignas protectoras de los menores, en respuesta a los gritos desatendidos y a las historias no contadas de quienes han sufrido abusos sexuales por parte del clero. En el artículo se recurre a la eclesiología de la familia de Dios y al magisterio del papa Francisco para proponer cambios en el paradigma teológico relativos al fomento del cuidado y la protección de los menores. Además, el presente estudio desentierra algunas de las limitaciones y explica las estrategias adoptadas por las Iglesias para salvaguardar a los menores. En cuanto al método, se utilizan diversos estudios y entrevistas orales para definir el lugar del niño en la familia africana y en la familia de Dios. En mi opinión, la Iglesia en África debe conceder a los niños un lugar especial, al tiempo que escucha los gritos de las víctimas y abraza la transparencia en la familia de Dios.

El niño africano y los abusos sexuales

Los estudios históricos apenas relatan experiencias tradicionales africanas sobre la vida de los niños. Fuera de los cuentos populares y la ficción, existe poca literatura sobre cómo se socializaba y protegía a los niños en las sociedades africanas tradicionales[1]. Los pocos trabajos académicos sobre los niños surgen durante la experiencia del colonialismo y suelen describir

---

[1] En «Between Ecclesiology and Ethics: Promoting a Culture of Protection and Care in Church and Society», *Theological Studies* 80, núm. 4 (2019): 897-915, Agbonkhianmeghe Orobator presenta una visión general de algunos cuentos populares y relatos de ficción de los siguientes clásicos africanos: Wole Soyinka, *Ake: The Years of Childhood* (Londres: Random House, 1962); Chinua Achebe, *Chike and the River* (Cambridge: Cambridge University Press, 1966); Onuora Nzekwu, *Eze Goes to School* (Portsmouth: Heinemann Publishers, 1977); Ngugi wa Thiong'o, *Nyamba Nene and the Flying Bus* (Nairobi: East African Publishers, 1986); Nyamba Nenes, *Pistol* (Nairobi: Heinemann Press, 1986).

la esclavitud infantil, los niños soldados y el trabajo infantil[2]. Esta escasez de literatura disminuye la posibilidad de construir una visión histórica lineal autóctona del lugar y el valor del niño. La literatura disponible no se equivoca al presentar la infancia en la sociedad tradicional como algo sagrado, como una etapa valiosa y un don de Dios a la comunidad[3].

A pesar de las diversas narrativas sobre la infancia, la cultura africana considera a los niños como una bendición y un don[4]. Un adagio gikuyu indica así el valor del niño: *mwana muciare ndateagwo* (una vez que un niño o una niña ha nacido, no se le puede abandonar). En *Ecclesia in Africa*, el papa Juan Pablo II escribe: «En la cultura y tradición africanas, el papel de la familia está considerado generalmente como fundamental. El africano, abierto a este sentido de la familia, del amor y del respeto a la vida, ama a los niños, que son acogidos con alegría como un don de Dios» (núm. 43)[5]. Por consiguiente, los niños se consideran un don indispensable, un bien de la familia y una bendición fecunda para el matrimonio, así como el futuro de la Iglesia y de la nación.

Agbonkhianmeghe Orobator sostiene que los niños eran valorados por lo que son y por lo que representan, y eran valiosos en relación con las expectativas sociales y las normas culturales[6]. En las comunidades africanas

---

[2] Véase Manzoor Ahmed, *Within Human Reach: A Future for Africa's Children* (Nueva York: United Nations Children's Fund, 1985); Loretta E. Bass, *Child Labor in Sub-Saharan Africa* (Boulder: Lynne Rienner, 2004); Chinua Achebe, *Chike and the River* (Cambridge: Cambridge University Press, 1966).

[3] Véase Ferdinand Ezémbé, *L'enfant africain et ses univers* (París: Karthala, 2009), 126; Mary Makamatine Lembo, «Africa and the Reality of Sexual Abuse of Children and Vulnerable Persons», en *African Theology in the 21st Century: A Call to Baraza*, ed. Elias O. Opongo, SJ, y Paul Béré, SJ (Nairobi: Paulines Publications Africa, 2021), 332.

[4] Véase Khofi Arthur Phiri, *African Traditional Marriage: A Christian Theological Appraisal* (Nairobi: Paulines Publications Africa, 2011), 75–77.

[5] Los obispos de Zambia describen igualmente al niño africano como un don precioso. Véase Conferencia Episcopal de Zambia, «A Call to Love and Care—A Pastoral Letter on the Family», en *The African Enchiridion: The Documents and Texts of the Catholic Church in the African World*, vol. IV: *1994-2004* (Bolonia: Editrice Missionaria Italia, 2008), núm. 1013, 2746.

[6] Orobator, «Between Ecclesiology and Ethics», 902.

tradicionales, al niño se le concedía un lugar especial en la familia. Un fin indispensable del matrimonio era la procreación, y en algunas comunidades se prefería la procreación de varones a la de hembras[7]. Se consideraba que las parejas sin un hijo, o sin un hijo varón, constituían una lamentable unión matrimonial, que debía remediarse mediante el matrimonio con una segunda esposa. Se esperaba que los hijos varones actuaran como líderes de sus hermanos al llegar a la edad adulta, y se consideraba que el varón mayor era el cabeza de familia al fallecer el padre. La falta de hijos disminuía la valía del hombre e invalidaba la identidad de la mujer[8]; también menoscababa la dignidad y el respeto del hombre y la mujer dentro de la comunidad. Los hijos, especialmente los varones, eran considerados progenitores de las futuras generaciones de familias y comunidades. Sin hijos, el linaje de las familias se enfrentaba a la extinción. Así pues, la infancia era protegida por los adultos y la comunidad, los cuales actuaban como auténticos guardianes, educadores y protectores[9]. El niño africano era criado y protegido por los padres y la comunidad, creciendo bajo la tutela de valores culturales, como la solidaridad, el cuidado, la comunión, el respeto y la integridad[10]. No es de extrañar que el proverbio africano afirme: «Hace falta todo el pueblo para criar a un niño.» En otras palabras, toda la comunidad se alegra cada vez que nace un niño, a la vez que asume la responsabilidad de su crianza y protección. De este modo, los niños podían aprender de sus padres y de la comunidad sin miedo a sufrir

---

[7] Phiri, *African Traditional Marriage*, 76; Anthonia Bolanle Ojo, «Family Institution under Threat in Nigeria: An Ethical and Pastoral Response», en *African Theology in the 21st Century*, 262–263.

[8] Orobator, «Between Ecclesiology and Ethics», 902; Chinua Achebe, *Things Fall Apart* (Nueva York: Anchor, 1959), 77-79.

[9] Lembo, «Africa and the Reality of Sexual Abuse», 332; Philomena N. Mwaura, «The Gospel of the Family: From Africa to the World Church», en *The Church We Want: African Catholics Look to Vatican II*, ed. Agbonkhianmeghe E. Orobator (Maryknoll, NY: Orbis Books, 2016), 151.

[10] Idara Otu, *Communion Ecclesiology and Social Transformation in African Catholicism: Between Vatican II and African Synod II* (Eugene, Oregon: Pickwick, 2020), 129; Lembo, «African and the Reality of Sexual Abuse», 332.

abusos o daños.

Además, los niños crecían en la comunidad siendo educados en «la sexualidad, aprendiendo el respeto mutuo, el respeto a la intimidad física del otro y el autocontrol»[11]. Las lecciones fundamentales eran el respeto a la dignidad de la persona humana y el carácter sagrado de la sexualidad humana. Desviarse de las normas culturales y del ethos sexual de la comunidad—por ejemplo, mediante la fornicación, el adulterio o el incesto—era una práctica tabú y detestable. En la mayoría de los casos, los autores de tales actos abominables eran expulsados de la comunidad y se ofrecía un sacrificio expiatorio para apaciguar a la divinidad y purificar la tierra.

Por desgracia, la moderna valoración utilitarista de la infancia en África ha impuesto una carga al niño, que es considerado no solo como un don de Dios, sino también como un medio para que la familia pueda conseguir un determinado objetivo. En este contexto, «los niños no tienen voz; se les ve, pero no se les escucha—y mucho menos se confía en ellos—en una sociedad en la que se venera la edad, y los sistemas políticos dan prioridad a los privilegios gerontocráticos»[12]. El niño africano aparece como un peón para que los adultos valoren su propia autoestima, identidad y dignidad. No es de extrañar que los vestigios de todas las formas de abuso persistan en medio del declive socioeconómico y la degradación del nivel de vida en muchas naciones africanas. Por un lado, estas condiciones sociales contribuyen a la proliferación del trabajo infantil, el abuso sexual infantil, la mortalidad infantil, el tráfico de niños, la pornografía infantil, el secuestro de niños y los niños soldados. Por otro lado, los males sociales contribuyen a la pérdida de los valores culturales africanos tradicionales, preparando así las bases para el abuso y la violencia hacia los niños[13].

---

[11] Lembo, «African and the Reality of Sexual Abuse», 333.

[12] Orobator, «Between Ecclesiology and Ethics», 905.

[13] Otu, *Communion Ecclesiology and Social Transformation in African Catholicism*, 130–131; Betty Bigombe y Gilbert M. Khadiagala, «Major Trends Affecting Families in Sub-Saharan Africa», en *Major Trends Affecting Families: Background Document*, ed. United Nations (Nueva York: United Nations, 2003), 1–36.

Consciente de la disminución de la seguridad y del consiguiente aumento de la vulnerabilidad de los niños en el mundo, así como de la necesidad de protegerlos, la comunidad de naciones promulgó en 1989 la Convención sobre los Derechos del Niño[14]. Esta convención fue precedida en 1959 por la Declaración de los Derechos del Niño por las Naciones Unidas. Estas convenciones son normas mundialmente aceptadas, basadas en la dignidad del niño como persona y orientadas hacia el desarrollo integral de los niños y el bien común de la sociedad. Adoptadas por muchas naciones, las leyes sobre los derechos del niño reconocen que los niños africanos merecen la máxima protección frente a cualquier forma de abuso, a medida que crecen y hasta llegar a la edad adulta. La Convención de 1989 reconoce derechos, incluidos los de supervivencia, desarrollo, participación y protección contra el abuso y la explotación. Las leyes sobre los derechos del niño consideran que cualquier persona que abuse sexualmente de un niño o lo explote de cualquier forma comete un delito que puede ser castigado con penas de prisión[15]. A pesar de los avances legislativos, la aplicación del derecho de los niños a la protección en la sociedad se ve socavada por una historia irregular de negligencia e incumplimiento.

Abuso sexual de clérigos a menores

El abuso sexual clerical de menores es un acto criminal atroz y un pecado mortal grave que viola la inocencia y la dignidad de un niño creado a imagen de Dios. El abuso sexual de menores va más allá de los actos con penetración y violación e incluye conductas inapropiadas, acoso, exhibición, tocamientos, manipulación, masturbación forzada y actos de «entretenimiento»[16]. Algunas Iglesias particulares de África han sufrido

---

[14] Oficina del Alto Comisionado de las Naciones Unidas para los Derechos Humanos, «Convención sobre los Derechos del Niño», 20 de noviembre de 1989, www.ohchr.org/es/instruments-mechanisms/instruments/convention-rights-child.

[15] Véase Naciones Unidas, «Convención sobre los Derechos del Niño».

[16] Lembo, «Africa and the Reality of Sexual Abuse», 333.

escándalos a causa del abuso sexual de menores en las últimas décadas. Por desgracia, según Edward Obi, «a menudo no se dispone de datos que indiquen el número de agresores y la incidencia de sus ataques»[17]. Marie Keenan sostiene que calcular la magnitud de los abusos sexuales cometidos por clérigos «plantea dificultades específicas, ya que la información sobre los agresores no siempre está disponible en las estadísticas generales sobre delitos, en los informes de las investigaciones y en las cifras relativas a la utilización de los servicios, y la Iglesia católica ha sido siempre muy reacia a publicar los datos pertinentes»[18]. En muchas naciones africanas abundan casos de abusos sexuales clericales que no son revelados por las víctimas ni por las autoridades civiles y eclesiásticas (debido principalmente a una cultura de estigmatización y vergüenza), lo que impide hacer una estimación adecuada de su magnitud en las Iglesias particulares.

La escasez de registros de abusos sexuales cometidos por clérigos no significa que tales abusos no se hayan producido en las Iglesias particulares. El abuso sexual clerical de menores, denunciado o no, inflige heridas profundas y cicatrices imborrables en las víctimas, las familias, la Iglesia y la sociedad. En Ghana, una encuesta del 2011 muestra que el 90% de los niños sufrieron abusos físicos o verbales y más del 15% de las adolescentes de entre 15 y 19 años sufrieron abusos sexuales[19]. La secretaria general de la Conferencia Episcopal de África del Sur, Hermenegild Makoro, indicó en una entrevista con el Catholic News Service que «la Iglesia sudafricana expulsó a tres sacerdotes por abusos sexuales a menores en las parroquias. Desde 2003, en la Iglesia sudafricana se han denunciado 35 casos de abusos

---

[17] Edward Osang Obi, «Protection of Minors and Vulnerable Adults: The Moral Leadership of the African Church», presentado en la 34ª Conferencia Anual de CATHAN, Catholic Diocese of Port Harcourt Pastoral Centre, Port Harcourt, Rivers State, Nigeria, 23-26 de abril de 2019.
[18] Marie Keenan, *Sexual Abuse and the Catholic Church: Gender, Power and Organizational Culture* (Nueva York: Oxford University Press, 2012), 5.
[19] Rejoice E. Hoedoafia, *Intrafamilial Sexual Abuse of Minors in Ghana: Impact on the Wellbeing of Survivors: Indications for Interventions* (Roma: Gregorian University, 2019), 220.

cometidos por sacerdotes»[20].

En 2019, en la cumbre celebrada en el Vaticano sobre la protección de menores contra el abuso sexual clerical, una religiosa de la Sociedad del Santo Niño Jesús, Veronica Openibo, describió casos de abusos en Nigeria: «A principios de los años 90, un sacerdote me dijo que había abusos sexuales en los conventos y en las casas de formación y que, como presidenta de la Conferencia Nigeriana de Religiosas, por favor hiciera algo para abordar la cuestión»[21]. He aquí sus palabras en relación con otro caso: «Un segundo sacerdote, a principios de la década de los 2000, dijo que un grupo étnico concreto practicaba el incesto, pero yo añadí que, por experiencia personal, el incesto es un problema mundial. Un anciano moribundo me reveló que actuaba de forma extraña debido a los abusos sexuales que sufrió siendo adolescente por parte de los sacerdotes de su colegio. Una niña de trece años se encontró con su sacerdote abusador veinticinco años después y este no la reconoció»[22]. Estas experiencias no documentadas ni contadas de abusos sexuales de clérigos a menores suelen estar envueltas en una cultura de silencio y negligencia. Algunos sacerdotes de Nigeria y Kenia admitieron la existencia de posibles abusos sexuales de menores por parte del clero, pero a una escala limitada en comparación con Norteamérica y Europa. Reconocieron que esto podría deberse en gran medida a que los casos no se denuncian[23].

---

[20] Fredrick Nzwili, «Africa is also grappling with clerical abuse, says Catholic leaders», *Crux*, 8 de febrero de 2019, cruxnow.com/church-in-africa/2019/02/africa-is-also-grappling-%20with-clerical-abuse-say-catholic-leaders.

[21] Veronica Openibo, «Openness to the World as a Consequence of the Ecclesial Mission», presentado en el encuentro sobre «La protección de los menores en la Iglesia», Aula Nueva del Sínodo, Ciudad del Vaticano, 23 de febrero de 2019, www.vatican.va/resources/resources_suoropenibo-protezioneminori_20190223_en.html.

[22] Openibo, «Openness to the World as a Consequence of the Ecclesial Mission».

[23] Para esta investigación, algunos sacerdotes de Nigeria y Kenia (que pidieron permanecer en el anonimato) fueron entrevistados entre diciembre de 2021 y enero de 2022 sobre la salvaguarda de los menores en sus diócesis. De la entrevista se desprende que muchos casos de abuso de menores no se denuncian por razones como la falta de educación sobre lo que constituye el abuso de menores, la ausencia de un servicio de denuncia, la protección del apellido por parte de los padres de la víctima y la estigmatización de las víctimas.

La protección de la infancia en la Iglesia como familia de Dios

El papa Francisco ha iniciado reformas éticas y pastorales en materia de abusos sexuales a menores por parte del clero, aboliendo cualquier secreto pontificio en su *Carta al Pueblo de Dios* de 2018. El papa adopta una política de tolerancia cero para los abusadores y ordena a los obispos que sigan su ejemplo en sus respectivas diócesis. En cumplimiento de este compromiso, en 2014 el papa Francisco estableció una Comisión Pontificia para la Protección de Menores con el fin de fomentar el cuidado y la protección de los niños en las Iglesias locales y en la Iglesia universal. Encabezada por el cardenal Sean O'Malley, esta Comisión recibió el mandato de proponer iniciativas que protegieran a los niños de los pedófilos en la Iglesia. La Comisión trazó un nuevo itinerario para la Iglesia universal en respuesta a la crisis de los abusos clericales.

Cuatro años después, en 2018, el papa envió un mensaje a la Iglesia universal sobre este mismo tema. En la carta, afirma: «Es imprescindible que como Iglesia podamos reconocer y condenar con dolor y vergüenza las atrocidades cometidas por personas consagradas, clérigos e incluso por todos aquellos que tenían la misión de velar y cuidar a los más vulnerables» (*Carta al Pueblo de Dios*, núm. 1). En 2019, el papa convocó en Roma una reunión de presidentes de conferencias episcopales y responsables de la curia para orar y reflexionar sobre la prevención de los abusos sexuales a menores y adultos vulnerables. En este encuentro, que marcó una época, se recogieron testimonios de testigos procedentes de diversas partes del mundo sobre los abusos sexuales cometidos por el clero. El fruto de esta deliberación orante fue la publicación, *motu proprio,* de la carta apostólica *Vos estis lux mundi*. En esta carta, el papa Francisco afirma que «los delitos de abuso sexual ofenden a Nuestro Señor, causan daños físicos, psicológicos y espirituales a las víctimas, y perjudican a la comunidad de los fieles» (núm. 1). También establece los procedimientos que deben adoptar las Iglesias locales para prevenir y combatir el abuso sexual clerical de menores. Las normas son *ad experimentum* durante tres años.

Conferencias episcopales africanas y protección de menores

Los caminos para acoger estas enseñanzas del papa Francisco en las naciones de África oriental y occidental pueden clasificarse en dos planes pastorales interrelacionados: 1) la promulgación y aplicación de normas éticas para el cuidado y la protección de menores y 2) la formación de agentes pastorales sobre el uso de dichas normas. El primer plan pastoral es la aplicación de directrices para salvaguardar a los menores de los abusos sexuales cometidos por el clero. En este sentido, algunas conferencias episcopales e Iglesias particulares de África y de todo el mundo han aplicado estas disposiciones. Sin embargo, hay algunas conferencias episcopales en el continente africano que aún no las cumplen plenamente[24].

Anteriormente, algunas conferencias episcopales establecieron normas y procedimientos para tratar los casos de abuso sexual clerical. En 2015, la Conferencia Episcopal de África del Sur publicó políticas de salvaguarda para contribuir al cuidado y la protección de los menores. La respuesta oficial de la Iglesia en Nigeria comenzó en 2006 con su primera política contra los abusos sexuales y sus orientaciones éticas, que se revisaron en 2012. En 2017, la Conferencia Episcopal de Nigeria publicó la «Guía para tratar casos de abuso sexual de menores y adultos vulnerables», que se ha incorporado en todas las diócesis del país. Otras conferencias episcopales e Iglesias particulares de África tienen políticas de salvaguarda de menores y personas vulnerables[25]. En 2019, la Asociación de Miembros de las Conferencias Episcopales en África Oriental publicó un manual para la protección de menores titulado *Child Safeguarding Standards and Guidelines: A Catholic Guide for Policy Development* (*Normas y directrices*

---

[24] Algunas de las conferencias episcopales que aún no han incorporado las directrices para la protección de menores son la República Centroafricana, Egipto, Guinea Ecuatorial y Sudán.

[25] Véase Conferencia Episcopal de Nigeria, *Guidelines for Processing Cases of Sexual Abuse of Minors and Vulnerable Persons* (Abuja: Catholic Archdiocese of Abuja, 2017); Archidiócesis Católica de Abuja, *Policy on Safeguarding Minors and Vulnerable Persons for Archdiocesan Personnel* (Abuja: Catholic Archdiocese of Abuja, 2020).

para la protección de la infancia: Guía católica para la elaboración de políticas)[26]. Este manual ha sido adoptado por las diócesis miembros. Además, algunas congregaciones religiosas masculinas y sociedades de vida apostólica de África oriental y occidental cuentan con normas y procedimientos para la protección de menores. Tales políticas establecen un comportamiento adecuado, principios éticos y procedimientos para denunciar los abusos sexuales a menores, así como para imponer las penas a los culpables y prestar asistencia y cuidados a las víctimas.

El segundo plan pastoral complementa al primero mediante talleres y seminarios para el clero sobre la protección y el cuidado de los menores. Por ejemplo, en África oriental, la publicación del manual por parte de los obispos católicos fue seguida de un taller de tres días para todos los agentes pastorales. En algunas Iglesias particulares, el clero y los religiosos están obligados a asistir a un seminario sobre el cuidado y la protección de menores antes de que se les asigne cualquier responsabilidad pastoral. Se organizan talleres y seminarios para la capacitación y formación permanente de sacerdotes acerca de las enseñanzas magisteriales, haciendo hincapié en que la Iglesia no tolera el abuso sexual clerical. Dichos talleres se hacen extensivos a los seminaristas en formación y se integran en su currículo académico. En un importante seminario de Nigeria (*The National Missionary Seminary of St. Paul*, Abuja), los estudiantes asisten periódicamente a seminarios sobre guías éticas para el cuidado y la protección de menores, y procedimientos para denunciar casos de abusos. Las enseñanzas magisteriales sobre la infancia se integran en los estudios filosóficos y teológicos. Iniciativas similares abundan en casas de formación, institutos religiosos, seminarios y universidades católicas del continente africano. En la diócesis católica de Malindi, en Kenia, hay oficinas de protección de la infancia y una línea telefónica de ayuda para apoyar a las víctimas y denunciar casos de abusos sexuales. Se trata de una

---

[26] Asociación de Miembros de las Conferencias Episcopales en África Oriental, *Child Safeguarding Standards and Guidelines: A Catholic Guide for Policy Development* (Nairobi: Paulines Publications Africa, 2019).

iniciativa poco frecuente y encomiable para salvaguardar a los niños africanos. Uno de los problemas de estas iniciativas es la cultura de la vergüenza y la estigmatización de las víctimas de abusos sexuales, lo cual significa que los padres de un menor abusado podrían ser reacios a denunciar el caso para evitar ser objeto de chismes, burlas o humillaciones en la comunidad.

El papa Francisco invita a las conferencias episcopales de África y de todo el mundo a implementar el documento sobre la protección de menores y personas vulnerables. En particular, el papa ordena al clero y a los religiosos que denuncien los casos de abusos sexuales: «Esto significa que [sacerdotes y religiosos] están obligados a informar a las autoridades eclesiásticas cuando sepan o tengan "motivos fundados para creer" que un clérigo o una religiosa ha incurrido en abuso sexual de un menor, conducta sexual inapropiada con un adulto, posesión de pornografía infantil, o que un superior ha encubierto cualquiera de estos delitos»[27]. El encubrimiento de los abusos sexuales mantiene en marcha el engranaje del abuso. Sea cual sea el método de protección de menores que adopte cada Iglesia, o el que se elija en un contexto determinado, el servicio de protección de menores debe establecer un marco para proteger la integridad y la dignidad de los menores víctimas de abusos y de sus familias. Asimismo, debe garantizarse la identidad y la confidencialidad de la persona que realiza la denuncia. La Iglesia ama a todos sus hijos como una madre amorosa y cuida de todos con un afecto especial por los más pequeños e indefensos. Esta es la responsabilidad de toda la familia de Dios.

El niño africano en la familia de Dios

La I Asamblea Especial para África del Sínodo de los Obispos (1994) adoptó un modelo eclesiológico arraigado en la noción africana de familia e inspirado en la Trinidad (*Relatio post disceptationem*, núm. 3). Los

---

[27] Associated Press, «Pope Francis issues ground breaking law requiring priests, nuns to report sex abuse, cover-up», *NBC News*, 9 de mayo de 2019, www.nbcnews.com/news/world/pope-%20francis-issues-groundbreaking-law-requiring-priests-nuns-report-sex-n1003651.

obispos de África afirmaron que la familia de Dios «es una expresión de la naturaleza de la Iglesia particularmente apropiada para África. En efecto, la imagen pone el acento en la solicitud por el otro, la solidaridad, el calor de las relaciones, la acogida, el diálogo y la confianza» (*Ecclesia in Africa*, núm. 63). La concepción que la Iglesia africana tiene de sí misma está relacionada con la espiritualidad religiosa y la sensibilidad cultural de África. La II Asamblea Especial para África del Sínodo de los Obispos (2009) integró la eclesiología familiar en la misión social de la Iglesia, sobre todo la reconciliación, la justicia y la paz (*Africae munus*, núm. 1-3, 10). Estos dos sínodos subrayan la recepción eclesiológica y misiológica del Concilio Vaticano II como una forma de ser Iglesia en África[28]. Dentro de la familia de Dios, «[e]s común la dignidad de los miembros, que deriva de su regeneración en Cristo; común la gracia de la filiación; común la llamada a la perfección: una sola salvación, única la esperanza e indivisa la caridad» (*Lumen gentium*, núm. 32). La Iglesia como familia de Dios según el modelo de la Trinidad es «un pueblo reunido en virtud de la unidad del Padre y del Hijo y del Espíritu Santo» (*Lumen gentium*, núm. 4). Esto expresa el vínculo de comunión y diálogo mutuo que caracteriza la *ecclesia ad intra* y la *missio ad extra* de la Iglesia[29].

En consecuencia, las relaciones intrínsecas dentro de la Trinidad inmanente sirven de analogía para concebir la Iglesia como familia de Dios y subrayan la dinámica de la relación entre el clero y los niños[30]. El misterio de la Trinidad pone de relieve la unicidad, la distinción y las relaciones de las personas divinas, lo que sirve de base para una teología de la infancia que fomenta los derechos y los deberes, así como los límites y las diferencias[31]. Karl Rahner describe la infancia como un «misterio» con

---

[28] Otu, *Communion Ecclesiology and Social Transformation*, 198–201.
[29] Idara Otu, «African Theology of Social Development: Successes and Limitations of Methodological Approaches», en *Faith in Action*, vol. 1: *Reform, Mission and Pastoral Renewal in African Catholicism Since Vatican II*, ed. Stan Chu Ilo, Nora K. Nonterah e Idara Otu (Eugene, Oregon: Pickwick, 2020), 252.
[30] Otu, *Communion Ecclesiology and Social Transformation*, 134.
[31] Otu, *Communion Ecclesiology and Social Transformation*, 133–134.

«un comienzo que está abierto al comienzo absoluto de Dios, que es el misterio absoluto, el inefable y eterno, sin nombre y, precisamente como tal, aceptado con amor en su naturaleza divina como aquel que preside todas las cosas»[32]. Al relacionarse con los niños africanos, el clero debe reconocerlos como dones preciosos y bendiciones de Dios, creados a su imagen y semejanza y, por lo tanto, debe tratarlos con auténtico amor, respeto y cuidado. Orobator observa: «Aunque hasta ahora inexplorada en lo que respecta al cuidado y la protección de los niños, la teología de la Iglesia como familia comprometida con la reconciliación, la justicia y la paz ofrece un vasto terreno para explorar las implicaciones éticas del trato que la comunidad cristiana dispensa a los niños»[33]. La eclesiología de la familia de Dios ofrece una base para promover una Iglesia responsable, sensible a las historias no contadas y a los gritos desatendidos de las víctimas de abusos sexuales clericales en África. El papa Francisco reitera así la importancia de ser una Iglesia responsable: «Soy consciente del esfuerzo y del trabajo que se realiza en distintas partes del mundo para garantizar y generar las mediaciones necesarias que den seguridad y protejan la integridad de niños y de adultos en estado de vulnerabilidad, así como de la implementación de la "tolerancia cero" y de los modos de rendir cuentas por parte de todos aquellos que realicen o encubran estos delitos» (*Carta al Pueblo de Dios*, núm. 2).

Al salvaguardar al niño en la familia de Dios, los vestigios de paternalismo, subyugación y patriarcado de la familia tradicional africana, cuyo influjo se deja sentir en las familias africanas modernas, no deben trasladarse a la dinámica de protección de menores en las Iglesias particulares[34]. En el cuidado de los niños, el tradicional sistema familiar africano incorporaba limitaciones desencadenadas por actitudes paternalistas, entre las que se incluían la consideración del niño como una entidad no autónoma, la protección del nombre de la familia y la búsqueda

---

[32] Karl Rahner, *Theological Investigations*, vol. 8: *Further Theology for the Spiritual Life 2*, trad. David Bourke (Londres: Darton, Longman and Todd, 1971), 42.
[33] Orobator, «Between Ecclesiology and Ethics», 910.
[34] Otu, *Communion Ecclesiology and Social Transformation*, 131.

de la imagen pública de la familia. A menudo, cuando un niño es víctima de abusos o violaciones, la respuesta de los padres puede estar influida en gran medida por la imagen pública de la familia y no por el desarrollo integral y el bien del niño ni por su salud ni por la justicia que le es debida. Estos vestigios deben ser denunciados si se quiere que la protección de los menores en la Iglesia como familia de Dios sea una auténtica realidad. Así pues, las Iglesias particulares han de ser críticas con los reglamentos y métodos que adoptan para proteger a los menores.

Para que la Iglesia en África sea realmente responsable en el cuidado y la protección de los menores, son necesarios tres cambios de paradigma para la familia de Dios: pasar de la cultura de la negligencia a la inclusión del niño africano, otorgándole un lugar de preferencia en la familia de Dios; pasar de la cultura de la negligencia a la cultura de escuchar a las víctimas, y pasar de una cultura del secretismo a una cultura de transparencia en el trato con los depredadores sexuales. Stan Ilo sostiene que la Iglesia como familia de Dios ha de dar cuenta al Señor no solo de los que están con nosotros en el sentido de la palabra, sino también de los abusados y violados[35]. Los menores abusados son verdaderamente hijos de Dios y merecen atención pastoral y sanación, pues «cuando un miembro sufre, todos sufren con él» (1 Cor. 12,26). El grito del niño maltratado es el grito de la Iglesia.

Para el primer cambio de paradigma, la concepción que la Iglesia africana tiene de sí en cuanto familia de Dios se inspira en la noción de familia para articular una imagen eclesiológica contextual. Las sociedades africanas tradicionales reconocían, como ya se ha explicado, que cada niño era un don precioso de Dios. En el mensaje final del II Sínodo Africano, los obispos afirmaron que el niño es un don precioso de Dios y debe ser cuidado por la familia y por la Iglesia. El papa Benedicto XVI desarrolla esta verdad cultural: «Los niños son un regalo de Dios a la humanidad, y han de ser objeto de un cuidado especial por parte de su familia, la Iglesia,

---

[35] Stan Chu Ilo, «The Church of Pope Francis: An Ecclesiology of Accountability, Accompaniment, and Action», en *The Church We Want*, 26.

la sociedad y los gobiernos, pues son una fuente de esperanza y de renovación en la vida» (*Africae munus*, núm. 65). La familia de Dios es un lugar privilegiado de pertenencia e inclusión, donde cada persona experimenta amor y cuidado. Es una comunidad del pueblo de Dios, donde cada niño forma parte de la familia de Dios y del cuerpo de Cristo, la Iglesia. Según el papa Francisco, «[l]os delitos de abuso sexual ofenden a Nuestro Señor, causan daños físicos, psicológicos y espirituales a las víctimas, y perjudican a la comunidad de los fieles» (*Vos estis lux mundi*, núm. 1).

Jesús trata a los niños con gran respeto y dignidad: «Dejad que los niños vengan a mí y no se lo impidáis, porque el reino de los cielos es para los que son como ellos» (Mt. 19,14). Al colocar a los niños en medio de los apóstoles, Jesús reconoce la importancia de los niños en el reino de Dios y el carácter de ese reino. En cuanto a la posibilidad de dejar a los niños en las garras de los malvados, Jesús advierte a sus discípulos: «Pero a quien sea causa de pecado para uno de estos pequeños que creen en mí, más le valdría que lo arrojaran al fondo del mar con una piedra de molino atada al cuello» (Mt. 18,6). Todo niño debe ser tratado con respeto y se le debe conceder la dignidad que Dios, y no la sociedad, le asigna.

El lugar central del niño en la familia de Dios no es discutible. La eclesiología de la familia de Dios exige reconocer que el niño ha sido creado a imagen de Dios y, por lo tanto, posee un valor y una dignidad connaturales. Esto significa que los fieles han de comprometerse a proporcionar entornos seguros para los niños en todas las actividades pastorales, de modo que puedan crecer en el amor y disfrutar de la plenitud de la vida. Además, la autoridad jerárquica de la Iglesia debe garantizar el marco necesario para proteger a los niños de cualquier forma de abuso o explotación sexual. Los niños han de estar seguros cuando van a la Iglesia, por ejemplo, para los rezos devocionales, la catequesis, las liturgias, los encuentros de oración y las reuniones con sacerdotes y otros agentes pastorales. Se debe animar a los padres a acompañar a sus hijos a la Iglesia siempre que sea posible y a sentarse con ellos durante las celebraciones litúrgicas. Los menores deben estar bajo la vigilancia de sus padres o de un adulto designado y aprobado por los padres y tutores.

El segundo cambio de paradigma invita a la Iglesia como familia de Dios a ser una Iglesia que escucha, que atiende a los gritos hasta ahora no escuchados y a las historias no contadas de los menores víctimas de abusos. La escucha, como predisposición para la eclesiología de la familia de Dios, es elaborada por Elochukwu Uzukwu en su libro *A Listening Church: Autonomy and Communion in African Churches*. Uzukwu aboga por una visión de la Iglesia como familia «con grandes oídos» que priorice el diálogo mutuo y la participación activa[36]. Esta predisposición eclesiológica impide que la jerarquía asuma que tiene el monopolio a la hora de comprender los gritos de las víctimas de abusos. El papa Francisco reconoce esta verdad cuando escribe: «Deseo que este compromiso se implemente de manera plenamente eclesial, y que sea una expresión de la comunión que nos mantiene unidos, mediante la escucha recíproca, y abiertos a las aportaciones de todos los que están profundamente interesados en este camino de conversión» (*Vos estis lux mundi*, núm. 1).

El mundo de los que han sufrido abusos sexuales sigue siendo sagrado y exige que se le preste atención con humildad y apertura para aprender de las víctimas. Los menores víctimas de abusos sexuales dan lecciones a la Iglesia en una época en la que los delitos y pecados sexuales se extienden de forma escandalosa. Se deben contar las historias de los niños y sus gritos deben ser escuchados. Los dolores y sufrimientos de los menores abusados son los dolores y sufrimientos de Cristo, ya que es el cuerpo de Cristo el que es violado y abusado bajo la forma del niño inocente creado conforme a la dignidad de Dios. En su *Carta al Pueblo de Dios*, el papa Francisco reconoce que no se pueden ignorar las antiguas denuncias de víctimas de abusos sexuales cometidos por sacerdotes porque, aunque la mayoría de los casos pertenecen «al pasado, sin embargo, con el correr del tiempo hemos conocido el dolor de muchas de las víctimas» (núm. 1). El hecho es que

---

[36] Elochukwu Uzukwu, *A Listening Church: Autonomy and Communion in African Churches* (Maryknoll, NY: Orbis Books, 2006), 127, 146.

muchas comunidades eclesiales y fieles ignoran el trauma y las profundas cicatrices de las víctimas, que influyen en su bienestar y en su visión del mundo y repercuten en sus interacciones espirituales, psicológicas, humanas y sociales. La experiencia del abuso permanece con la víctima de por vida.

A pesar de los numerosos casos no documentados de abusos sexuales clericales en África, las Iglesias particulares tienen el deber de crear un medio para que las víctimas denuncien los casos de abusos sexuales cometidos en el pasado. Este deber incluye iniciar un proceso pastoral concreto de sanación, perdón y reconciliación para las víctimas, así como de castigo para los clérigos depredadores sexuales. Las Iglesias particulares deberían considerar la creación de una comisión o grupo de reconciliación y apoyar a los supervivientes de abusos sexuales para que se atrevan a compartir sus historias. Los lamentos de los supervivientes pasan a formar parte de una «curva de aprendizaje» para la Iglesia en la formación y capacitación de los sacerdotes, en la prevención de los abusos y en la promulgación de directrices para el cuidado y la protección de los menores. Los menores víctimas de abusos sexuales tienen una historia que ha de ser escuchada por la familia de Dios.

El tercer cambio es el paso de una cultura del secretismo a una cultura de la transparencia en la gestión de los casos de abusos sexuales cometidos por clérigos en las Iglesias particulares. La familia de Dios es una Iglesia en la que cada miembro es el primer hijo de Dios y amado por Dios (Heb. 12,23). El primer paso en el proceso de promover la transparencia es reconocer que el abuso sexual clerical ocurre en Iglesias particulares en África. Negar los posibles abusos a menores por parte del clero sin las debidas investigaciones sería desear que el problema desaparezca. El abuso sexual clerical actual exige un proceso y un procedimiento de investigación transparente de todos los presuntos casos sospechosos y denunciados. La práctica poco ética del encubrimiento es perjudicial y contribuye a perpetuar un círculo vicioso de abusos a los niños africanos. Veronica Openibo señala que «el proceso normal del clero—en el pasado y aún presente en algunas zonas—era y es dar apoyo a 'uno de los nuestros', para evitar destapar un escándalo y desacreditar a la Iglesia. Independientemente de su estatus clerical, todos los infractores declarados culpables deberían recibir la misma pena por el abuso de menores»[37]. Las experiencias pasadas que han ocurrido en Norteamérica y Europa con el trasiego de sacerdotes indican una práctica poco ética que la Iglesia en África no debe repetir y de la cual debe aprender. Los autores de abusos sexuales han de ser retirados del ministerio activo y de su relación con los menores.

Además, comprometerse a ser transparentes significa que los procedimientos eclesiásticos han de permitir rastrear las acciones y decisiones específicas con respecto a quién, qué, cuándo, por qué y cómo. Ello implica que las autoridades eclesiásticas competentes tienen que documentar adecuadamente las historias y las pruebas. Dicha documentación permitirá a las diócesis establecer las posibles causas de los abusos sexuales cometidos por clérigos y trabajar para mitigar su repetición. Es un aspecto fundamental para establecer la confianza en el seno de la familia de Dios, especialmente ante la traición de la confianza y el abuso de poder. La familia de Dios, como Iglesia transparente y responsable, debe revelar el resultado de la investigación a las víctimas y a sus familias. En los casos de acusaciones falsas, se necesitan esfuerzos sinceros para restaurar la integridad y la reputación de los acusados injustamente de abusos sexuales clericales. Como Iglesia transparente, la familia de Dios debe estar abierta a rendir cuentas por cada menor abusado sexualmente con veracidad y sinceridad para dar prioridad a su recuperación integral. Como escribe el papa Francisco: «Es imprescindible que como Iglesia podamos reconocer y condenar con dolor y vergüenza las atrocidades cometidas por personas consagradas, clérigos e incluso por todos aquellos que tenían la misión de velar y cuidar a los más vulnerables» (*Carta al Pueblo de Dios*, núm. 2).

---

[37] Openibo, «Openness to the World as a Consequence of the Ecclesial Mission».

Conclusión

La Iglesia en África considera el cuidado y la protección de los niños y las niñas como una dimensión integral de la misión de la familia de Dios. Por ello, los supervivientes de abusos sexuales clericales son dones preciosos e hijos amados de Dios. Sus experiencias de abusos han creado una herida borrable y cicatrices que necesitan sanación. Aunque es posible que nunca se cuenten sus historias ni se escuchen sus gritos, la Iglesia en África, como familia de Dios, ha de reconocer los atroces crímenes cometidos contra los niños africanos y pedir perdón a las víctimas y a Dios. A pesar del fracaso de la familia de Dios a la hora de cuidar y proteger a los menores en el pasado, la Iglesia no debe dejar de cuidarlos y protegerlos en el futuro. Por este motivo, este capítulo recoge la prioridad de los niños en la sociedad tradicional africana y en toda la familia de Dios, y la responsabilidad de todos los fieles —el clero, los religiosos y los laicos— de velar por el cuidado y la protección de los menores. La participación de toda la familia de Dios es necesaria para que los abusos del clero sean erradicados de la Iglesia en África. En consecuencia, basándose en una selección de estudios y entrevistas, el artículo destaca las principales estrategias adoptadas por las conferencias episcopales y las Iglesias particulares para salvaguardar a los menores. Estas estrategias no son exhaustivas, sino que indican el esfuerzo consciente de las Iglesias particulares para responder al llamamiento del papa Francisco en favor del cuidado y la protección de los menores. El capítulo reitera la relevancia de la eclesiología familiar en el cuidado y la protección de los menores en África. Dado el aumento sin precedentes de la demografía juvenil de los católicos en este continente, la Iglesia africana como familia de Dios no puede permitirse ser complaciente y cómplice en ser digna tutora y protectora de la infancia.

Idara Otu, MSP, es doctor en Sagrada Teología por el Regis College, Escuela Jesuita de Teología de Canadá, y doctor en Teología Sistemática por la Universidad de St. Michael's College (Toronto), con especialización en Eclesiología. También es licenciado en Sagrada Teología por el Regis College (Toronto) y máster en Teología por la Escuela de Teología de Toronto de la Universidad de Toronto (Canadá). Ha sido el Aquinas Research Scholar 2018 del Instituto Dominicano de Toronto en la Universidad de St. Michael's College (Toronto). Idara enseña Teología Dogmática en The National Missionary Seminary of St. Paul (Abuja, Nigeria).

Capítulo 7: ¿Poder frente a ministerio? Desafíos recientes para la formación sacerdotal en respuesta a la doble crisis de la Iglesia católica

Štefan Novotný

La doble crisis de la Iglesia católica provocada por los casos de abusos sexuales y su encubrimiento por parte de la jerarquía eclesiástica pone en tela de juicio la formación inicial de los sacerdotes y, en particular, el entorno de los seminarios católicos. Los informes finales de las comisiones nacionales de investigación de los distintos países muestran conclusiones similares y proponen recomendaciones equiparables. El presente documento enumera los principales retos existentes en la formación sacerdotal y—tras una reflexión teológica sobre un paradigma de transformación del poder del ministerio—propone la aplicación de algunas medidas preventivas ilustrándolas con ejemplos.

Poder frente a ministerio

Un factor acuciante de esta doble crisis, como ha argumentado Faggioli[1], es la falta de valentía y de fe para afrontar las historias, escuchar las voces de los supervivientes y actuar con responsabilidad. Se supone que los ministros ordenados deben utilizar el poder legítimamente otorgado para el bien del pueblo de Dios. Los miembros de la jerarquía eclesiástica se enfrentan a dos desafíos: proteger y purificar la imagen de la Iglesia como Esposa de Cristo y proteger y sanar a los niños profundamente heridos[2]. El

---

[1] Massimo Faggioli, «What the CIASE Report on Abuse in the Catholic Church in France (1950–2020) Says to Theology», *Concilium*, 18 de octubre de 2021, concilium-vatican2.org/en/%20conversations/transforming-the-church/ciase/.

[2] Por ejemplo, el Gran Jurado de Pensilvania menciona estrategias comunes detectadas en los archivos diocesanos registrados que revelan fallos a la hora de sanar y apoyar a las víctimas de

papa Francisco, en su *Carta al Pueblo de Dios*, escribe: «El dolor de estas víctimas es un gemido que clama al cielo, que llega al alma y que durante mucho tiempo fue ignorado, callado o silenciado. Pero su grito fue más fuerte que todas las medidas que lo intentaron silenciar o, incluso, que pretendieron resolverlo con decisiones que aumentaron la gravedad cayendo en la complicidad. Clamor que el Señor escuchó demostrándonos, una vez más, de qué parte quiere estar» (núm. 1).

Las decisiones inadecuadas y el encubrimiento del clero abusador no solo dañaron gravemente a la Esposa de Cristo, sino que produjeron otra oleada de heridas a las víctimas y supervivientes. El papa Francisco llama al arrepentimiento y con dolor cita a su predecesor en la novena estación del vía crucis escrito para el Viernes Santo de 2005: «¡Cuánta suciedad en la Iglesia y entre los que, por su sacerdocio, deberían estar completamente entregados a él [Cristo]! ¡Cuánta soberbia, cuánta autosuficiencia! [...] La traición de los discípulos, la recepción indigna de su Cuerpo y de su Sangre,

---

abusos: «En primer lugar, asegurarse de utilizar eufemismos en lugar de palabras reales para describir las agresiones sexuales en los documentos de la diócesis. No decir nunca "violación"; decir "contacto inapropiado" o "cuestiones que rozan los límites". En segundo lugar, no llevar a cabo verdaderas investigaciones con personal debidamente formado. En vez de eso, encargar a otros miembros del clero la tarea de hacer preguntas inadecuadas y valorar luego de forma creíble a los compañeros con los que viven y trabajan. En tercer lugar, para aparentar integridad, enviar a los sacerdotes a centros de tratamiento psiquiátrico gestionados por la Iglesia para que los "examinen". Permitir que estos expertos "diagnostiquen" si el sacerdote es un pedófilo, basándose sobre todo en los "autoinformes" del sacerdote e independientemente de si el sacerdote ha tenido o no contacto sexual con un niño. En cuarto lugar, cuando haya que destituir a un sacerdote, no decir por qué. Decir a los feligreses que está "de baja por enfermedad" o que sufre "agotamiento nervioso". O no decir nada. En quinto lugar, aunque un sacerdote esté violando a niños, seguir proporcionándole alojamiento y manutención, aun cuando pueda estar utilizando estos recursos para facilitar más agresiones sexuales. En sexto lugar, si la conducta de un depredador llega a conocimiento de la comunidad, no apartarlo del sacerdocio para asegurarse de que no haya más niños víctimas. En vez de eso, trasladarlo a un nuevo lugar donde nadie sepa que abusa de menores. Por último, y lo más importante, no avisar a la policía. El abuso sexual infantil, incluso sin penetración real, es y ha sido siempre un delito. Pero no considerarlo así; tratarlo como un asunto personal, "en casa"». Office of Attorney General, Commonwealth of Pennsylvania, *Report I of 40th Statewide Investigating Grand Jury*, 2018, wtop.com/wp-content/uploads/2018/08/A-Report-of-the-Fortieth-Statewide-Investigating-Grand-Jury_Cleland-Redactions-8-12-08_Redacted.pdf.

es ciertamente el mayor dolor del Redentor, el que le traspasa el corazón. No nos queda más que gritarle desde lo profundo del alma: *Kyrie, eleison* – Señor, sálvanos (cf. Mt. 8,25)» (*Carta al Pueblo de Dios*, núm. 1)[3].

Teniendo en cuenta la formación del futuro clero, es necesario redescubrir el paradigma acreditado en los comienzos de la Iglesia: ver y servir a Jesucristo en el ser humano que sufre (cf. Mt. 25,31-46). Un *topos* impresionante de este paradigma aparece en la escena joánica de la crucifixión y sepultura de Jesús (Jn. 19). Algunos autores han sugerido que Jesús debería ser identificado como víctima de abusos sexuales y violencia sexual en un sentido literal e histórico[4]. Los relatos sinópticos de la pasión ofrecen una base para esta afirmación, especialmente por el hecho de que Jesús fuera desvestido y desnudado. En cuanto a la cristología de Juan, su Evangelio no identifica explícitamente a Jesús como víctima. No obstante, como ha demostrado Orchard[5], hay razones literarias para ver a Jesús en el relato de la pasión de Juan no únicamente como un vencedor, sino también implícitamente como la víctima de un abuso de poder.

La escena de la crucifixión sigue a la decisión de Pilato de liberar a Barrabás y castigar a Jesús, condenado injustamente por las autoridades religiosas y civiles. El abuso de poder se convierte en una bola de nieve, en la cual los soldados participan activamente (Jn. 19,2-3). Pilato intenta echar la culpa a los sumos sacerdotes y su comitiva, pero la situación empeora. Se ve obligado a condenar a muerte a Jesús. Las primeras y las últimas palabras de Pilato sobre Jesús son que es el rey de los judíos (Jn. 18,33; 19,19), pero el significado despectivo del título lo explican adecuadamente el propio Pilato (Jn. 19,4-5) y sus soldados (Jn. 19,2-3). Jesús es ridiculizado,

---

[3] Para las palabras originales del cardenal Joseph Ratzinger, véase «Novena Estación: Jesús cae por tercera vez», www.vatican.va/news_services/liturgy/2005/via_crucis/sp/station_09.html.

[4] Véase David Tombs, «Crucifixion, State Terror, and Sexual Abuse», *Union Seminary Quarterly Review*, núm. 53 (1999): 89-109, hdl.handle.net/10523/6067; Elaine A. Heath, *We Were the Least of These: Reading the Bible with Survivors of Sexual Abuse* (Grand Rapids, MI: Brazos, 2011); Michael Trainor, *Body of Jesus and Sexual Abuse: How the Gospel Passion Narrative Informs a Pastoral Approach* (Eugene, OR: Wipf & Stock, 2014).

[5] Helen C. Orchard, *Courting Betrayal: Jesus as Victim in the Gospel of John* (Sheffield, UK: Sheffield Academic Press, 1998).

condenado a muerte y crucificado. Anteriormente, Jesús había sido objeto de burlas (Jn. 18,22) y condenado a muerte (Jn. 18,31-32; 19,6.15) por las autoridades religiosas de su propia nación. El conflicto de estos dos poderes muestra otro abuso de poder más sutil. Pilato fue humillado por los sumos sacerdotes, así que él los humilla públicamente con la inscripción en la cruz de Jesús. Ellos le humillaron en el pretorio; él les devuelve el golpe públicamente proclamando a Jesús crucificado como su rey. Ambas autoridades solo piensan en su rival y en su propia conveniencia. No se dan cuenta de que su poder procede de varias instancias[6].

Sin embargo, cabe señalar otro contraste en la escena de la crucifixión. Por un lado, los sumos sacerdotes discuten con Pilato sobre la inscripción en la cruz (Jn. 19,19-22). Por otro lado, el discípulo amado, la madre de Jesús y las otras mujeres no se preocupan por dicha inscripción porque ven a Jesús clavado en la cruz. Todavía no tienen la experiencia y la fe pospascuales, pero están presentes. Ven a una víctima del pecado humano, del narcisismo y del deseo insatisfecho de poder. Aunque no saben qué hacer, están presentes, comparten su dolor e intentan ayudar y comprender. Ven y son vistos por Jesús. Sorprendentemente, él de hecho los ayuda. Su madre recibe un hijo y el discípulo amado recibe una madre.

En la escena de la sepultura (Jn. 19,38-42) aparecen dos miembros de alto rango de la jerarquía religiosa local: Nicodemo y José de Arimatea. No discuten con sus homólogos. Al contrario, utilizan su posición y su poder para hacer que Jesús recupere su dignidad tras su crucifixión. José logra ponerse en contacto con Poncio Pilato y le pide el cadáver de Jesús para prepararlo y darle sepultura en una tumba nueva[7]. Como afirma Beasley-

---

[6] Juraj Fenik, «Transfer of Power: Examples from John's Gospel», en *Theokratie: Exegetische und wirkungsgeschichtliche Ansätze*, ed. Peter Juhás, Róbert Lapko y Reinhard Müller (Berlín, Boston: De Gruyter, 2021), 181.

[7] En *The Gospel according to John (XIII-XXI): Introduction, translation, and notes* (New Haven: Yale University Press, 2008), 956, Raymond E. Brown señala «una interesante progresión en las respuestas de Pilato a las peticiones que recibe sobre Jesús crucificado». Pilato rechaza la primera petición de los judíos de cambiar la inscripción (19,22), luego accede discretamente a la segunda petición de los judíos de acelerar la retirada de los cuerpos (19,32), pero accede

Murray, «fue por tanto un acto de valentía poco común que José se desvinculara del Sanedrín y mostrara su simpatía por Jesús, que había sido condenado y asesinado tan infamemente»[8]. Nicodemo trae una gran cantidad de mirra con áloe para la unción. Ambos hombres son muy generosos y probablemente no trabajan solos. Bassler nos recuerda que «ningún individuo podría encargarse por sí solo del cuerpo de Jesús y de cien libras de especias para la sepultura»[9].

El paradigma de ver y servir a Jesucristo como el ser humano que sufre (Mt. 25,31-46) también está presente en el relato de la pasión de Juan. En primer lugar, el tipo de acción que hay que evitar viene ilustrado por los sumos sacerdotes, Pilato y sus soldados. En segundo lugar, lo que hay que hacer viene ilustrado por el ejemplo de la madre de Jesús, el discípulo amado, las mujeres cerca de la cruz, y por los esfuerzos de José de Arimatea y Nicodemo. Los dos últimos ofrecen también un caso interesante de cómo pasar del poder al ministerio, que puede ser útil para la educación y formación de los futuros sacerdotes. Varios verbos caracterizan el paradigma: ver, estar presente, escuchar, servir, ser generoso, cooperar.

Los documentos y normas oficiales de la Iglesia católica sobre la formación de los futuros sacerdotes repiten y desarrollan el modelo de configuración con Cristo como el Buen Pastor[10]. En la exhortación postsinodal *Pastores dabo vobis*, el modelo bíblico del Buen Pastor incluye, por una parte, una invitación permanente al ministerio y al cuidado de los

---

explícitamente a la petición de José como discípulo de Jesús de retirar y enterrar el cuerpo (19,38).

[8] George R. Beasley-Murray, *John* (Dallas, TX: Word, Incorporated, 1999), 358.

[9] Jouette M. Bassler, «Mixed Signals: Nicodemus in the Fourth Gospel», *Journal of Biblical Literature* 108, núm. 4 (1989): 641.

[10] En «Seminary Education and Formation: the Challenges and Some Ideas about Future Developments», *International Studies in Catholic Education* 9, núm. 2 (2017): doi.org/10.1080/19422539.2017.1360613, David Oakley señala en *Presbyterorum ordinis* un cambio de enfoque al pasar de los consejos espirituales sobre la santidad personal a las virtudes necesarias para un ministerio fructífero: «La vida espiritual del estudiante se relacionaba con el hecho de entender lo que hace un sacerdote en el ejercicio de su ministerio pastoral. Se hablaba menos del "poder sagrado" otorgado al sacerdote en la ordenación y se hablaba más de la necesidad de configurarse con "Cristo el Siervo Pastor"».

demás, sobre todo de los pobres y marginados y, por otra, la configuración del sacerdote con Jesucristo «de modo especial como cabeza y pastor de su pueblo para vivir y actuar con la fuerza del Espíritu Santo» (núm. 12). Ahora bien, el problema de la formación subsiste en la práctica. Slater escribe con espíritu crítico: «A pesar de estas maravillosas exhortaciones, parece que el clericalismo sigue asomando su fea cabeza, como demuestran los abusos que tienen lugar en la Iglesia y el preocupante liderazgo jerárquico sacerdotal. [...] Los nuevos planteamientos sobre la formación de los seminaristas expuestos en *Pastores dabo vobis* no parecen haber logrado ningún avance significativo respecto a la rígida concepción que el clericalismo tiene del sacerdocio y a la influencia que ejerce sobre este»[11].

La nueva *Ratio fundamentalis* menciona brevemente el clericalismo sin ninguna descripción detallada[12] y recuerda el mismo modelo del Buen Pastor y la constante transición del poder al ministerio: «Se trata de que los seminarios puedan formar discípulos y misioneros "enamorados" del Maestro, pastores "con olor a oveja", que vivan en medio del rebaño para servirlo y llevarle la misericordia de Dios. Para ello es necesario que cada sacerdote se sienta siempre un discípulo en camino, necesitado constantemente de una formación integral, entendida como una continua configuración con Cristo»[13]. La nueva *Ratio* propone cuatro etapas de formación inicial, intercalando antes de la etapa de la configuración con Cristo dos nuevas etapas: la fase propedéutica y la fase de discipulado. Según la *Ratio*, se espera del candidato que «interiorice, día tras día, el espíritu evangélico, por medio de una continua y personal relación de

---

[11] Jennifer Slater, «The Catholic Church in Need of De-Clericalizaton and Moral Doctrinal Agency: Towards an Ethically Accountable Hierarchical Leadership», *HTS Theological Studies* 75, núm. 4 (2019): doi.org/10.4102/hts.v75i4.5446.
[12] Congregación para el Clero, *El Don de la vocación presbiteral. Ratio Fundamentalis Institutiones Sacerdotalis* (L'Osservatore Romano, Ciudad del Vaticano, 2016), 20, www.clerus.va/content/dam/clerus/Ratio%20Fundamentalis/El%20Don%20de%20la%20vo caci%c3%b3n%20presbiteral.pdf: «Por tanto, los futuros presbíteros deben ser educados de modo que no caigan en el "clericalismo" ni cedan a la tentación de orientar la propia vida hacia la búsqueda del aplauso popular».
[13] Congregación para el Clero, *El Don*, 5.

amistad con Cristo, hasta llegar a compartir sus sentimientos e imitar su comportamiento. Creciendo en la caridad, el futuro presbítero tratará de desarrollar una equilibrada y madura capacidad para relacionarse con el prójimo. Ante todo, está llamado a vivir la serenidad de fondo, humana y espiritual, que le permita, superada toda forma de protagonismo o dependencia afectiva, ser hombre de comunión, de misión y de diálogo, capaz de entregarse con generosidad y sacrificio a favor del pueblo de Dios, contemplando al Señor, que ofrece su vida por los demás»[14].

Formación sacerdotal e investigaciones a escala nacional

La tentación del clericalismo y del abuso de poder es un desafío permanente para la Iglesia, así como para la formación del futuro clero. Un factor que suele señalarse en los círculos eclesiásticos como causa de los abusos sexuales a menores en ambientes eclesiásticos suele ser la conducta de un sacerdote inmoral que transgrede las normas morales y comete un pecado[15] o de un religioso con un trastorno psicosexual como la pedofilia o la efebofilia[16]. Sin embargo, la cuestión es más complicada y diferentes comisiones de investigación, que han estudiado casos concretos en distintos países, apuntan a la concurrencia de varios factores. Además de

---

[14] Congregación para el Clero, *El Don*, 22.

[15] Esto se deriva de la concepción del abuso sexual como un pecado contra el sexto mandamiento. Este punto de vista se implementó en las normas canónicas sobre delitos: «*Normae de delictis Congregationi pro Doctrina Fidei reservatis seu Normae de delictis contra fidem necnon de gravioribus delictis*», AAS, núm. 102 (mayo de 2010): 419–434.

[16] Esta es también una opinión muy extendida en la cultura general. En los años 90, en Irlanda, alguien se declaró culpable de ser un cura abusador y más tarde fue diagnosticado como pedófilo: «Inicialmente, negó todos los cargos ante los *gardai*. Solo después de acceder a participar en un programa para pedófilos dirigido por una psicóloga, la Sra. Suzanne Jenkins, anteriormente de la Gracewell Clinic de Birmingham, admitió sus actos. La Sra. Jenkins dijo que la pedofilia no era una enfermedad que pudiera curarse, sino algo que debía mantenerse bajo control. Sin embargo, una de sus víctimas dijo al tribunal que sus confesiones no le sirvieron de consuelo». Alison O'Connor, «The Jekyll and Hyde career of a paedophile priest», *Irish Times*, 29 de junio de 1996, www.irishtimes.com/culture/the-jekyll-and-hyde-career-of-a-paedophile-priest-1.62917.

los factores individuales relacionados con el agresor, existen factores sistémicos relacionados con el entorno en el que se permite actuar a los agresores y que crean una oportunidad para el abuso. Para ilustrar este punto, analizo las conclusiones de las investigaciones oficiales australiana, alemana y francesa sobre la crisis de los abusos.

En su informe final de 2017, la comisión australiana identifica factores de riesgo individuales: un error en la percepción de la identidad sacerdotal; una motivación inmadura y no interiorizada; inseguridad y confusión en la propia orientación sexual; cualquier trastorno de la personalidad de gravedad moderada o mayor, en particular el trastorno antisocial de la personalidad; los trastornos límite de la personalidad, y el trastorno narcisista de la personalidad o cualquier trastorno sexual oculto[17]. Salvo los dos primeros factores, todos son competencia de la psicología y la psiquiatría. No obstante, en el contexto específico del sacerdocio, un error en la identidad sacerdotal y una motivación inmadura están forzosamente relacionados con la teología y con el modo de entenderla o malinterpretarla. El informe afirma que el clericalismo es el principal factor sistémico responsable de crear un ambiente en la Iglesia que facilita el abuso sexual de menores. El clericalismo pone al sacerdote en un pedestal y lo presenta como una persona intocable y perfecta que representa a la Iglesia y está dotada de poder divino. En conjunción con el narcisismo y el poder incontrolado, esto conduce a una cultura del secretismo y a una relación deteriorada con la comunidad en general y con la sociedad civil[18]. El informe afirma que «una combinación de factores individuales y sistémicos posibilitó los abusos sexuales a menores en la Iglesia católica y contribuyó a que las respuestas institucionales a las denuncias o casos de abusos fueran inadecuadas»[19]. El informe final australiano también

---

[17] Real Comisión sobre las Respuestas Institucionales al Abuso Sexual Infantil, *Final Report*, vol. 16: *Religious Institutions Book 2* (Australia: Commonwealth of Australia, 2017), 595, www.childabuseroyalcommission.gov.au/sites/default/files/final_report__volume_16_religious_institutions_book_2.pdf.
[18] Real Comisión, *Final Report*, 588.
[19] Real Comisión, *Final Report*, 586.

destacó seis factores en la selección, el examen y la formación inicial de los candidatos que pueden haber contribuido a aumentar el riesgo de abusos sexuales a menores: «El papel de la formación humana y la formación para vivir una vida célibe; los retos de la sexualidad y la orientación sexual; la relación entre formación y clericalismo; la formación pastoral; la admisión previa en seminarios y casas de formación religiosa, y la cuestión de los seminaristas y candidatos que se han formado en el extranjero»[20].

El informe final de la comisión de investigación alemana de 2018 constata una heterogeneidad de actitudes y enfoques en las distintas diócesis, pero recomienda: el asesoramiento psicológico de los clérigos; una mejor formación en los aspectos de identidad sexual; una formación adecuada para las elevadas exigencias emocionales del sacerdocio; la integración de los modernos conocimientos psicológicos y científicos en la formación de los futuros sacerdotes; la integración de expertos externos en el sistema de formación sacerdotal, y la estandarización de la selección de candidatos mediante la aplicación de métodos psicológicos acreditados[21]. El informe final alemán también afirma que la homosexualidad no es un factor de riesgo para los abusos sexuales y pide que se reconsidere la actitud fundamentalmente negativa de la Iglesia católica ante la ordenación de hombres homosexuales. El celibato tampoco es un factor de riesgo para los abusos sexuales, pero la comisión de investigación señala que un estilo de vida célibe requiere un examen intensivo del propio eros y de la propia emocionalidad y sexualidad. El informe final recomienda una orientación profesional permanente y un apoyo adecuado, más que un enfoque predominantemente teológico y pastoral, y advierte de que utilizar módulos de formación por tiempo limitado en los seminarios no cubre esta

---

[20] Real Comisión, *Final Report*, 589.
[21] Harald Dreßing, Hans Joachim Salize, Dieter Dölling, Dieter Hermann, Andreas Kruse, Eric Schmitt, Britta Bannenberg, Andreas Hoell, Elke Voß, Alexandra Collong, Barbara Horten y Jörg Hinner, *Sexueller Missbrauch an Minderjährigen durch katholische Priester, Diakone und männliche Ordensangehörige im Bereich der Deutschen Bischofskonferenz. Projektbericht* (Mannheim, Heidelberg, Gießen, 2018), 16, www.dbk.de/fileadmin/redaktion/diverse_downloads/dossiers_2018/MHG-Studie-gesamt.pdf.

necesidad²².

El informe final de la comisión de investigación francesa de 2021 afirma que «la formación es un medio eficaz para llevar a cabo la prevención mediante la concienciación sobre los modelos de abuso, la identificación de situaciones de riesgo y la ruptura con una cultura del silencio o de la no intervención»²³. El informe recomienda, por lo tanto, una mejora en la formación del acompañamiento espiritual; un mejor discernimiento de la vocación durante la selección y admisión de candidatos; un estudio de las ciencias humanas y la comprensión de las dinámicas y de los retos en el desarrollo y la afectividad de los niños y jóvenes; un acceso a especialistas con perfiles diversos, así como el acceso a espacios de enseñanza «extramuros» para los seminaristas; cursos avalados por la universidad y formación a partir de situaciones mixtas con miembros del público y grupos de estudiantes; un trabajo sobre el desarrollo del pensamiento crítico, en especial con respecto a cuestiones de autoridad y obediencia, y sesiones de formación sobre la prevención de la violencia sexual, organizadas junto con grupos de apoyo a las víctimas y con la participación de profesionales de la salud²⁴. El informe revela con toda claridad «que no existe una relación causal entre el celibato y los abusos sexuales»²⁵, pero advierte de que el celibato puede contribuir a la sobrevaloración del sacerdote como «un hombre "aparte" que pertenece a la categoría de lo "sagrado". Así puede reforzarse una autoimagen de carácter casi "sobrehumano", cuyo ideal llega tan alto que, si un día se resquebraja, la personalidad se desmorona. La persona corre el riesgo de construirse una imagen de sí misma que no está sincronizada con la realidad y, cuando se derrumba, algunos no pueden afrontarlo»²⁶.

---

[22] Dreßing et al., *Sexueller Missbrauch*, 17.
[23] Comisión Independiente sobre los Abusos Sexuales en la Iglesia católica (CIASE), *Sexual Violence in the Catholic Church France 1950–2020. Final Report French Independent Commission on Sexual Abuse in the Catholic Church (CIASE)*, 334, www.ciase.fr/medias/Ciase-Final-Report-5-october-2021-english-version.pdf.
[24] Comisión Independiente, *Sexual Violence*, 43–44.
[25] Comisión Independiente, *Sexual Violence*, 231.
[26] Comisión Independiente, *Sexual Violence*, 232.

Los tres informes recomiendan la puesta en práctica de una formación adecuada para vivir una vida célibe de forma madura; la preparación de un protocolo más preciso y exhaustivo de selección y admisión de candidatos, y la prevención del clericalismo y la cultura del secretismo, así como la apertura de espacios para las mujeres y el contacto con la comunidad en general y la sociedad civil. En su valoración del informe final francés, Faggioli afirma que la inclusión de las voces de las víctimas y los supervivientes es un nuevo reto para la teología: «Es un recordatorio del carácter transformador, en el plano empático pero también cognitivo, de cualquier esfuerzo sincero por estudiar y comprender la crisis de los abusos en la Iglesia católica»[27]. También señala que las recomendaciones desafían a la Iglesia católica a reformar su estructura de poder y desafían a la teología a «salvar la distancia entre la elaboración académica y la preparación para el ministerio»[28].

Una experiencia del Seminario San Carlos Borromeo de Košice (Eslovaquia)

En contraste con los informes citados anteriormente, no existe ninguna investigación comparable a escala nacional en un país poscomunista, excepto en Polonia, donde en 2021 se publicó un breve informe estadístico sin detalles específicos sobre factores individuales o sistémicos[29]. Sin embargo, el teólogo checo Tomáš Halík, durante su intervención en una conferencia internacional sobre la protección de menores en Varsovia, en

---

[27] Massimo Faggioli, «What the CIASE Report Says to Theology», *Concilium*, 18 de octubre de 2021, concilium-vatican2.org/en/%20conversations/transforming-the-church/ciase/.
[28] Faggioli, «What the CIASE Report Says to Theology».
[29] Sławomir Nowotny, Wojciech Sadłoń y Piotr Studnicki, *Wyniki kwerendy dotyczącej wykorzystywania sexuálneho osób małoletnich przez niektórych inkardynowanych do diecezji polskich duchownych oraz niektórych profesów wieczystych męskich zgromadzeń zakonnych i stowarzyszeń życia apostolskiego w Polsce. Raport obejmuje zgłoszenia z okresu od 1 lipca 2018 r. do 31 grudnia 2020 r. dotyczące lat 1958–2020* (Varsovia: Instytut Statystyki Kościoła Katolickiego, 2021), episkopat.pl/prezentacja-badan-dotyczacych-wykorzystania-seksualnego-%20maloletnich-w-kosciele-w-latach-1958-2020/.

septiembre de 2021, nos recuerda en tono crítico que «muchos seminarios (sobre todo en los países poscomunistas) no proporcionan a los candidatos al sacerdocio una preparación espiritual y psicológica suficiente para una vida de celibato. Dicha preparación debería incluir una discusión honesta sobre la homosexualidad, y también sobre la orientación homosexual de muchos sacerdotes». En cuanto a la formación intelectual, Halík afirma que «la Iglesia ha pagado el precio de haberse resistido durante demasiado tiempo a los avances de la cosmología, la teoría evolutiva y la crítica literaria e histórica en la exégesis bíblica; no debería repetir estos errores ignorando las ideas de la neurofisiología en su aproximación a la homosexualidad y de la antropología cultural en su forma de entender el desarrollo de la vida familiar»[30].

Otra fuente útil de información sobre la situación en los países poscomunistas es el libro *The Joy of Gospel in Slovakia II*, que refleja treinta años de libertad para la Iglesia en Eslovaquia. En el capítulo «The Church Issues», Moravčík identifica siete cuestiones importantes. La primera es el peligro de infantilizar al clero joven. En su opinión, es necesario hacer una sólida reevaluación del celibato y de la institución del seminario, porque el entorno seguro y protegido del seminario no prepara adecuadamente a los candidatos para los verdaderos retos del trabajo pastoral[31]. Moravčík menciona brevemente el clericalismo en relación con los abusos sexuales y los abusos de poder, y afirma que en Eslovaquia «está relacionado con la percepción de superioridad de los sacerdotes sobre los laicos, su actitud sentenciosa en los confesionarios, el comportamiento burocrático en las oficinas parroquiales, así como la adopción de un estilo de vida y una liturgia anticuados»[32].

Dušan Škurla estudió la formación humana de los futuros sacerdotes en

---

[30] Tomáš Halík, «'With a Sorrowful Heart...' – the Scandal of Abusive Priests», *The Tablet*, 29 de septiembre de 2021, www.thetablet.co.uk/features/2/20735/-with-a-sorrowful-heart-the-%20scandal-of-abusive-priests.
[31] Karol Moravčík, «The Church Issues», en *The Joy of Gospel in Slovakia II*, ed. K. Moravčík y J. Žuffa (Bratislava: Petrus, 2019), 52-53.
[32] Moravčík, «The Church Issues», 64.

seminarios eslovacos con datos de los años 2011 y 2012. Junto a tendencias positivas, descubrió problemas de comunicación y falta de confianza entre los seminaristas, y también con los formadores. Asimismo, detectó niveles insuficientes de preparación para el estilo de vida célibe y una escasa interiorización de los valores[33]. Los resultados del estudio se confirmaron más tarde cuando, por ejemplo, en la archidiócesis de Košice entre 2013 y 2019, tres de cada ocho sacerdotes ordenados en 2011 habían dejado el sacerdocio y tres de cada doce sacerdotes ordenados en 2012 también lo abandonaron.

En el seminario San Carlos Borromeo de Košice se ha iniciado una lenta transformación utilizando un modelo integral para evaluar la idoneidad de los candidatos antes de entrar en el proceso de formación. Este modelo integral es interdisciplinar e incorpora la dimensión natural y espiritual de la personalidad. El modelo integral se introdujo por primera vez en el proceso de admisión de candidatos en 2008. Forgáč describe el modelo en dos niveles[34]. El primer nivel es la dimensión espiritual de la vocación, es decir, el origen del sentirse llamado por Dios, el ideal de sacerdocio y otros detalles como, por ejemplo, las circunstancias de la praxis de la vida espiritual. El segundo nivel del modelo integral se centra en detectar el estado psicológico del candidato. En este nivel, es necesario utilizar metodologías psicodiagnósticas comunes y estandarizadas para averiguar si existen psicopatologías graves en el candidato. Forgáč señala que el objetivo del modelo integral es «interpretar correctamente la interrelación entre estos niveles y encontrar si la motivación obedece a una relación personal con Dios o si los factores psicológicos tienen un impacto significativo en la motivación y en la decisión del candidato de iniciar la formación»[35]. Los

---

[33] Dušan Škurla, *Ľudská formácia budúcich kňazov. Požiadavky dokumentov, pohľady odborníkov a situácia na Slovensku* (Vienala pre Kňazský seminár sv. Karola Boromejského: Košice 2013), 214-217.

[34] Marek Forgáč, «Kríza povolaní a nevyhnutnosí integrálneho skúmania súcosti kandidátov pre formáciu do kňazstva», *Studia Theologica* 23, núm. 1 (2021): 135-158, doi: 10.5507/sth.2020.042634.

[35] Forgáč, «Kríza», 143.

primeros seminaristas que pasaron por el modelo integral fueron ordenados en 2013. Desde la ordenación en 2013 hasta 2021, de cuarenta y cuatro sacerdotes ordenados solo uno dejó el sacerdocio.

En 2017 se publicó un estudio sobre cómo los seminaristas grecocatólicos y los católicos romanos lograron resolver las crisis durante su estancia en el seminario[36]. Los sacerdotes católicos romanos y grecocatólicos (o bizantinos) se forman en seminarios distintos (Košice y Prešov) con organizaciones, rituales y tradiciones jurídicas diferentes. La diferencia más conocida entre ambos ritos es el celibato voluntario en el rito grecocatólico, mientras que en el católico romano es obligatorio. La parte oriental de Eslovaquia es un crisol de estos dos ritos católicos. Este estudio muestra que, en ambos grupos, las crisis se referían a la cuestión de si el seminarista debía hacerse sacerdote[37].

Los autores distinguen cuatro etapas de crisis en los seminaristas católicos romanos. La primera etapa comienza en el primer año a partir de nociones idealistas sobre el sacerdocio y la vida en el seminario. La segunda tiene su origen en la decepción que sienten al enfrentarse a sus propias debilidades. La tercera etapa de la crisis nace de un conocimiento más realista de las características del ministerio sacerdotal, tras reconocer la parte difícil y desagradable de la vida sacerdotal. La cuarta etapa comienza cuando el seminarista se da cuenta de forma más personal de la carga que supone el celibato obligatorio[38]. Los autores concluyen que

> la contribución más significativa de esta crisis es el resurgimiento de la fe tradicional vivida (experimentada), es decir, la interiorización de la fe. Esto lleva consigo la transformación de una identidad religiosa

---

[36] Ján Knapík y Martina Kosturková, «Crises of Catholic Seminarians», *Ad Alta: Journal of Interdisciplinary Research* 8, núm. 2 (2018): 124-130.

[37] Además, parte de la crisis vivida por los seminaristas griegos consistía en la búsqueda del sentido del sacerdocio, como si necesitaran un fuerte motivo para convertirse en sacerdotes. Los seminaristas católicos romanos, sobre todo en la segunda parte de sus estudios, pasaron momentos de mucha tensión a la hora de encontrar una justificación personal para aceptar el celibato de por vida. Véase Knapík y Kosturková, «Crises of Catholic Seminarians», 129.

[38] Knapík y Kosturková, «Crises of Catholic Seminarians», 128.

> hipotecada en una identidad religiosa asumida. Nuestros participantes fueron conducidos a la fe por sus padres desde la infancia. No obstante, la fe consciente, vivida y experimentada necesita una decisión personal que surge o termina durante un momento de crisis personal. [...] La superación de una crisis aporta una identificación más fuerte con la vocación, la interiorización de las creencias, el crecimiento espiritual, el conocimiento de los límites que deben respetarse para que el seminarista conserve la identidad de su vocación y la ayuda para encontrar el sentido de la misma[39].

En comparación con el estudio anterior de Škurla, este análisis confirmó que en el Seminario San Carlos Borromeo la interiorización de la fe había mejorado. También reveló el siguiente fenómeno: después de tres años de formación y tras un año especial de trabajo pastoral, algunos seminaristas reevaluaron la decisión de entrar en el seminario que habían tomado a una edad muy temprana. Por ejemplo, cinco seminaristas lo hicieron en 2014 y 2015.

Conclusión

En la conferencia antes mencionada, Halík comparte su experiencia personal en una conversación con víctimas de abusos sexuales:

> Con muchas de ellas mantuve largas conversaciones hasta altas horas de la noche. Después, a menudo me daba cuenta de que no podía dormir hasta por la mañana. No aprendí mucho más de lo que ya me habían contado. Pero miré a esos hombres y mujeres a los ojos y les cogí la mano cuando lloraban. Era muy diferente a leer sus declaraciones en los documentos judiciales. He trabajado durante años como psicoterapeuta y conozco la proximidad y la estrecha relación entre el dolor mental y el espiritual, pero esto era algo distinto a la mera psicoterapia; allí sentí la presencia de Cristo con todo mi corazón, en ambos lados: en los «pequeños, los enfermos, los encarcelados y los perseguidos» y también

---

[39] Knapík y Kosturková, «Crises of Catholic Seminarians», 129.

en el ministerio de escucha, consuelo y reconciliación que se me permitió darles[40].

El paradigma tomado del Evangelio de Juan tiene rasgos similares: ver, estar presente, escuchar, servir, ser generoso y cooperar. Experimentar personalmente este paso de una posición de poder al ministerio puede empoderar a un sacerdote o candidato al sacerdocio y proporcionar un remedio contra el virus del clericalismo. El paso del poder al ministerio es una dinámica importante no solo en la reflexión eclesiológica sobre la administración y gestión de la Iglesia, sino también en la teología del sacerdocio ministerial y en la formación inicial y permanente de los ministros ordenados. Es necesario que, durante su formación, los seminaristas ya experimenten esta dinámica, la cual podría ajustarse al marco de formación propuesto en la nueva *Ratio* y responder a los recientes desafíos detectados en informes independientes en el ámbito de la formación de los futuros sacerdotes. Los sacerdotes deben interiorizar su fe y su compromiso y configurarse con Cristo, el Buen Pastor. Es de esperar que la próxima generación de sacerdotes salga de las tinieblas como Nicodemo y sorprenda a los Pilatos modernos como lo hizo José de Arimatea.

Štefan Novotný es sacerdote de la archidiócesis de Košice (Eslovaquia). Se doctoró en Teología por la Universidad Comenius de Bratislava, con una tesis sobre la gracia en la primera carta de Pedro. Desde 2008, imparte cursos sobre Nuevo Testamento y teología bíblica en la Facultad de Teología (en Košice) de la Universidad Católica de Ružomberok. En 2013 fue nombrado rector del Seminario San Carlos Borromeo de Košice.

---

[40] Halík, «'With a Sorrowful Heart'».

Capítulo 8: El abuso sexual clerical como daño moral: hacer frente a una Iglesia herida e hiriente

Marcus Mescher

El daño moral describe el perjuicio causado por la traición a un código moral; abarca el trauma psicológico, la angustia emocional y corporal, la desorientación en relación con Dios y el bien, la pérdida de la identidad y la capacidad de actuar, así como el daño a las relaciones y las comunidades. Objeto de un campo de estudio cada vez más amplio, el daño moral se ha aplicado sobre todo a las heridas infligidas a los soldados en combate. Hoy en día, se utiliza cada vez más para explorar las dimensiones de la angustia moral sufrida en una serie de profesiones, incluyendo los cuerpos de seguridad y los profesionales de la sanidad y de la educación. Las lesiones morales van más allá del daño causado por el trauma o el pecado, ya que implican violaciones psicológicas, emocionales, espirituales, religiosas, morales y relacionales experimentadas por los agresores, las víctimas y los supervivientes, y también por los observadores y otros sujetos implicados.

El argumento central de este capítulo es que el daño moral sirve de marco interpretativo primordial para comprender la angustia moral intrapersonal, interpersonal y transpersonal causada por los abusos sexuales clericales y su encubrimiento. Después de explicar cinco características esenciales del daño moral y cómo este se aplica al abuso sexual por parte del clero y a su encubrimiento por parte de los autoridades de la Iglesia, este capítulo analiza de qué modo toda la Iglesia se ve afectada por el daño moral para concluir con varias estrategias orientadas a facilitar la sanación.

El abuso sexual clerical causa daño moral

Los conceptos de daño moral varían según la profesión y la situación. En la experiencia de los soldados que regresan del combate, el daño moral se ha descrito como una «herida sagrada» que está relacionada con el trastorno de estrés postraumático (TEPT), pero que es distinta de este[1]. Aunque se ha escrito mucho sobre el trauma—una palabra que proviene del griego y significa «herida»—en referencia al impacto mental y emocional derivado de una experiencia peligrosa, la expresión «daño moral» indica una violación contra la dignidad de la persona, una profunda traición moral que provoca una pérdida de confianza en la bondad de uno mismo y de los demás[2]. El daño moral describe una condición de intenso sufrimiento por parte de almas atormentadas que no saben «cómo recuperar una identidad moral destruida» tras perpetrar actos crueles o perversos o ser testigos de los mismos[3]. En el ámbito militar, el daño moral se ha definido como la traición por parte de una «persona con autoridad legítima» en «una situación de alto riesgo» que debilita el carácter, deteriora la confianza en un código de honor o en la cadena de mando y «eleva la desesperación, el suicidio y la violencia interpersonal»[4]. Dada la «fenomenología única» de la guerra y la falsa equivalencia entre el combate y otras experiencias de violencia, algunos se resisten a ampliar la categoría de daño moral más allá de los soldados y los veteranos[5]. No obstante, el daño moral es una valiosa perspectiva desde la que se pueden interpretar los efectos dominó causados por la traición, en particular las distorsiones de la autoimagen, la deliberación moral, la capacidad de actuar, las relaciones y la responsabilidad.

La categoría de daño moral puede aplicarse a los abusos sexuales

---

[1] Edward Tick, *War and the Soul: Healing Our Nation's Veterans from Post-Traumatic Stress Disorder* (Wheaton, IL: Quest Books, 2005), 5.
[2] Brett T. Litz, Nathan Stein, Eileen Delaney, Leslie Lebowitz, William P. Nash, Caroline Silva y Shira Maguen, «Moral Injury and Moral Repair in War Veterans: A Preliminary Model and Intervention Strategy», *Clinical Psychology Review* 29, núm. 8 (2009): 695–706.
[3] Rita Nakashima Brock y Gabriella Lettini, *Soul Repair: Recovering from Moral Injury after War* (Boston: Beacon Press, 2012), 42.
[4] Jonathan Shay, «Moral Injury», *Psychoanalytic Psychology* 31, núm. 2 (2014): 182–183.
[5] Robert Jay Lifton, *Home from the War: Vietnam Veterans: Neither Victims nor Executioners* (Nueva York: Simon and Schuster, 1973), 8–9.

cometidos por el clero y a su encubrimiento como una catástrofe moral causada por el abuso de la confianza depositada en el clero y la jerarquía eclesiástica. El daño moral nos ayuda a comprender las diversas dimensiones del trauma psicológico, el dolor emocional y corporal, la confusión religiosa y moral, la pérdida de la identidad y la eficacia, y las relaciones truncadas. El daño moral causado por los abusos sexuales y su encubrimiento puede detectarse en cinco dimensiones de la vida moral: identidad, razonamiento, capacidad de acción, relaciones y credibilidad institucional.

En primer lugar, el daño moral afecta a la imagen que una persona tiene de sí misma. En respuesta a un acontecimiento traumático, los agresores, las víctimas y los testigos luchan por comprender por qué sucedió y se cuestionan constantemente cómo respondieron. En el contexto de alto riesgo del abuso espiritual y sexual, el daño moral se aplica a las víctimas-supervivientes cuya vulnerabilidad fue violada por alguien en quien confiaban, por una «autoridad legítima» que representa a la Iglesia o a Dios. Para las personas creyentes, la identidad suele entenderse en relación con Dios y la Iglesia, lo que plantea preguntas teológicas y eclesiales desconcertantes como, por ejemplo: ¿Dónde está Dios y cómo ha podido permitir esto? ¿Me sigue amando Dios a mí y a los demás afectados? ¿Por qué la Iglesia no me protegió ni salió en mi defensa? ¿Por qué tantos miembros de la Iglesia parecen no inmutarse ante la magnitud de los abusos cometidos por algunos de sus miembros contra otros? La autoimagen se ve mermada por un sentimiento de alienación o abandono por parte de Dios. Dado que los clérigos actúan como representantes de Dios o de la Iglesia de Dios, cuando cometen abusos espirituales y sexuales algunos supervivientes sienten que Dios es cómplice o responsable de su experiencia de violación. En la medida en que los sacerdotes son vistos por los demás como líderes santos y respetados, y como autoridades religiosas y morales, los supervivientes pueden interiorizar la falta de respeto hacia sí mismos, una especie de autosupresión que puede convertirse en autosabotaje[6]. Esta herida espiritual—según algunos, una herida mortal desde el punto de vista espiritual—lleva a experimentar la vida en términos de pérdida: para algunos, les han arrebatado la vida, mientras que, para otros, les han destrozado el alma y sienten que se han quedado sin nada. Los supervivientes describen su abuso como una violación o un asesinato del alma[7]. Cuando intentan contar la verdad de su experiencia y se minimiza o se rechaza su abuso, lo único que se consigue es agravar el sentimiento de vergüenza o rabia, aislamiento o abandono. Algunos autores de abusos sexuales clericales se debaten entre el arrepentimiento, la culpa, la vergüenza y la ira. Otros acuden al sacramento de la reconciliación para confesar sus pecados y completar su penitencia, y luego demuestran una asombrosa falta de remordimiento o de deseo de expiar el daño que han causado, alegando tener la «conciencia tranquila»[8]. Los testigos y otras personas que se enteran de los abusos también experimentan un daño moral, aunque sea menos agudo que el sufrido por los autores o los supervivientes. El daño moral es duradero, como una cicatriz permanente o un defecto de por vida, una ruptura radical que cambia las dimensiones cognitiva, afectiva y volitiva de la persona. Altera fundamentalmente la forma en que las personas se ven a sí mismas y ven a los demás, poniendo en tela de juicio creencias, suposiciones y valores que antes tenían. En el peor de los casos, el daño moral convence a las personas de que no son queridas, de que son incapaces de curarse y de que no tienen redención.

En segundo lugar, el daño moral crea confusión en la percepción y el razonamiento morales. Experimentar un abuso de confianza tan

---

[6] J.D. Jinkerson, «Defining and Assessing Moral Injury: A Syndrome Perspective», *Traumatology* 22, núm. 2 (2016): 126.

[7] Leslie Lothstein, «Neuropsychological Findings in Clergy Who Sexually Abuse», en *Bless Me Father for I Have Sinned: Perspectives on Sexual Abuse Committed by Roman Catholic Priests*, ed. Thomas Plante (Westport, Connecticut: Praeger, 1999), 59–85.

[8] Según información facilitada al autor por algunos supervivientes de abuso sexual clerical durante un proyecto de investigación de 2020 a 2022, «Creación de una herramienta para medir y responder al daño moral causado por el abuso sexual clerical», financiado por Fordham University's Taking Responsibility Initiative, takingresponsibility.ace.fordham.edu/measuring-moral-injury/.

inesperado quebranta la confianza en la forma en que uno se ve e interpreta a sí mismo, a los demás y a Dios: ¿Cómo he podido hacer esto? ¿Cómo he permitido que me ocurriera a mí o a otra persona? ¿Cómo pudo Dios permitir semejante mal? Esto mina la confianza en la propia brújula moral y en el juicio sobre el pasado, el presente y el futuro. El daño moral se experimenta como una distorsión cognitiva y una perturbación moral, un cuestionamiento persistente de la propia capacidad de saber, elegir y hacer lo que es correcto, verdadero, bueno y justo. Sentirse fragmentado y desorientado es alienante y «puede ser debilitante, lo que conduce a una enfermedad moral crónica de duda de uno mismo y parálisis moral»[9]. Los que padecen heridas morales suelen estar sujetos a pensamientos intrusivos y obsesivos, recuerdos dolorosos, tristeza persistente, agotamiento, agitación y ansiedad. El daño moral se detecta en las personas atormentadas por un sentimiento duradero de culpabilidad o por la sensación de haber sido separadas de sí mismas, de los demás y de Dios. Vivir en un estado de tal ambigüedad moral dificulta la confianza en la percepción de uno mismo y de los demás, la reflexión saludable sobre la vida y sobre cómo obtener la sabiduría moral, el razonamiento a través de dilemas morales y la ponderación de lo que se debe a uno mismo, a los demás y a Dios.

Una capacidad deficiente de reflexión y discernimiento moral conecta con una tercera dimensión del daño moral: la pérdida de la capacidad de actuar. A la luz de lo que la persona moralmente herida ha hecho, le han hecho o ha observado, es difícil que no se sienta aturdida, desalentada o con una sensación generalizada de inutilidad. Luchar para hacer frente a una violación, al dolor resultante y al sentimiento de limitación a menudo conduce a una autorregulación poco fiable y a un «desmoronamiento de la capacidad de acción»[10]. El sentimiento de falta de control o de pérdida de poder puede producir diversos efectos y da lugar con frecuencia a la automedicación y al abuso de sustancias. En algunas personas, conduce a

---

[9] Larry Kent Graham, *Moral Injury: Restoring Wounded Souls* (Nashville: Abingdon Press, 2017), 87.
[10] Serene Jones, *Trauma and Grace: Theology in a Ruptured World* (Louisville: Westminster John Knox, 2009), 17–18.

un comportamiento imprudente y a una actividad sexual compulsiva, mientras que en otras hace imposible mantener una relación íntima y disfrutar del placer sexual. La capacidad de acción inadecuada hace mucho más difícil el autocuidado, ya que la vergüenza y la aversión eclipsan la compasión y la fortaleza necesarias para curarse. El daño moral lleva a algunos a creer que son merecedores de una vida de castigo, mientras que a otros les parece impensable experimentar alegría y emprender los pasos necesarios hacia la curación. La futilidad y la desesperación pueden ser una combinación tóxica que conduzca a pensamientos e intentos de suicidio; algunas estimaciones indican que las tasas de suicidio entre los supervivientes de abusos sexuales clericales son cincuenta veces superiores a las de la población general[11]. El daño moral lleva a las personas a creer que están atrapadas y que el alcance y la magnitud de las heridas van más allá de la capacidad de reparar y prevenir el daño.

Una cuarta dimensión clave del daño moral es el daño causado a las relaciones. Una vez rota la confianza en lo sagrado, es sumamente difícil sentirse seguro y volver a confiar en los demás. La lealtad rota es intrapersonal, interpersonal e institucional. Los heridos en el plano moral tienen que volver a aprender a confiar en sí mismos y en los demás. Los supervivientes de abusos son más propensos a las rupturas familiares porque esta violación les quita la sensación de seguridad y confianza en los demás[12]. El abuso también hace estragos en las comunidades parroquiales, ya que el secretismo, la vergüenza y la culpa merman el respeto y la responsabilidad de unos hacia otros[13]. En los entornos seculares, el daño moral estimula la desconfianza hacia las instituciones, lo que plantea aún

---

[11] G.R. Pafumi, «Suicide Rates Among Victims of Clergy Sex Abuse Exceed 50 Times the General Population», *EIN Presswire*, 13 de noviembre de 2018, www.einpresswire.com/article/+467186245/victimsspeakdb-org-data-infers-suicide-rates-among-victims-of-clergy-sex-abuse-exceed-50-times-the-general-population.

[12] Leslie Wind, James Sullivan y Daniel J. Levins, «Survivors' Perspectives on the Impact of Clergy Sexual Abuse on Families of Origin», *Journal of Child Sexual Abuse* 17, núm. 3 (2008): 238–254.

[13] Paul M. Kline, Robert McMackin y Edna Lezotte, «The Impact of Clergy Abuse Scandal on Parish Communities», *Journal of Child Sexual Abuse* 17, núm. 3 (2008): 290–300.

más problemas a las iglesias, que se supone que son espacios sagrados y seguros. Cuando los espacios eclesiásticos—incluidas las rectorías, las sacristías e incluso los confesionarios—son escenarios de abusos espirituales y sexuales, esta profanación puede provocar un deterioro psicológico, emocional, espiritual, religioso, moral y social profundo y duradero. Aun cuando los supervivientes sienten estas consecuencias de forma intensa, el daño moral también se extiende a los amigos y familiares de los supervivientes, que son testigos directos de los efectos de esta traición a la confianza puesta en lo sagrado. Por supuesto, este sentimiento de traición alcanza a todos los que tienen conocimiento de los abusos y se muestran indignados por ellos, quizá en especial a los empleados de la iglesia que se sienten involucrados porque trabajan para ella y la representan. El daño moral revela hasta qué punto el abuso sexual clerical y su ocultación han desgarrado el tejido moral de la Iglesia.

Este tejido moral desgarrado no solo afecta a los lazos sociales entre los miembros de la Iglesia, sino que también perjudica la credibilidad moral de la misma. Esta es la quinta dimensión esencial del daño moral causado por los abusos sexuales clericales y su encubrimiento. Las revelaciones de abusos sexuales cometidos por el clero han provocado que millones de personas abandonen la Iglesia—o sientan que la Iglesia les ha abandonado a ellos—por no querer verse asociadas con el comportamiento monstruoso de estos depredadores y sus encubridores[14]. Los que permanecen en la Iglesia declaran tener un nivel mucho menor de confianza en los líderes eclesiásticos, y son menos los que acuden a la jerarquía en busca de orientación sobre cuestiones morales[15]. Según un estudio, menos de un tercio de los católicos estadounidenses creen que los sacerdotes son

---

[14] Jeffrey M. Jones, «Many US Catholics Question Their Membership Amid Scandal», *Gallup*, 13 de marzo de 2019, news.gallup.com/poll/247571/catholics-question-membership-amid-scandal.aspx.

[15] Michele Dillon, «What Do We Know about How Catholics Inform their Consciences?», *National Catholic Reporter*, 18 de junio de 2018, www.ncronline.org/news/what-do-we-know-about-how-catholics-inform-their-consciences.

personas éticas[16]. La sensación generalizada de traición entre los fieles laicos ha provocado desorientación moral y desvinculación. No solo significa que menos católicos confían en que la Iglesia les ayude a formar su conciencia, sino que también quiere decir que menos católicos comparten la vida sacramental de la Iglesia. Los responsables de la Iglesia invocan a menudo el miedo al escándalo como justificación para adoptar hábitos de secretismo y protección, pero el hecho de no afrontar y revelar la verdad en la búsqueda de la justicia—dar a las personas lo que se les debe—sigue siendo un escándalo que mancha a la Iglesia[17]. La catástrofe moral de los abusos sexuales clericales y su ocultación puede considerarse un «abuso de conciencia» por parte de la Iglesia[18]. Con la pérdida de la credibilidad moral entre los líderes eclesiásticos, la autoridad de la Iglesia para evangelizar —testimoniar el Evangelio, enseñar el dogma, atender las necesidades humanas y construir una comunidad inclusiva y sólida— sigue erosionándose. El daño moral es un síntoma de la deficiente salud moral de la Iglesia como institución, como comunidad y como cultura.

Una Iglesia moralmente herida

Aunque el daño moral se suele utilizar para describir la aflicción psicológica, emocional o espiritual, sus efectos sobre las intenciones, acciones y circunstancias de los sujetos morales siguen sin estar claros. Si bien el daño moral se ha asociado con razón a la condición moral del alma, solo se ha relacionado vagamente con la conciencia moral. Quedan muchas cuestiones por resolver en relación con la conciencia, el razonamiento moral y la responsabilidad. Por ejemplo, ¿cómo definir una categoría de daño moral que englobe tanto a los abusadores como a las víctimas, por no

---

[16] Megan Brenan, «US Catholics' Faith in Clergy is Shaken», *Gallup*, 11 de enero de 2019, news.gallup.com/poll/245858/catholics-faith-clergy-shaken.aspx.

[17] Angela Senander, *Scandal: The Catholic Church and Public Life* (Collegeville, MN: Liturgical Press, 2012).

[18] Daniel J. Fleming, «Beyond the Abuse of Power and the Abuse of Conscience: Creating a Course for Theological Ethics in Response to the Sexual Abuse Crisis in the Australian Catholic Church», *Asian Horizons* 14, núm. 2 (2020): 333–346.

hablar de los observadores y otros sujetos implicados? ¿Cómo evaluar el deber moral y la culpabilidad de un individuo que ha sido moralmente herido asegurándonos de no culpar a la víctima? ¿Cómo determinamos la capacidad moral y el límite de dicho individuo herido con respecto al daño que puede causar a sí mismo y a los demás en respuesta al daño que se le ha causado? En cuanto centro moral de la persona humana, la conciencia alberga no solo la capacidad de razonamiento moral, sino también el discernimiento de la propia vocación como llamada y respuesta a Dios. La Iglesia católica enseña que la conciencia es el «santuario» para escuchar la voz de Dios y el «Vicario de Cristo»[19]. Es una capacidad innata, una actividad permanente y una tarea de formación a lo largo de toda la vida para interpretar, ordenar, discernir y hacer lo que es correcto, verdadero, bueno y justo de acuerdo con la Escritura, la tradición, la razón y la experiencia. En la medida en que la palabra «conciencia» significa «conocer juntos», la conciencia puede ser personal pero nunca privada; del mismo modo que el trabajo de formar la propia conciencia es un proceso de diálogo entre el individuo y la comunidad más amplia de la Iglesia, también el trabajo de estar más atento y responder a los efectos de las heridas morales sobre la conciencia es a la vez personal y comunitario. Teniendo en cuenta el daño moral causado en la Iglesia católica por los abusos sexuales clericales y su ocultación por parte de los líderes eclesiásticos, así como las sólidas enseñanzas de la Iglesia sobre la conciencia moral, los expertos católicos en ética no solo tienen la obligación de ayudar a examinar y resolver estas cuestiones en torno al daño moral dentro y fuera de la Iglesia, sino que también cuentan con los recursos adecuados para ello.

En virtud del sacramento del bautismo, todos los miembros de la Iglesia forman parte del cuerpo de Cristo, lo que significa que la fe cristiana y el discipulado entrañan una dimensión esencialmente comunitaria. Como se ha explicado anteriormente, el daño moral puede detectarse en autores, supervivientes, observadores o testigos, y en otros sujetos implicados.

---

[19] Véase *Catecismo de la Iglesia Católica*, núm. 1776, 1778.

Además, la naturaleza corpórea de la Iglesia significa que el daño a una parte del cuerpo afecta a todo el cuerpo, por lo que el daño moral pasa necesariamente del ámbito individual al ámbito interpersonal, extendiéndose hasta el ámbito institucional de «ser Iglesia juntos». Pablo afirma: «Cuando un miembro sufre, todos sufren con él» (1 Cor. 12,26). Thomas Merton se basa en estas imágenes para describir el cuerpo de Cristo como un «cuerpo con los huesos rotos»[20]. Merton sostiene que la violencia, el odio y la «tortura de los cuerpos y las almas» de las personas constituyen formas en las que «Cristo sufre el desmembramiento [...] Cristo es masacrado en sus miembros, desgarrado miembro a miembro; Dios es asesinado»[21]. El abuso sexual clerical y su encubrimiento por parte de los líderes eclesiásticos es un ejemplo desgarrador de la profanación y el desmembramiento del cuerpo de Cristo en el pasado, el presente y el futuro.

Aunque los dirigentes eclesiásticos suelen presentar los abusos sexuales clericales como algo anómalo, los esfuerzos de periodistas, abogados, y también los de los supervivientes, sus defensores y las redes de apoyo, han revelado una imagen mucho más completa de la verdad. En todo el mundo, miles de sacerdotes han abusado de cientos de miles de niños y adultos. Con toda probabilidad, los casos de abusos denunciados representan solo una fracción de los abusos reales, ya que muchas víctimas nunca se sienten lo suficientemente seguras como para contar la verdad de lo que han sufrido. El hecho de que los abusados suelan retrasar la denuncia durante décadas indica que existe una cultura eclesial y cívica que impone silencio, estigma y vergüenza a los supervivientes de abusos sexuales clericales[22]. El secretismo suele impedir que los supervivientes sean reconocidos como tales, una falta de respeto que perpetúa su sensación de pérdida de valor

---

[20] Thomas Merton, *New Seeds of Contemplation* (Nueva York: New Directions, 1961), 72.
[21] Merton, *Seeds of Contemplation*, 71.
[22] Por ejemplo, la Oficina del Ministerio de Asistencia a los supervivientes de abusos sexuales clericales en la archidiócesis de Chicago informa de que, por término medio, los supervivientes esperan veinticinco años antes de denunciar sus abusos a oficiales eclesiásticos o civiles.

como una forma de «muerte social»[23]. También impide que otras personas afectadas—y la comunión más amplia del cuerpo de Cristo en su conjunto—conozcan la profundidad y el alcance de las heridas causadas por los abusos sexuales cometidos por el clero. En demasiados casos, la Iglesia ha protegido y ha legitimado a los autores de los abusos; informes de varios países verifican que los responsables eclesiásticos ignoraron, desestimaron o minimizaron las denuncias, no tomaron las medidas adecuadas para garantizar la seguridad frente a los agresores sexuales y ocultaron «obsesivamente» los abusos durante décadas[24]. Para evitar que rindieran cuentas, los dirigentes eclesiásticos trasladaron sistemáticamente a los autores de los abusos—a menudo a entornos misioneros, a comunidades formadas por gente de color y entre pueblos indígenas—infligiendo daño a comunidades marginadas social y económicamente[25]. Este panorama revela fallos deliberados en la fidelidad que van de lo personal a lo sistémico, sintomáticos de indiferencia, cuando no de desprecio, por las heridas causadas por los abusos sexuales clericales y por el daño moral provocado por estos actos de violación y encubrimiento. Privar a la gente de la verdad es adormecer la conciencia moral. Si las

---

[23] Axel Honneth, *The Struggle for Recognition: The Moral Grammar of Social Conflicts* (Cambridge, MA: MIT Press, 1995), 135.

[24] Véase, por ejemplo, Ministro de Justicia e Igualdad de Dublín, «Report of the Commission of Investigation into the Catholic Archdiocese of Dublin», 29 de noviembre de 2009, www.justice.ie/en/JELR/Pages/PB09000504; Real Comisión sobre las Respuestas Institucionales al Abuso Sexual Infantil de Australia, «Final Report», 15 de diciembre de 2017, www.childabuseroyalcommission.gov.au/religious-institutions; Red Internacional sobre los Derechos del Niño, «The Third Wave: Justice for Survivors of Child Sexual Abuse within the Catholic Church in Latin America», 25 de noviembre de 2019, home.crin.org/issues/sexual-violence/child-sexual-abuse-catholic-church-latin-america.

[25] Véase, por ejemplo, Alessandra Rizzo y Bradley Brooks, «Predator Priests Shuffled Around Globe», *NBC News*, 14 de abril de 2010, www.nbcnews.com/id/wbna36523444; Tia Noelle Pratt, «Black Catholics, Racism, and the Sex Abuse Crisis», *The Revealer*, 2 de marzo de 2020, therevealer.org/black-catholics-racism-and-the-sex-abuse-crisis-a-personal-reflection/; Allie Ferguson y Bill Radke, «Abusive Priests on Indian Reservations Leave 'Profound Wound'», *KUOW*, 28 de enero de 2016, archive.kuow.org/more-from-kuow/2016-01-28/abusive-priests-on-indian-reservations-leave-profound-wound.

personas no conocen el alcance del problema en la Iglesia o el impacto que el abuso sexual ha tenido en sus miembros, no pueden hacer juicios morales precisos sobre lo que puede y debe hacerse para lograr la transparencia, la responsabilidad, la curación y la prevención necesarias. Las personas que culpan a los supervivientes de dañar la reputación del clero o de la Iglesia, que ponen en duda los relatos de las víctimas o que no se conmueven ante su padecimiento muestran una conciencia deformada debido a fallos individuales, comunitarios e institucionales. Esto también convierte a una serie de miembros de la Iglesia en responsables de la victimización secundaria de los perjudicados por los abusos sexuales clericales. La falta de compasión por los supervivientes y de compromiso para llevar a cabo una restauración personal y estructural indica que las conciencias se han formado sin la sensibilidad adecuada ante las exigencias de la dignidad humana, nuestra igualdad de derechos en materia de seguridad y bienestar, y nuestras responsabilidades compartidas para prevenir el abuso de poder en entornos religiosos. Recordando la historia del buen samaritano, demasiados miembros de la Iglesia son como el sacerdote y el levita que ignoran a los supervivientes, representados por la persona golpeada, robada y dada por muerta al borde del camino; demasiados de nosotros en la Iglesia no estamos dispuestos a salir de nuestro camino y meternos en la cuneta para ofrecer toda la ayuda que nos sea posible (Lc. 10,25-37). El hecho de que los ladrones de esta historia sean clérigos—y que otros clérigos ayudaran e instigaran a los abusadores—suscita preocupaciones urgentes y graves sobre cómo la Iglesia puede ser un maestro moral creíble o un testigo de la buena nueva de la enseñanza y el ministerio de sanación de Jesús. Depositar una confianza incuestionable en una institución que forma inadecuadamente al clero y que ha tardado tanto en adoptar una política de «tolerancia cero» para apartar a los infractores del ministerio y exigirles responsabilidades por el daño que han causado revela una brújula moral maltrecha, incapaz de sentir una justa indignación por las injusticias cometidas en relación con los abusos espirituales y sexuales. La Iglesia está infectada por una cultura enferma y pecaminosa que da prioridad al silencio y a la protección de los agresores, en lugar de hacer todo lo posible para garantizar una atmósfera de seguridad y acogida para todos, sobre todo para los más vulnerables de entre nosotros. Una Iglesia moralmente herida dificulta que más personas sigan el ejemplo del samaritano: «ve y haz tú lo mismo», como Jesús manda (Lc. 10,37).

Algunos detalles de esta historia nos permiten dar una respuesta a la luz de la fe. Habida cuenta de que el camino de Jerusalén a Jericó era muy inseguro, los que escuchaban a Jesús probablemente habrían juzgado con desprecio al hombre que fue golpeado, robado y dado por muerto, pues viajar solo por un camino tan peligroso no podía tener otro resultado. Además, los que escuchaban a Jesús se habrían escandalizado de que un samaritano—el marginado más despreciado que podían imaginar—fuera el que se apiadara de la víctima de los ladrones. El texto bíblico nos dice que el corazón del samaritano se «conmovió» al ver a esa persona necesitada; esta empatía visceral es la que mueve al samaritano a apartarse de su camino y a meterse en la zanja donde él mismo podría haber sufrido una emboscada. El samaritano necesitó una valentía asombrosa para colocarse en la zanja, una profunda compasión para aliviar el sufrimiento de la víctima, una gran generosidad para curar sus heridas y pagar su convalecencia en la posada, y una solidaridad que traspasó fronteras para superar las categorías de «nosotros y ellos» que dividían a judíos y samaritanos. Con esta historia, Jesús revela que la pregunta del maestro de la ley «¿Quién es mi prójimo?» es una pregunta equivocada, ya que implica la existencia de un no-prójimo, alguien que está más allá de la preocupación moral de uno. Jesús devuelve la pregunta al maestro de la ley: «¿Quién era el prójimo de la víctima del robo?», lo que sugiere que la mejor pregunta es: «¿Qué clase de prójimo soy yo, y para quién?» Este pasaje del Evangelio ilustra cuánto trabajo queda aún por hacer antes de que la Iglesia pueda confiar en su formación religiosa y moral para preparar a la gente a «ir y hacer lo mismo». El hecho de que la Iglesia no solo no cure adecuadamente a los heridos, sino que sea la causante de la herida, añade un reto más. Beda el Venerable interpreta este texto como «la primera historia de nuestra redención, contada por Cristo», en la que el samaritano representa a Cristo y la posada, a la Iglesia[26]. Ahora bien, cuando la Iglesia está poniendo en peligro el bienestar psicológico, emocional, espiritual, religioso, moral y relacional de las personas, no puede considerarse un lugar seguro para que todos experimenten reparación. Hay sobradas pruebas de daño moral en una Iglesia responsable de almas angustiadas; hay sobradas pruebas de falta de valor, compasión, generosidad y solidaridad para y con los supervivientes y todos los heridos por los abusos sexuales clericales y por su encubrimiento.

El abuso sexual cometido por el clero surge de una cultura eclesial caracterizada por el clericalismo, el jerarquismo y la masculinidad hegemónica que dejan a las mujeres y los niños en una situación de desamparo[27]. La Iglesia es responsable de esta cultura pecaminosa como centro de malformación en la medida en que manipula la información o fomenta la ignorancia, promueve actitudes que veneran al clero y desacreditan a los supervivientes y a sus defensores, y respalda conductas y normas que consolidan el poder en manos del clero mientras despojan a los laicos de la auténtica igualdad y de una colaboración significativa. Esta cultura eclesial pecaminosa está interrelacionada con todos los conocimientos, disposiciones, acciones, relaciones y políticas que conforman el modo en que la Iglesia «expresa el significado de la sociedad, el valor de los patrones de interacción social que construyen los seres humanos y el significado de las formas en que vivimos y ordenamos nuestras comunidades»[28]. El daño moral impregna toda la institución; este daño psicológico, emocional, espiritual, religioso, moral y relacional se extiende *ad intra* y *ad extra*. Habida cuenta del gran número de personas que ya no se consideran católicas practicantes, que se sienten confundidas

---

[26] James F. Keenan, *The Works of Mercy: The Heart of Catholicism* (Lanham, MD: Sheed & Ward, 2008), 3.

[27] Lisa Sowle Cahill, «Sexual Violence against Women and Children: How is Another World Possible?», ponencia presentada en la Convención Anual de la Sociedad Teológica Católica de América, 7 de junio de 2019, resumida en *Proceedings of the Catholic Theological Society of America* 74 (2019): 160, ejournals.bc.edu/index.php/ctsa/article/download/11499/9659/.

[28] Bryan Massingale, *Racial Justice and the Catholic Church* (Maryknoll, NY: Orbis, 2010), 16.

acerca de su relación con la Iglesia o que no se sienten bienvenidas o seguras para volver a los espacios de la Iglesia, se plantean una serie de retos para avanzar hacia la sanación dentro y fuera de la Iglesia.

El amor restablece un cuerpo con los huesos rotos

En su reflexión sobre una Iglesia dividida y herida, Thomas Merton propone que el amor es el único camino para restablecer el «cuerpo con los huesos rotos» que conforma el cuerpo de Cristo. El amor implica «la aceptación del dolor que conlleva la reunificación» y «comienza a curar todas las heridas»[29]. Merton recomienda la práctica de la contemplación para experimentar la misericordia de Dios como liberación de cualquier posible indignidad (propia o ajena) y ampliar la compasión tratando de comprender, compartir y aliviar el sufrimiento ajeno. Merton explica: «Si hago esto, obedezco a Dios. Si me niego a hacerlo, le desobedezco. Por tanto, no es una cuestión que se deje al capricho subjetivo»[30]. Invocar cualquier virtud, ya sea la valentía, la compasión o la solidaridad, no será suficiente para llevar la sanación individual, interpersonal e institucional a los que han padecido daños morales. Si se adopta como un ejercicio individual y colectivo de amor, la Iglesia puede empezar a aceptar el «dolor de la reunificación» asumiendo «el sacrificio y el dolor que son el precio de este reajuste de los huesos»[31]. Aunque en estas páginas no podemos articular adecuadamente un conjunto exhaustivo de estrategias para lograr la curación personal, relacional y estructural, necesitamos un enfoque más holístico para hacer teología, desarrollar la eclesiología y promover la atención pastoral en respuesta a estas heridas, y para restaurar la dignidad, la capacidad de acción y las relaciones de las personas moralmente heridas. Tal enfoque es importante porque con demasiada frecuencia se espera que el proceso de sanación se lleve a cabo en privado, a expensas de uno mismo (si las finanzas lo permiten), confinado a una relación paciente-terapeuta o

---

[29] Merton, *Seeds of Contemplation*, 76.
[30] Merton, *Seeds of Contemplation*, 77.
[31] Merton, *Seeds of Contemplation*, 72.

a un grupo de apoyo. Ahora bien, como observa bell hooks: «Rara vez, o nunca, nos curamos de forma aislada. La curación es un acto de comunión»[32]. Hacer frente a los daños morales en la Iglesia significa dar testimonio moral de que todos los miembros del cuerpo de Cristo merecen—y tendrán a su disposición—vías para curarse juntos.

Dada la pérdida de seguridad y confianza, así como el cúmulo de vergüenza, culpa e ira que experimentan tantos miembros de la Iglesia, no será nada fácil crear las condiciones para la sanación personal, relacional y comunitaria. Los expertos en la curación de heridas morales describen el trabajo a largo plazo necesario para crear «una cultura de lucha segura» que incluya «el mismo énfasis» tanto en la seguridad como en la lucha[33]. Para curar una Iglesia moralmente herida será necesario adoptar prácticas basadas en el trauma para la atención espiritual, el crecimiento postraumático y la recuperación de las heridas morales. La Iglesia tendrá que dar prioridad a la atención de las heridas espirituales y morales provocadas por la traición que «está despegando el pegamento» que antes unía a las personas con la Iglesia y entre sí[34]. Este pegamento carecerá de todo poder unificador mientras las personas no se sientan seguras, respetadas, atendidas, bienvenidas y dispuestas a confiar en los individuos y comunidades que representan a la Iglesia. Esto no significa que sea su responsabilidad superar estos sentimientos de ansiedad e incomodidad; al contrario, la Iglesia necesita invertir en las palabras, las acciones, los rituales compartidos y los cambios políticos que signifiquen sacrificio y aflicción como un amor que carga con el dolor causado por sus oleadas de traición. Hasta que la Iglesia no se perciba como un lugar en el que todos puedan sentirse seguros y bienvenidos, tendrá que encontrar otros socios que la ayuden a avanzar en la labor de sanación a escala local, regional e internacional.

El sacrificio y el dolor deben incluir esfuerzos continuos para lamentarse, arrepentirse y expiar los numerosos delitos e innumerables

---

[32] bell hooks, *All About Love: New Visions* (Nueva York: HarperCollins, 2001), 215.
[33] Shay, «Moral Injury», 190 (he eliminado la cursiva del texto original).
[34] Avishai Margalit, *On Betrayal* (Cambridge, MA: Harvard University Press, 2017), 83.

pecados cometidos por los clérigos abusadores y sus cómplices. El lamento debe comunicar con honestidad el mal moral causado a las víctimas y a sus seres queridos. Así, las personas con daños morales deben tener amplias oportunidades para «hacer evaluaciones veraces y expresar con franqueza las cosas que han hecho, presenciado o por las que se han visto afectadas» y para expresar «el dolor personal y la protesta contra los sistemas injustos, las circunstancias y las traiciones»; todo ello debe ser testimoniado tanto individual como comunitario[35]. Esto implica dar voz a los supervivientes para que puedan expresarse en la medida en que se sientan cómodos, así como generar un cambio radical en una Iglesia que a menudo ha amordazado a los supervivientes con acuerdos de no divulgación u otras formas de manipular la confidencialidad para impedir que la gente conozca el alcance del daño causado por los clérigos abusadores y sus encubridores[36]. Con demasiada frecuencia, los responsables eclesiásticos se han apresurado a hacer llamamientos al perdón y a la reconciliación, imponiendo una «gracia barata» que se salta el remordimiento, el arrepentimiento y la ardua labor, a largo plazo, de la justicia restaurativa.[37] Una posibilidad es iniciar prácticas comunitarias compartidas en forma de «círculo de curación», que daría espacio a los supervivientes, a sus seres queridos y a representantes de otras partes implicadas, como periodistas, abogados y empleados de la Iglesia[38]. Hay que hacer todo lo posible para garantizar que estos encuentros e interacciones no se conviertan en

---

[35] Brad E. Kelle, *The Bible and Moral Injury: Reading Scripture Alongside War's Unseen Wounds* (Nashville: Abingdon Press, 2020), 130.

[36] Esto significa capacitar a los supervivientes para que expresen lo que necesitan para su propia curación, ya que los acuerdos económicos no siempre dan lugar a una compensación suficiente para el tratamiento continuado o la comunicación completa de la información pertinente sobre el agresor y su riesgo para los demás. Véase Theo Gavrielides, «Clergy Child Sexual Abuse and the Restorative Justice Dialogue», *Journal of Church and State* 55, núm. 4 (2008): 617–639.

[37] Dietrich Bonhoeffer, *Discipleship*, ed. Geffrey B. Kelly y John D. Godsey, trad. Barbara Green y Reinhard Krauss (Mineápolis: Fortress Press, 2001), 44.

[38] Stephen Pope y Janine Geske, «Anger, Forgiveness, and Restorative Justice in Light of Clerical Sexual Abuse and its Cover-up», *Theological Studies* 80, núm. 3 (2019): 611–631.

símbolos vacíos o gestos simbólicos que «marcan una casilla», pero no consiguen impulsar una auténtica transparencia, responsabilidad y sanación.

Dentro y fuera de la Iglesia, la curación de los daños morales deberá producirse a través de relaciones caracterizadas por el respeto mutuo, la compasión y la corresponsabilidad. Ante tanto silencio, estigma y vergüenza en torno a la sexualidad humana y el abuso a manos del clero, recuperar la imagen degradada de uno mismo y reafirmar la propia capacidad de acción puede parecer demasiado abrumador. Las comunidades de apoyo entre iguales han sido esenciales para otorgar reconocimiento a los supervivientes y organizar acciones colectivas que inicien pasos duraderos hacia la recuperación y la sanación[39]. La recuperación y la resiliencia se estimulan a través de las relaciones y los rituales compartidos. Estas prácticas compartidas integran las funciones autónomas del cuerpo, las emociones y la percepción, y centran la atención y el pensamiento en un espacio y un tiempo liminales. Los rituales también ofrecen un sistema de valores diferente del tratamiento clínico, que trata el daño moral como una condición psicológica que inhibe la adaptación social. Este enfoque suele poner entre paréntesis las cuestiones teológicas de un sistema de valores dañado y de la pérdida del buen juicio. Sin apoyo social para la reconstrucción de una identidad moral dentro de un sistema coherente, el aislamiento subyacente del daño moral seguirá sin abordarse[40].

Integrar prácticas compartidas y fomentar relaciones inclusivas ayuda a disolver el aislamiento y a establecer vínculos seguros y dignos de confianza. Los rituales pueden ser catárticos para emociones fuertes como la ira, la culpa y la vergüenza. Al participar en palabras y acciones simbólicas, las personas que padecen daños morales pueden experimentar

---

[39] Iim Halimatusa'diyah, «Moral Injury and the Struggle for Recognition of Women Living with HIV/AIDS in Indonesia», *International Sociology* 34, núm. 6 (2019): 711.
[40] Rita Nakashima Brock, «Moral Conscience, Moral Injury, and Rituals for Recovery», en *Moral Injury and Beyond: Understanding Human Anguish and Healing Traumatic Wounds*, ed. Renos K. Papadopoulos (Nueva York: Routledge, 2020), 45–46.

el sentido y el objetivo de una forma nueva y vivificante. A medida que se forman relaciones sanas, «el presente puede experimentarse con ecuanimidad, aprecio y amor; y el futuro se convierte en un horizonte de posibilidades para la aventura y la esperanza. Esta vinculación o desvinculación flexible con la memoria y el sufrimiento es la clave de lo que podríamos llamar autoperdón, una capacidad de empatía hacia uno mismo y una expansión de la misma a mundos cada vez más amplios»[41]. A medida que más personas se sumen a estos esfuerzos, el «conocer juntos» moral de la formación de la conciencia podrá potenciar la transformación personal y social.

Institucionalmente, la Iglesia está aún muy lejos de la transparencia, la responsabilidad, la sanación y la prevención necesarias para establecer una Iglesia segura y acogedora para todos. En opinión de algunos, este trabajo requiere algo más que una reforma; necesita una «refundación» de las creencias y prácticas que afirman la igual dignidad, el respeto mutuo y la corresponsabilidad de cada miembro de la Iglesia[42]. Se deberá incluir un cambio de políticas y procedimientos, como el que el papa Francisco inició con *Vos estis lux mundi* en 2019, si bien habrá que dar muchos más pasos para acabar con la práctica de proteger a los agresores de la responsabilidad eclesial y civil. Por ejemplo, los laicos no tienen mucho poder real en el gobierno de la Iglesia, ya que el consejo parroquial y los comités económicos son «consultivos», presididos por el párroco; sus votos no son vinculantes[43]. El clericalismo, el jerarquismo y la masculinidad hegemónica seguirán dando forma a la cultura eclesiástica a menos que (y hasta que) se cambie el derecho canónico para reflejar una verdadera igualdad y corresponsabilidad entre cristianos ordenados y laicos. Desde el punto de vista pedagógico, la Iglesia debe enfrentarse a su incapacidad para formar adecuadamente las conciencias. En la Iglesia, tanto en el ámbito local como

---

[41] Brock, «Moral Conscience, Moral Injury», 49–50.
[42] Gerald Arbuckle, *Abuse and Cover-Up: Refounding the Catholic Church in Trauma* (Maryknoll, NY: Orbis Books, 2019).
[43] El código de derecho canónico núm. 536 dice: «El consejo pastoral tiene voto meramente consultivo y se rige por las normas que establezca el Obispo diocesano».

universal, necesitamos informar, formar y transformar las conciencias para que estén más atentas y reaccionen ante el ejercicio opresivo del poder, el abuso espiritual y sexual, el engaño y el secretismo que protegen a los abusadores y privan a la gente de la verdad. Las conciencias tienen que estar capacitadas para habituarse a la valentía, la compasión, la generosidad y la solidaridad que rompe fronteras para garantizar nuestro compromiso con la justicia restaurativa y hacer todo lo posible para evitar futuras víctimas. Las exigencias morales del discipulado—especialmente la de «ve y haz tú lo mismo» ante tantas personas abandonadas en la cuneta por los abusadores y sus cómplices—no piden menos. Si aunamos estos esfuerzos, podremos empezar a cambiar la corriente contra la traición y la ira, la vergüenza y la confusión, el aislamiento y la futilidad tan omnipresentes en nuestra Iglesia moralmente herida.

Marcus Mescher es profesor asociado de Ética Cristiana en la Universidad Xavier de Cincinnati (Ohio). El Dr. Mescher es especialista en pensamiento social católico y formación moral, con especial atención a la solidaridad y opción preferencial por los pobres y vulnerables. Sus investigaciones y escritos exploran diversas dimensiones de la vida moral, desde la ética ecológica hasta el matrimonio y la vida familiar, pasando por el impacto de los dispositivos digitales y los medios sociales en la persona y la comunidad. Es autor de docenas de artículos y capítulos de libros que han aparecido en publicaciones académicas como el *Journal of Moral Theology* y el *Journal of Catholic Social Thought*, así como en revistas populares como *America Magazine* y *National Catholic Reporter*. También es autor de *The Ethics of Encounter: Christian Neighbor Love as a Practice of Solidarity* (Orbis, 2020) y *Fratelli Tutti Study Guide* (Paulist, 2021).

Capítulo 9: ¿Obedecer el plan de Dios? El abuso espiritual de las religiosas

Rocío Figueroa y David Tombs

El término «abuso espiritual» es útil para comprender el maltrato sistémico sufrido por seis exreligiosas que pertenecían a la comunidad Siervas del Plan de Dios (SPD) en Perú, Chile, Colombia y Ecuador. Ninguna de ellas denunció abusos sexuales, por lo que, a diferencia de otros capítulos de este volumen, este se centra en los abusos espirituales. Sin embargo, cuando el abuso sexual tiene lugar dentro de una institución religiosa, es muy habitual que el abuso espiritual sea un factor propiciador. Por lo tanto, comprender mejor el abuso espiritual puede ayudar a que la Iglesia sea capaz de responder mejor al abuso sexual.

Una de las definiciones más precisas y útiles del abuso espiritual es la que ofrece la estudiosa británica Lisa Oakley:

> El abuso espiritual es una forma de abuso emocional y psicológico. Se caracteriza por un patrón sistemático de comportamiento coercitivo y controlador en un contexto religioso. El abuso espiritual puede tener un impacto profundamente dañino en quienes lo experimentan. Este abuso puede incluir: manipulación y explotación, obligación de rendir cuentas, censura en la toma de decisiones, exigencia de secreto y silencio, coacción para conformarse, control mediante el uso de textos sagrados o enseñanzas, exigencia de obediencia al abusador, suposición de que el abusador tiene un estatus «divino», aislamiento como medio de castigo, y superioridad y elitismo[1].

---

[1] Lisa Oakley y Justin Humphreys, *Escaping the Maze of Spiritual Abuse: Creating Healthy Christian Cultures* (Londres: Society for Promoting Christian Knowledge, 2019), 31. Esta definición se basa en la definición de Oakley en Lisa Oakley, «Understanding Spiritual Abuse», *Church Times*, 16 de febrero de 2018, www.churchtimes.co.uk/articles/2018/16-february/comment/opinion/understanding-spiritual-abuse.

Oakley enmarca el abuso espiritual dentro del abuso emocional y psicológico, pero aun así reconoce características distintivas en el abuso espiritual que merecen especial atención. En este artículo, estos rasgos distintivos incluyen los símbolos, los textos, las enseñanzas, los rituales, las oraciones o los líderes significativos que operaban en el contexto institucional de las Siervas del Plan de Dios. Estos rasgos contribuyeron a distorsionar la forma de entender la obediencia, lo que a su vez propició una cultura sistémica de abuso. El abuso espiritual es un problema en sí mismo, pero analizarlo también muestra cómo y por qué el abuso espiritual puede hacer que los miembros de las instituciones religiosas sean más vulnerables al abuso sexual[2].

Siervas del Plan de Dios

Luis Fernando Figari fundó la comunidad de religiosas Siervas del Plan de Dios (SPD) en 1998. Figari había fundado previamente, en 1971, el *Sodalitium Christianae Vitae* (SCV) o Sodalicio en Lima (Perú). Sodalicio es una sociedad de vida apostólica dentro de la Iglesia en la que la mayoría de los miembros son laicos consagrados; también hay un pequeño número de sacerdotes. En 1991, Figari fundó también la Fraternidad Mariana de la Reconciliación (FMR), que es una rama femenina formada solo por mujeres laicas consagradas. La misión del SCV y la FMR era servir a los jóvenes, asistir a los pobres y evangelizar la cultura. La comunidad de religiosas SPD fue, por tanto, la tercera comunidad fundada por Figari. El carisma de SPD era servir a los enfermos y a los pobres, y como seña de

---

[2] Un factor de riesgo particular para el abuso es cuando las religiosas no son apreciadas o valoradas ni por su valor inherente ni por su importante contribución a la Iglesia. Véase especialmente Anne E. Patrick, «"His Dogs More than Us": Virtue in Situations of Conflict Between Women Religious and Their Ecclesiastical Employers», en *Conscience and Calling: Ethical Reflections on Catholic Women's Church Vocations* (Londres/Nueva York: Bloomsbury, 2013), 27-50.

identidad vestían el tradicional hábito religioso[3].

En 2010, el periodista peruano Pedro Salinas, antiguo miembro de Sodalicio, acusó a Figari y a otros dirigentes de abusos físicos, psicológicos y sexuales. En 2015, tras cinco años de investigación, escribió el libro *Mitad monjes, mitad soldados*, que recogía testimonios de víctimas[4]. En respuesta, el Sodalicio nombró una comisión especial que entrevistó a más de cincuenta de sus antiguos y actuales miembros. El 16 de abril de 2016, la comisión publicó un informe de diez páginas que afirmaba: «El daño a los formandos se perpetró a partir del ejercicio de una asumida "posición de dominio", en busca de una obediencia absoluta lograda por la práctica de la disciplina extrema». Esta forma de ejercer el poder «evidencia un propósito de anulación de la voluntad individual»[5].

Figari fue sancionado por el Vaticano en 2017 y ahora tiene prohibido cualquier contacto con las comunidades que fundó. Sodalicio reconoció a sesenta y seis víctimas y reservó un fondo de casi 2,6 millones de dólares estadounidenses para compensaciones[6]. Ahora bien, durante la comisión especial, ninguna de las religiosas fue entrevistada sobre sus experiencias. Alejandra, que había abandonado la orden cuando la entrevistamos, dijo: «No tuvimos acceso a la comisión. Las autoridades de SPD no nos informaron sobre la comisión ni sobre si podíamos solicitar que nos entrevistaran. Nos dijeron que SPD no reproducía las vilezas ocurridas en el Sodalicio y que por eso éramos la alegría de la familia espiritual en medio de una crisis».

---

[3] Elise Ann Allen, «Peruvian Ex-Nuns Report Abuses of Power, Conscience Inside Order», *Crux*, 27 de noviembre de 2021, cruxnow.com/church-in-the-americas/2021/11/peruvian-%20ex-nuns-report-abuses-of-power-conscience-inside-order.

[4] Pedro Salinas, *Mitad monjes, mitad soldados: Todo lo que el Sodalicio no quieres que sepas* (Lima: Planeta, 2015).

[5] Comisión de Ética para la Justicia y la Reconciliación, «Informe Final», 16 de abril de 2016, comisionetica.org/blog/2016/04/16/informe-final/.

[6] Para más información, véase Rocío Figueroa Alvear y David Tombs, «Lived Religion and the Traumatic Impact of Sexual Abuse: The Sodalicio Case in Peru», en *Trauma and Lived Religion: Transcending the Ordinary*, ed. R. Ruard Ganzevoort y Srdjan Sreman (Cham, Suiza: Palgrave, 2019), 157–159.

Entre 2016 y 2021, casi una treintena de exreligiosas de SPD presentaron denuncias ante las autoridades eclesiales de Perú, Chile y el Vaticano[7]. En 2018, Juan Luis Cipriani, entonces cardenal arzobispo de Lima, abrió una visita canónica a SPD. No obstante, en marzo de 2019, Cipriani se retiró con la visita aún en proceso. El nuevo obispo auxiliar de Lima, José Salaverry, fue el encargado de llevar la visita hasta su conclusión. Sin embargo, las religiosas que se reunieron con los delegados fueron asesoradas sobre cómo debían responder y, tras la reunión, los dirigentes de la comunidad hablaron con ellas. En junio de 2021, se enviaron nuevas denuncias a la Oficina Pastoral de Denuncias (OPADE) de la Arquidiócesis de Santiago y, en diciembre de 2021, el nuevo arzobispo de Lima, Carlos Castillo, ordenó una segunda investigación canónica de la orden[8].

Voces de la comunidad

En vista de estos problemas, quisimos escuchar directamente a las mujeres que habían formado parte de la comunidad de SPD. El objetivo principal de este estudio era dar voz a las mujeres y a sus experiencias en la comunidad, que a menudo fueron dolorosas y difíciles. Seis exreligiosas participaron en este estudio. Pertenecieron a la comunidad entre seis y diecisiete años y ahora tienen edades comprendidas entre los veintinueve y los cuarenta años. Tras recibir la aprobación del Comité de Ética Humana de la Universidad de Otago, elaboramos y realizamos entrevistas personales bien estructuradas con cada una de ellas[9]. Las entrevistas se realizaron en

---

[7] Elise Ann Allen, «Church Authorities Order Second Inquiry into Troubled Peruvian Order», *Crux*, 21 de enero de 2022, cruxnow.com/church-in-the-americas/2022/01/church-authorities-order-second-inquiry-into-troubled-peruvian-order.

[8] Allen, «Church Authorities Order Second Inquiry».

[9] Comité de Ética Humana de la Universidad de Otago, Ref. 21–125, Aprobación ética, 29 de octubre de 2021. Agradecemos especialmente a las entrevistadas su disposición a participar. También estamos agradecidos a la consultora de nuestro proyecto, la Dra. Tess Patterson, del Departamento de Medicina Psicológica de la Universidad de Otago, y al Comité de Ética Humana de la Universidad por su apoyo a esta investigación.

español y cada una de ellas duró aproximadamente una hora. Las entrevistas se grabaron en un sistema de audio digital y toda la información se transcribió en español y luego se tradujo al inglés y se analizó. Ellas describen los malos tratos que recibieron desde su noviciado hasta sus votos temporales.

Figueroa, investigadora principal del estudio, fue en el pasado miembro de FMR, una de las ramas femeninas del Sodalicio. Figueroa fue superiora general de FMR durante nueve años (1991-1998). Desde 2006, las víctimas del Sodalicio y sus ramas se han puesto en contacto con ella en busca de apoyo tras los abusos sexuales y espirituales perpetrados en las comunidades. Durante este tiempo, Figueroa entabló una relación de confianza con muchas de las víctimas. La transcripción de las entrevistas se ha anonimizado para mantener la confidencialidad de las participantes. Sus seudónimos son Jessica, Maricarmen, Gabriela, Rosanna, Alejandra y Rosa.

Las participantes se unieron a la comunidad, ante todo, por un fuerte compromiso con la misión de servicio y ayuda de la comunidad. Rosa y Alejandra se sintieron atraídas por la oportunidad de trabajar para los pobres y dar apoyo a los necesitados. Gabriela dijo: «La misión de las siervas respondió al deseo que tenía desde niña de ayudar a los demás». Maricarmen habló de su motivación como un anhelo profundo: «Cuando era niña, si alguien me preguntaba qué quería hacer, yo respondía que quería ser enfermera o doctora y ayudar a los niños que vivían debajo del puente». Una segunda motivación era el atractivo de la vida en comunidad. Gabriela relató: «Algo que me atraía era su alegría. Sonreían todo el tiempo. Eran muy cercanas y yo quería ser así». Jessica sintió que la comunidad podía convertirse en la familia que le faltaba en el momento en que conoció a las religiosas: «Estaba en una situación muy vulnerable. Las religiosas fueron el apoyo que necesitaba. [...] Encontré la protección que no tenía en mi familia». Una tercera motivación fue el carisma de la líder. Como dijo Rosanna: «Era espontánea y alegre, y aparentemente muy simpática». Teniendo en cuenta estas aspiraciones y su afinidad con la misión y el carácter declarados de la comunidad, analizamos a continuación algunas de las dinámicas institucionales que sirvieron para frustrar o defraudar estas esperanzas y que, en algunos casos, se convirtieron en abusos espirituales.

El plan de Dios

Rosa explicó que el ideal de SPD era llegar a ser santas, pero esta santidad se entendía como perfeccionismo. «Tenía que ser perfecta», dijo Rosa. «En la vida cotidiana, había una enorme presión por hacer las cosas correctamente y alcanzar la perfección. Había exigencias rigurosas y milimétricas que generaban en mí una enorme tensión interior. Tenía un miedo exagerado al más mínimo error y a ser maltratada después». Este perfeccionismo fue inculcado por un régimen casi militar. Gabriela recordaba cómo las que ejercían la autoridad mencionaban constantemente la importancia de ser duras: «Querían hacer de nosotras mujeres fuertes, una característica muy apreciada en las siervas». Rosanna nos puso un ejemplo: «Yo no sabía nadar. Las responsables de la formación me pedían que saltara a la piscina y, si me agarraba a los bordes, me despegaban los dedos con un palo. Cuando expresé mi preocupación a otra superiora, me dijeron que, si quería servir a Dios, debía ser una mujer fuerte y no cuestionar nunca a las hermanas responsables. A causa de esta advertencia, lo acepté en mi interior». Para Gabriela, el objetivo era «amar el carisma por encima de todo»:

> Creo que la forma en que se presentaba la orden me atrajo: el uso del hábito y su estilo de vida era una opción muy radical. Nos hacían amar el carisma como algo mejor que cualquier otro carisma existente: éramos radicales, rezábamos, éramos perfectas. En nuestro inconsciente colectivo, considerábamos que éramos las mejores y, para lograr ese objetivo, la comunidad cuidaba en exceso las apariencias: las responsables decían a las hermanas que tenían sobrepeso que comieran menos y que hicieran ejercicio por las tardes. Por ejemplo, a una hermana la mandaron después de cenar a hacer ejercicios a las 11 de la noche durante el invierno de Chile porque estaba demasiado gorda. Estar gorda se consideraba

inconcebible.

Estrechamente vinculadas a la idea de santidad, las frecuentes apelaciones al «plan de Dios» también podían convertirse en un medio de abuso. Aun cuando comprometerse con el plan de Dios no resultaba sorprendente, si se tiene en cuenta el nombre de la congregación, y un fuerte compromiso personal con el plan de Dios era obviamente apropiado y lo que cabía esperar, la forma en que se presentaba el plan de Dios podía ser abusiva. Discernir el plan de Dios no era algo que una religiosa pudiese hacer siguiendo su propia iniciativa y discernimiento. Gabriela explicó: «Ellas decidían cuál era el plan de Dios para ti: según lo que me enseñaron las hermanas que guiaron mi discernimiento vocacional, el plan de Dios era UNO, una vocación, un camino y estaba directamente relacionado con mi felicidad. Yo creía que si no me convertía en una sierva del plan de Dios nunca sería feliz».

Recordando sus años en la comunidad, Maricarmen dijo: «Un problema es la forma en que se vivían los votos. La obediencia se vivía de una manera muy represiva, sin libertad, sin libertad de pensamiento». Esta falta de libertad también se manifestó durante el discernimiento vocacional. Jessica afirmó que fue manipulada por las religiosas en su proceso de discernimiento: «En la comunidad nunca me hablaron de discernimiento. Al contrario, siempre me repetían que estaban seguras de que yo tenía vocación y que mis dudas se debían a mi rabia y rebeldía, pero que en el fondo veían que yo tenía vocación».

Algunas de las participantes revelaron que tenían poca libertad espiritual y poco control sobre sus relaciones personales con Dios. Jessica estaba obligada a rezar lo que le pedían las responsables: «Nos mandaban rezar, pero nos daban los textos concretos del Evangelio sobre los que querían que meditáramos, y también nos daban comentarios específicos de los Evangelios. Nunca rezamos ni leímos nada que nosotras quisiéramos. Nunca rezábamos a otros santos: por ejemplo, la madre Teresa de Calcuta estaba prohibida». Alejandra recordaba: «Rezábamos en nuestros pupitres. Algunas teníamos una estampita o una imagen de Santa Teresa del Niño Jesús. Nos dijeron que quitáramos a esa santa porque no era de nuestro carisma»[10]. Maricarmen mencionó una prohibición similar: «Estaba cantando una canción al corazón de Jesús. La superiora me dijo que era demasiado sentimental y me prohibieron cantar esa canción».

También se utilizaban unas determinadas frases para que las monjas se identificaran con la comunidad. Por ejemplo: «ser santas», «obedecer el plan de Dios» o «amar el carisma». Jessica declaró: «Llegabas y te inculcaban las frases desde que te despertabas». Rosa citó algunas de las frases: «Otras frases favoritas de las hermanas eran "la que obedece nunca se equivoca", "una sierva no pone límites al amor", "la autoridad es la voz de Dios". Era impresionante ver cómo todas las hermanas repetíamos constantemente las mismas frases».

Según Jacques Poujol, el abuso espiritual se produce cuando se altera la forma de expresarse propia del individuo y se le exige un tipo de autoidentificación con el grupo[11]. Para Poujol, en un grupo disfuncional, la comunidad se convierte en el intermediario necesario y único entre Dios y la persona. Toda relación entre Dios y la persona es evaluada o mediada por la comunidad. En esta despersonificación, se niega y se pierde la libertad espiritual para crear una identidad propia y un yo espiritual[12].

Obediencia absoluta

La obediencia estricta y la sumisión absoluta son dos de los valores más importantes en un sistema abusivo. Para Oakley, una característica común en el abuso espiritual es la exigencia de obedecer a una autoridad abusiva que suele ir acompañada de la creencia de que el abusador tiene un estatus divino[13]. En cuanto a esta sacralización de la autoridad en SPD, Gabriela

---

[10] Santa Teresa del Niño Jesús es el nombre de la venerada monja carmelita francesa Teresa de Lisieux (1873-1897).
[11] Jacques Poujol, *Abus spirituels. S'affranchir de l'emprise* (París: Editions Empreinte, 2015), 24.
[12] Poujol, *Abus spirituels*, 33.
[13] Lisa Oakley y Katherine Kinmond, *Breaking the Silence on Spiritual Abuse* (Basingstoke: Palgrave Macmillan, 2013), 21–22.

nos contó: «Nos decían que en la casa las superioras eran Dios». Y como las superioras tenían este estatus divino, la persona no podía opinar y la autoridad no tenía límites. Ella continuó su relato: «Me enseñaron a no cuestionar a las personas que ejercían la autoridad; teníamos prohibido pensar mal de ellas. Así que el punto de partida era que yo estaba equivocada y que no veía la realidad. Yo era la que tenía que hacer el esfuerzo de cambiar mis pensamientos. Las superioras simplemente estaban más allá de cualquier opinión que pudiéramos tener sobre ellas». Y añadió: «Me acostumbré a que una superiora tuviera mi vida en sus manos. La superiora se convirtió en una especie de confesor, y siempre tendría razón sobre mí; así viví la obediencia, que no era otra cosa que una sumisión absoluta de mi ser».

Según Jessica, «nos pedían hacer cosas sin sentido, como coger hojas de bambú o desmontar seis camas y volverlas a montar sin motivo, muchos días de ayuno y todo en nombre de la obediencia». Rosanna describió un accidente que le sucedió al obedecer una orden de su superiora: «No me gustaba bajar las escaleras porque estaba oscuro. Mi superiora me obligó a bajarlas sin luz para vencer mi miedo. Me caí por ellas y me fracturé la tibia y el peroné. Fue la primera de las quince operaciones que tuve que sufrir estando en esa comunidad. Cuando me preguntaron cómo me había caído, dije que me habían obligado a bajar las escaleras. La superiora me corrigió y me hizo escribir cien veces que quien obedece nunca se equivoca. Me dijo que no podía cuestionar nada y que Dios había permitido aquel accidente».

Rosa describió cómo el énfasis en la obediencia podía dar lugar a abusos. Dijo: «Querían probar hasta dónde llegaríamos por amor a Jesús». Ella recordaba:

> Un día nos pidieron que saliéramos a correr y tuvimos que hacerlo con los brazos extendidos durante media hora. Luego nos pidieron que hiciéramos más ejercicios. Yo tengo asma y necesitaba coger mi inhalador, pero la superiora no me dejó. Después fuimos a rezar las estaciones del vía crucis. Mientras rezaba, me desmayé y luego vomité. La

superiora me gritó: «¿A qué esperas para levantarte? Una sierva es rápida y deberías limpiar lo que has hecho». No era capaz de levantarme, ni de limpiar, no tenía fuerzas; estaba jadeando.

A las entrevistadas se les enseñó que «la superiora representa a Dios» y que en realidad «ella era Dios en la casa». Por eso, obedecer todas las normas y valores de la comunidad y obedecer a las superioras era una forma de «probar hasta dónde podían llegar por amor a Jesús». Jessica dijo: «Te moldean el cerebro como quieren y empezamos a normalizar cosas que no eran normales». Asimismo, Maricarmen dijo: «Te anulan la capacidad de pensar. Esto genera todo tipo de abusos porque no eres crítica, no te comunicas». El problema no era la obediencia en sí, sino la idolatría de una obediencia ciega, sin límites ni condiciones.

Control coercitivo

Para lograr esta obediencia ciega y absoluta, los líderes religiosos suelen recurrir al control coercitivo[14]. Nuestras entrevistadas refirieron altos niveles de control en la vida comunitaria. Según Rosanna, las superioras seguían y vigilaban las actividades diarias de las religiosas. Estos eran sus recuerdos: «Si veíamos películas por las tardes en la comunidad y una de nosotras se quedaba dormida, teníamos que meternos en la piscina a altas horas de la noche y nadar hasta que la superiora nos dijera que paráramos. También nos despertaban de madrugada para hacer ejercicio; se decía que así seríamos más fuertes para ser siervas del plan de Dios».

El control se extendía a la vida cotidiana y las superioras supervisaban las actividades de las religiosas y su empleo del tiempo con todo detalles. Rosanna explicó: «La superiora aplicaba un régimen militar total: nueve minutos para la ducha, disciplina extrema para el cumplimiento del

---

[14] David Johnson y Jeff Van Vonderen, *The Subtle Power of Spiritual Abuse* (Mineápolis: Bethany House, 1991), 57. Sobre la naturaleza del control coercitivo, véase especialmente Evan Stark, *Coercive Control: The Entrapment of Women in Personal Life* (Oxford: Oxford University Press, 2007).

horario, ni un minuto más, ni un minuto menos y, si se llegaba tarde, los castigos y correctivos sobrepasaban los límites de la caridad con gritos e insultos hacia la persona que llegaba tarde».

El control coercitivo también marcaba su vida interior. Rosa recordaba que no podía quejarse del cansancio ni mostrar ninguna emoción:

> El abuso espiritual era violento. No podía quejarme de ningún sufrimiento. «Sabes que nos consagramos al Sufriente [...]». Una de las preguntas del examen de conciencia era: ¿Mostré mi cansancio a las demás? Si estábamos cansadas, no podíamos mostrarlo ni expresarlo. Si las hermanas me veían con cara de fastidio, me llamaban gruñona. Expresar cualquier tipo de emoción era visto como un pecado; nos decían una y otra vez que debíamos dejar morir al hombre viejo y dejar nacer al hombre nuevo. Acabé bloqueando y congelando cualquier emoción o sentimiento. No tener un espacio sano para expresar mis emociones acabó enfermándome.

El control coercitivo a menudo provoca ansiedad y mina el sentido de autoconfianza de una persona. Alejandra habló de su pérdida de personalidad y de libertad emocional y espiritual: «Cuando compartía algo personal y me conmovía, siempre me decían que tenía que ser más dura. Así aprendí a guardarme para mí mis emociones y a no expresarlas, fueran de alegría o de tristeza. De este modo, llegué a una especie de estado de anestesia emocional». Rosa relató: «Nos hacían hacer un examen de conciencia diario. Te preguntaban: "¿Te has dejado llevar por tus emociones? ¿Has perdido el tiempo en vez de amar la misión? ¿Has tenido un desorden emocional condimentando la comida? ¿Has comido lo que te gusta?" Era una presión constante. Viví ocho años controlando y evaluando mi alimentación: ¿comí de más? ¿Puse demasiada sal?» Las entrevistadas describieron cómo poco a poco esta presión constante fue erosionando su sensación de bienestar de diferentes maneras. Alejandra habló de «anestesia emocional» y Rosa afirmó claramente que «acabó enfermándose».

El control coercitivo ponía límites al desacuerdo, a plantear preocupaciones o a discutir ciertos temas dentro de SPD. Las entrevistadas hablaron de represión emocional y de la erosión de su pensamiento y razonamiento críticos. Para Rosa, la obediencia se entendía como aceptar siempre la autoridad de las superioras, «decir lo que sentía o expresar cualquier tipo de desacuerdo era ir contra la autoridad y se veía como un pecado y una traición a la comunidad». Dijo que se utilizaba al diablo para desacreditar y rechazar las ideas o razonamientos de otras personas: «Nos decían constantemente que tener dudas venía del diablo; muchas cosas me molestaban por dentro, pero me resultaba muy difícil expresarlas». Rosanna recordaba que, si una de ellas abandonaba la comunidad, «era demonizada». Los comentarios eran: «Es una traidora; quien pone la mano en el arado y mira hacia atrás no es digno del reino de los cielos».

Maricarmen describió lo que sucedió cuando hizo preguntas: «Yo era muy curiosa y durante algunas clases siempre quería entender mejor. Un día empecé a hacer preguntas y mi superiora se enfadó por mis preguntas y me dijo: "¿Eres tonta? Eres peor que mi sobrinito"». Maricarmen añadió: «En las siervas no había discusiones. No había puntos de vista diferentes. Quizá sobre tu color favorito podías tener tu propia opinión, pero para otros temas que requerían reflexión tenías que ceñirte a la superiora». Jessica recordó el momento en que le dijeron cuál sería su nueva misión: «La superiora me pidió mi opinión (aunque no era para hacer un discernimiento, pues la decisión ya estaba tomada) y, como dije lo que pensaba, me corrigió diciéndome que debía ser una mujer de Dios y confiar en las hermanas responsables porque ellas sabían lo que Dios quería para mí».

Las diferencias de opinión, la variedad de dones y la diversidad de experiencias no se aceptaban. En lugar de verse como una fortaleza—como en la imagen paulina de la Iglesia descrita como cuerpo de Cristo, en la que cada miembro, aun siendo diferente, es importante por sí mismo y trabaja junto con los demás—la diversidad se ve como una amenaza para la cohesión del grupo. Estos son signos de una comunidad insana. Se valora la homogeneidad y cualquiera que piense diferente se enfrenta a una sanción[15].

Las experiencias relatadas por las entrevistadas sugieren que una redefinición del voto de obediencia debería tomar como modelo el ejemplo de Jesús en los Evangelios, donde siempre aparece obediente a la voluntad de su Padre. En los Evangelios la obediencia es un acto de confianza, un seguir los mandamientos de Dios y de su amor. Es una obediencia marcada por el amor y la confianza en la relación que existe entre el Hijo y el Padre. Las normas y estatutos de la comunidad tienen que ser un medio para lograr esta obediencia, y no fines en sí mismos. El voto de obediencia implica obedecer a quien dirige la comunidad en cuanto alguien que ha de velar tanto por el bien común como por la dignidad de la persona. La autoridad en la vida religiosa solo puede ejercerse respecto al fuero externo de las religiosas. La obediencia debería adquirir una connotación más fuerte de cooperación. Las religiosas deberían poder manifestar su preocupación si tienen preguntas sobre cualquier enseñanza recibida. Esto ayudaría a desacralizar la insistencia en la obediencia absoluta a las superioras y a proponer un tipo de obediencia más horizontal, basada en el diálogo, la colaboración y el discernimiento al servicio del plan de Dios.

Secreto y silencio

Para Johnson y Van Vonderen, la regla más poderosa en un sistema abusivo es lo que ellos llaman la «regla de no hablar», en la que los problemas no pueden ser expuestos porque «si hablas del problema en voz alta, tú eres el problema»[16]. Maricarmen habló de «secretismo e impenetrabilidad» dentro de la comunidad. Dijo: «Te enseñan eso. No entra aire ni luz en la comunidad. Sientes que hay cosas extrañas, pero no tienes a nadie con quien hablar de ellas». Está prohibido compartir las preocupaciones con personas ajenas a la comunidad: «No puedes contárselas a tu familia. No se permite nada». Según Gabriela, el silencio era omnipresente incluso cuando había buenas razones para que las religiosas compartieran sus

---

[15] Poujol, *Abus spirituels*, 30.
[16] Johnson y Van Vonderen, *The Subtle Power*, 67.

pensamientos: «Vivíamos la peor crisis: las acusaciones de abusos sexuales contra el fundador. Nadie hablaba de ello. Me sorprendió cómo se silenciaba la crisis y solo se hablaba en secreto con las amigas más íntimas. Nos reunían para darnos la noticia de nuestros nuevos estatutos y lo celebrábamos por todo lo alto. Este era el *modus operandi* de la comunidad: acallar las voces desviando la atención hacia lo bueno y lo que resplandecía, y silenciar las crisis».

El secreto era especialmente necesario en el trato con la familia. Rosa relató: «Mis formadoras y superioras eran muy insistentes en este sentido. Yo no podía confiar en nadie más. No podía contar a mi familia absolutamente nada de lo que me pasaba. Varias veces mi supervisora de formación escuchó mis conversaciones con mi familia. Me pidió que pusiera la llamada en modo altavoz. En una ocasión, les dije a mis padres que estaba enferma y después mi superiora me dijo que no tenía que contárselo a mi familia». Cuando Rosanna necesitó una intervención quirúrgica porque se rompió una pierna después de recibir la orden de bajar las escaleras a oscuras, quiso llamar a su familia. Su consejera le dijo: «Recuerda que los trapos sucios se lavan en casa. No des detalles a tu familia; para qué preocuparles si estás tan lejos. Tienes diez minutos para hablar con ellos».

Una práctica habitual en el abuso espiritual es distanciar a la persona de su familia y de su círculo de amigos, haciéndola más dependiente de la comunidad. A Rosa le dijeron que no podía confiar en nadie, aparte de la institución, y que ni siquiera debía confiar en su propia familia. Gabriela fue aislada de su familia y se le pidió que rompiera el contacto con sus amigas, incluidas sus amigas personales de la comunidad. Gabriela explicó: «Mi mejor amiga también era religiosa de la comunidad y me llevaba un año de ventaja. No se me permitía compartir nada con ella». Gabriela comentó que rara vez podía hablar con su familia:

> Las pocas conversaciones con la familia duraban menos de diez minutos y generalmente me acompañaba una hermana. En una ocasión, visité a mi familia y no me encontraba bien de salud. [...] Mi familia se preocupó

al verme y quiso llevarme al médico, acción que fue rechazada de lleno por la comunidad que no quería la intervención de mi familia; esto era inexplicable para mi familia, ¿por qué no podían compartir mis preocupaciones? ¿Por qué no podían intervenir cuando veían que mi salud estaba en peligro?

El aislamiento incluía restricciones de intereses y actividades educativas. Maricarmen, por ejemplo, describió cómo los primeros años no se les permitía leer los periódicos ni conectarse a Internet. A Jessica, después de su periodo de formación, nunca le permitieron estudiar lo que quería: «Tenía treinta años y no tenía título universitario porque en la comunidad nunca me dejaron estudiar. Quería estudiar Educación Especial y no me dejaron. Me hicieron estudiar Filosofía que nunca me gustó y mi familia tuvo que pagar por ello. Solo hice un semestre».

El aislamiento fomentaba una cultura de secretismo que hacía menos probable que se cuestionaran los abusos. No se permitía compartir fuera de la congregación nada que pudiera dar lugar a críticas o cuestionamientos. Al mismo tiempo, el acceso a la información externa estaba restringido y controlado por las superioras.

El abuso espiritual como contexto de otras formas de abuso

En vista de los relatos ofrecidos por las religiosas, queda justificada la afirmación de que el maltrato es una forma de abuso espiritual. Este juicio no se basa en ningún acontecimiento o acción específicos, sino en lo que Oakley describe como «un patrón sistemático de comportamiento coercitivo y controlador en un contexto religioso», que «puede tener un impacto profundamente dañino en quienes lo experimentan»[17]. El abuso espiritual es especialmente preocupante porque está estrechamente relacionado con el abuso emocional y psicológico y también puede contribuir a otras formas de abuso, incluido el abuso sexual.

Las consecuencias emocionales y psicológicas del abuso en SPD fueron

---

[17] Oakley y Humphreys, *Escaping the Maze of Spiritual Abuse*, 31.

profundas. Entre las dinámicas de la vida comunitaria que se mencionaron estaban las frecuentes humillaciones y vergüenzas en público. Con el tiempo, esto erosionaba la confianza en uno mismo y minaba la autoestima. Maricarmen recordó ejemplos de abusos verbales: «La superiora general me gritaba continuamente. Siempre me hacía sentir estúpida [...] y, cuando entré, yo me consideraba una mujer inteligente; sacaba buenas notas en la escuela y mis padres siempre decían que iba por delante de mi edad. Salí de la comunidad con la sensación de ser tonta y estúpida. Mi superiora me humillaba con respecto a mi inteligencia: "mueve tu inteligencia, utiliza la única neurona que tienes"». Estas humillaciones a veces implicaban avergonzarse en público. Rosanna tartamudeaba a menudo si se ponía nerviosa y se burlaban de ella por este motivo: «Cuando yo intentaba hablar, automáticamente empezaban a golpear la mesa y a corear por toda la casa: "es tímida, va a llorar". Esto duraba hasta que conseguía ocultar las lágrimas que me provocaba esta humillación».

Gabriela recordó que las humillaciones públicas eran diarias, «los diálogos en las comidas eran muy tensos: servían para hacer correcciones públicas y aprendíamos a ser humildes, aceptando que las demás tuvieran razón porque lo contrario era signo de soberbia. Me corrigieron muchas veces y, después, la superiora y las hermanas me reprendían. Tenía que aceptar que tenían razón y pedir perdón, aunque estaba segura de que la situación no era como ellas la veían». Cuando Jessica estaba a cargo de la cocina, le dijo a la mujer que cocinaba que mezclara dos tipos diferentes de fideos: «Mi superiora, delante de toda la comunidad, me dijo: "eres una inútil, todo lo que haces está mal, las hermanas siempre tienen que cubrir tus faltas y negligencias"». Alejandra dijo que su superiora la criticó duramente en algo que se convirtió en un abuso verbal:

> «Eres una inútil. No haces nada bien». Muchas veces ella me daba con la puerta en las narices cuando hacía algo mal y me decía que no quería hablar conmigo. Cuando me trasladé a otra comunidad en Colombia, la superiora era igual que mi antigua superiora. Me gritaba a mí igual que a

los perros. Una vez perdí unas llaves y me tiró la basura delante para que las encontrara. Tuve que buscar en medio de la comida podrida.

Aunque ninguna de las entrevistadas denunció abusos sexuales, sus experiencias sugieren que en otros contextos—como en el Sodalicio—el abuso espiritual puede ser un factor importante que propicie los abusos sexuales en entornos eclesiásticos. El abuso espiritual hace que las personas sean más vulnerables a otras formas de abuso porque reivindica autoridad religiosa y sanción frente a prácticas que son abusivas. El abuso espiritual también refuerza una cultura de obediencia y secretismo que dificulta que los autores de abusos sexuales rindan cuentas. Cuando se producen abusos sexuales en el seno de una institución religiosa, es casi inevitable que vayan acompañados de abusos espirituales.

Conclusión

En las siervas del plan de Dios, la lealtad de una religiosa a sus votos puede hacerla vulnerable a los malos tratos. No hay razón para pensar que este problema se limita solo a la comunidad SPD. Exigir a las religiosas que vean a las responsables de la comunidad como representantes de Dios y que se sometan siempre a ellas no es suficiente para proteger ni a las propias religiosas ni a aquellas que ejercen la autoridad. El lenguaje del abuso espiritual es una herramienta útil para comprender estas dinámicas a un nivel más profundo. Saca a la luz los símbolos, los textos, las enseñanzas, los rituales, las oraciones y los roles de liderazgo significativos que operan en este entorno institucional. También muestra cómo los abusos espirituales pueden apoyar y sostener otras formas de abuso, incluidos los abusos emocionales y psicológicos denunciados por las entrevistadas. El abuso espiritual es también un factor de riesgo evidente que puede desencadenar abusos sexuales. Aunque no se denunciaron abusos sexuales en la comunidad SPD, los relatos de las entrevistadas sobre los abusos espirituales permiten comprender con mayor profundidad cómo pueden perpetrarse los abusos sexuales dentro de las instituciones religiosas.

Rocío Figueroa es una teóloga católica peruana, profesora de Teología Sistemática en el Catholic Theological College de Auckland (Nueva Zelanda). Es licenciada y diplomada en Teología por la Facultad Pontificia de Teología de Lima y doctora en Teología por la Pontificia Universidad Gregoriana de Roma. Ha dado conferencias y ha trabajado en Perú, Italia y México. Trabajó en la Santa Sede como responsable de la Sección Mujer del Consejo Pontificio para los Laicos. Su investigación actual se centra en las respuestas teológicas y pastorales a los supervivientes de abusos sexuales y espirituales en la Iglesia.

David Tombs es un teólogo laico anglicano, catedrático Howard Paterson de Teología y Asuntos Públicos en la Universidad de Otago, Aotearoa (Nueva Zelanda). Su trabajo se basa en las teologías de la liberación y las teologías contextuales en cuanto instrumentos para abordar cuestiones públicas. Entre sus publicaciones figuran *Latin American Liberation Theology* (Brill 2002); *Explorations in Reconciliation* (editado con Joseph Liechty, Routledge 2006); *When Did We See You Naked? Jesus as a Victim of Sexual Abuse* (editado con Jayme Reaves y Rocío Figueroa, SCM 2021). Originario del Reino Unido, fue profesor en la Universidad de Roehampton (Londres) y en la Irish School of Ecumenics, Trinity College Dublin (Irlanda). Estudió Teología en Oxford (máster), en el Seminario Teológico Unión de Nueva York (máster en Teología Sagrada) y en Heythrop College, Londres (doctorado), y completó estudios de posgrado en Educación en Birmingham (PGCE) y en el Instituto de Educación en Londres (máster).

Capítulo 10: Sexualmente violados: una respuesta teológica moral a los derechos del niño

Anthonia Bolanle Ojo

El abuso sexual infantil es un importante problema ético, jurídico y social a escala mundial. Aunque no es un fenómeno nuevo, el aumento de las denuncias de casos de abuso sexual infantil que inundan los medios de comunicación, las investigaciones, los debates y las discusiones sobre el tema ha revelado un aumento de las incidencias en la sociedad contemporánea, lo cual es un indicio de la magnitud del problema que exige una atención e intervención inmediatas. Según el informe de 2005 del Fondo de las Naciones Unidas para la Infancia (UNICEF, siglas en inglés), hasta cien millones de niños que viven hoy en día, especialmente niñas, han sufrido abusos sexuales[1]. Millones de niñas y niños de todo el mundo son utilizados en la prostitución, la pornografía, la trata y otras formas de explotación sexual. Cada día un gran número de niños sufren abusos sexuales en el ámbito de su propia familia, en la escuela, en la iglesia, etc., y muchos de estos casos nunca se denuncian[2].

En todas las formas de maltrato infantil, incluido el abuso sexual, subyace el hecho de que los niños constituyen un grupo oprimido que todavía no tiene reconocidos los derechos humanos básicos[3]. El abuso sexual infantil es una flagrante violación de la dignidad y los derechos inherentes del niño que suele implicar vulneraciones acumulativas de

---

[1] UNICEF, *Changing a Harmful Social Convention: Female Genital Mutilation/Cutting* (Ciudad de Nueva York, Nueva York: UNICEF, 2005), 3, www.unicef-irc.org/publications/396-changing-a-harmful-social-convention-female-genital-mutilation-cutting.html.

[2] Rajeev Seth, «Protection of Children from Abuse and Neglect in India», *Japan Med Association* 56, núm. 5 (2013): 292-297.

[3] Karen Polonko y Lucien Lombardo, «Human Dignity and Children: Operationalizing a Human Rights Concept», *Global Ethics* 18, núm. 1 (2005): 18, doi.org/10.1080/11287462.2005.10800863.

varios derechos, siendo los más comunes la injerencia ilegal en la vida familiar y la vulneración de los derechos a la intimidad, la salud y el ocio[4]. En este capítulo, sostengo que la realidad del abuso sexual infantil es un reto mundial y hago notar que, sobre todo en África, una cultura del silencio ha agudizado la amenaza. Comento algunos casos prácticos de abusos sexuales, especialmente en Nigeria, y analizo por qué motivo algunos se han gestionado con éxito y otros no a la hora de restablecer y proteger los derechos de los niños. En la sección final, sugiero una respuesta teológica moral a la cuestión del abuso sexual desde la perspectiva de los principios fundamentales de la dignidad inherente a la persona humana y sus derechos inalienables.

Marco conceptual

El abuso sexual infantil (ASI) es un fenómeno global y generalizado. La Organización Mundial de la Salud (OMS) ha definido el abuso sexual infantil como «la participación de un niño o niña en una actividad sexual que no comprende plenamente, a la que no es capaz de dar su consentimiento informado, o para la que por su desarrollo no está preparado y no puede expresar su consentimiento, o bien que infringe las leyes o los tabúes sociales»[5]. Según un informe de la OMS, los abusos sexuales a mujeres menores de 15 años representan entre el 7 y el 21% de todos los casos de ASI, mientras que las cifras correspondientes a los adolescentes varones oscilan entre el 3,4 y el 29,9% en algunos países africanos[6]. Además, más del 41% de los casos de violación denunciados en Sudáfrica afectaron a menores de 18 años, y se sugirió que era probable que

---

[4] Naciones Unidas, *Convención sobre los Derechos del Niño* (Ciudad de Nueva York, Nueva York: Resolución de la Asamblea General 44/25, 1989), art. 16, www.ohchr.org/es/instruments-mechanisms/instruments/convention-rights-child.

[5] Organización Mundial de la Salud, *Informe de la Reunión Consultiva sobre el Maltrato de Menores* (Ginebra, Suiza: OMS, 1999), 15, apps.who.int/iris/handle/10665/66734.

[6] Organización Mundial de la Salud, *Estudio multipaís de la OMS sobre salud de la mujer y violencia doméstica contra la mujer* (Ginebra, Suiza: OMS, 2005), apps.who.int/iris/bitstream/handle/10665/43390/924359351X_spa.pdf?sequence=1&isAllowed=y.

el 25% de las niñas fueran violadas antes de los 16 años[7]. En un estudio ugandés, el 72% de las víctimas que se presentaron en un hospital tenían 12 años o menos[8]. Por otra parte, un estudio realizado en Kenia reveló que el 50% de los pacientes que se presentaban en algunos centros de agresión sexual eran menores de 14 años[9]. Asimismo, el análisis de los datos de una Encuesta Demográfica y de Salud sobre 6.351 adolescentes de 18 años o menos de seis países del África subsahariana, entre 2006 y 2008, mostró que la incidencia del ASI oscilaba entre el 1,04% en Liberia y el 5,84% en Zambia; Uganda, Nigeria, Ghana y Zimbabue informaron de una incidencia del 1,38%, 2,40%, 4,61% y 4,96%, respectivamente[10].

En Nigeria, en particular, se ha denunciado un número significativo de casos de ASI. El Centro para el Medio Ambiente, los Derechos Humanos y el Desarrollo informó que, en 2012, 1.200 niñas habían sido violadas en un caso que tuvo lugar en Rivers, un estado costero en el sureste de Nigeria[11]. En un estudio llevado a cabo en Maiduguri, en el noreste de Nigeria, se denunció una tasa de agresión sexual del 77,7% entre las trabajadoras infantiles, siendo más probable la agresión sexual en niñas

---

[7] S. Cox, G. Andrade, D. Lungelow, W. Schloetelburg y H. Rode, «The Child Rape Epidemic: Assessing the Incidence at Red Cross Hospital, Cape Town, and Establishing the Need for a New National Protocol», *South African Medical Journal* 97, núm. 10 (2007): 954, pubmed.ncbi.nlm.nih.gov/18000577/.

[8] Samuel Ononge, Julius Wandabwa, Paul Kiondo y Robert Businhye, «Clinical Presentation and Management of Alleged Sexually Assaulted Females at Mulago Hospital, Kampala, Uganda», *African Health Sci*ences 5, núm. 1 (2005): 51, www.ncbi.nlm.nih.gov/pmc/articles/PMC1831897/.

[9] Jennifer Reddin, «Comparative Review of Child Sexual Abuse Practices and Polices in Kenya and the United States of America», *African Journal of Social Work* 10, núm. 2 (2020): 13, www.ajol.info/index.php/ajsw/article/view/198832.

[10] Ismail Yahaya, Olalekan Athman, Joaquim Soares y Gloria Macassa, «Social Disorganization and History of Child Sexual Abuse against Girls in Sub-Saharan Africa: A Multilevel Analysis», *BMC International Health and Human Rights* 13, núm. 33 (2013): 24, bmcinthealthhumrights.biomedcentral.com/articles/10.1186/1472-698X-13-33.

[11] Vanguard News, «Hoodlums Rape 1,200 Girls in Rivers», *Vanguard News*, 27 de febrero de 2013, www.vanguardngr.com/2013/02/hoodlums-rape-1200-girls-in-rivers/.

menores de 12 años[12]. En su investigación, Kunuji y Essiet registraron que aproximadamente el 14% y el 35% de los adolescentes no escolarizados de un barrio marginal urbano de Lagos habían sido víctimas de violación y estupro, respectivamente[13]. Manyike et al. informan de una incidencia del 55% y el 40% entre los adolescentes escolarizados del suroeste y el sureste de Nigeria, respectivamente[14].

Un caso de abuso sexual infantil que despertó la preocupación internacional fue el de una víctima de 13 años en el estado de Lagos (Nigeria), que fue violada repetidamente por un hombre de 44 años, Kabiru Oke, esposo de la tía de la víctima con quien vivía, entre octubre de 2018 y enero de 2019. Sintiéndose incómoda con el acto, la víctima se lo contó a su tía, quien no hizo nada al respecto. Ante la frivolidad o negligencia de la tía, el hombre continuó con el acto de abuso hasta el 10 de enero, cuando el hijo del hombre, de diecinueve años, Farouq, lo sorprendió *in fraganti* y se unió a la violación de la menor. Ese mismo enero, la niña huyó del lugar para ir a la casa de su madre en el estado de Ogun, donde más tarde se descubrió que estaba embarazada[15]. Posteriormente los autores fueron detenidos y encarcelados por el atroz acto. Este es uno de los pocos casos de abuso sexual infantil en Nigeria que recibió una sentencia adecuada a través del sistema judicial.

Los abusos sexuales afectan tanto a los varones como a las mujeres, y la

---

[12] Bala Audu, Ado Geidam y Hajara Jarma, «Child Labor and Sexual Assault among Girls in Maiduguri, Nigeria», *International Journal of Gynecology and Obstetrics* 104, núm. 1 (2009): 64-67, pubmed.ncbi.nlm.nih.gov/18954870/.

[13] Michael Kunnuji y Adenike Esiet, «Prevalence and Correlates of Sexual Abuse among Female Out of School Adolescents in Iwaya Community, Lagos State, Nigeria», *African Journal of Reproductive Health* 19, núm. 1 (2015): 82–90, www.ajol.info/index.php/ajrh/%20article/view/115808.

[14] Pius Manyike, Jospeh Chinawa, Elias Aniwada, Udechukwu NP, Odutola Odetunde y Awoere Chinawa, «Child Sexual Abuse among Adolescents in Southeast Nigeria: A Concealed Public Health Behavioral Issue», *Pakistan Journal Medical Sciences* 31, núm. 4 (2015): 827-832, doi.org/10.12669/pjms.314.7115.

[15] Nsikak Nseyen, «How father, son raped, impregnated 13-year-old girl in Lagos», *Daily Post*, 8 de abril de 2019, dailypost.ng/2019/04/08/father-son-raped-impregnated-13-year-old-girl-lagos/.

mayoría de los agresores son varones y conocidos de la víctima[16]. Según el informe de 2015 de UNICEF sobre los abusos sexuales a menores en Nigeria, una de cada cuatro niñas y uno de cada diez niños sufren abusos sexuales antes de cumplir los dieciocho años[17]. En Nigeria, las niñas, especialmente las que se ganan la vida por sí mismas, ya sea como vendedoras ambulantes o como empleadas domésticas, son más susceptibles de sufrir abusos sexuales. Y también los niños de los campos de desplazados internos corren el riesgo de sufrirlos. Según los informes, además del acceso inadecuado a las necesidades básicas, a las estructuras de protección tradicionales o la inseguridad en los campos de desplazados, algunas mujeres y niñas se han vuelto vulnerables a la explotación sexual en forma de violación y sexo de supervivencia. A finales de julio de 2016, el Observatorio de Derechos Humanos documentó abusos sexuales, incluidas violaciones y explotación, de cuarenta y tres mujeres y niñas que vivían en siete campamentos de desplazados internos en Maiduguri, estado de Borno[18]. Por otra parte, un Informe de Evaluación Rápida de la Protección publicado en mayo de 2016 por el grupo de trabajo State Protection Sector de Borno, compuesto por organismos de ayuda nacionales e internacionales, identificó la explotación sexual, las violaciones y otros abusos sexuales como una de las principales preocupaciones en catorce campamentos de los veintiséis que acogen a desplazados oriundos del país en el estado de Borno.

El matrimonio infantil, práctica que consiste en casar a niños con

---

[16] Mario Adamu Bugaje, Olufemi Ogunrinde y Jamilu Faruk, «Child Sexual Abuse in Zaria, Northwestern Nigeria», *Nigerian Journal of Pediatrics* 39, núm. 3 (2012): 111, www.ajol.info/index.php/njp/article/view/76848.

[17] Lorraine Radford, *Action to End Child Sexual Abuse and Exploitation: A Review of the Evidence 2020* (Ciudad de Nueva York, Nueva York: UNICEF and End Violence Against Children, 2020), 27, www.unicef.org/media/89026/file/CSAE-Report.pdf.

[18] Observatorio de Derechos Humanos, «Nigeria: Officials Abusing Displaced Women, Girls», *Human Rights Watch*, 31 de octubre de 2016, www.hrw.org/news/2016/10/31/nigeria-officials-abusing-displaced-women-girls.

adultos, es otra forma de ASI común en Nigeria[19]. Entregar a las niñas en matrimonio incluso antes del inicio de su ciclo menstrual es una práctica común en las comunidades rurales, sobre todo en el norte de Nigeria, principalmente por razones religiosas y económicas. Las niñas son entregadas en matrimonio a una edad temprana para aumentar la riqueza de los miembros de la familia mediante el pago del precio de la novia[20]. La visión que se tiene de los niños hace que la práctica del matrimonio precoz sea habitual en el norte de Nigeria. Los niños son considerados propiedad de sus padres, lo cual explicaría la práctica del matrimonio precoz. Los familiares de las niñas las entregan en matrimonio sin su consentimiento. Esta práctica se basa en la creencia de que los niños tienen el deber de obedecer a sus padres sin hacer preguntas. Algunas de las niñas entregadas en matrimonio argumentan que lo hacen para sobrevivir económicamente y, en muchas situaciones, para mantener a miembros de su familia. La Child Rights Act (CRA, Ley de Derechos del Niño) de Nigeria del año 2003 establece que el matrimonio celebrado con una menor de dieciocho años es nulo[21]. Sin embargo, el artículo dieciocho de la Marriage Act (Ley del Matrimonio)[22] establece que un menor de veintiún años puede contraer matrimonio si obtiene el consentimiento de sus padres. La consecuencia de esta normativa es que niños de tan solo quince años pueden casarse con el consentimiento de sus padres, lo que entra en conflicto con las claras disposiciones de la Sección 21 de la Child Rights Act de 2003.

Diferentes investigaciones muestran que los niños de todo el mundo

---

[19] Iyabode Ogunniran, «Child Bride and Child Sex: Combating Child Marriages in Nigeria», *Nnamdi Azikiwe University Journal of International Law and Jurisprudence* 2, núm. 1 (2011): 98, www.ajol.info/index.php/naujilj/article/view/82389.

[20] Gabriel Igberase, «Harmful Cultural Practices and Reproductive Health in Nigeria», *Continental Journal of Tropical Medicine* 6, núm. 1 (2012): 27, 30.

[21] *Child Rights Act*, 2003, sec. 21, www.placng.org/lawsofnigeria/laws/C50.pdf. Nigeria: Child's Rights Act (2003) (Abuja: Nigeria), 31 de julio de 2003, www.refworld.org/docid/5568201f4.html.

[22] *Marriage Act*, 1990, Laws of the Federation of Nigeria (LFN), cap. 218, sec. 18, www.commonlii.org/ng/legis/num_act/ma85/.

tienen más probabilidades de sufrir abusos sexuales por parte de una persona conocida, normalmente un adulto o un niño mayor que es miembro de la familia, otro pariente, un amigo de la familia o un adulto en una relación de confianza o autoridad, como un padre, un pastor, un policía o un profesor[23]. En consecuencia, se han denunciado casos de abuso sexual a menores entre sacerdotes católicos de todo el mundo. En la última década estos casos han atraído especialmente la atención de los medios de comunicación y del público en general, a medida que las revelaciones han ido en aumento y se han convertido en objeto de estudios académicos, investigaciones y pleitos en todo el mundo[24]. Aunque algunos de los casos de abuso sexual a menores han sido tratados con justicia por los dirigentes de la Iglesia, muchos otros han sido tratados injustamente. Algunos sacerdotes culpables del acto de abuso sexual han sido enviados fuera del país para cursar ulteriores estudios, mientras que se ha visto a otros moviéndose libremente sin ningún sentimiento de culpa.

En Nigeria, hay muchos factores que impiden abordar con eficacia el abuso sexual a menores. Entre ellos se encuentran las prácticas y tradiciones culturales que influyen en la forma en que las personas reaccionan o responden a la violencia en función de las normas culturales de su sociedad. En Nigeria, es posible que las víctimas no faciliten voluntariamente información sobre los abusos sufridos por razones culturales. A menudo, cuesta obtener información de las víctimas o de sus familias, que temen las implicaciones culturales de su divulgación. El papel y la actitud de la familia y la comunidad siguen considerándose factores importantes en la denuncia de los abusos sexuales, así como la relación entre el agresor y la

---

[23] David Southall y Rhona Macdonald, «Protecting Children from Abuse: A Neglected but Crucial Priority for the International Child Health Agenda», *Paediatrics and International Child Health* 33, núm. 4 (2013): 201, doi.org/10.1179/2046905513Y.0000000097.

[24] Derek Farrell, «Sexual Abuse Perpetrated by Roman Catholic Priests and Religious», *Mental Health Religion and Culture* 12, núm. 1 (2009): 41, doi.org/10.1080/13674670802116101.

víctima[25].

El abuso sexual infantil es un delito contra los niños cuya verdadera magnitud sigue siendo difícil de determinar porque en gran medida no se denuncia y suele quedar impune[26]. En los entornos africanos en general, y en Nigeria en particular, no se habla de cuestiones sexuales en público. Los padres no hablan de sexo y disuaden a sus hijos de hacerlo. Esta es una de las razones por las que existe una cultura del silencio en los casos de abusos sexuales, sobre todo cuando el autor es un miembro de la familia o un conocido. Muchos creen que los casos de abuso sexual son un asunto personal y familiar. Por ello, las víctimas optan por no denunciar ni revelar los abusos sexuales para proteger a los agresores. Por ejemplo, en un caso de abuso sexual infantil en el estado de Kano, la hija de Adara (nombre ficticio), de ocho años, fue violada por unos desconocidos. Ella sabía que hablar de estos temas en una comunidad tan tradicional como la suya le acarrearía una oleada de insultos y difamaciones. No obstante, decidió denunciar la violación. Horas después de salir de la comisaría, sus vecinos ya se habían enterado de su visita por los rumores de la comunidad. Cuando llegaron los agentes con una orden de detención, los cinco sospechosos ya habían huido y se habían escondido. Adara se enfrentó a una reacción violenta de su familia, siendo condenada al ostracismo por haber acudido a la policía[27]. Ser tachado de delator disuade a las víctimas y a los testigos de cooperar con las fuerzas del orden por miedo a represalias. Debido a la actitud de la comunidad hacia los abusos sexuales, algunas víctimas guardan silencio porque temen que nadie creerá su denuncia.

En Nigeria, algunas prácticas culturales y tradicionales son responsables de la gestión ineficaz de los casos de abuso sexual infantil. Hay normas

---

[25] Samuel Shafe y Gerard Hutchinson, «Child Sexual Abuse and Continuous Influence of Cultural Practices: A Review», *West Indian Medical Journal* 63, núm. 6 (2014): 634, doi.org/10.7727/wimj.2013.246.

[26] Radford, *Action to End Child Sexual Abuse and Exploitation*.

[27] Mario Adamu Bugaje, Olufemi Ogunrinde y Jamilu Faruk, «Child Sexual Abuse in Zaria, Northwestern Nigeria», *Nigerian Journal of Pediatrics* 39, núm. 3 (2012), 112, www.ajol.info/index.php/njp/article/view/76848.

culturales, como los comportamientos, las actitudes y los pensamientos basados en creencias compartidas en una determinada cultura, que influyen mucho en el hecho de que grupos específicos de la población, como las niñas, sean vulnerables a la violencia. Una norma cultural importante que influye en las políticas de prevención es el estigma asociado a ser etiquetado como «delator». Los estudios demuestran que el recelo de las víctimas se debe a la vergüenza, al estigma asociado al abuso sexual y al miedo a ser etiquetado como delator[28]. Esto último podría tener implicaciones negativas para cualquiera que denuncie un delito a las fuerzas del orden. Esta norma cultural influye en la gestión de los abusos sexuales, concretamente en la decisión de revelarlos o denunciarlos. Por miedo a ser etiquetados como delatores, las víctimas y los testigos temen dar un paso al frente para dar a conocer casos de abuso sexual[29].

A pesar de que Nigeria cuenta con leyes y políticas para prevenir los abusos sexuales en general, estas medidas preventivas, estas leyes o políticas son inadecuadas y no tienen la fuerza suficiente para frenar las acciones de los autores de abusos sexuales a menores. A veces el proceso judicial es lento y, a veces también, el agresor se sale con la suya. El deficiente sistema de justicia penal afecta directa e indirectamente a algunas de las víctimas y a sus familias, las cuales pierden la esperanza en el sistema judicial. Según una investigación llevada a cabo durante la elaboración de este documento, por cada cien casos de abusos sexuales denunciados a las fuerzas del orden, se estima que noventa y cinco agresores quedan libres. Como consecuencia del alto porcentaje de agresores que escapan a la acción de la justicia, las víctimas no se muestran dispuestas a revelar los abusos sexuales. La investigación también demostró que los autores de abusos sexuales tienen menos probabilidades de ser condenados a penas de prisión en comparación con otros delincuentes.

De lo anterior se desprende que la aplicación inadecuada de la ley en los casos denunciados contribuye a que no se descubran los abusos. En

---

[28] Igberase, «Harmful Cultural Practices and Reproductive Health in Nigeria», 30.
[29] Igberase, «Harmful Cultural Practices and Reproductive Health in Nigeria», 30.

situaciones en las que las víctimas se sienten con fuerzas para denunciar los abusos, las actitudes culturales dificultan que se les haga justicia. Incluso dentro de las fuerzas del orden, los agentes de policía encargados de investigar los delitos de abusos sexuales desacreditan a las víctimas porque su actitud y sus creencias reflejan las de la sociedad[30]. En algunas situaciones la gestión policial de los casos denunciados ha disuadido a muchas víctimas de denunciar. Las víctimas creen que la policía no hará nada para frenar los abusos sexuales. Por lo tanto, la mayoría de los agresores quedan impunes y las víctimas sufren los efectos adversos asociados, a veces de por vida[31]. ¿Cómo podemos abordar estos problemas? A continuación, propongo un enfoque basado en los derechos del niño y la teología moral.

¿Qué son los derechos del niño?

Todo ser humano, incluido todo niño y niña, está dotado por naturaleza de humanidad y de los derechos correspondientes. Todos los niños tienen derechos, independientemente de su etnia, sexo, religión, idioma, capacidades o cualquier otra condición. La clave de un enfoque basado en los derechos humanos es que los niños deben gozar de la dignidad inherente a todos los miembros de la comunidad humana. Ser tratado con dignidad y respeto no es un privilegio que haya que ganarse, sino un derecho de nacimiento de todos los miembros de la comunidad humana. Los niños y los jóvenes son seres humanos con los mismos derechos generales que los adultos y también con derechos específicos que reconocen sus necesidades especiales. La Convención sobre los Derechos del Niño (CDN) ofrece una visión del niño como individuo y como miembro de una familia y una comunidad, con derechos y responsabilidades

---

[30] Daniel Masilo, «Prevention of Child Sexual Abuse within the Family System: Guidelines for an Educational Social Group Work Program», *Journal of Child Sexual Abuse* 27, núm. 4 (2018): 339, doi.org/10.1080/10538712.2018.1430089.

[31] Pooja Sawrikar e Ilan Katz, «Preventing Child Sexual Abuse in Ethnic Minority Communities: A Literature Review and Suggestions for Practice in Australia», *Australia Children and Youth Services Review* 85 (2018): 178, doi.org/10.1016/j.childyouth.2017.12.028.

adecuados a su edad y etapa de desarrollo. Al reconocer los derechos del niño de esta manera, la Convención se centra firmemente en el niño en su totalidad.

En su preámbulo, la CDN comienza afirmando que «la libertad, la justicia y la paz en el mundo se basan en el reconocimiento de la dignidad intrínseca y de los derechos iguales e inalienables de todos los miembros de la familia humana». Los derechos de los niños cubren sus necesidades de desarrollo, acordes a su edad, que cambian con el tiempo a medida que el niño crece. Según Polonko y Lombardo, las directrices de la CDN pueden clasificarse en dos grupos: (1) las directrices que intentan garantizar la responsabilidad social en el fomento de la dignidad humana de los niños, y (2) las que tratan de prevenir las violaciones de la dignidad de los niños[32]. En general, los derechos humanos son aquellos derechos que le corresponden a uno por el mero hecho de haber nacido como ser humano. Son aquellos derechos que le corresponden al ser humano en su calidad de *homo sapiens*. Los derechos humanos son inalienables e inherentes en virtud de la condición humana y no pueden ser arrebatados a hombres y mujeres por la fuerza. A la luz de lo anterior, los derechos humanos son los derechos que todos los seres humanos adquieren al nacer. La responsabilidad más importante de cualquier gobierno es proteger estos derechos de los ciudadanos.

La idea de los derechos humanos se basa en el principio universal según el cual todas las personas poseen una dignidad humana inherente, independientemente de su sexo, raza, idioma, edad, condición, religión o creencias políticas. Los derechos humanos otorgan a las personas el derecho al respeto, la integridad y la capacidad de autoexpresión y desarrollo en todos los aspectos de su vida. De ello se desprende que un derecho humano es un criterio básico para el trato justo e igualitario de todos los ciudadanos y para la protección de la inviolabilidad y dignidad de la persona humana. Puesto que los derechos humanos son los derechos de nacimiento de todos los seres humanos, el niño o la niña, sea cual sea su

---

[32] Polonko y Lombardo, «Human Dignity and Children», 18.

edad, tiene derecho a la protección de sus derechos, a su inviolabilidad y a su dignidad como ser humano.

Es preciso señalar que la perspectiva de los derechos humanos en la que se supone que el individuo posee una dignidad connatural no es algo que resulte fácil para algunos estudiosos que tienden a entender de un modo funcional o legalista los conceptos de derechos y dignidad de la persona. Los niños son considerados inferiores a los adultos en prácticamente todos los sentidos. La dignidad no se ve como un derecho de nacimiento concedido para toda la vida, sino más bien como un derecho adquirido que se concede a ciertos individuos por participar en ciertas actividades o poseer ciertas cualidades[33]. Al explicar esta forma de entender los derechos humanos, Polonko y Lombardo analizan dos puntos de vista: una perspectiva «centrada en el adulto» y una perspectiva «centrada en el niño».

Por un lado, la perspectiva centrada en el adulto asume simplemente que los niños son inferiores a los adultos, que la dignidad connatural no se aplica a los niños, que no es un derecho de nacimiento de todos los seres vivos sino algo que hay que ganarse, y que los sentimientos y experiencias de los niños tienen poca importancia. Este es el paradigma que domina gran parte del mundo y es uno de los muchos factores que contribuyen al maltrato infantil.

Por otro lado, una perspectiva centrada en el niño reconoce y cuestiona la opresión de los niños y considera que el intento de los adultos de negarles su dignidad es un síntoma de esta opresión. Exige que reconozcamos las pérdidas sufridas por violar a los niños y que busquemos formas de apoyarlos. Exige que respetemos y reconozcamos el valor de sus experiencias. Una perspectiva centrada en el niño sobre los derechos y la dignidad inherente a todos los miembros de la comunidad humana implica que, aunque uno pueda ser dañado o maltratado, otro no puede «quitarle» o «violar su dignidad», ya que se trata de un derecho de nacimiento, independiente de cualquier situación específica. Desde esta

---

[33] Polonko y Lombardo, «Human Dignity and Children», 18.

perspectiva, el agresor se envilece y se degrada cuando actúa de un modo que daña o desprecia el valor de sí mismo o de los demás[34]. La explotación y el abuso sexual infantil, por tanto, son una amenaza para los derechos de la infancia en la actualidad.

La falta de conceptualización del maltrato sexual dentro del marco existente de las leyes internacionales de los derechos humanos es lamentable, porque la explotación sexual de los niños se ha convertido en una forma de vida para algunas comunidades. Sería difícil argumentar en contra del carácter voluntario de las decisiones individuales de los niños cuando son sometidos a situaciones de explotación por sus padres y son responsables del bienestar económico de sus familias y pueblos. La comunidad mundial reconoce que los niños poseen derechos humanos, incluido el derecho a ser protegidos de algunas formas de abuso. Sin embargo, en la práctica, la protección infantil se ha limitado a cuestiones sanitarias o económicas.

Con este telón de fondo, merece la pena señalar varios aspectos positivos en la prevención del ASI en el contexto nigeriano. La Constitución Nigeriana garantiza ciertos derechos fundamentales a los niños. Aunque la Constitución no distingue entre los derechos de los adultos y los de los niños, como ciudadanos nigerianos se espera que puedan disfrutar de estos derechos. Estos incluyen el derecho a la vida, a la dignidad de la persona humana, a la libertad personal; el derecho a la vida privada, a la libertad de pensamiento, conciencia y religión, y el derecho a un juicio justo, a la reunión pacífica, a la asociación y a la libertad de circulación. Más concretamente, según la sección 17(3)(f), los niños deben ser protegidos contra la explotación, así como contra el abandono moral y material. Además, la sección 18(1) establece que el gobierno debe garantizar que sus políticas proporcionen oportunidades educativas iguales y adecuadas en todo momento[35]. La Asamblea Nacional de Nigeria había fijado la edad de consentimiento sexual en los dieciocho años, lo cual

---

[34] Polonko y Lombardo, «Human Dignity and Children», 20.
[35] Véase Gobierno Militar Federal de Nigeria, *The Constitution of the Federal Republic of Nigeria* (Lagos: Federal Military Government of Nigeria, 1999), cap. II, sec. 17, 18.

implica que en Nigeria cualquier actividad sexual en la que participe una persona menor de dieciocho años se considera abuso sexual infantil.

En 2003, en Nigeria se promulgó la Child Rights Act para adaptar los tratados internacionales y regionales sobre los derechos del niño de los que forma parte. La Child Rights Act establece que los niños deben ser protegidos contra el matrimonio infantil, los esponsales infantiles, los tatuajes y marcas en la piel, la exposición y el consumo de estupefacientes, el secuestro, la sustracción o el traslado fuera de la custodia legal, el trabajo infantil y las relaciones sexuales ilícitas. A pesar de las diversas medidas que se han establecido para proteger los derechos de los niños, estos son continuamente objeto de distintas formas de abuso, trato degradante, crueldad y violencia. Es lamentable que muchos estados de la federación aún no hayan promulgado la CRA. Así pues, los derechos humanos, aunque estén protegidos sobre el papel, en la práctica se violan. Además de la legislación federal sobre el abuso sexual infantil, los gobiernos de los estados promulgan varias leyes estatales enfocadas al acoso sexual. Las leyes de varios estados penalizan el acoso sexual con penas muy severas. Entre estas leyes se encuentran: The Lagos State Prohibition Against Domestic Violence Law (Ley de Prohibición de la Violencia Doméstica del Estado de Lagos), 2007; The Ekiti State Gender Based Violence (Prohibition) Law (Ley de [Prohibición] de la Violencia de Género del Estado de Ekiti), 2019; The Violence Against Persons (Prohibition) Act (Ley de [Prohibición] de la Violencia contra las Personas), 2015, y otras leyes similares en los estados de la federación[36]. Si se aplicaran estas leyes internacionales, nacionales y estatales para el bienestar del niño, se protegerían sus intereses y se evitaría o reduciría el abuso sexual infantil.

La respuesta teológica moral al abuso sexual infantil

El criterio decisivo para llevar a cabo una crítica ética del abuso sexual es la

---

[36] Olaitan Olusegun y Amos Idowu, «Child Abuse in Nigeria: Dimension, Reasons for its Persistence and Probable Solutions», *Child and Family Law Journal* 4, núm. 1 (2016): 14, lawpublications.barry.edu/cflj/vol4/iss1/2/.

violencia. En cualquiera de sus formas el abuso sexual es un acto de violencia. A diferencia de otros pecados sexuales, como la fornicación o el incesto, el abuso sexual de menores es el pecado de la persona adulta que perpetra esta forma de violencia. Se basa en la dominación del otro, ya sea esta individual o colectiva. Implica la explotación de una relación asimétrica y la aceptación tácita de dañar o incluso destruir la identidad de otra persona[37]. La violencia sexual no respeta al otro como sujeto moral y amenaza potencialmente la integridad moral y el bienestar de la víctima. Pervierte la base misma de la sexualidad, a saber, la confianza en ser reconocido en la propia «desnudez». Desde el punto de vista ético, esta es la razón por la que, entre otras cosas, los abusos sexuales cometidos por quienes, en cuanto líderes de una comunidad religiosa, tienen tanto poder sobre los demás, especialmente sobre los niños, suscitan tanta rabia e indignación. De ahí que el abuso sexual infantil en cualquiera de sus formas sea siempre un acto intrínsecamente execrable: «Reconociendo y enseñando la existencia del mal intrínseco en determinados actos humanos [como en el abuso sexual de menores], la Iglesia permanece fiel a la verdad integral sobre [toda la humanidad] y, por ello, [la] respeta y promueve en su dignidad y vocación» (*Veritatis splendor*, núm. 83)[38].

Según Nelson Mandela, «Nuestros hijos son nuestro mayor tesoro. Son nuestro futuro. Quienes abusan de ellos desgarran el tejido de nuestra sociedad y debilitan nuestra nación»[39]. Russell Pollitt y Hans Zollner añaden: «El abuso de menores y personas vulnerables desgarra el tejido de nuestro testimonio eclesial y lo debilita»[40]. La piedra angular de la doctrina social católica es la defensa de la dignidad humana. Creada a imagen y

---

[37] Brianne Jacobs, «What Does Catholic Social Teaching Tell Us about Sexual Harassment?», *America*, 5 de febrero de 2018, www.americamagazine.org/faith/2017/12/05/what-does-catholic-social-teaching-tell-us-about-sexual-harassment.

[38] Los añadidos entre corchetes son de la autora (N. de la T.).

[39] Nelson Mandela, citado en Russell Pollitt y Hans Zollner, «Sexual Abuse and Safeguarding in the Catholic Church in Sub-Saharan Africa», *Hekima Review: Journal of Theology, Governance and Peace Studies* 63 (2021), 119-127.

[40] Pollitt y Zollner, «Sexual Abuse and Safeguarding in the Catholic Church in Sub-Saharan Africa», 119.

semejanza de Dios (Gn. 1,27), toda persona tiene una dignidad innata e infinita otorgada por Dios. La Iglesia defiende la dignidad y el valor inherentes a todos los seres humanos, por lo que condena toda inmoralidad y violencia sexual como intrínsecamente perversas. El abuso sexual viola el principio de la dignidad humana, el respeto a cualquier otra persona como un fin en sí misma. La violencia sexual instrumentaliza al otro para uso propio sin dejar espacio para una relación de confianza y reciprocidad. La moralidad se basa en el respeto recíproco de la dignidad humana, por lo que en la práctica la violencia sexual no solo destruye a la víctima, sino que también destruye la base normativa de la propia moralidad[41].

La Iglesia enseña que la sexualidad es parte integrante de la persona humana. Va más allá de la genitalidad y expresa la totalidad de la persona en sus relaciones interpersonales y sociales[42]. La Iglesia, en su sabiduría, enseña que la expresión genital debe darse en el ámbito del matrimonio y tiene una doble finalidad unitiva y procreadora (*Catecismo*, núm. 2369). El sexo, como expresión del propio afecto, fracasa cada vez que expresa el deseo de dominar en lugar de manifestar la donación de uno mismo y la aceptación del otro. La tentación lleva a considerar al otro como un objeto del que servirse y no como el individuo/prójimo con el que entrar en comunión. En la desviación sexual, típica del abuso sexual infantil, el mal causado es complejo. El adulto no hace crecer al niño, sino que lo violenta. En este caso, el pecado sexual se basa evidentemente en la consumación de una pasión desordenada[43].

En *Familiaris consortio* el papa san Juan Pablo II ratifica la necesidad de tratar a los niños y jóvenes con respeto, algo que se echa por tierra cuando se abusa sexualmente de ellos. *Familiaris consortio* dice: «debe reservarse una atención especialísima al niño, desarrollando una profunda estima por su dignidad personal, así como un gran respeto y un generoso servicio a sus

---

[41] Hille Haker, «Catholic Sexual Ethics – A Necessary Revision: Theological Responses to the Sexual Abuse Scandal», *Concilium* 3 (2011): 128–137.

[42] Gerald Coleman, *Human Sexuality: An All-Embracing Gift* (Nueva York: Alba House, 2012), 8.

[43] Jacobs, «What does Catholic Social Teaching Tell us about Sexual Harassment?»

derechos. Esto vale respecto a todo niño, pero adquiere una urgencia singular cuando el niño es pequeño y necesita de todo, está enfermo, delicado o es minusválido» (núm. 26). En la misma línea, la Iglesia, considerando la violación como una forma de desviación sexual, afirma:

> La *violación* es forzar o agredir con violencia la intimidad sexual de una persona. Atenta contra la justicia y la caridad. La violación lesiona profundamente el derecho de cada uno al respeto, a la libertad, a la integridad física y moral. Produce un daño grave que puede marcar a la víctima para toda la vida. Es siempre un acto intrínsecamente malo. Más grave todavía es la violación cometida por parte de los padres (cf. incesto) o de educadores con los niños que les están confiados (*Catecismo*, núm. 2356).

Enseñar a todos que hay que respetar a los menores y que es su derecho vivir en entornos seguros es una expresión de las enseñanzas de la Iglesia. «La acogida, el amor, la estima, el servicio múltiple y unitario—material, afectivo, educativo, espiritual—a cada niño que viene a este mundo, deberá constituir siempre una nota distintiva e irrenunciable de los cristianos» (*Familiaris consortio*, núm. 26). Cuando se ponen en práctica, estas enseñanzas proporcionan seguridad a los menores y el respeto debido a quienes ya han experimentado el trauma del abuso sexual.

Cualquier forma de violencia sexual es intrínsecamente perversa y no puede justificarse de ningún modo, ya que «ninguna circunstancia, ninguna finalidad, ninguna ley del mundo podrá jamás hacer lícito un acto que es intrínsecamente ilícito, por ser contrario a la ley de Dios, escrita en el corazón de cada hombre, reconocible por la misma razón, y proclamada por la Iglesia» (*Evangelium vitae*, núm. 62). El abuso sexual infantil viola los derechos y la integridad del niño y afecta también a quien lo comete. Es también un pecado contra el Creador. Por ello, la Iglesia enseña:

> Cuanto ofende a la dignidad humana, como son las condiciones infrahumanas de vida, las detenciones arbitrarias, las deportaciones, la esclavitud, la prostitución, la trata de blancas y de jóvenes; o las

condiciones laborales degradantes, que reducen al operario al rango de mero instrumento de lucro, sin respeto a la libertad y a la responsabilidad de la persona humana: todas estas prácticas y otras parecidas son en sí mismas infamantes, degradan la civilización humana, deshonran más a sus autores que a sus víctimas y son totalmente contrarias al honor debido al Creador (*Gaudium et spes*, núm. 27).

La Iglesia, como sacramento de la presencia activa de Dios en la historia, sigue el modelo de conducta del mismo Dios, mostrando su solidaridad con las víctimas, comprometiéndose en la lucha contra los abusos a menores y en la lucha contra todo tipo de mal presente en la historia de la humanidad y, por tanto, compadeciéndose de cualquier víctima, a la que ofrece palabras de consuelo y alivio basadas en la palabra de Dios en Jesucristo. La Iglesia ha de estar cerca de las víctimas de abusos, pero no puede dejar de estar cerca también de los abusadores, ahora juzgados sin piedad y en muchos casos considerados como «chivos expiatorios». La comunidad eclesial no puede dejarse guiar simplemente por las campañas publicitarias adversas que acentúan sus malas acciones y ocultan sus aspectos positivos. La Iglesia debe proclamar siempre la infinita misericordia de su Señor, especialmente hacia quienes se arrepienten de sus pecados y se abren al don de la conversión. En la gracia de Cristo, el pecador encuentra siempre una nueva oportunidad de vida, de reconciliación y de paz. La emergencia del problema de los abusos a menores perpetrados por ministros de la Iglesia católica no puede quedar a merced de una explotación que siembra división y enemistad en el seno de la comunidad. La Iglesia tiene el reto de afrontar el escándalo con sinceridad y de remediarlo eficazmente.

Conclusión

El abuso sexual infantil es realmente un problema mundial, que a menudo desafía mitos y estereotipos, y no parece decrecer con el tiempo. La difícil situación de los niños y niñas maltratados sexualmente es quizás el ejemplo más crudo de la necesidad de reconsiderar el lugar que ocupan los niños en la sociedad contemporánea. Está claro que la protección contra el abuso sexual infantil es un derecho reconocido en todos los organismos internacionales y nacionales, pero no hay solución a la vista para esta amenaza. Toda la sociedad se ve afectada por el dolor causado por los abusos sexuales a menores. Se requieren esfuerzos decididos por parte de todos los sectores de la sociedad para reducir este mal creciente. Confiar en la maquinaria gubernamental y en la implementación de las políticas no es suficiente para salvaguardar a los niños de quienes demonizan y aborrecen la infancia. La familia y los padres tienen que esforzarse desde la base para crear un entorno seguro y libre de miedos para los niños. Asimismo, la Iglesia, en su misión de promover la dignidad y los derechos de la persona humana, tiene el deber de proteger a los niños de cualquier daño. El gobierno y la Iglesia deben ser más proactivos a la hora de educar a los niños para que conozcan sus derechos y luchen por ellos. En general, es necesaria una visión de los derechos humanos centrada en el niño. Esto ayudará a que cada vez haya más conciencia y preocupación por la explotación de los niños en cuanto colectivo y a que se respeten sus derechos.

Anthonia Bolanle Ojo (SSMA) es doctora y miembro de la Congregación de las Hermanas de San Miguel Arcángel, una congregación religiosa diocesana femenina de Nigeria. La Dra. Ojo es licenciada en Teología por el Instituto Católico de África Occidental (CIWA), Port Harcourt, Nigeria (afiliado a la Universidad de Calabar) y tiene un máster y un doctorado en Teología Moral con especialización en Ética Social también por el mismo Instituto. La Dra. Ojo realizó un posdoctorado en el Boston College de Massachusetts (EUA). Es miembro de la red global Ética Teológica Católica en la Iglesia Mundial. Fue formadora y también decana académica y profesora de Teología Moral en el Seminario Mayor del Buen Pastor (Nigeria). Ha participado en muchos programas de capacitación para mujeres y jóvenes dentro de la Iglesia en Nigeria. Actualmente es vicaria general de la Congregación de las Hermanas de San Miguel

Arcángel. Sus trabajos se han publicado en revistas académicas de gran repercusión nacional e internacional.

Capítulo 11: «Caminar juntos»: ¿una Iglesia sinodal mejora el respeto por la persona humana?

Daniel Bogner

Este artículo analiza la cuestión de si la sinodalidad tiene debidamente en cuenta las «causas sistémicas» que han conducido a casos de abusos sexuales en el seno de la Iglesia católica. Para ello, distinguimos entre la sinodalidad como actitud (sinodalidad constitutiva) y la sinodalidad como marco jurídicamente vinculante (sinodalidad constitucional). Sostengo que hay fuerzas poderosas dentro de la Iglesia que dan prioridad a un modo "suave" de comprender la sinodalidad, es decir, la entienden como «inclusión de voces diferentes» y no como cambios sustantivos en el derecho canónico y la eclesiología. Tales cambios, sin embargo, serían necesarios para que las reformas deseadas fueran vinculantes y efectivas.

La idea principal de este artículo es que la sinodalidad es un instrumento extraído de la caja de herramientas sociofilosóficas de la Antigüedad tardía que ya no es aplicable en la actualidad. Se requieren elementos democráticos basados en el Estado de derecho y en los derechos humanos para que una Iglesia estructurada de forma sinodal garantice eficazmente la protección de las personas contra los abusos sexuales e impida su encubrimiento. Este estudio esboza los desafíos del «proceso sinodal» a escala mundial iniciado por el papa Francisco y plantea las siguientes preguntas: «¿qué podría hacer que fracase?» y «¿cuáles son los requisitos previos para su éxito?»

Mi argumentación se desarrolla en seis momentos. Primero, observo que el poder y las causas sistémicas de la violencia sexualizada y el abuso sexual en la Iglesia se han convertido en un tema abierto a discusión. Segundo, examino la cuestión de si la sinodalidad, tal y como se está debatiendo y promoviendo actualmente en la Iglesia católica, podría ser un instrumento eficaz contra dicha violencia. Este punto dirige mi atención hacia las llamadas «causas sistémicas» de los abusos, las cuales se abordan en un tercer momento. Cuarto, describo el esquema de una sinodalidad específicamente católica, a partir del cual revelo dos puntos ciegos, a saber, la falta de sensibilidad ante los conflictos siempre presentes en cualquier estructura social y la ignorancia de la posición central del público para la interacción social en la Iglesia. En el resumen, extraigo algunas conclusiones de los resultados obtenidos que aconsejan cierta cautela frente a la idea de una Iglesia sinodal como remedio integral contra el peligro de los abusos sexuales.

El valor de considerar una perspectiva específica sobre el abuso sexual

Una importante lección de la crisis provocada por la violencia sexual en el seno de la Iglesia católica es la creciente valentía de preguntarse por las causas sistémicas de dicha violencia. Los informes de las comisiones independientes de investigación que se han creado en dos de las mayores Iglesias locales europeas—en Francia y en Alemania—utilizan explícitamente el término «sistémico». Tanto la Conferencia Episcopal Alemana como la Conferencia Episcopal Francesa han adoptado posteriormente el término[1]. Esta evolución representa un punto de inflexión hermenéutico, ya que se ha hecho imposible referirse al delito de violencia sexual como una mera falta individual de algunos «hermanos en la niebla»[2].

Centrarse en el «sistema» de la vida eclesial plantea la cuestión del poder. ¿Quién ostenta el poder? ¿De qué tipo de poder se trata? ¿Cómo se

---

[1] Conferencia Episcopal Alemana, «MHG-Studie», 25 de septiembre de 2018, www.dbk.de/themen/sexualisierte-gewalt-und-praevention/forschung-und-aufarbeitung/studien/mhg-studie; Conferencia Episcopal Francesa, «Assemblée plénière des évêques de France, Résolutions votées par les évêques de France le 8 novembre 2021», 8 de noviembre de 2021, eglise.catholique.fr/wp-content/uploads/sites/2/2021/11/APLourdes-nov-2021-Resolutions-votees-en-assemblee-pleniere.pdf.
[2] Raoul Löbbert, «Brüder im Nebel», *Die ZEIT*, 18 de marzo de 2021, www.zeit.de/gesellschaft/zeitgeschehen/2021-03/katholische-kirche-gutachten-sexueller-missbrauch-erzbistum-koeln-kardinal-woelki.

utiliza ese poder? ¿Cómo se legitima su uso? Y, sobre todo, ¿existen medios para controlarlo? Durante mucho tiempo se consideró inadecuado plantearse estas preguntas. Una creencia muy extendida en la Iglesia era que no se debía hablar de poder, sino de la autoridad que pueden ejercer exclusivamente quienes han recibido el ministerio ordenado. Los continuos abusos sexuales ya no permiten tal forma de pensar y hablar. Por el contrario, nos instan a considerar la Iglesia como un sistema social con multitud de funciones, autoridades y responsabilidades, y con normas y procesos que definen la posición y el ámbito de actuación de sus miembros dentro de un marco institucional fijo. Por mucho que el ejercicio del poder dentro de la Iglesia afirme, en un plano teológico, tener un origen y una legitimación divinos, hay que reconocer que incluso ese ejercicio legítimo del poder depende de la gramática propia de los sistemas sociales. Se traduce y necesita ser «traducido» al «lenguaje» de la realidad profana.

Más concretamente, por lo general en los contextos sociales las áreas de acción de las personas están bien delimitadas, las personas están subordinadas y jerarquizadas, y la libertad se posibilita y se restringe al mismo tiempo. Esto también sucede en el seno de la Iglesia, aunque la lógica interpretativa sea de naturaleza completamente distinta en comparación con la de una sociedad burguesa. Por lo tanto, sería una falacia suponer que la existencia y el ejercicio del poder dentro de la Iglesia son irrelevantes. El ejercicio del poder es necesario cuando las personas cooperan dentro de un marco institucional. Puede ser un recurso para el desarrollo productivo, creativo y constructivo de las instituciones religiosas. Sin embargo, a raíz de las revelaciones de abusos sexuales, ha quedado claro que la Iglesia carece de mecanismos suficientes para controlar el poder. Dar prioridad a la protección de los agresores y mostrar interés por la continuidad de su labor pastoral demuestran de modo alarmante que faltan normas y procesos estructuralmente consolidados, así como una cultura de control del poder en general.

En 2019 el Encuentro sobre la Protección de Menores en la Iglesia afrontó el reto de sensibilizar a los obispos de todo el mundo sobre este problema. Era necesario poner fin a las recriminaciones mutuas y a una forma de entender la situación que culpaba alternativamente de los problemas a una Iglesia «demasiado secularizada en Occidente» o a una Iglesia «influenciada por las tribus en el Sur»[3]. El papa Francisco sentó así las bases para debatir y trabajar abiertamente sobre las causas sistémicas de los abusos sexuales en el ámbito de la Iglesia mundial. Se ha hecho evidente la urgencia de encontrar respuestas a esta pregunta. Estas respuestas no deberían ser de naturaleza puramente analítica, sino que deberían incluir también propuestas concretas para cambiar la práctica eclesial en el futuro.

¿Puede ser la sinodalidad una respuesta?

La democracia se considera la forma de gobierno político que garantiza de manera más eficaz y sistemática el control del poder, sin excluir por completo su ejercicio correcto y adecuado. En relación con la Iglesia, sin embargo, existen algunas restricciones. Concebir la Iglesia *tout court* como una democracia sería juzgar erróneamente su naturaleza interna. En cuanto comunidad llamada por Dios, la legitimidad de la Iglesia no se basa en la soberanía de sus miembros, sino en la voluntad divina de su fundador. Está en deuda con una verdad superior que nunca debe someterse a los frágiles procesos de toma de decisiones de las mayorías[4]. En lugar de analizar si los procesos democráticos podrían implantarse razonablemente en la Iglesia, y en qué medida, a menudo se alude precipitadamente a una incompatibilidad general entre democracia e Iglesia. Si hay alguna forma de gobierno que pueda hacer justicia a la naturaleza de la Iglesia —tal es el

---

[3] «Theologe Halik: Kirche in Osteuropa spielt Missbrauch herunter», *katholisch.de*, 24 de enero de 2022, www.katholisch.de/artikel/32853-theologe-halik-kirche-in-osteuropa-spielt-missbrauch-herunter. Cabe mencionar que el papa emérito Benedicto también utilizó este modelo de argumentación; véase «Wortlaut: Der Aufsatz von Benedikt XVI. zur Missbrauchskrise», *Vatican News*, 24 de febrero de 2019, www.vaticannews.va/de/papst/news/2019-04/papst-benedikt-xvi-wortlaut-aufsatz-missbrauch-theologie.html.

[4] En particular, los textos centrales del Concilio Vaticano II han subrayado repetidamente estas afirmaciones. Es fundamental hacer hincapié en la constitución jerárquica de la Iglesia. Por su naturaleza interna, no puede formar estructuras democráticas; véase *Lumen gentium*, capítulo III.

razonamiento—esa forma tiene que ser la sinodalidad.

Sinodalidad se refiere a un proceso de *decision-making* y *decision-taking*[5] de la Iglesia antigua que originalmente tenía como objetivo lograr la cohesión de las Iglesias locales gobernadas monárquicamente y en gran medida autónomas con respecto a la doctrina y la práctica[6]. La raíz griega del término se refiere a la búsqueda de un «camino común» y es hoy un criterio que se utiliza en los procesos y formas de construir la Iglesia. Se trata de un proceso que tiene su *Sitz im Leben* en un contexto en el que la democracia y el estado de derecho, según nuestra concepción moderna, eran en gran medida desconocidos. El papa Francisco utiliza la sinodalidad como recurso en su intento de renovar la unidad dentro de la Iglesia: «La sinodalidad es un proceso espiritual que no debe confundirse con un parlamento que discute y decide con votos mayoritarios»[7].

Si la sinodalidad se ha impuesto hoy como *leitmotiv* del avance de la Iglesia, en primer lugar, hay que enunciarlo: representa el vínculo con una antigua tradición cristiana que puede contribuir a superar la herencia más tardía de una mentalidad rígida y absolutista. En este sentido, el término tiene un potencial emancipador reconocido por el papa Francisco, que no debe subestimarse. Su apuesta por una Iglesia sinodal es la contrapartida positiva de la crítica que hace a toda forma de clericalismo, lo cual sugiere

---

[5] En inglés *decision-making* se refiere al tiempo de reflexión que precede a la toma de una decisión y *decision-taking* se refiere al momento puntual en que esta se toma. En cambio, en español ambas expresiones suelen traducirse de la misma manera con «toma de decisiones». Por este motivo, he decidido mantener los términos originales (N. de la T.).

[6] Thomas Böhm, «Der altkirchliche Weg zur Synodalität», *Anzeiger für die Seelsorge* (2020): 37-41; véase también John W. O'Malley, «The History of Synodality: It's Older Than You Think», *America*, 17 de febrero de 2022, www.americamagazine.org/faith/2022/02/17/synodality-history-john-omalley-242081; Francis Aloysius Sullivan, «Synod and Synodality: Theology, History, Canon Law and Ecumenism in New Contact (review)», *The Catholic Historical Review* 92, núm. 2 (2006): 268-269, doi:10.1353/cat.2006.0154.

[7] «Papst Franziskus warnt: Eine Synode ist kein Parlament», *katholisch.de*, 3 de septiembre de 2019, www.katholisch.de/artikel/22813-papst-franziskus-warnt-eine-synode-ist-kein-parlament. El papa Francisco también hizo de la sinodalidad el tema conductor del Sínodo de los Obispos de 2023.

que quienes se ponen en camino juntos evitan la trampa de la injerencia clericalista que se caracteriza por el saberlo todo, la arrogancia y la presunción de autoridad. La horizontalidad en lugar de la verticalidad, la relación de igual a igual en lugar de la subordinación deberían ser la cultura de la comunicación dentro de la Iglesia.

Ahora bien, al examinar el debate en torno al principio de sinodalidad que ha surgido en los últimos años, queda claro que este término tiene un doble significado. Por un lado, la lucha por una mayor sinodalidad en la Iglesia se considera una *respuesta a una grave crisis de fe*. La esperanza radica en que una Iglesia cuyos miembros se relacionen conforme a un espíritu sinodal sea capaz de establecer una cultura de acogida y dar testimonio de la buena nueva del Evangelio. Por otro lado, el principio de sinodalidad se considera un *remedio contra la susceptibilidad de la Iglesia al abuso*. El deseo es que allí donde la unión eclesial se configura según un espíritu de apertura, respeto y benevolencia se pueda reducir el riesgo de violencia sexual encubierta.

La pregunta decisiva que se plantea es la siguiente: ¿puede la sinodalidad, en la medida de lo posible en la Iglesia católica, contribuir eficazmente a eliminar las causas sistémicas de la violencia sexual? ¿Es legítimo vincular la esperanza de una vida de fe renovada y la lucha contra las causas de la violencia sexualizada? Para responder a estas preguntas, primero hay que definir qué debe entenderse por «causas sistémicas».

Las causas sistémicas de la violencia sexual en la Iglesia

Tanto la Iglesia local alemana como la francesa han decidido abordar la cuestión de la violencia sexual. El estudio MHG encargado por la Conferencia Episcopal Alemana se publicó en 2018[8]. En Francia fue el informe CIASE, que en 2021 sacó a la luz el alcance en que las personas se han convertido en supervivientes de violencia sexual por miembros del

---

[8] Conferencia Episcopal Alemana, «MHG-Studie», www.dbk.de/fileadmin/redaktion/diverse_downloads/dossiers_2018/MHG-eng-Endbericht-Zusammenfassung-14-08-2018.pdf.

clero en las últimas décadas[9]. Ambos estudios mencionan explícitamente factores sistémicos que han permitido y fomentado tales actos. Las conferencias episcopales de Francia y Alemania han adoptado oficialmente los resultados de los respectivos informes y han decidido investigar las causas sistémicas. El proceso de examen en ambos países aún está en curso y dista mucho de haber concluido. Al mismo tiempo, se ha iniciado un debate teológico sobre cómo la propia tradición teológica representa una causa sistémica. En particular, durante mucho tiempo el debate teológico no ha cuestionado suficientemente las normas explícitas e implícitas que rigen las acciones, los pensamientos y los sentimientos eclesiales[10]. Para encontrar una respuesta a la pregunta de si una mayor sinodalidad podría ser una barrera eficaz contra la violencia sexual, es necesario ofrecer una visión general de lo que se entiende por «causas sistémicas».

Dentro de la Iglesia existe una red de actitudes interrelacionadas y prácticas arraigadas, un *habitus* organizativo, por retomar un concepto teórico desarrollado por el sociólogo y filósofo Pierre Bourdieu[11]. Esta tupida red tejida de doctrina y práctica suele tener efectos devastadores. El elemento tóxico de la eclesialidad católica procede de diversos elementos y factores que se entrelazan de múltiples maneras.

El casco sacralizado

A lo largo de la historia de la Iglesia, un resplandor de supuesta sacralidad se ha asentado sobre la estructura y las funciones clericales, de modo que, a su vez, la barca y el casco de la Iglesia se consideran sacrosantos y venerables.

---

[9] Comisión Independiente sobre los Abusos Sexuales en la Iglesia (CIASE), «Violence sexuelle dans l'Église catholique France 1950–2020», resumen del informe final, 5 de octubre de 2021, www.ciase.fr/wordpress/wp-content/uploads/CIASE-Summary-of-the-Final-Report-5-%20october2021.pdf.

[10] Véase, por ejemplo, Doris Reisinger, ed., *Gefährliche Theologien. Wenn theologische Ansätze Machtmissbrauch legitimieren* (Ratisbona: Pustet, 2021); Jochen Sautermeister y Andreas Odenthal, eds., *Ohnmacht, Macht, Missbrauch. Theologische Analysen eines systemischen Problems* (Friburgo de Brisgovia: Verlag Herder, 2021).

[11] Pierre Bourdieu, *Outline of a Theory of Practice* (Cambridge: Cambridge University Press, 1977).

No es tanto la acción como la constitución de la Iglesia lo que se considera representativo de la palabra divina en el tiempo y en la historia. El refuerzo simbólico de sacralizar un rol, posible y habitual en los rituales litúrgicos, contribuye a este fenómeno[12].

Una actitud de reverencia

Las formas y estructuras sacralizadas exigen respeto. Refuerzan el sentimiento de reverencia que muchos creyentes sienten hacia los cargos y sus titulares. Las diferencias entre los «dos cuerpos del Rey»[13], es decir, entre su papel oficial y su personalidad mortal, imperfecta y humana, se confunden cada vez más. El resultado es una mentalidad de subordinación y dependencia del poder oficial que pretende ejercerse *in repraesentatione Christi*, representando la propia *sacra potestas* de Cristo. ¿Cómo contrarrestar esto? ¿Quién exigiría, desde esta perspectiva, el control o incluso la participación? Por otra parte, muchos ministros se acostumbran rápida y complacidamente al viento a favor que trae consigo el «privilegio de la ordenación», al cual pueden recurrir fácilmente en caso de que los medios «humanos» no sean suficientes. Tal actitud parece ser una parte esencial de lo que el papa Francisco condena como clericalismo[14].

El peligroso concepto del poder centralizado

La sacralización no solo ha proporcionado una institución blindada contra la crítica, sino también un fracaso de gran alcance del control obligatorio. ¿No resulta paradójico criticar una institución y obligarla a corregirse

---

[12] Magnus Schlette, Volkhard Krech, «Sakralisierung», en *Handbuch Religionssoziologie*, ed. Detlef Pollack, Volkhard Krech, Olaf Müller y Markus Hero (Wiesbaden: Springer VS, 2018), doi.org/10.1007/978-3-531-18924-6_17; véase también Francesca Eva Sara Montemaggi, «Sacralisation: The Role of Individual Actors in Legitimizing Religion», *Culture and Religion* 16, núm. 3 (2015): 291-307, doi.org/10.1080/14755610.2015.1083455.

[13] Ernst Kantorowicz, *Die zwei Körper des Königs. Eine Studie zur politischen Theologie des Mittelalters* (München: dtv, 1994 [1957]).

[14] Klaus Unterburger, «Klerikalismus», *Staats Lexikon*, 18 de julio de 2022, www.staatslexikon-online.de/Lexikon/Klerikalismus.

mientras se cree en su santidad? Y, viceversa, ¿por qué habría que fraccionar la omnipotencia de una institución cuyo poder es simplemente «prestado», procedente de una única fuente —el propio Jesucristo— y del que solo se dispone como fiduciario? El pensamiento neoplatónico sobre la unidad y el ceremonial cortesano de la Antigüedad tardía también han contribuido a que no se haya podido establecer hasta ahora una auténtica división de poderes, de la que hablan hoy los obispos reformistas[15].

Lealtad entre clérigos

El gobierno indiviso, armado con un aura de sacralidad y apoyado por el «rebaño», que carece de vías efectivas de participación, es solo una cara de la moneda. La otra cara son las personas concretas y las estructuras corporativistas que sostienen este sistema: el clero. La tradición de la Iglesia ha establecido un filtro de género como criterio de selección predominante para poder formar parte del clero. Este filtro ha dado lugar a un clero homogéneo en cuanto al género que es, al mismo tiempo y a menudo de forma indetectable, un sistema religioso de afiliación masculina, con rituales de reconocimiento e identificación *ad intra* y tendencias aislacionistas *ad extra*. Como asociación basada en la lealtad e impregnada de un aura religiosa de determinación, el estado clerical atrae con la promesa de proteger y satisfacer hábitos y deseos psicosexuales deficientes. Y esto conlleva —explícita e implícitamente— una devaluación constitutiva del otro sexo que a menudo se refleja en la doctrina y la práctica de la Iglesia[16].

La espiral de legitimidad a largo plazo

Además de los elementos mencionados, hay otro factor, aunque no

---

[15] Herbert Haslinger, *Macht in der Kirche. Wo wir sie finden, wer sie ausübt, wie wir sie überwinden* (Friburgo de Brisgovia: Verlag Herder, 2022); Johannes Ludwig, *System Kirche. Machtausübung zwischen Idee, Interesse und Institution* (Basilea: Schwabe, 2022).

[16] Compárese *pars pro toto* Christine Büchner y Nathalie Giele, *Theologie von Frauen im Horizont des Genderdiskurses* (Maguncia: Grünewald, 2020).

específico de la Iglesia, que reviste especial importancia. Allí donde las cosas crecen y se establecen durante largos periodos de tiempo, se genera una tendencia a consolidar la tradición y la longevidad. Las pautas de comportamiento, los roles habituales y las disposiciones institucionales de la Iglesia a veces gimen bajo el peso de muchos siglos. Esta carga desarrolla lo que parece ser un ambiente que infunde legitimidad. Durante mucho tiempo, los debates abiertos sobre el acceso al ministerio ordenado, la constitución monárquica de la Iglesia o la diversidad de identidades sexuales se consideraron tabú en este ambiente, ya que rompían el «pacto entre caballeros» según el cual las cosas están bien como están y como siempre han estado. Así pues, la Iglesia se ha acostumbrado a silenciar los impulsos innovadores, limitándose a confiar en hechos científicos hace tiempo demostrados, en lugar de probar y equivocarse de forma original y creativa[17].

Una cultura que genera continuamente víctimas

Aunque solo se han descrito de forma provisional, los elementos antes mencionados están interrelacionados y tienen consecuencias que van más allá de este análisis. A la luz de tales mecanismos, muchas personas perciben en la Iglesia un ambiente «envenenado». La crisis se manifiesta en numerosos ámbitos. Sea cual sea el aspecto que uno elija relativo al debate sobre la reforma intraeclesial (relaciones de género, participación de los laicos, fortalecimiento de las parroquias, resiliencia de los sacerdotes), tarde o temprano se encontrará con varias combinaciones de estos elementos tóxicos. La violencia y los abusos sexuales son el ámbito en el que las víctimas son más visibles y en el que probablemente han sufrido las heridas más profundas. Mientras no se detengan las reacciones en cadena de estos elementos tóxicos, que surgen con gran frecuencia, seguirá habiendo víctimas de la Iglesia en diferentes ámbitos.

---

[17] Wilhelm Schmidt-Biggemann, «Tradition und Legitimation», en *Die Frühe Neuzeit. Revisionen einer Epoche*, ed. Andreas Höfele, Jan-Dirk Müller y Wulf Oesterreicher (Berlín, Boston: De Gruyter, 2013), 47-84, doi.org/10.1515/9783110316407.47

Ninguno de los elementos mencionados, por sí solo, conduce directamente a una conducta abusiva. Y, por supuesto, muchos sacerdotes consiguen vivir conforme al espíritu del Evangelio a pesar de los riesgos del clericalismo. Pese a ello, los factores esbozados anteriormente son «sistémicos», porque su interacción da lugar a una cultura eclesial que, a mi juicio, hay que describir como una estructura que facilita el abuso y la violencia sexual. Una organización social sobrecargada de santidad conduce a una sobrecarga de sus miembros. Dado que no existe una regulación sistémica, ni siquiera el reconocimiento de su posible existencia, es necesario encubrir sistemáticamente los fallos. Las personas con determinadas inclinaciones son susceptibles a las estructuras que ofrecen oportunidades para el abuso: las que tienen tendencia a la pedofilia y la efebofilia, pero también las que luchan por mantener una distancia adecuada con los demás y tienden a transgredir los límites. Existe un alto riesgo de que estas personas se conviertan en agresores. Al mismo tiempo, los agresores se convierten en víctimas de este núcleo tóxico de la Iglesia.

En este contexto el término «víctima» es evasivo. Quiere decir que la Iglesia ofrece una cultura que facilita convertirse en agresor y no traza límites que garanticen que ciertas predisposiciones no se materialicen. ¿No dependemos todos—dadas las miserables predisposiciones latentes en nosotros en cuanto seres humanos imperfectos—de mecanismos de control social formales e informales que nos impiden convertirnos en agresores? Aquí es precisamente donde una organización que tiene una relación disfuncional con la transparencia, la crítica pública, la asunción de responsabilidades y la diversidad de género está condenada al fracaso. Esto no excusa en absoluto las acciones de los agresores. No obstante, desde otro punto de vista, arroja luz sobre cuán problemáticos son los «factores sistémicos» de la Iglesia.

Comienzo mi explicación con una comparación: las normas vinculantes de un estado de derecho y su obligación de castigar las violaciones de estas normas ayudan a que las personas se resistan a convertirse en agresores. La Iglesia, sin embargo, ha enviado señales muy ambivalentes durante demasiado tiempo. Se compadecía de los abusadores, y la protección del clero era más importante que la investigación de sus actos y que una mejor aplicación de la justicia. Cuando una institución actúa de este modo, envía señales a los posibles agresores — «Puedes convertirte en agresor sin que te pase gran cosa»— y comete también una irresponsabilidad muy grave hacia las personas con predisposición pedófila. No existe un marco institucional que impida actuar sobre su predisposición; al contrario, el marco «invita» a ello.

¿Una sinodalidad específicamente católica?

¿Puede una sinodalidad recién descubierta convertirse en la base de una protección eficaz contra la violencia y los abusos sexuales en la Iglesia católica? Para responder a esta pregunta, debemos determinar de una vez el significado del término «sinodalidad». En primer lugar, cabe destacar que no es un término que tenga una definición clara, sino que admite una gran variedad de interpretaciones diferentes. Estas oscilan entre ideas de estructuras de carácter casi constitucional, por un lado, y recomendaciones laxas para un determinado estilo de actuación, por otro. ¿Cómo hay que clasificar exactamente el concepto de sinodalidad en el debate actual en la Iglesia católica? A este respecto, resulta instructivo examinar el documento preparatorio *Por una Iglesia sinodal: comunión, participación y misión* que fue publicado por el papa Francisco en otoño de 2021. Es a la vez el punto de partida y la base para los procesos sinodales de las Iglesias locales que han comenzado en todo el mundo y que han de conducir al Sínodo de los Obispos de 2023[18].

Este documento se refiere al objetivo principal de la sinodalidad como un intento de volver a una dinámica de «caminar juntos» (núm. 2) para superar la oposición, la desconexión y la falta de comprensión mutua, realidades que dificultan que la Iglesia dé testimonio de su misión. En el muy citado documento de 2018 de la Comisión Teológica Internacional

---

[18] Sínodo de los Obispos, «Por una Iglesia sinodal: comunión, participación y misión», 7 de septiembre de 2021, press.vatican.va/content/salastampa/es/bollettino/pubblico/2021/09/07/sinodo.html.

del Vaticano[19], al que hace referencia el papa, la sinodalidad «indica la específica forma de vivir y obrar (*modus vivendi et operandi*) de la Iglesia Pueblo de Dios que manifiesta y realiza en concreto su ser comunión en el caminar juntos, en el reunirse en asamblea y en el participar activamente de todos sus miembros en su misión evangelizadora» (núm. 10). Una Iglesia sinodal, por tanto, comienza en un nivel fundamental. Se trata de comprender aquello por lo que la Iglesia debe caracterizarse de manera rotunda: la concordia (en latín: *concordia*) en la doctrina y en la fe. Esta es la antítesis de la preocupación por la fragmentación y la fractura del cuerpo de la Iglesia. Por ello, no es de extrañar que el papa Francisco, en un punto central de su escrito, cite la *concordissima fidei conspiratio* de Agustín (núm. 11).

De este modo, queda claro que el papa entiende la sinodalidad principalmente como lo que en las ciencias culturales y sociales contemporáneas se denomina una «metáfora de proceso»[20]. Es decir, la sinodalidad tiene que ver con el estilo y la actitud de un movimiento deseado dentro del cuerpo social de la Iglesia. El concepto de sinodalidad del papa se refiere tanto a las acciones individuales como a las colectivas y pretende renovar las expresiones colectivas de fe. En otras palabras, la sinodalidad apela ante todo a la actitud y a la virtud de sujetos eclesiales de todo tipo, algunos de los cuales tienen que esforzarse más por escucharse mutuamente y otros están llamados a participar con sus dones en favor del bien común. La sinodalidad solo se refiere de forma subordinada a las estructuras, las reglas y el orden «constitucional» de la Iglesia (núm. 27). El documento, sin embargo, deja inequívocamente claro que tales implicaciones constitucionales de la sinodalidad nunca deben llegar a cuestionar el marco de la tradicional *communio hierarchica* de la Iglesia

---

[19] Comisión Teológica Internacional, «La sinodalidad en la vida y en la misión de la Iglesia», 2 de marzo de 2018, www.vatican.va/roman_curia/congregations/cfaith/cti_documents/rc_cti_20180302_sinodalita_sp.html.

[20] Pienso en particular en la sociología neopragmática de Hans Joas; véase Hans Joas, *Im Bannkreis der Freiheit. Religionstheorie nach Hegel und Nietzsche* (Berlín: Suhrkamp Verlag AG, 2020).

católica en su conjunto: «Ese Pueblo, reunido por sus Pastores, se adhiere al sacro depósito de la Palabra de Dios» de modo que «se realiza una maravillosa concordia de Pastores y Fieles en conservar, practicar y profesar la fe recibida» (núm. 13). De nuevo, destacan los campos semánticos relativos a «unidad» y «uniformidad»: «Es en el vínculo fecundo entre el *sensus fidei* del Pueblo de Dios y la función del magisterio de los pastores donde se realiza el consenso unánime de toda la Iglesia en la misma fe» (núm. 14). Y este «vínculo», según el documento, puede realizarse exclusivamente «en el seno de una comunidad jerárquicamente estructurada» (núm. 14).

Así pues, la exhortación a una actitud de sinodalidad es auténtica y creíble. Es coherente con una fe que quiere mover los corazones y que confía en el potencial creativo de cada individuo. Al mismo tiempo, la argumentación desemboca en un callejón sin salida. Aunque admite que esa actitud renovada podría tener también consecuencias institucionales, el marco estructural tradicional de la Iglesia se presenta como inmutable, lo cual nos lleva a plantear dos cuestiones críticas. En primer lugar, ¿es realmente nueva la invitación a escucharse abiertamente unos a otros y a reconocer sin reservas los talentos y dones de los demás? Y, en segundo lugar, ¿es posible que haya fuerzas poderosas dentro de la Iglesia que entiendan que el concepto de sinodalidad implica una vaga «inclusión de voces diversas» y que, por tanto, no estén dispuestas a permitir cambios reales en el derecho canónico y la eclesiología, aunque la dinámica de una Iglesia sinodal atribuida a la obra del Espíritu Santo así lo aconsejara? Para que las reformas deseadas fueran vinculantes y, por consiguiente, efectivas, serían necesarias las reformas estructurales e institucionales que afectan principalmente a la constitución eclesial monárquica y a su concepción subyacente del ministerio ordenado.

Dos puntos ciegos: el conflicto y el público

Ahora podemos sacar algunas conclusiones de las observaciones que acabamos de hacer. El debate sobre la concepción de la sinodalidad como «constitutiva» (orientada a las actitudes) o «constitucional» (orientada a las normas) revela dos puntos ciegos que tienen consecuencias particulares para la cultura interna de la Iglesia. Ambos son factores que tienden a propiciar una atmósfera en la que se cometen y encubren actos de violencia y abusos sexuales.

El primer punto ciego se refiere al fuerte énfasis en el compromiso con la concordia y la unanimidad en la fe. Por supuesto, es indiscutible que los artículos fundamentales de la fe, contenidos en el credo, son el fundamento de la Iglesia y de su práctica comunitaria de la fe. No puede haber disensiones fundamentales sobre ello, y no sin razón el credo que los fieles pronuncian juntos durante la santa misa de los domingos se formula como una «confesión» (*confessio*). Ahora bien, aunque el credo llame a la unidad en forma de síntesis simbólica, dicha unidad no se aplica a su interpretación e implementación en la práctica de la fe y en la vida de la Iglesia. En esta última, existen necesariamente diferentes puntos de vista, opiniones y formas de interpretación[21]. Las consecuencias de la confesión del Dios único revelado en Jesús de Nazaret han de ser objeto de debate e incluso de disputa. A la luz de los diferentes contextos históricos y sociales y de los lenguajes mentales y culturales, el credo único se interpreta de maneras muy diversas. El desacuerdo, la disensión y el conflicto están naturalmente asociados a la práctica de una fe que se sitúa en el tiempo y en la historia. Es un error ideológico fundamental deducir de la unanimidad requerida en el *Symbolon* (el credo) que la realidad histórica—ya no simbólica, sino concreta—de la puesta en práctica eclesial de esta confesión debe ser igualmente unánime.

Llegados a este punto, hay que preguntarse críticamente: ¿no es

---

[21] Ejemplar para esta valoración es la importancia del término «unidad» en la obra del famoso teólogo Yves Congar; véase Hervé Legrand, «Yves Congar (1904–1995). Une passion pour l'unité. Note sur ses intuitions et son hermeneutique oecumenique, à l'occasion du centenaire de sa naissance», *Nouvelle Revue Théologique* 126, núm. 4 (2004): 529-554, www.cairn.info/revue-nouvelle-revue-theologique-2004-4-page-529.htm. Véase también el análisis, muy instructivo, sobre la herencia del catolicismo medieval de Ernst Troeltsch, *Die Soziallehren der christlichen Kirchen und Gruppen* (Tubinga: Mohr, 1912), 178–426.

precisamente esa la clase de tentación a la que se enfrenta constantemente la Iglesia? Su ley se declara «ley divina»; sus estructuras jerárquicas y el ministerio sagrado se consideran una traducción directa de la voluntad divina de salvación y reciben así una cobertura sacrosanta. La consecuencia fatal es que toda expresión de diferencia y disidencia se ve *a priori* de forma crítica en lugar de ser reconocida como catalizadora de una verdad mayor, lo cual ha conducido a una mentalidad y una cultura de consenso dentro de la Iglesia gobernada jerárquicamente. La disidencia y el desacuerdo se consideran una desviación y no se valoran.

Este primer punto ciego tiene consecuencias drásticas para una cultura interna de la Iglesia que podría ser consciente del riesgo de violencia sexual. Dicha cultura debería indicar a todos y cada uno que «¡Se te permite, incluso se te anima a decir "No"!», porque la disidencia y la crítica son posibles. Sin embargo, una Iglesia que hace hincapié en exigir una unanimidad absoluta restringe y elimina los espacios para la disidencia y la crítica. Más concretamente, habría que decir que, aunque la contradicción y la oposición en la Iglesia son posibles, no existen procedimientos establecidos sobre cómo tratar las transgresiones de forma que generen consecuencias. En el contexto de una cultura así, decir «¡No!» se convierte en un acto heroico por el que hay que arriesgarlo casi todo, más incluso que en muchos otros ámbitos en los que también se cometen abusos sexuales de niños y jóvenes como, por ejemplo, en clubes deportivos o en instituciones educativas. Teniendo en cuenta la aplicación indiferenciada de la imagen de *concordia* en el documento preparatorio del Sínodo de los Obispos, surge la legítima preocupación de que una mera «sinodalidad constituyente» no contribuya a un cambio cultural dentro de la Iglesia que permita hablar públicamente a los supervivientes de la violencia sexualizada y a quienes se ven amenazados por ella. «Caminar juntos» es, sin duda, una actitud valiosa. No obstante, mientras esta actitud no se fundamente en unos derechos humanos arraigados institucionalmente, la reivindicación de la sinodalidad plantea un riesgo aún mayor. La cultura de la concordia podría servir para encubrir la oscura y tóxica práctica del abuso que se construye sobre el supuesto de que los supervivientes y confidentes optan por guardar silencio en lugar de tener el valor de hablar.

Es precisamente aquí donde surge el segundo punto ciego, relacionado con el debate sobre la «sinodalidad constitutiva». Se trata de la ausencia de un público específico y diferenciado dentro de la Iglesia, tal como lo formula, por ejemplo, la teoría de la democracia en el paradigma del público como «cuarto poder». En una política eclesiástica que se considera a sí misma como una comunidad jerárquica y asegura su cohesión interna mediante una actitud de «sinodalidad constitutiva», no hay lugar para el establecimiento de una esfera pública crítica y controladora[22]. Una esfera pública de este tipo sería un lugar para el debate abierto y crítico sobre la conducta de los dirigentes de la Iglesia sin el temor constante a las sanciones. Sería un foro en el que los dirigentes de la Iglesia estarían obligados a explicar y justificar sus acciones; en resumen, un foro de transparencia. Ahora bien, la transparencia, el control y la rendición de cuentas son categorías ajenas a una cultura sinodal. En relación con los casos de abusos sexuales, se ha hablado mucho de la *omertà*, es decir, de espirales eclesiásticas de silencio similares a las de la mafia. Tales mecanismos casi nunca se establecen conscientemente, sino que surgen debido a la falta de mecanismos de contrapeso.

Con una mayor sinodalidad se pretende alcanzar un mayor grado de participación, cohesión e identificación colectiva en el cuerpo social de la Iglesia. Se trata, por supuesto, de un objetivo de gran valor. Sin embargo, estas dinámicas sinodales, en ausencia de una protección adecuada de los derechos personales de los creyentes, pueden aumentar la indefensión de las víctimas potenciales de violencia sexual, ya que las fuerzas motrices dentro del cuerpo de la Iglesia se ven reforzadas por los mayores grados de integración y cohesión. En cambio, una esfera pública intraeclesial libremente establecida y crítica sería un lugar ideal para reivindicar los derechos y la protección de los creyentes de forma regular y sistemática. No obstante, en todas las declaraciones de los documentos vaticanos sobre el

---

[22] Karl Gabriel y Hans-Joachim Höhn, *Religion heute öffentlich und politisch. Provokationen, Kontroversen, Perspektiven* (Paderborn: Schöningh, 2008).

proceso de sinodalidad se echa en falta una valoración de las posibles contribuciones positivas de dicha formación de la opinión pública. Por el contrario, solo mencionan la unanimidad en el espíritu. He aquí un ejemplo: «En un estilo sinodal se decide por discernimiento, sobre la base de un consenso que nace de la común obediencia al Espíritu» (núm. 30).

Conclusión: precauciones contra una solución universal

Ahora podemos sacar conclusiones de las observaciones y consideraciones realizadas. La pregunta inicial era: ¿hasta qué punto el actual movimiento hacia una mayor sinodalidad en la Iglesia católica puede ayudar a prevenir la violencia y los abusos sexuales? El análisis ha revelado que la respuesta a esta pregunta tiene múltiples facetas.

En primer lugar, hay que valorar que la sinodalidad es una actitud que pretende aumentar la participación activa y pasiva de todas las partes de la Iglesia y puede contribuir a capacitar a las personas para que se conviertan en sujetos creativos. En el mejor de los casos, conducirá a una mayor atención y concienciación entre los laicos y los feligreses con respecto a las conductas sexuales inapropiadas. La semántica de la sinodalidad contribuiría entonces a una actitud general, en la que una persona da prioridad a su propia vocación de formar parte activa del pueblo de Dios y de dar testimonio auténtico del Evangelio por encima del respeto a la tradición y a las exigencias culturales. En este sentido positivo, la sinodalidad podría significar que todos y cada uno pueden y deben hablar y ser escuchados, si se sienten motivados por el deseo de dar un testimonio auténtico del Evangelio. Es incuestionable que el abuso sexual contradice fundamentalmente dicho testimonio.

A pesar de estos posibles recursos positivos con los que una Iglesia sinodal podría combatir el abuso sexual y la violencia, sigue habiendo aspectos controvertidos. Estos aspectos controvertidos no solo enturbian las posibilidades de la sinodalidad, sino que, para empezar, son requisitos previos para una Iglesia sinodal, ya que contribuyen a la prevención de los abusos sexuales. Los principales puntos críticos se derivan de las consideraciones realizadas en relación con los dos puntos ciegos de la sección 5. La palabra programática «sinodalidad» persigue el objetivo de una mayor integración y cohesión internas de la Iglesia a través de un cambio de actitud de todos sus miembros: todas las partes de la Iglesia están llamadas a participar activamente y a escucharse mutuamente para mejorar la toma de decisiones según las reglas de una Iglesia jerárquica.

De este modo, la sinodalidad debe entenderse como una categoría de proceso que describe los cambios deseables en el cuerpo social eclesial. Sin embargo, no se tiene en cuenta que estos cambios continúan dependiendo del marco constitucional monárquico, el cual tiene una parte sustancial de responsabilidad por el hecho de que se hayan producido abusos sexuales y se hayan encubierto durante tanto tiempo. La agenda actual de la sinodalidad no aborda los pasos urgentes necesarios para el desarrollo de los marcos constitucionales. Para que tal desarrollo se produzca, es clave superar la concepción monárquica del ministerio ordenado que sirve de base a la estructura monárquica más amplia del liderazgo eclesial. Así se sentarían las bases para establecer gradualmente una cultura en la que la oposición, la disidencia y el conflicto se consideren expresiones de participación constructiva. Una esfera pública que prevea el control y la asunción de responsabilidades solo puede surgir si el gobierno y el liderazgo no proceden de una única fuente (*mon-archic*).

En otras palabras, la sinodalidad es un instrumento obsoleto de la caja de herramientas sociofilosóficas de la Antigüedad tardía, una época en la que los modelos constitucionales democráticos basados en el estado de derecho y la separación de poderes eran en gran medida desconocidos. El actual énfasis de la Iglesia en la sinodalidad como marco constitucional adecuado revela, por lo tanto, un punto ciego terrible y una falta de conciencia de los verdaderos retos de su reforma constitucional, los cuales se han hecho dramáticamente visibles a través de los abusos sexuales y la violencia. La evolución necesaria puede resumirse en una breve fórmula: no «sinodalidad en lugar de democracia», sino «sinodalidad como modalidad de participación sobre la base de los derechos fundamentales y garantizados de los creyentes». Así pues, en el seno de la Iglesia se necesita urgentemente un debate constitucional. ¡Solo estamos al principio!

Daniel Bogner ocupa la cátedra de Teología Moral y Ética Teológica en la Universidad de Friburgo. Obtuvo la licenciatura en Teología con una tesis sobre Carl Schmitt dirigida por Johann Baptist Metz. Después de pasar un tiempo en París dedicado a la investigación, hizo un doctorado sobre Michel de Certeau, SJ, bajo la guía de Jürgen Werbick y Luce Giard. Sus lugares de docencia e investigación han sido Münster, Sarrebruck, Luxemburgo y Friburgo. Se ocupa de cuestiones de ética jurídica y ética de los derechos humanos, así como de cuestiones de ética sexual y ética de la paz. Recientemente se ha interesado por los aspectos teológicos de la obra del sociólogo francés Bruno Latour. Durante varios años fue consultor de la Conferencia Episcopal Alemana (Comisión Justicia y Paz). Es padre de tres hijos.

Capítulo 12: ¿(De)formaciones teológicas? La crisis de los abusos sexuales en el contexto de la eclesiología nupcial y la teología del sacerdocio

Tina Beattie

Algunos informes sobre la crisis de los abusos sexuales recomiendan investigar de qué manera la teología contribuye al clericalismo[1]. Me pregunto si la eclesiología nupcial posconciliar, influida por la idea de la Iglesia mariana y petrina de Hans Urs von Balthasar y por la Teología del Cuerpo (TdC) del papa Juan Pablo II, invita a una reflexión crítica en este contexto. En mi opinión, el cambio en la simbología teológica provocado por la TdC y sus fundamentos balthasarianos implica un desplazamiento de la teología patriarcal a la teología fálica. Mientras que la masculinidad exclusiva del sacerdocio solía justificarse apelando a la autoridad natural y divina del varón y a la subordinación de la mujer para el buen orden de la sociedad, el hogar y la Iglesia, ahora se defiende apelando al significado simbólico de la anatomía sexual masculina[2]. Esto tiene implicaciones peligrosas para la Iglesia, sumida como está en el escándalo de los abusos

---

[1] Real Comisión sobre las Respuestas Institucionales al Abuso Sexual Infantil, *Final Report*, vol. 16 (Australia: Commonwealth of Australia, 2017), www.childabuseroyalcommission.gov.au/final-report; Comisión Independiente sobre los Abusos Sexuales en la Iglesia, *Violence sexuelle dans l'Église catholique France 1950–2020*, resumen del informe final por Jean-Marc Sauvé (Francia: CIASE, 2021), www.ciase.fr/medias/Ciase-Summary-of-the-Final-Report-5-october- 2021.pdf. Para consultar el informe completo, véase «Commission Indépendante sur les abus sexuels dans l'Église», CIASE, www.ciase.fr/. Véase también Gerry O'Hanlon, «Learning from the Murphy Report: A Theological Reflection», *Studies: An Irish Quarterly Review* 102, núm. 408 (2013): 423-433, www.jstor.org/stable/23631196.

[2] Tina Beattie, «Human Dignity and Rights in the Context of Gender and the Sacramental Priesthood», *Interdisciplinary Journal for Religion and Transformation in Contemporary Society* 6, núm. 1 (2020): 140-157, doi.org/10.30965/23642807-00601009; Mary Anne Case, «The Role of the Popes in the Invention of Complementarity and the Anathematization of Gender», *Religion & Gender* 6, núm. 2 (2016): 155-172, doi.org/10.18352/rg.10124.

clericales.

La Iglesia posconciliar

En un artículo publicado por primera vez en 1971, Balthasar lamenta la pérdida de la «profunda feminidad del carácter mariano de la Iglesia», argumentando que esta «se ha convertido más que nunca en una Iglesia masculina, si acaso no habría que decir una entidad sin sexo, en la que la mujer puede ganarse un lugar en la medida en que esté dispuesta a convertirse ella misma en tal entidad»[3]. Tras un declive posconciliar de la devoción mariana y la eclesiología, en los años ochenta se produjo un resurgimiento bajo el papado de Juan Pablo II, cuando Balthasar empezó a desplazar a Karl Rahner como teólogo posconciliar de referencia[4]. Esto anunció un cambio de tendencia contra muchas de las reformas del Concilio y la aparición de un ethos más absolutista y de género bajo los pontificados de Juan Pablo II y Benedicto XVI.

Aunque se debate el alcance de la influencia de Balthasar en Juan Pablo II, dicha influencia se distingue en la teología nupcial y mariana de los últimos años de su pontificado. Balthasar escribió un comentario sobre la encíclica *Redemptoris Mater*[5], y Juan Pablo II se basó en algunas de sus ideas para ofrecer una respuesta a las nuevas actitudes ante la sexualidad humana en la cultura occidental y a los retos planteados por las mujeres con sus crecientes demandas de igualdad de derechos tanto en la Iglesia como en la sociedad secular. El papa adoptó un enfoque irenista en sus

---

[3] Hans Urs von Balthasar, *Elucidations*, trad. John Riches (Londres: SPCK, 1975), 70.

[4] John L. Allen Jr., «Debating Karl Rahner and Hans Urs von Balthasar: Interview with David Schindler», *National Catholic Reporter*, 28 de noviembre de 2003, www.nationalcatholic reporter.org/word/word112803.htm; Robert Barron, «How von Balthasar Changed My Mind», en *Renewing Our Hope: Essays for the New Evangelization* (Washington, DC: Catholic University of America Press, 2020), 65–84.

[5] John Paul II, *Mary: God's Yes to Man: John Paul's Encyclical* Redemptoris Mater (San Francisco: Ignatius Press, 1988). Véase también Brendan Leahy, «John Paul II and Hans Urs von Balthasar», en *The Legacy of John Paul II*, ed. Gerald O'Collins y Michael Hayes (Londres: Bloomsbury Publishing, 2008), 31–50.

intervenciones sobre el feminismo y los derechos de la mujer, abogando por un «nuevo feminismo» (*Evangelium vitae*, núm. 99) y tratando de afirmar la dignidad de la mujer (*Mulieris dignitatem*), pero Balthasar dio una idea clara de lo que estaba en juego: «La ofensiva mundial del "feminismo", que lucha por la igualdad de la mujer con el hombre, se manifiesta dentro de la Iglesia como la reivindicación de las mujeres al sacerdocio ministerial. En conjunto, el frente de batalla presenta un panorama confuso, lo cual afecta a su vez al ámbito eclesial, que además tiene sus propios problemas especiales»[6].

La TdC se originó como una catequesis sobre el libro del Génesis que se pronunció en una serie de audiencias semanales entre 1979 y 1984 y se publicó posteriormente como *Man and Woman He Created Them: A Theology of the Body*[7]. Ofrece un enfoque innovador de la diferencia sexual basado en la afirmación de que Génesis 2 revela el significado nupcial del cuerpo humano, expresado de formas diferentes pero complementarias en el matrimonio y la continencia voluntaria (celibato y virginidad). Tratando de superar cualquier dualismo alma/cuerpo, la TdC representa el cuerpo como poseedor de un lenguaje sexual, capaz de expresar la verdad del ser humano creado para la comunión en relaciones interpersonales de entrega mutua, pero vulnerable a los efectos del pecado original en su predisposición a la vergüenza y el abuso. El amor sexual procreador entre marido y mujer es análogo a la relación fecunda de Cristo Esposo con su Esposa la Iglesia. Esto encuentra su expresión en la esperanza escatológica de aquellos que se comprometen de por vida a la virginidad o al celibato por el reino, de modo que la continencia voluntaria «*ha adquirido el significado de un acto de amor esponsal*, esto es, de una donación esponsal

---

[6] Hans Urs von Balthasar, «Women Priests? A Marian Church in a Fatherless and Motherless Culture», *Communio* 22 (1995): 164, www.communio-icr.com/articles/view/women-priests; también publicado como «Women Priests?», en *New Elucidations*, trad. Sr. Mary Theresilde Skerry (San Francisco: Ignatius Press, 1986).

[7] John Paul II, *Man and Woman He Created Them: A Theology of the Body*, trad. Michael Waldstein (Boston MA: Pauline Books and Media, 2006). Sigo la siguiente versión española: Juan Pablo II, *Hombre y Mujer lo creó. El amor humano en el plano divino*, 2ª ed. (Madrid: Ediciones Cristiandad, 2010) (N. de la T.).

de sí, con el fin de corresponder, de modo particular, al amor esponsal del Redentor; una donación de sí entendida como *renuncia*, pero hecha sobre todo *por amor*»[8].

La TdC se difunde ampliamente a través del Instituto de la Teología del Cuerpo, dirigido por Christopher West, y a través de conferencias episcopales, diócesis, universidades y programas pastorales y parroquiales[9]. Se promueve como recurso para la formación sacerdotal[10], y goza de popularidad entre los grupos políticos conservadores y los medios de comunicación, donde se utiliza para cuestionar las ideas progresistas relativas a la sexualidad y el género[11]. A propósito de su investigación sobre

---

[8] Juan Pablo II, *Hombre y Mujer*, 79.9. Los números se refieren a los números de las audiencias y de párrafo y todas las cursivas son las que figuran en el texto.

[9] Conferencia de Obispos Católicos de Estados Unidos, «Theology of the Body Overview», www.usccb.org/issues-and-action/marriage-and-family/natural-family-planning/catholic-teaching/theology-of-the-body; Instituto de la Teología del Cuerpo, «Providing Answers to Life's Burning Questions», tobinstitute.org/; Diócesis católica de Broken Bay, «Theology of the Body», www.bbcatholic.org.au/evangelisation/life-marriage-and-family/understanding-the-human-person/theology-of-the-body; Pontifex University, «Master of Sacred Arts: The Theology of the Body and the New Evangelization», www.pontifex.university/page/show/407224; Universidad de Dallas, «Theology of the Body», udallas.edu/ministry/academics/continuinged/tob.php; Universidad Franciscana de Steubenville, «A Foundational Vision: Theology of the Body», franciscanathome.com/node/2158.

[10] Véase Instituto de la Teología del Cuerpo, «In the Person of Christ Clergy Enrichment Programme», tobinstitute.org/programs/in-the-person-of-christ/; Fr Thomas J. Loya, STB, «Catholic Clergy Formation and Theology of the Body», *Ascension*, 30 de abril de 2019, media.ascensionpress.com/2019/04/30/catholic-clergy-formation-and-theology-of-the-body/; Thomas J. McGovern, «The Spousal Dimension of the Priesthood», *The National Catholic Bioethics Quarterly* 3, núm. 1, (primavera 2003): 95–110, doi.org/10.5840/ncbq 20033180.

[11] EWTN, «Theology of the Body», www.ewtn.com/catholicism/library/theology-of-the-%20body-21271; Andrew Cannon, «Pope St. John Paul II and the 'Theology of the Body'», *The European Conservative*, 7 de noviembre de 2021, europeanconservative.com/articles/essay/pope-st-john-paul-ii-and-the-theology-of-the-body/ ; José Granados, DCJM, «The Theology of the Body in the United States», *Humanum: Issues in Family, Culture and Science* 3 (2015), humanumreview.com/articles/the-theology-of-the-body-in-the-united-states, publicado por Pontifical John Paul II Institute for Studies on Marriage and Family en Washington, DC; Michael Quinlan, «Making Progress: Dehumanizing Humanity», *The Imaginative Conservative*, 2 de abril de 2016, theimaginativeconservative.org/2016/04/making-progress-

los jóvenes seminaristas católicos en Estados Unidos, Medora W. Barnes escribe: «Desde las enseñanzas de 1979-1984 del papa Juan Pablo II —conocidas colectivamente como "Teología del Cuerpo"— hasta en los escritos más recientes, la Iglesia católica ha respondido al feminismo, la anticoncepción, la liberación sexual y los continuos cambios en las creencias y normas en toda la sociedad occidental uniéndose en torno a una postura "antigénero"»[12]. La TdC ha sido criticada por su abstracción, su romanticismo, su enfoque exclusivo en el amor sexual sin tener en cuenta otros aspectos de la expresividad y la actividad corporal, su resistencia a la anticoncepción y su método de entender e interpretar las Escrituras[13]. Luke Timothy Johnson observa que dicha teología revela «un profundo desinterés por las formas en que la experiencia de las personas casadas, y especialmente de las mujeres [...] puede influir en la teología y el proceso de toma de decisiones de la Iglesia»[14].

El papa Francisco ofrece una teología de las relaciones humanas menos idealista y más sensible desde un punto de vista pastoral en su exhortación apostólica postsinodal de 2016 sobre la familia, *Amoris laetitia*, aunque sigue apelando a la Iglesia mariana y petrina para justificar la exclusión de las mujeres del sacerdocio sacramental. Respondiendo a la pregunta de la

---

dehumanizing-humanity.html; The Family Science Alliance, «Lectori Salutem», www.csaladt udomany.hu/november-2021/. Véase también un llamamiento a la TdC en una campaña contra el plan de estudios del Departamento de Educación de Nebraska por la Conferencia Católica de Nebraska: Jeremy, «Attacking the Theology of the Body», *Nebraska Catholic Conference*, 19 de marzo de 2021, necatholic.org/news-events/newsroom.html/article/2021/03/19/attacking-the-theology-of-the-body.

[12] Medora W. Barnes, «Catholic Seminarians on "Real Men", Sexuality, and Essential Male Inclusivity», *Religions* 13 (2022): 352, doi.org/10.3390/rel13040352.

[13] Charles Curran, «Marriage, Sexuality, Gender, and the Family», en *The Moral Theology of Pope John Paul II* (Londres: T & T Clark, 2005), 160-201; Luke Timothy Johnson, «A Disembodied 'Theology of the Body'», *Commonweal*, 4 de junio de 2004, www.commonweal magazine.org/disembodied-theology-body; Christina Traina, «Papal Ideals, Marital Realities: One View from the Ground», en *Sexual Diversity and Catholicism: Toward the Development of Moral Theology*, ed. Patricia Beattie Jung y Joseph Andrew Coray (Collegeville, MN: Liturgical Press, 2001), 278-279.

[14] Johnson, «A Disembodied 'Theology of the Body'».

¿(De)formaciones teológicas?

periodista sueca Kristina Kappelin sobre por qué la Iglesia no ordena mujeres, dijo: «En la eclesiología católica hay dos dimensiones: la dimensión *petrina*, que es la de los apóstoles—Pedro y el colegio apostólico, que es la pastoral de los obispos—y la dimensión *mariana*, que es la dimensión femenina de la Iglesia [...] Y la Iglesia *esposa* a Jesucristo. Es un misterio esponsal»[15]. El intento de Francisco de provocar un cambio en el ethos del ministerio pastoral de la Iglesia ha puesto de manifiesto profundas fisuras en la jerarquía católica y en el laicado[16]. Las guerras culturales que dividen a la Iglesia en Estados Unidos y en otros lugares son sintomáticas de un enfrentamiento continuado entre quienes consideran fundamental para la identidad católica la estricta adhesión a la doctrina de la Iglesia sobre ética sexual y reproductiva, y quienes acogen con satisfacción el enfoque más holístico de Francisco, con su énfasis en la justicia social, económica y medioambiental.

Una «Encuesta de sacerdotes católicos estadounidenses» de 2021 muestra una correlación entre las opiniones políticas de los sacerdotes y su mayor o menor grado de aprobación del papa Francisco. El 68,9% de los que se consideran «muy conservadores» desaprueban a Francisco, mientras que ninguno de los que se identifican como liberales en política lo desaprueba. La encuesta también produjo «una fuerte confirmación empírica de la percepción casi omnipresente de que los sacerdotes más jóvenes son más ortodoxos en sus creencias que los sacerdotes de más edad»[17]. En comparación con una encuesta anterior realizada en 2002, este

---

[15] Oficina de prensa de la Santa Sede, «Conferencia de prensa del santo padre durante el vuelo de regreso a Roma», 2 de febrero de 2016, www.vatican.va/content/francesco/es/speeches/2016/november/documents/papa-francesco_20161101_svezia-conferenza-stampa.html.

[16] Msgr. Robert Batule, «*Amoris Laetitia* in Light of Theology of the Body», *Crisis Magazine*, 14 de mayo de 2018, www.crisismagazine.com/2018/affirming-theology-body; Philip Lawler, «Betraying the Legacy of John Paul II», *First Things*, 19 de agosto de 2019, www.firstthings.com/web-exclusives/2019/08/betraying-the-legacy-of-john-paul-ii.

[17] Brad Vermurlen, Stephen Cranney y Mark Regnerus, «Introducing the 2021 Survey of American Priests: Overview and Selected Findings», *SSRN*, octubre de 2021, papers.ssrn.com/sol3/papers.cfm?abstract_id=3951931.

estudio revela una mayor oposición a la ordenación de mujeres y hombres casados, y un cierto endurecimiento de las actitudes con respecto al control de la natalidad para las parejas casadas y con respecto a la masturbación[18].

Un testigo citado en el informe de la Real Comisión australiana, el Dr. G. O'Hanlon, SJ, se refiere a «un resurgimiento del clericalismo en los seminarios australianos y en los seminarios de todo el mundo»[19]. Otro testigo, el Dr. Thomas Doyle, OP, cita estudios que «indican que la actual generación de jóvenes sacerdotes se ven a sí mismos como esencialmente diferentes de los laicos y como hombres escogidos por Dios: "Parece, por este y otros indicadores, que el clericalismo católico está vivo, es maligno y sigue prosperando"»[20]. Teniendo esto en cuenta, planteo algunas preguntas inquietantes sobre cómo las teologías de género que surgieron durante el papado de Juan Pablo II podrían haber contribuido a este crecimiento del conservadurismo y del clericalismo que lo acompaña.

Teología nupcial y formación sacerdotal

Juan Pablo II intenta defender el celibato y la masculinidad del sacerdocio sin negar lo que considera el «significado esponsal del cuerpo»[21]. En su exhortación apostólica postsinodal de 1992 sobre la formación de los sacerdotes, *Pastores dabo vobis*, explica su interpretación teológica de la ley del celibato:

> Esta voluntad de la Iglesia encuentra su motivación última en la relación que el celibato tiene con la ordenación sagrada, que configura al sacerdote con Jesucristo, Cabeza y Esposo de la Iglesia. La Iglesia, como

---

[18] Vermurlen, Cranney y Regnerus, «Introducing the 2021 Survey». La oposición de los sacerdotes al aborto sigue siendo alta en ambas encuestas.

[19] Real Comisión australiana, transcripción de G. O'Hanlon, caso de estudio 50, 8 de febrero de 2017, 24993:28–24994:6, 639.

[20] Real Comisión australiana, «Précis—Father Thomas (Tom) Doyle OP», caso de estudio 50, prueba documental 50-0003, IND.0650.001.0001_R en 0044_R., 639, www.childabuseroyalcommission.gov.au/sites/default/files/IND.0650.001.0001_R.pdf.

[21] Juan Pablo II, *Hombre y Mujer*, 13.2.

Esposa de Jesucristo, desea ser amada por el sacerdote de modo total y exclusivo como Jesucristo, Cabeza y Esposo, la ha amado (núm. 29).

La vocación al celibato exige autodisciplina y control. No solo constituye una condición humana excepcional en relación con la normatividad del matrimonio[22], sino que también implica una lucha sostenida contra la «triple concupiscencia» identificada como «la concupiscencia de la carne, la concupiscencia de los ojos y la soberbia de la vida»[23]. En una sección de la TdC titulada «Vergüenza sexual», se cita la concupiscencia como un peligro particular: «El hombre tiene pudor del cuerpo a causa de la concupiscencia. Más aún, tiene pudor no tanto del cuerpo, sino precisamente de la concupiscencia»[24]. Juan Pablo II se refiere repetidamente al conflicto entre la pureza del corazón y la concupiscencia de la carne, observando que «[e]l "corazón" se ha convertido en lugar de combate entre el amor y la concupiscencia»[25]. Es innegable que la sexualidad masculina es vulnerable a los impulsos violentos y explotadores, como ponen de manifiesto las estadísticas de abusos sexuales, violencia doméstica y trata de personas[26], pero este énfasis en la relación entre la vergüenza y los apetitos sexuales tiene implicaciones para aquellos hombres célibes que no tienen suficientemente integrada la comprensión de su sexualidad como para alcanzar los altos ideales de la TdC.

Los clérigos infractores entrevistados por Marie Keenan en una investigación sobre los abusos clericales en la Iglesia irlandesa ofrecen un trágico testimonio de los conflictos psicológicos que conlleva la lucha descrita en la TdC, con sus profundas asociaciones entre lujuria o

---

[22] Juan Pablo II, *Hombre y Mujer*, 73.4–5.
[23] Juan Pablo II, *Hombre y Mujer*, 26.1–2. La referencia bíblica es 1 Jn. 2,16. En algunas traducciones, «concupiscencia» se traduce como «lujuria». Véase la entrevista de la agencia Zenit al traductor Michael Waldstein: «Retranslating the Theology of the Body», archive.secondspring.co.uk/articles/waldstein.htm.
[24] Juan Pablo II, *Hombre y Mujer*, 28.5.
[25] Juan Pablo II, *Hombre y Mujer*, 32.3.
[26] UN Women, «Facts and figures: Ending violence against women», www.unwomen.org/en/what-we-do/ending-violence-against-women/facts-and-figures.

concupiscencia y vergüenza. Keenan llega a la conclusión de que, aunque sus entrevistados aspiraban a una «masculinidad clerical célibe perfecta»[27], con actitudes rígidas hacia la ortodoxia doctrinal y la pureza sexual, subyacían sentimientos de autodesprecio, un desarrollo sexual interrumpido, miedo a las mujeres y a las niñas y/u homosexualidad reprimida, y una incapacidad para la intimidad emocional. Concluye que «las identidades basadas en la vergüenza respaldan mis reflexiones sobre el vínculo entre el fracaso a la hora de alcanzar la masculinidad clerical célibe perfecta y la agresión sexual infantil. [...] La tesis principal de mi trabajo es que el abuso sexual es inevitable dado el sistema de valores que enseña la Iglesia católica y al que se adhieren muchos sacerdotes»[28].

Keenan relaciona este «sistema de valores» con «la eclesiología actual [que] sugiere un modelo dual de Iglesia en el que la Iglesia de los clérigos es superior y más "santa" que la Iglesia de los laicos»[29]. Aunque esto permite al sacerdote abusador experimentar «una posición de poder dominante en el ámbito público», los entrevistados en su investigación indicaron que «la impotencia personal, la falta de autonomía, la soledad y la frustración en la esfera privada formaban parte en gran medida de su vida cotidiana»[30]. El «infractor sexual clerical» es, según ella, «alguien cuya identidad masculina clerical y cuya forma de "hacer" el sacerdocio o la fraternidad religiosa se construyen sobre una vida imposible de vivir»[31]. Sin duda, hay muchos buenos sacerdotes que, por la gracia de Dios, logran la renuncia que exige el celibato, pero otros muchos no lo consiguen. Algunos mantienen discretamente relaciones sexuales, otros se convierten en abusadores.

Todos los informes relativos a la crisis de los abusos sexuales llaman la atención sobre los exagerados atributos de poder de los que goza el

---

[27] Marie Keenan, *Child Sexual Abuse and the Catholic Church: Gender, Power, and Organizational Culture* (Oxford: Oxford University Press, 2012), 245.
[28] Keenan, *Child Sexual Abuse and the Catholic Church*, 255.
[29] Keenan, *Child Sexual Abuse and the Catholic Church*, 237.
[30] Keenan, *Child Sexual Abuse and the Catholic Church*, 237.
[31] Keenan, *Child Sexual Abuse and the Catholic Church*, xv.

sacerdocio. Una mujer francesa recuerda cómo ella y su hermana sufrieron abusos de un sacerdote cuando eran adolescentes: «Estamos en una condición de sumisión [...] en un cautiverio mental. Entonces, seguimos a esta persona que de repente toma poder sobre nosotras. [...] Estamos atrapadas en una tela de araña»[32]. El abuso sexual como expresión de poder significa que la persona sometida y feminizada no siempre es necesariamente una mujer, sino que puede ser un niño o un adulto vulnerable de cualquier sexo o edad. El abuso sexual tiene que ver con el poder y no con la orientación sexual.

Los jóvenes seminaristas estadounidenses entrevistados por Barnes muestran actitudes hacia la masculinidad que en algunos aspectos son preocupantemente similares a las identificadas por Keenan. Por una parte, Barnes argumenta que, al equiparar la virilidad anatómica con la masculinidad y rechazar los enfoques constructivistas sociales acerca del género, los seminaristas tenían una visión de la masculinidad más inclusiva que sus homólogos seculares, porque la anatomía, y no el comportamiento o el carácter, es el factor determinante. Por otra parte, se mostraban manifiestamente ansiosos por evitar ser vistos como homosexuales. Barnes escribe: «Entre las enseñanzas católicas generales sobre la sexualidad, las normas específicas contra los sacerdotes homosexuales y el contexto de los escándalos de abusos sexuales, los seminaristas se sentían presionados a mostrar una imagen heterosexual muy tradicional, incluso defendiendo una visión biológica esencialista que incluye a todos los hombres independientemente de su comportamiento»[33]. Este es el contexto en el que reflexiono sobre la eclesiología que sigue dando forma a la teología del sacerdocio en sus formas más conservadoras. Mediante un examen del lenguaje más bien benévolo de Juan Pablo II, analizaré los cimientos teológicos sobre los que se construyó la teología nupcial posconciliar.

---

[32] Mireille, citada en Sylvie Corbet, «French Report: 330,000 Children Victims of Church Sex Abuse», *Associated Press*, 5 de octubre de 2021, apnews.com/article/europe-france-child-abuse-sexual-abuse-by-clergy-religion-ab5da1ff10f905b1c338a6f3427a1c66.

[33] Barnes, «Catholic Seminarians», 8.

Pureza sacerdotal y carne pecadora

El fracaso de la jerarquía católica a la hora de tratar eficazmente los abusos sexuales se atribuye con frecuencia a un deseo equivocado de proteger la reputación de la Iglesia. No se trata solo de una preocupación por la institución, puesto que tiene que ver con la pureza escatológica de la Iglesia como Esposa de Cristo. ¿Hasta qué punto los pecados de los sacerdotes deben considerarse como independientes de la pureza sustancial de la Iglesia, y hasta dónde deberían llegar las autoridades eclesiásticas para proteger esta pureza frente al escándalo público?

El informe de la Real Comisión australiana incluye una sección titulada «La Iglesia católica como "sociedad perfecta"», que varios testigos describen como un retorno a un modelo de Iglesia más antiguo, preconciliar, desde los años ochenta. En su testimonio ante la Comisión, el obispo Vincent Long Van Nguyen describe el clericalismo como «un subproducto del modelo de "sociedad perfecta" de la Iglesia católica» que funcionó bajo Juan Pablo II y Benedicto XVI[34]. Este modelo puede remontarse a la Iglesia medieval o incluso antes, pero yo me centro en un debate teológico que surgió en los años previos al Vaticano II sobre si la pureza intrínseca de la Iglesia se veía o no afectada por los pecados de sus miembros[35].

En 1961, Balthasar publicó un artículo en el que intentaba resolver este debate recuperando la idea medieval de la Iglesia como *casta meretrix* («prostituta casta»)[36]. Se basó en la tradición bíblica y posbíblica de la *casta meretrix* para dar legitimidad histórica a su argumento según el cual, paradójicamente, la Iglesia es a la vez santa y pecadora hasta el final de los

---

[34] Real Comisión australiana, transcripción de V. Long Van Nguyen, caso de estudio 50, 21 de febrero de 2017, 25779:26-35, 621–622.

[35] Stephen D. Lawson, «The Apostasy of the Church and the Cross of Christ: Hans Urs von Balthasar on the Mystery of the Church as *Casta Meretrix*», *Modern Theology* 36, núm. 2 (2020): 259–280, doi.org/10.1111/moth.12522.

[36] Hans Urs von Balthasar, «*Casta Meretrix*», trad. John Saward, en *Explorations in Theology*, vol. 2: *Spouse of the Word* (San Francisco: Ignatius Press, 1991), 196, publicado por primera vez en *Sponsa Verbi (Skizzen zur Theologie II)* (Einsiedeln: Johannes Verlag, 1961), 203–305.

tiempos. La unión esponsal entre Cristo y la Iglesia es tan íntima que son una sola carne, pero esto conlleva una lucha continua entre Cristo como Esposo y la humanidad pecadora como Esposa. La Iglesia mariana es la esperanza escatológica de la Virgen Esposa, pero esto no trasciende la realidad pecaminosa de la Iglesia terrenal. Stephen D. Lawson explica: «La imagen de la *casta meretrix* es, en última instancia, una imagen de la encarnación de Dios hasta la humillación total y, de hecho, hasta las profundidades del pecado y del infierno. La imagen apunta a "la extrema esencia humillante de la encarnación de Dios"»[37].

Balthasar cita numerosas fuentes bíblicas y medievales, incluidos los profetas del Antiguo Testamento: «mas tú, ramera descarada, te resistías a humillarte» (Jr. 3,3) y «Babilonia, mi amada, se ha convertido en abominación para mí» (Is. 21,4)[38], así como la descripción que Guillermo de Auvernia hace de esta «abominación»: «Para Dios mismo ella se ha convertido en una abominación. Ya no estamos ante una esposa, sino ante un monstruo terriblemente deforme y feroz»[39]. Balthasar parafrasea la condena de este mismo autor contra el clero, que «prostituye a la Santa Iglesia, porque por un escuálido beneficio invita a todo el mundo a avergonzarla. Y así le destrozan los pezones y le arrancan los pechos, en una palabra»[40].

La biblista J. Cheryl Exum se pregunta por qué los estudiosos del Antiguo Testamento (en su mayoría varones) pasan por alto «los problemas éticos que plantean los pasajes en los que se representa a una divinidad masculina abusando sexualmente de una víctima femenina»[41]. Desafiando el argumento de Robert Carroll según el cual en los textos

---

[37] Lawson, «The Apostasy of the Church and the Cross of Christ», 269, citando a Hans Urs Von Balthasar, «*Casta Meretrix*», en *Skizzen zur Theologie*, 250 (traducción de Lawson).
[38] Traducción del texto latino de la Vulgata (N. de la T.).
[39] Balthasar, «*Casta Meretrix*», 197–198, en referencia a la transcripción de H. Riedlinger en *Hoheliedkommentare des MA* (1958), 255s.
[40] Balthasar, «*Casta Meretrix*», 196.
[41] J. Cheryl Exum, *Plotted, Shot, and Painted: Cultural Representations of Biblical Women* (Sheffield: Sheffield Academic Press, 1996), 102.

proféticos las mujeres son «metáforas, no personas»[42] y estas metáforas violentas se dirigen «esencialmente a una comunidad masculina»[43], la citada autora escribe: «En las mismas metáforas ya está inscrita toda una serie de opiniones negativas sobre las mujeres y sobre el comportamiento y la sexualidad femeninos, así como sobre el poder en las relaciones de género: los hombres dominan y las mujeres se someten»[44].

Balthasar pertenecía a una época en la que la teología era escrita por hombres y para hombres[45]. Sus metáforas de la Iglesia como una ramera mutilada se dirigen a los «líderes modernos de la Iglesia»[46] en un tiempo en el que ahora sabemos que los abusos sexuales por parte del clero eran endémicos. El informe sobre la Iglesia católica francesa estima que 3.000 profesores y líderes católicos, dos tercios de los cuales eran sacerdotes, habían abusado de al menos 330.000 niños en los años comprendidos entre 1950 y 2020. El resumen final del informe se refiere a esta violencia sexual como un «fenómeno masivo, cubierto durante mucho tiempo por un manto de silencio y cuya magnitud es difícil de determinar»[47]. Cuando Balthasar utilizó imágenes violentas de humillación sexual para describir los pecados de los miembros de la Iglesia, se trataba de algo más que una metáfora eclesiológica. Ahora sabemos que eran descripciones bastante literales del comportamiento de muchos sacerdotes.

Otro de los textos de Balthasar, *Heart of the World*, publicado por primera vez en 1945 con el título *Das Herz der Welt*, es un diálogo apasionado que describe la relación entre Cristo y la Esposa como una

---

[42] Exum, *Plotted, Shot, and Painted*, 120, citando a Robert C. Carroll, «Desire Under the Terebinths: On Pornographic Representation in the Prophets – a Response», en Athalya Brenner, ed., *A Feminist Companion to the Later Prophets* (Sheffield: Sheffield Academic Press, 1995), 285.

[43] Exum, *Plotted, Shot, and Painted*, 120, citando a Carroll, «Desire Under the Terebinths», 292.

[44] Exum, *Plotted, Shot, and Painted*, 120.

[45] Queda fuera del ámbito de este artículo considerar la influencia de Adrienne von Speyr en Balthasar.

[46] Balthasar, «*Casta Meretrix*», 197.

[47] Sauvé, «Sexual Violence in the Catholic Church», 7.

lucha violenta, en la que Cristo lucha por derrotar y dominar a su reacia Esposa. La Esposa (que habla en varias voces narrativas que constituyen la condición humana) está aprisionada en la «amarga búsqueda de placer»[48] del ego: «Estoy tumbada en mi lecho de placer y este placer me repugna, y quisiera soltarme y levantarme»[49]. Este sentimiento de aprisionamiento y autodesprecio erige un muro de soledad que separa al creyente/Esposa de la libertad que ofrece Cristo: «Por fuera, aparento una alegría despreocupada y una resignación experimentada; por dentro, sin embargo, en la profunda caverna de la desesperación, pulula una gentuza pútrida que odia la luz; oportunidades desperdiciadas, gracias rechazadas, abatimiento invencible, el olor de la putrefacción»[50].

El capítulo titulado «Conquest of the Bride» describe cómo Cristo acaba finalmente con esta resistencia para purificar y redimir el cuerpo de su Esposa ramera. Cristo se dirige a la Esposa: «Una bofetada en tu cara no puede arrancarte más que una sonrisa avergonzada. La desgracia te cubre de arriba abajo, aún más dolorosamente cuando intentas negarlo, fingiendo que no pasa nada»[51]. Balthasar describe a Cristo enfrascado en una batalla mortal con «mi Cuerpo, mi Iglesia», debilitado y «herido de muerte» por ceder a la tentación de «entregarme al oscuro caos de un cuerpo, de sumergirme bajo la superficie reluciente de la carne»: «Me atreví a entrar en el cuerpo de mi Iglesia, el cuerpo mortal que *tú* eres […] ¡No me extraña que te dieras cuenta de tu ventaja sobre mí y tomaras por asalto mi desnudez! Pero te he vencido desde la debilidad y mi Espíritu ha dominado a mi carne rebelde y recalcitrante. (¡Nunca una mujer ha opuesto una resistencia más desesperada!)»[52]. Estas palabras son la descripción de una violación.

Olivier Savignac sufrió abusos cuando tenía trece años. En una

---

[48] Hans Urs von Balthasar, *Heart of the World*, trad. Erasmo S. Leiva (San Francisco: Ignatius Press, 1979), 136.
[49] Balthasar, *Heart of the World*, 135.
[50] Balthasar, *Heart of the World*, 138.
[51] Balthasar, *Heart of the World*, 192.
[52] Balthasar, *Heart of the World*, 194–196.

entrevista dijo: «Yo percibía a este sacerdote como alguien bueno, una persona cariñosa que no me haría daño. [...] Pero fue cuando me encontré en esa cama medio desnudo y él me estaba tocando que me di cuenta de que algo iba mal. [...] Es como una gangrena dentro del cuerpo y la psique de la víctima»[53]. El buen sacerdote y la víctima gangrenada: hay una disonancia chocante entre lo que significan esas palabras en las fantasías teopornográficas de Balthasar sobre el Esposo entrando en el cuerpo putrefacto de la Esposa y lo que significan para la víctima del abuso sacerdotal. Keenan deja claro que el abusador se oculta a sí mismo el sufrimiento de su víctima, al tiempo que experimenta una intensa vergüenza. Ella escribe: «Empecé a preguntarme si los agresores clericales se volvieron "violentos" y crueles con los niños (aunque en muchos casos no lo fueran abiertamente), debido a la "violencia" y crueldad sistémica que se ejerció sobre sus cuerpos y espíritus en el transcurso de sus vidas como jóvenes clérigos. Me preguntaba si, al ser heridos, se habían convertido en hirientes»[54]. El sacerdote abusador es a la vez la Esposa y el Esposo, Cristo y la Iglesia, atrapado en ese campo de batalla de la vergüenza entre el amor y la lujuria, hiriendo y siendo herido sin piedad ni alivio para sí ni para sus víctimas.

Del patriarcado al falocentrismo

En los escritos posconciliares de Balthasar, la retórica de la violación y la conquista se sustituye por una interpelación a la sexualidad masculina del rol sacerdotal. En una reflexión sobre la Carta a los Efesios 5 en el contexto de *Humanae vitae*, hace repetidas referencias a la analogía entre la fecunda relación sexual en el matrimonio y la fecunda relación de Cristo con la Iglesia, incluyendo una referencia explícita al significado kenótico del orgasmo masculino: «A diferencia del hombre en el acto sexual, Cristo no entrega solo un poco de su sustancia. No, Cristo entrega toda su

---

[53] Oliver Savignac, citado en Corbet, «French Report: 330,000 Children Victims of Church Sex Abuse».
[54] Keenan, *Child Sexual Abuse and the Catholic Church*, 243.

sustancia»⁵⁵. En un artículo titulado «The Christian and Chastity», Balthasar se pregunta: «¿Qué es su eucaristía sino, en un nivel superior, un acto interminable de flujo fecundo de toda su carne, como el que un hombre solo puede lograr momentáneamente con un órgano limitado de su cuerpo?»⁵⁶. Con su extravagancia habitual, escribe sobre lo que significa para Cristo dar su carne «pródigamente» en la eucaristía, mediante una comparación con las relaciones sexuales en el matrimonio: «El hombre, incluso y específicamente en el acto sexual, debe mostrar una entrega perfecta y amorosa, que al mismo tiempo acoge la entrega de la mujer y le da forma; la esposa es la que se deja formar, sin poner límites internos al amor que ella ha recibido»⁵⁷. Según Balthasar, este amor conyugal es «asumido» en el «amor nupcial» de Cristo por la Iglesia: «La sexualidad humana ha sido creada precisamente por y para ese amor»⁵⁸. Una vez más, solo puedo preguntarme qué puede pasar por la mente de un sacerdote abusador, si se engaña a sí mismo creyendo que está ofreciendo amor espiritual a su víctima, la cual no debería poner «límites internos» a la forma de recibir ese amor. Muchas víctimas de abusos relatan cómo sus agresores explicaban su comportamiento como una forma de amor espiritual o místico. Una mujer que describió los abusos de los que había sido víctima a manos de Jean Vanier afirmó que este le había dicho: «No somos nosotros, son María y Jesús»⁵⁹.

Los aspectos explícitamente sexuales de la retórica teológica de Balthasar suelen ser ignorados o negados por quienes se interesan por él⁶⁰.

---

⁵⁵ Hans Urs von Balthasar, «A Word On *Humanae Vitae*», en *New Elucidations*, 217.
⁵⁶ Balthasar, «The Christian and Chastity», en *Elucidations*, 150.
⁵⁷ Balthasar, *Elucidations*, 149.
⁵⁸ Balthasar, *Elucidations*, 149.
⁵⁹ Citado en John J. Conley, SJ, «My Conversations with Jean Vanier Raised Many Questions. I have No Answers», *America: The Jesuit Review*, 13 de marzo de 2020, www.americamagazine.org/faith/2020/03/13/my-conversations-jean-vanier-raised-many-questions-i-have-no-answers.
⁶⁰ Elisabeth T. Vasko, «The Difference Gender Makes: Nuptiality, Analogy, and the Limits of Appropriating Hans Urs von Balthasar's Theology in the Context of Sexual Violence», *The Journal of Religion* 94, núm. 4 (2014): 504, doi.org/10.1086/677290.

Algunos incluso sugieren que ofrece un recurso teológico para abordar los abusos sexuales. En el artículo citado anteriormente, Lawson reconoce las cuestiones que yo y otros hemos planteado en relación con el uso problemático del lenguaje de género utilizado por Balthasar, pero defiende la importancia de la imagen de la *casta meretrix* en el contexto de la crisis de los abusos sexuales. Defiende que «la afirmación central del artículo de Balthasar, según la cual debemos encontrar una forma de hablar sobre cómo peca la Iglesia en cuanto Iglesia, es teológicamente relevante. [...] Ha llegado el momento de que este artículo sea evaluado y considerado de nuevo»[61]. Aristóteles Papanikolaou sugiere que la idea de *kenosis* de Balthasar podría ser un recurso teológico curativo para las víctimas de abusos. Sostiene que «lejos de carecer de sentido en situaciones de abuso, la concepción de Balthasar de la persona *kenótica* es la forma más adecuada para explicar la curación de las víctimas de abusos»[62]. Me deja perpleja el hecho de que un teólogo puede afirmar que las imágenes de la *kenosis* divina como violación u orgasmo masculino podrían ser curativas para una persona que ha sido abusada por un sacerdote.

    La teología fálica de Balthasar sobre el sacerdocio y la *kenosis* encuentra una expresión popular en muchas interpretaciones contemporáneas de la TdC, en formas que constituyen un alejamiento significativo del lenguaje más comedido de Juan Pablo II. Christopher West está muy presente en los sitios web diocesanos y parroquiales[63]. En un vídeo titulado «¿Por qué las mujeres no pueden ser sacerdotes?»[64], West apela a la capacidad del

---

[61] Lawson, «The Apostasy of the Church and the Cross of Christ», 276.

[62] Aristotle Papanikolaou, «Person, Kenosis and Abuse: Hans Urs von Balthasar and Feminist Theologies in Conversation», *Modern Theology* 19, núm. 1 (2003): 42, doi.org/10.1111/1468-0025.00209.

[63] Se ha debatido en torno a lo que algunos consideran una sexualización excesiva por parte de West de la teología de Juan Pablo II. Véase McLean Cummings, «Theology of the Body: A Vigorous Discussion», *Faith Magazine*, mayo-junio 2010, www.faith.org.uk/article/may-june-2010-theology-of-the-body-a-vigorous-discussion.

[64] Christopher West, «Why Women Cannot Be Priests», vídeo de YouTube, *Theology of the Body Institute*, 15 de octubre de 2021, youtu.be/hGUmkDPmg7s. El vídeo está basado en el libro de Christopher West, *Good News About Sex and Marriage: Answers to Your Honest*

cuerpo masculino para producir esperma como justificación para restringir la ordenación sacerdotal a los hombres: «A menos que el sacerdocio tenga algo que ver intrínsecamente con el hecho de que solo los hombres producen esperma y solo los hombres pueden ser padres, entonces es una discriminación injusta decir que las mujeres no pueden ser sacerdotes». El «acto esencial del sacerdocio» es, afirma West, «conferir la eucaristía y, como dice san Juan Pablo II, la eucaristía es el sacramento del esposo y la esposa. Se necesita un esposo que dé la semilla que conduce a la nueva vida y se necesita una esposa que reciba esa semilla para concebir la nueva vida».

Las entrevistas de Barnes con jóvenes seminaristas sugieren que esas ideas tienen un impacto notable. Un entrevistado de veinte años respondió así a su pregunta sobre qué define la masculinidad: «Creo que mucho de lo que nos define como hombres es el hecho de que tenemos ciertas partes del cuerpo, ciertos órganos sexuales que nos diferencian de las mujeres. [...] Creo que mucho tiene que ver con nuestros órganos sexuales y que la complementariedad natural entre hombre y mujer tiene sentido»[65].

Hay abundante material en Internet y en publicaciones que fomentan este tipo de pensamiento. Puede que sea una distorsión de la teología de Juan Pablo II, pero, al vincular el sacerdocio tan estrechamente con la relación sexual conyugal y la necesaria heterosexualidad y con el significado conyugal inscrito en el cuerpo humano «en el principio», era quizás inevitable que se desarrollara este tipo de teología, sobre todo a medida que los argumentos contra las mujeres sacerdotes se van desgastando de manera que solo permanece la diferencia anatómica.

Conclusión

Mientras los hombres jóvenes sean adoctrinados en una teología que hace de la virilidad anatómica y el amor nupcial las características definitorias de su sacerdocio, cabe esperar que algunos de ellos fracasen en sus aspiraciones

---

Questions about Catholic Teaching (Cincinnati, OH: Franciscan Media, 2018), con prólogo del arzobispo Charles J. Chaput.
[65] Barnes, «Catholic Seminarians», 6.

de alcanzar el tipo de «masculinidad clerical célibe perfecta» descrita por Keenan y detectada por Barnes en su investigación. Como muestra Keenan, el resultado de tal fracaso es catastrófico para quienes se convierten en víctimas de los deseos confusos y «vergonzosos» de estos sacerdotes, pero también para los propios sacerdotes. Una vocación entendida inicialmente como toda una vida de obediencia a Dios expresada en el servicio de amor a la humanidad se consume en un torbellino mortal de apetitos incontenibles, comportamientos incontrolables y un profundo odio a uno mismo.

El papa Francisco ha situado a la Iglesia en una trayectoria orientada hacia una eclesiología más liberadora y defensora de la vida. Sin embargo, a menos y hasta que las mujeres sean interlocutoras con plenos derechos y estén en pie de igualdad en los debates sobre la teología y la práctica del sacerdocio, incluidos los elementos de género que lo caracterizan, me temo que no se pondrá fin al clericalismo. La dinámica disfuncional y a menudo abusiva del poder clerical masculino seguirá distorsionando el sacramento de la ordenación y convirtiendo a hombres normales y buenos en depredadores sexuales frustrados y solitarios.

Tina Beattie dejó su puesto como profesora de Estudios Católicos en la Universidad de Roehampton (Londres), en 2020, para trabajar como investigadora independiente y dedicarse a escribir. Sus principales intereses se centran en la teología y el arte marianos, en la ética sexual y reproductiva católica, y en la contribución que las teorías psicoanalíticas del género y el deseo pueden hacer a la interpretación de la teología sacramental. Es autora de varias monografías, así como de artículos en revistas y capítulos de libros. Actualmente investiga cómo una comprensión teológica del género, el deseo y la ética maternal podría contribuir a la interpretación de la encíclica del papa Francisco *Laudato si'* del año 2015. Nacida y criada en Zambia, Beattie mantiene una estrecha relación con el trabajo de las teólogas africanas como parte de su defensa internacional del reconocimiento de la plena dignidad e igualdad de las mujeres y las niñas en la Iglesia y en la sociedad.

Capítulo 13: Entre poner en descrédito e informar de forma fidedigna: sobre el papel de los medios de comunicación en respuesta a la crisis de los abusos sexuales en la Iglesia católica polaca

Konrad Glombik

La respuesta a la crisis de los abusos sexuales en la Iglesia católica sigue una serie de normas generales y se ve influida por las características específicas de cada región. En Polonia, la crisis de los abusos sexuales ha estado históricamente contextualizada por la situación de la Iglesia bajo el régimen comunista tras la Segunda Guerra Mundial, por el carácter popular de dicha institución y por sus fuertes interpretaciones jerárquicas y clericales. La crisis de los abusos sexuales es un tema permanente en los medios de comunicación y a menudo se presenta sin rodeos, dando la impresión de que la Iglesia debería ser puesta en la picota para su castigo y humillación. Por otra parte, los medios pueden contribuir de manera importante a detectar los abusos sexuales en la Iglesia católica polaca.

En este artículo, analizo el papel de los medios de información en respuesta a la crisis de los abusos sexuales en la Iglesia católica en Polonia. En primer lugar, se presenta el problema del descrédito que recibe la Iglesia en los medios. A continuación, exploro la contribución de las informaciones fidedignas de estos medios. Las dos formas de tratar el problema en los medios informativos identifican las reacciones de la Iglesia y han repercutido en su posición en la sociedad polaca. Las dos formas suponen un reto para la Iglesia católica a la hora de buscar la manera correcta de responder a los problemas reales. También es un reto identificar el papel de los medios de comunicación y las responsabilidades que tienen en esta cuestión.

El descrédito de la Iglesia por parte de los medios de comunicación

En un principio, el trato y la reacción de la Iglesia católica en Polonia en relación con la crisis de los abusos sexuales tenían como principal objetivo proteger la imagen de la Iglesia y su posición en la sociedad. El debate estuvo dominado por la retórica sobre los abusos sexuales en las Iglesias de los países occidentales de Europa y el silencio sobre los casos de Polonia, mientras que en la práctica los sacerdotes culpables eran trasladados a otras parroquias o a otros lugares de servicio. El problema de los clérigos que cometieron abusos sexuales contra menores, los procedimientos que emprendieron los obispos y superiores, sus reacciones ante este problema y sus relaciones con las víctimas al principio de esta crisis eran un tema tabú en la Iglesia católica de Polonia[1].

Como consecuencia del trato dispensado por la Iglesia a esta crisis y de sus reacciones ante ella, los medios de comunicación empezaron a describir casos de abusos sexuales de clérigos contra menores y el modo en que los obispos y superiores abordaban los procedimientos. Uno de los casos más famosos fue el del arzobispo polaco Józef Wesołowski, que fue nuncio en la República Dominicana, entre otros lugares. Fue sancionado por el Vaticano y su posición modificada al estado laical[2]. Todos los casos de pedofilia por parte de clérigos polacos se asociaron a la estrategia de la Iglesia de proteger a la institución, una estrategia que era crítica con la postura adoptada por los medios informativos liberales.

Como contrarréplica, las autoridades eclesiásticas afirmaron que dichos medios pretendían destruir la Iglesia y desacreditar su impacto en la sociedad polaca y la herencia de san Juan Pablo II. Algunas de las

---

[1] Adam Żak, *Wierzchołek góry lodowej. Kościół i pedofilia* (Cracovia: Wydawnictwo Apostolstwa Modlitwy, 2019), 13–24.
[2] Paulina Guzik, «An Unfinished Story of Conversion: Clerical Sexual Abuse in Poland. A Communications Case Study on Betrayal, Healing and Trust Recovery», *Church, Communication and Culture* 5, núm. 3 (2020): 427-428; «Józef Wesołowski», *Wikipedia Wolna encyklopedia*, 4 de enero de 2022, es.wikipedia.org/wiki/J%C3%B3zef_Weso%C5%82owski.

declaraciones de obispos y clérigos al respecto revelan esta opinión. Por ejemplo, uno de ellos afirma que hay otras «cuestiones más graves», mientras que otro desvía la culpa diciendo que «un niño se apega a la otra persona, la busca, pues solo se siente perdido, e incluso hace que esta se involucre». Estas escandalosas declaraciones atestiguan la ignorancia de los representantes de la Iglesia frente a la percepción de las víctimas[3].

Los periodistas y la sociedad se indignaron ante la falta de reacción y la total inactividad de los obispos y superiores polacos frente a los abusos sexuales contra menores cometidos por clérigos, la ocultación y el encubrimiento de los casos de violencia sexual contra menores, el desconocimiento de los efectos en los niños y la falta de protección de los mismos. Los medios de comunicación se convirtieron en el hilo conductor de todo el proceso de sacar a la luz los casos de abusos sexuales y criticar las decisiones de los responsables eclesiásticos en los casos de pedofilia. El problema de la pedofilia entre clérigos se hizo cada vez más presente en todos los medios informativos, hasta el punto de que el modo en que se informaba de los abusos sexuales en los medios polacos hacía pensar que los clérigos eran el único grupo que cometía abusos contra menores[4]. Además, los casos relacionados con la pedofilia cometida por clérigos aparecían constantemente en los canales de información. Esta recurrencia, unilateralidad y forma de presentación acabaron por crear la impresión de que la pedofilia solo existe en la Iglesia católica. Los casos de abusos sexuales en otros grupos sociales y en otras profesiones no se presentaban en público de forma coherente, incluso cuando algunos medios defendieron al director de cine polaco, Roman Polański, acusado de abusos sexuales contra un menor[5]. Este contexto de descrédito por parte de los medios de comunicación contrasta con la respuesta de la Iglesia católica en Polonia a

---

[3] Józef Kloch y Monika M. Przybysz, «Medialny przekaz problematyki pedofilii w Kościele katolickim w Polsce», *Sympozjum* 18, núm. 2 (2014): 94–98.

[4] Marian Machinek, *Nowy tęczowy świat. Próba diagnozy* (Pelplin: Bernardinum, 2021), 166-167.

[5] Kloch y Przybysz, «Medialny przekaz problematyki pedofilii», 102-103; Machinek, *Nowy tęczowy świat*, 168–169.

la crisis de los abusos sexuales.

En los medios informativos católicos se habla cada vez más del problema de los abusos sexuales clericales. Sin embargo, los medios de la Iglesia no suelen difundir información sobre las historias locales de abusos a menores y se limitan a comunicar las declaraciones pontificias y a dar información general sobre los problemas en otros países. Los medios católicos tienden a centrarse en acontecimientos que dan a conocer el papel y la actividad que desempeña la Iglesia en la protección de la infancia. La narrativa de los medios católicos está dominada por textos sobre sacerdotes que se sienten injustamente atacados y luchan por entender por qué son ellos los sospechosos de tanta maldad, habida cuenta de que en otras profesiones se dan muchos más casos de abusos sexuales contra menores que en la Iglesia[6].

La falta de una visión pluridimensional en relación con los abusos sexuales y la información manipulada que aparece en los medios de comunicación, los cuales solo muestran casos de pedofilia en el clero, no sirve para proteger a los niños y, a su vez, refuerza el mito de que todos los sacerdotes son pedófilos. Los casos de abusos sexuales descritos por los medios no protegen la privacidad de los niños y los exponen sistemáticamente a descripciones gráficas de actos pedófilos. Un ejemplo de esta violación de la ética periodística es el artículo titulado «Los querubines del padre Jack»[7], que contiene suficientes datos identificativos de los menores como para que los niños y sus allegados puedan ser fácilmente identificados. El autor de este trabajo citó fragmentos de testimonios íntimos y mensajes de texto de las víctimas y del agresor, lo que significa que los niños pueden leer los detalles particulares del caso, tal y como se describen en las publicaciones de los medios informativos[8]. Muchos informes de los medios contenían errores objetivos y conclusiones

---

[6] Ewa Kusz, «Kościele—jaki jesteś? Kryzys Kościoła w świetle skandalu wykorzystania seksualnego», en *Kryzys w świecie. Kryzys w Kościele*, ed. M. Lis (Opole: Redakcja Wydawnictw Wydziału Teologicznego Uniwersytetu Opolskiego, 2020), 102.
[7] Helena Kowalik, «Cherubinki księdza Jacka», *Wprost* 41 (2013): 26–30.
[8] Kloch y Przybysz, «Medialny przekaz problematyki pedofilii», 103–104.

no autorizadas, lo que fomentó en la opinión pública ideas equivocadas sobre la magnitud de los abusos sexuales a menores por parte de clérigos en Polonia, especialmente en lo relativo al alcance actual del problema. Muchos medios no mencionaban que la mayoría de las acusaciones de abusos sexuales a menores se referían a incidentes ocurridos, por término medio, hace treinta años[9].

Por otra parte, la presentación unilateral de los abusos sexuales a menores en los medios de comunicación polacos omite en gran medida las iniciativas y actividades de la Iglesia católica en Polonia dirigidas a combatir los actos abusivos. La mayoría de estas iniciativas son similares a las sugerencias realizadas por el episcopado polaco a partir de 2009: el nombramiento de un coordinador para la protección de los menores, cursos de formación para clérigos y seminaristas, y un cambio de estrategia por parte de la Iglesia católica en Polonia[10]. Los medios de comunicación católicos se han ocupado sobre todo de estas cuestiones, mientras que los medios públicos y liberales se han hecho eco de estas iniciativas de forma limitada y crítica. Además, las noticias públicas se centran en los casos reales y en los juicios penales de los sacerdotes que permitieron los abusos sexuales a menores[11]. La desproporcionalidad, la forma casi exclusivamente negativa en que los medios de información polacos presentan los abusos sexuales a menores por parte de clérigos católicos y la omisión de noticias sobre las actividades e iniciativas de la Iglesia católica contra estos actos delictivos evidencian cómo los medios de comunicación polacos ponen a la Iglesia en la picota. No obstante, esta caracterización no agota el papel de los medios en la Iglesia polaca, los cuales también han desempeñado un rol importante a la hora de destapar el mal de los abusos sexuales clericales.

---

[9] Wojciech Sadlon y Sławomir Nowotny, «How to Study Child Sexual Abuse Within the Institutional Framework? The Experience of the Catholic Church in Poland», *The Person and the Challenges* 12, núm. 1 (2022): 113.

[10] Para más información sobre las medidas que ha adoptado la Iglesia en Polonia para combatir los abusos clericales a menores, véase Marcin Przeciszewski, «Counteracting Sexual Abuse in the Catholic Church: The System in Poland», *The Person and the Challenges* 12, núm. 1 (2022): 137–159.

[11] Kloch y Przybysz, «Medialny przekaz problematyki pedofilii», 104–107.

Los medios de comunicación como reveladores de la verdad sobre la crisis de los abusos en la Iglesia católica

Cualquier examen crítico de los medios de comunicación polacos y su papel en la detección de casos de abusos sexuales a menores en la Iglesia no debe omitir la contribución de los mismos a luchar contra los actos delictivos cometidos por clérigos sobre menores y a denunciar las actuaciones encubiertas de obispos y superiores. La mayoría de los casos de abusos sexuales que los medios abordaron y presentaron se resolvieron en última instancia mediante una sentencia de un tribunal civil. La mayoría de estos casos incluían el proceso eclesiástico por parte de las diócesis y la Congregación para la Doctrina de la Fe. Algunos obispos polacos fueron acusados de ocultar casos de abuso sexual clerical y fueron sancionados por el Vaticano con diversas penas, como la jubilación impuesta, la obligación de prestar apoyo económico a la Fundación de San José—que ayuda a las víctimas de dichos abusos—la prohibición de participar en celebraciones públicas y, en un caso, la prohibición de ser enterrado en una catedral[12].

Un elemento crucial a la hora de abordar el problema de los abusos sexuales a menores en Polonia fue el rodaje de tres populares películas sobre dicho tema, para las cuales se contó con el apoyo de los medios de comunicación. La película de 2018 *Kler* (*Clero*), dirigida por Wojciech Smarzowski, se centra en clérigos que fueron tanto autores como víctimas de abusos sexuales a menores. La película presenta una historia ficticia con un estilo burlón, periodístico y moralista, y retrata a la Iglesia católica en Polonia como una comunidad sucia, inmoral y superficial que carece de toda espiritualidad o de Dios. Otros dos largometrajes, a saber, el documental de 2019 *Tylko nie mów nikomu* (*No se lo digas a nadie*) y el documental de 2020 *Zabawa w chowanego* (*El juego del escondite*), ambos dirigidos por Tomasz Sekielski y su hermano, muestran a las víctimas y a los autores de abusos sexuales clericales, y acusan a determinados obispos

---

[12] Machinek, *Nowy tęczowy świat*, 160.

polacos de cometer errores y delitos ocultos[13].

Algunos católicos polacos consideraron estas películas como parte de los ataques contra la Iglesia, los obispos y los clérigos. Sin embargo, en una declaración oficial de los obispos polacos, las películas se citaron como inspiración para cambiar la estrategia y el enfoque de la Iglesia a la hora de abordar el problema. Los obispos polacos admitieron que la protección de los niños—y no la protección de la institución—debía guiar las actividades contra los abusos sexuales cometidos por clérigos[14]. En la carta a los fieles *Sensibilidad y Responsabilidad* de mayo del 2019, los obispos escribieron:

> Muchos de nosotros hemos visto la película «No se lo digas a nadie». Este documental se ocupa sobre todo de las relaciones escandalosas de personas adultas y de cómo la infancia es tratada por los clérigos. Contiene ejemplos de falta de sensibilidad, del pecado de negligencia y de la desconfianza hacia las víctimas, lo que como consecuencia protegía a los agresores. El hecho de que la película aceptara la perspectiva de los agredidos hizo que todos tomaran conciencia de la magnitud de su sufrimiento. Cualquiera que sea sensible hacia tantas personas agredidas siente dolor, sensibilidad y tristeza ante su sufrimiento. Damos las gracias a todos los que han tenido el valor de hablar de su sufrimiento. Somos conscientes de que no hay palabras capaces de compensar el daño que han soportado. Admitimos que, como pastores de la Iglesia, no hicimos todo lo que pudimos para evitar tales daños. [...] Todos, clérigos y laicos como comunidad, debemos crear un espacio adecuado para devolver a los agraviados, en la medida de lo posible, una vida normal y restablecer la confianza en los sacerdotes y obispos[15].

En este contexto, las principales revistas de opinión semanales polacas en

---

[13] Marek Lis, «Sexual Abuse of Minors by Clergy in Cinematography: Unrecognized Signs of the Times», *The Person and the Challenges* 12, núm. 1 (2022): 299-300; Guzik, «An Unfinished Story of Conversion», 434–437, 441–442.

[14] Guzik, «An Unfinished Story of Conversion», 442–445.

[15] Conferencia Episcopal Polaca, «Wrażliwość i odpowiedzialność. Słowo biskupów do wiernych w związku z problemem skandali seksualnych z udziałem duchownych», *Opoka*, 22 de mayo de 2019, opoka.org.pl/biblioteka/W/WE/kep/dowiernych_22052019.html.

Entre poner en descrédito e informar de forma fidedigna

los años 2018 y 2019 escribieron sobre el problema de los abusos sexuales a menores en la Iglesia católica desde la perspectiva de personas concretas (es decir, el papa, los obispos, las víctimas y los abusadores). En las revistas liberales de izquierda, los obispos y los superiores se presentaban principalmente como personas que no reaccionaban ante los casos de abusos clericales. Esta prensa polaca escribía más a menudo sobre las acciones negativas de los representantes de las élites eclesiásticas que sobre la actividad delictiva del clero, que seguramente habría sido desconocida para el público. Por otro lado, el semanario conservador de derechas *W Sieci* no quiso juzgar las acciones de los obispos y superiores para con los autores de los delitos. Menospreció la sinceridad de Smarzowski y Sekielski, argumentando que sus películas incluyen ataques narrativos contra la Iglesia católica. En particular, las revistas conservadoras de derechas acusaron a los creadores de la película *No se lo digas a nadie* de omitir el hecho de que el Servicio de Seguridad del Gobierno comunista cooperaba con clérigos pedófilos. En años anteriores, las revistas liberales de izquierda utilizaron los casos de pedofilia cometidos por clérigos para crear un relato sobre la Iglesia católica vista como una institución que esconde a los pedófilos dentro de su estructura y oculta la magnitud de los abusos[16].

Aun cuando estas películas y documentales polacos no tienen en cuenta todas las dimensiones del problema ni inspiran una reflexión más amplia sobre la Iglesia y su estructura, hemos de reconocer la buena intención de los guionistas al tratar de poner de relieve los casos de abusos en la Iglesia, en contraste con los obispos, superiores, clérigos y laicos polacos que guardaron silencio ante este mal. Por ello, merece la pena entablar un diálogo con los escritores que tratan a la Iglesia de forma tan seria y crítica. La Iglesia debería reconocer la voz de los medios de comunicación como un reflejo de la historia bíblica de la burra de Balaam (Nm. 22,21-34), en la que la burra rescata al hombre de Dios, que es sordo a las advertencias de Dios y ciego a los peligros del castigo. La Iglesia católica debe escuchar de

---

[16] Rafał Leśniczak, «Personalizacja wizerunku medialnego instytucjonalnego Kościoła katolickiego w kontekście nadużyć niektórych duchownych wobec nieletnich. Analiza polskich tygodników opinii (2018–2019)», *Studia medioznawcze* 21, núm. 2 (2020): 564-566.

forma crítica, creativa y definitiva las voces que hablan sobre la fe en los medios de comunicación, en la medida en que estos transmiten verdades sobre la Iglesia. Las noticias «incómodas» pueden convertirse en un *locus theologicus* para la Iglesia y en un signo de los tiempos que lleve a la reflexión y a la fidelidad al Evangelio. Los medios informativos no cristianos pueden incitar a la Iglesia a hacer examen de conciencia y a recordar la advertencia que Jesús dirigió a los que hacen tropezar a los pequeños (Mt. 18,6). De este modo, las voces de los medios seculares pueden servir como herramientas en la prevención de los abusos sexuales contra menores y dar la oportunidad de hablar a las personas agredidas[17].

Retos para una reflexión teológica pertinente

En junio de 2019, tras el estreno de las películas de Smarzowski y Sekielski, unas encuestas recogieron datos sobre la reacción del público ante las noticias sobre casos de pedofilia clerical en Polonia. Según esta investigación, la mayoría de los encuestados hizo una valoración crítica de la postura de la Iglesia católica al respecto. La mitad sostuvo que la reacción de la Iglesia fue incorrecta e insuficiente. La mayoría opinó que la Iglesia subestimaba más que sobreestimaba la magnitud de los casos de pedofilia. Para la mayoría era inverosímil la idea de que los medios de comunicación atacan activamente a la Iglesia católica. La mayoría de los encuestados apoyó la limitación de la actividad de los clérigos que cometan abusos sexuales contra menores, incluida la expulsión del sacerdocio. La mayoría apoyó la creación de una comisión estatal que examine los casos de pedofilia en todos los ámbitos y no solo en la Iglesia católica. En contraste con la mayoría, los encuestados que tenían una orientación política más de derechas y practicaban su religión con más regularidad expresaron opiniones más favorables a la Iglesia católica[18].

---

[17] Marek Lis, «Sexual Abuse of Minors by Clergy in Cinematography», 305–306.
[18] Centrum Badania Opinii Społecznej, «Komunika z badań. Reakcje opinii publicznej na informacje o przypadkach pedofilii wśród księży», ed. Antoni Głowacki, julio de 2019, www.cbos.pl/SPISKOM.POL/2019/K_088_19.PDF.

Entre poner en descrédito e informar de forma fidedigna

La opinión pública espera de la jerarquía eclesiástica mucho más que simples garantías verbales. Así lo revela el análisis de Rafał Leśniczak sobre la eficacia de las comunicaciones de los obispos polacos en la situación de crisis y sobre la revelación de casos de abusos sexuales cometidos por algunos clérigos. Si bien los obispos polacos han expresado su arrepentimiento y han pedido perdón a los laicos por el mal causado por los clérigos, la sociedad trata de responsabilizar a los superiores eclesiásticos por ocultar a los autores de estos delitos. Aunque los obispos polacos han informado acerca del estado de la organización de la Iglesia basándose en datos numéricos reales, una comunicación eficaz exige precisar la magnitud real del problema de la pedofilia clerical e identificar formas para castigar a los agresores y formas para ayudar a las víctimas de abusos sexuales. Las declaraciones generales de los obispos son insuficientes para que la opinión pública acepte las medidas adoptadas. La investigación sobre la opinión pública muestra que las declaraciones de los obispos no contribuyen a construir una imagen positiva de la Iglesia católica y no cumplen las condiciones de una comunicación eficaz en medio de una crisis[19].

La crisis actual de la Iglesia católica en Polonia—tan bien descrita por los medios de comunicación y tan imprecisamente percibida por los líderes eclesiales—es un reto importante para la teología y para la Iglesia católica. El primer problema tiene que ver con la identidad de la Iglesia en vista de lo que se ha descubierto; el otro problema se refiere a lo que la Iglesia podría llegar a ser cuando dejara de encubrir y minimizar el hecho de que niños y jóvenes sufrieron daños a manos de personas que deberían haberles protegido.

En cuanto a la identidad de la Iglesia, podemos observar que ha perdido su función como defensora de la fe en Dios y se ha convertido en un «aparato político» cuya reacción inicial ante la crisis de los abusos sexuales a menores fue tratar de mantener el *statu quo*. El problema es la falta de

---

[19] Rafał Leśniczak, «Komunikowanie polskich biskupów w kontekście kryzysu pedofilii. W trosce o zasady skutecznej komunikacji», *Kultura—Media—Teologia* 42 (2020): 70.

atención a todas las personas: a las víctimas, a las personas cercanas, a la comunidad de creyentes y a las personas que cometieron los actos delictivos. Los responsables eclesiales no piensan en ocultar el mal sino en proteger el sacerdocio, de manera que el problema no se identifica tanto con las malas acciones sino más bien con saber de ellas, lo que daña la imagen de la institución y del sacerdocio. En esta mentalidad no cabe la preocupación por la persona agraviada ni por su dignidad. En su lugar, la prioridad es la institución en cuanto «aparato político», que ha de funcionar correctamente, mantener su influencia y gozar del reconocimiento de la opinión pública.

Con esta estrategia, la Iglesia deja de actuar como comunidad de pecadores redimidos con la sangre del Cordero y busca convertirse en una institución que funcione bien. Este método utilitarista de afrontar la crisis de los abusos sexuales a menores se basa en el supuesto de que, si admitimos errores y equivocaciones[20], lo perderemos todo, y determina así la actitud de la Iglesia hacia los medios de comunicación como sujeto hostil que pretende destruir una institución importante.

El papel de los medios en la crisis de los abusos sexuales en la Iglesia católica debería limitarse a informar sobre los casos perpetrados por clérigos o los actos de negligencia cometidos por los obispos y superiores. Sin embargo, la respuesta a la crisis es asunto de la Iglesia. En este sentido, es muy importante crear sistemas eficaces de ayuda y protección a la infancia, aunque esto sea solo una cara de la moneda. Ese esfuerzo puede ser suficiente para la Iglesia entendida como institución, pero no lo es para la Iglesia entendida como comunidad de fe para la que «la humanidad es el camino».

En la Iglesia de Polonia, hay algunos lugares donde se resta importancia al problema e incluso se niega. En algunas diócesis y comunidades religiosas

---

[20] Kusz, «Kościele—jaki jesteś?», 99-101. Para más información sobre la estructura de la Iglesia católica y los abusos sexuales a menores por parte de clérigos, véase Andrej Saje, «Abusi sessuali e spirituali nella Chiesa Cattolica. Dilemmi e questioni aperte», *Studia Teologiczno-Historyczne Śląska Opolskiego* 40, núm. 2 (2020): 69–85.

y pastorales del país donde existe una formación bien organizada, se aplican estrategias de prevención y se atiende a las víctimas. Debido a la historia de Polonia y a su condición cultural, la estrategia de la Iglesia polaca de proteger la institución es fuerte, pero la visión de la Iglesia como comunidad de fe y como pueblo de Dios se está debilitando[21]. Por consiguiente, la visión de la Iglesia que existe en Polonia idealiza al clérigo como una «persona ungida» que tiene una posición de autoridad indiscutible. La necesidad de superar diversas formas de clericalismo dificulta la reforma y aumenta el riesgo de abusos sexuales contra menores[22].

La respuesta a los casos de abusos sexuales clericales contra menores en la Iglesia católica en Polonia se encuentra en la fase de «pánico moral». La atención que prestaron los medios de comunicación a los abusos sexuales en la Iglesia y la insuficiente respuesta de los líderes eclesiásticos provocaron que la responsabilidad se trasladara a otros, lo que llevó a buscar una respuesta rápida. Esta estrategia favorece una solución pasajera y no sirve a los intereses de las víctimas, de la sociedad ni de los abusadores. En consecuencia, pierden importancia el análisis del fenómeno y los factores estructurales, así como los métodos de gestión y reacción ante las irregularidades en la Iglesia. Las medidas adoptadas están destinadas a satisfacer a la opinión pública. La Iglesia católica polaca no está preparada para respaldar la investigación psicológica y sociológica sobre los factores de riesgo eclesiales específicos y las causas de los abusos sexuales contra menores. Falta un análisis teológico sobre las consecuencias de esta crisis para la teología del sacramento de la ordenación, del celibato y del problema del poder en la Iglesia. El «pánico moral» se traduce en una falta de ayuda real a los autores de abusos sexuales y la solución propuesta, que consiste en transferir a los clérigos al estado laical, asumiendo que ser laico es peor que ser clérigo. La Iglesia busca un lugar donde los abusadores puedan esconderse del foco mediático y de la opinión pública. El miedo a

---

[21] Kusz, «Kościele—jaki jesteś?», 103–104.
[22] Kusz, «Kościele—jaki jesteś?», 107–108.

pagar elevadas compensaciones lleva a la Iglesia a considerar a las víctimas como pacientes a los que hay que tratar y no como hijos de Dios cuya madre es la Iglesia. De esta forma, la Iglesia actúa como institución y no como comunidad de fe y lugar de la presencia de Dios[23].

Durante una rueda de prensa en marzo de 2019, obispos y sacerdotes reaccionaron a las películas presentadas sobre los abusos sexuales a menores. Sus reacciones contenían errores y revelaban tres formas visiblemente diferentes de abordar el problema. En última instancia, agravaron la crisis. El informe publicado era una compilación desarticulada que carecía de un debate claro sobre la metodología de recogida de datos y no profundizaba en el problema que era objeto del estudio; consistía en una retórica que defendía la Iglesia y mostraba misericordia hacia los autores. Esto confirma que la Iglesia en Polonia no solo lucha por dar una respuesta al asunto de la crisis, sino también con la comunicación al respecto[24].

En el contexto de esta crisis, la Iglesia católica polaca tiene que utilizar una comunicación basada en estos tres principios éticos: veracidad, apertura y colaboración. La respuesta de la Iglesia en los medios informativos no debe ser fruto de la especulación, sino su posición oficial. El principio de respuesta rápida es crucial. El segundo principio, el de la apertura, tiene que ver con la credibilidad del mensaje y la respuesta de la comunidad. Una comunidad que cree en la información, las buenas intenciones, la profesionalidad y el deseo de resolver el problema de la

---

[23] Kusz, «Kościele—jaki jesteś?», 110–112. Véase también una propuesta del teólogo alemán Thomas Schärtl que postula el replanteamiento de la eclesiología contra el clericalismo como causa de la crisis de abusos sexuales en la Iglesia en «Amerikanischer Albtraum. Die perfide Interpretation des Missbrauchs», *Stimmen der Zeit* 11 (2018): 753–768.

[24] Monika Przybysz y Józef Kloch, «Crisis Communication in the Context of Child and Youth Protection—Diagnosis, Problems, Challenges. The Case of the Catholic Church in Poland», *The Person and the Challenges* 12, núm. 1 (2022): 162–163. Para un análisis más crítico de las ruedas de prensa de los obispos polacos que afrontaron el tema de la pedofilia en la Iglesia, véase Dariusz Tworzydło, Sławomir Gawroński y Marek Zajic, «Catholic Church in Poland in the Face of Paedophilia: Analysis of Image Actions», *European Journal of Science and Theology* 5, vol. 1 (2020): 168-170; y Guzik, «An Unfinished Story of Conversion», 431–433.

entidad responde con una actitud de apoyo. Cualquier tipo de mentira e intento de manipular u ocultar el problema provoca falta de confianza, condena, enjuiciamiento y culpabilización. La tercera regla ética se refiere al receptor en el proceso de comunicación y exige que el diálogo esté orientado a la conciliación. El método de comunicación no puede basarse en una posición de infalibilidad o superioridad. Hay que tener en cuenta el carácter emocional del mensaje y los sentimientos del receptor, incluso aquellos irracionales. La comunicación de la crisis será eficaz para encaminarse hacia soluciones positivas cuando la fuente de información sea fiable, honesta, serena, emocionalmente controlada y cooperativa[25].

Las autoridades eclesiásticas tienen que dar prioridad a la transparencia como uno de los principios que hay que poner en práctica a la hora de responder y afrontar el escándalo de los abusos sexuales clericales, así como cualquier asunto en general. Los dirigentes de la Iglesia deben considerar a los periodistas no como enemigos, sino como personas cuya misión es ejercer y defender el derecho a la información basada en la verdad con el fin de hacer justicia. La comunicación eficaz sobre los abusos sexuales a menores es un deber fundamental porque puede evitar que se cometan otros abusos. La falta de confianza entre los obispos polacos y los periodistas debe remediarse y debe surgir una mentalidad que comprenda la necesidad de informar a la sociedad, una actitud abierta para debatir las preocupaciones, una formación adecuada a los medios de comunicación e instrucciones sobre cómo comunicar los casos de abusos sexuales a las víctimas, las comunidades locales, el clero y los medios informativos. Así pues, el punto de partida tiene que ser la conversión del corazón y la mente para dar prioridad a las necesidades de las víctimas y cumplir con el deber de ser buenos pastores[26].

---

[25] Przybysz y Kloch, «Crisis Communication in the Context of Child and Youth Protection», 166-167.
[26] Guzik, «An Unfinished Story of Conversion», 448.

Entre poner en descrédito e informar de forma fidedigna

Sobre la responsabilidad de los medios de comunicación

La crisis de la pedofilia en Polonia y la respuesta a la misma se ha convertido no solo en un reto importante para la Iglesia y la teología, sino también para los medios de comunicación y su responsabilidad a la hora de abordar este problema en la esfera pública. Los medios informativos han desempeñado un papel muy importante en la detección de casos de abusos sexuales clericales contra menores y han contribuido al cambio de estrategia de la Iglesia en Polonia. La cobertura mediática sobre la pedofilia en la Iglesia polaca pone de manifiesto algunos aspectos de la responsabilidad de los medios de comunicación en este tema.

Si uno de los principios éticos fundamentales de los medios es el respeto a la dignidad de la persona humana, entonces esa difusión de noticias es inaceptable cuando vulnera los intereses de las víctimas y su derecho a la privacidad y al buen nombre. En las noticias, la difusión de información sobre cuestiones íntimas de las personas en casos concretos debe, como norma básica, respetar su vida privada y presentar la información de manera que no permita identificar a las víctimas. De lo contrario, la noticia se convierte en sensacionalista, no conduce a un debate sobre el problema y, en cambio, tiene como resultado volver a traumatizar a las personas agredidas y a sus familiares. Los derechos de las personas agraviadas deben ser un factor primordial en el trato que reciben en los medios de comunicación[27].

Los medios de comunicación están al servicio del bien común y han de protegerlo y contribuir a respetarlo. Uno de los elementos fundamentales del bien común es la verdad, y los medios deberían proclamarla al informar sobre los abusos sexuales. En este sentido, los medios de comunicación cumplieron una importante función al detectar casos de abusos sexuales a menores mientras la Iglesia callaba u ocultaba los delitos. Dado que el tono de los medios informativos influye en el debate social general, el respeto por el bien común ha de extenderse también al lenguaje de comunicación

---

[27] Kloch y Przybysz, «Medialny przekaz problematyki pedofilii», 108–109.

Entre poner en descrédito e informar de forma fidedigna

que utilizan los medios; dicho lenguaje no debería ser demoledor[28].

Las poderosas emociones y la condena moral que provoca conocer el escándalo de los abusos sexuales clericales a menores son una de las razones por las que este problema mantiene un lugar destacado en los debates públicos y en la cultura mediática. Las acusaciones de abusos sexuales dirigidas a distintos grupos o instituciones tienen un peso político importante. El hecho de que la acusación afecte sobre todo a la esfera íntima, normalmente oculta al público, añade el peligro del sensacionalismo que los medios de comunicación valoran por su «poder de venta». Centrarse en aspectos muy emotivos, a menudo provocados deliberadamente por los medios de comunicación, no favorece la reflexión sobre lo que en realidad significa el abuso sexual. El discurso mediático puede prescindir de una definición precisa del fenómeno o incluso beneficiarse de significados ambiguos. No obstante, el problema real de los abusos sexuales a menores es mucho más complicado que la presentación mediática. Para desarrollar una política que combata estos abusos y sus efectos nefastos y perjudiciales, se requiere una comprensión multidimensional que vaya más allá de la descripción mediática[29].

Los periodistas polacos que imitan a los medios extranjeros están interesados en conseguir indemnizaciones de la Iglesia a las víctimas de abusos sexuales clericales. Los medios de comunicación afirman que los casos de pedofilia son problemas que provienen de los clérigos de la Iglesia católica y presuponen que este es el único grupo de pedófilos. Sin embargo, los principios de la ética periodística exigen centrarse en la protección de los niños, prestar ayuda a las víctimas y sensibilizar a la sociedad sobre el problema de la pedofilia en todos los grupos sociales y profesionales. Es inaceptable que los medios de comunicación omitan los esfuerzos de las instituciones eclesiales en la lucha contra los abusos sexuales en la Iglesia católica. La Iglesia católica es una parte de la sociedad que contribuye al bien común de diversas formas y no puede ser reducida a una organización

---

[28] Kloch y Przybysz, «Medialny przekaz problematyki pedofilii», 109.
[29] Sadlon y Nowotny, «How to Study Child Sexual Abuse Within the Institutional Framework?», 133.

delictiva debido a la crisis real de los abusos sexuales a menores por parte de clérigos[30].

Conclusión

En Polonia los medios de comunicación desempeñan un papel importante en el proceso de detección de los abusos sexuales clericales a menores. Las publicaciones periodísticas han contribuido no solo al reconocimiento de los actos delictivos cometidos por representantes de la Iglesia, sino también a un cambio de estrategia que consiste en que la Iglesia dé prioridad a la protección de los niños y a la prevención de los delitos antes que a los intereses de la institución. Las estrategias de prevención, la protección de los niños y la transparencia en los procedimientos en los casos de abuso sexual son vitales en el proceso de dar respuesta a los delitos en la Iglesia, pero no son suficientes a la hora de afrontar este doloroso problema. La Iglesia debe emprender una reflexión más profunda en relación con su identidad y su estructura, especialmente en forma de clericalismo, que fue lo que desencadenó la crisis. A su vez, la Iglesia ha de buscar la manera de ser una comunidad de fe respetada por todos, especialmente por los niños en su camino hacia Dios. Los medios de comunicación desempeñan un papel muy importante y tienen una gran responsabilidad a la hora de informar sobre la Iglesia y sus problemas, siendo capaces de fomentar un impulso renovador. Ahora bien, la Iglesia debe asumir la reflexión teológica sobre la crisis actual. La fuerte Iglesia católica clerical y jerárquica de Polonia comienza ahora este largo y tedioso proceso.

Konrad Józef Glombik estudió Teología Moral en la Universidad Católica Juan Pablo II de Lublin y en la Academia Alfonsiana de Roma. Es doctor en Teología Moral por la Universidad Católica de Lublin e hizo

---

[30] Kloch y Przybysz, «Medialny przekaz problematyki pedofilii», 110.

la habilitación en la Universidad de Opole sobre la contribución de la comprensión personalista del matrimonio según Herbert Doms (1890-1977). Es profesor de Teología Moral y Espiritualidad en la Universidad de Opole, director de la editorial de la Facultad de Teología de la misma Universidad y redactor jefe de la publicación semestral *Theological-Historical Studies of Opole Silesia*. Sus investigaciones versan sobre cuestiones de ética del matrimonio y la familia, ética sexual, sacramentalidad del matrimonio y sacramento de la penitencia y la reconciliación. Su último libro, *The Sacramental Foundation of the Indissolubility of Marriage: Basics—Tradition—Controversies*, fue publicado en 2021 por la editorial de la Facultad de Teología de la Universidad de Opole.

Capítulo 14: Una comisión de la verdad y la reconciliación frente al abuso clerical

Kate Jackson-Meyer

¿Cómo puede la Iglesia católica romana propiciar la curación de los supervivientes de abusos sexuales cometidos por el clero? ¿Y cómo puede la Iglesia solidarizarse con los supervivientes y curar las heridas causadas por el encubrimiento y la traición? Estas preguntas siguen en pie mientras la Iglesia universal continúa enfrentándose a estos delitos y pecados. Sugiero que el episcopado adopte una respuesta visible y global que dé lugar a la asunción de responsabilidades, la reparación, el cambio y la reconciliación. Para ello, propongo una comisión de la verdad y la reconciliación sobre el abuso clerical[1].

Las Comisiones de la Verdad y la Reconciliación (TRC, siglas en inglés) son herramientas políticas que se utilizan para sembrar la paz en zonas de conflicto[2]. Decir la verdad es la base de este modelo de justicia restaurativa, ya que la reconciliación no puede comenzar hasta que se escuchen las historias de los supervivientes y se reconozca públicamente su dolor. La TRC sobre abusos clericales que yo propongo sería distinta en su enfoque

---

[1] No soy la primera en hacer esta sugerencia, pero hasta la fecha no he encontrado ningún análisis consistente de la idea. Jennifer Haselberger presentó la idea en una conferencia de 2014 de la Survivors Network of those Abused by Priests; véase Brian Roewe, «Haselberger: South Africa's Post-Apartheid Commission a Way Forward for Church on Accountability», *National Catholic Reporter*, 7 de agosto de 2014, www.ncronline.org/news/accountability/haselberger-south-africas-post-apartheid-commission-way-forward-church. Daniel Philpott y Katharina Westerhorstmann también lo han propuesto; véase Inés San Martín, «Scholars Seek to Establish 'Truth and Reconciliation' Structures for Clerical Abuse», *Crux*, 28 de julio de 2020, cruxnow.com/%20church-in-the-usa/2020/07/scholars-seek-to-establish-truth-and-reconciliation-structures-%20for-clerical-abuse. Y Heal Our Church en Seattle propone una TCR dirigida por laicos; véase Heal Our Church, «Mission and Vision, 2020–2021», www.healourchurch.org/mission-and-vision.

[2] Para una lectura de suma importancia, véase Priscilla B. Hayner, *Unspeakable Truths: Confronting State Terror and Atrocity* (Nueva York: Routledge, 2001).

porque se utilizaría en un contexto eclesial y con una base teológica. De este modo, se podría liberar el potencial curativo—todavía sin explotar—de las TRC, así como aprovechar la tradición teológica católica para abordar los problemas de los abusos. Esta TRC podría estar encabezada por un equipo de liderazgo global que coordinase el trabajo realizado por las secciones regionales en todo el mundo, las cuales, a su vez, guiarían el trabajo de las Iglesias locales. Las audiencias públicas y la sanación podrían ser efectuadas por el equipo global e impulsadas por el trabajo de los grupos regionales. Dada la magnitud de los daños causados por los abusos sexuales clericales, habrá diversas opiniones sobre si la verdad y la reconciliación son el mejor camino a seguir. Sea cual sea la postura de cada uno, parece innegable que es necesario que el episcopado escuche a los supervivientes y cree vías para la reconciliación y la sanación, en caso de que algunos deseen explorar esas opciones.

En este capítulo explico por qué una TRC es un mecanismo adecuado para abordar los daños causados por el abuso sexual clerical. A continuación, presento una reflexión teológica de la labor de la comisión propuesta. Por último, identifico cuestiones cruciales y doy sugerencias para enmarcar el posible trabajo y el alcance de una TRC sobre abusos clericales. En resumen, la TRC debería proporcionar: 1) la tan necesaria asunción de responsabilidades a través de un proceso visible para revelar la verdad, 2) una vía de curación para los supervivientes y 3) un informe que identifique los patrones de abuso sexual y haga sugerencias de cambios estructurales para prevenir futuros abusos. Este esbozo pretende ser lo suficientemente general como para ser adoptado a escala mundial y lo suficientemente flexible como para ser adaptado a contextos culturales específicos por las secciones regionales y las Iglesias locales.

¿Por qué una TRC frente al abuso clerical?

Una TRC es una respuesta adecuada a los abusos clericales porque proporciona un mecanismo capaz tanto de unificar la actual respuesta institucional *ad hoc* a la crisis como de atender los graves daños personales e institucionales producidos por los abusos clericales con un espíritu de sanación y rehabilitación. Por lo general, las TRC se convocan para abordar injusticias y delitos políticos ocurridos durante un periodo de tiempo determinado y, aunque sus estatutos varían en función de las expectativas de los órganos de gobierno que las inician, suelen incluir audiencias públicas y se suele presentar un informe escrito en el que se exponen las conclusiones. Se han utilizado en todo el mundo, en lugares como Chile (1990), El Salvador (1992), Guatemala (1994) y Ghana (2002)[3]. La TRC de Sudáfrica es posiblemente la más conocida, encargada en 1995 y dirigida por el arzobispo Desmond Tutu para abordar las violaciones de los derechos humanos del apartheid[4]. Ha sido criticada y alabada por mezclar religión y política, lo cual ilustra que, en cuanto herramientas políticas, las TRC son alabadas y criticadas[5]. Las TRC utilizan principios de justicia restaurativa para que aquellos que han sido directa o indirectamente perjudicados por un régimen político puedan encontrar una forma de vivir pacíficamente en un estado-nación rediseñado en el que los perpetradores también formen parte de la sociedad. Algunas se denominan comisiones de la verdad y otras, comisiones de la verdad y la reconciliación, pero sea cual sea el nombre, la búsqueda de la verdad es la base de este modelo de justicia restaurativa.

Una TRC sobre abusos clericales podría proporcionar un enfoque coordinado y global para la investigación, la asunción de responsabilidades y la sanación. Esto es necesario porque actualmente, a escala mundial, la Iglesia se encuentra en diferentes etapas con respecto a las respuestas transparentes y exhaustivas a la crisis de los abusos clericales. Por ejemplo,

---

[3] El año indica cuándo comenzó el encargo. Para una visión general de estas y otras comisiones, véase Priscilla B. Hayner, «Truth Commissions: A Schematic Overview», *International Review of the Red Cross* 88, núm. 862 (2006): 295–310.

[4] Para una lectura indispensable, véase Desmond Tutu, *No Future Without Forgiveness* (Nueva York: Doubleday, 2009).

[5] Megan Shore, *Religion and Conflict Resolution: Christianity and South Africa's Truth and Reconciliation Commission* (Burlington, Vermont: Ashgate Publishing Company, 2009), y Richard A. Wilson, *The Politics of Truth and Reconciliation in South Africa: Legitimizing the Post-Apartheid State* (Nueva York: Cambridge University Press, 2001).

tras las revelaciones de abusos en Estados Unidos, la Conferencia de Obispos Católicos de Estados Unidos promulgó la «Dallas Charter» de 2002, que proporcionaba directrices para responder a las acusaciones, introducía medidas de protección e iniciaba una investigación de ámbito nacional y un informe del John Jay College of Criminal Justice que se publicó en 2004[6]. A pesar de este planteamiento aparentemente exhaustivo, la Iglesia estadounidense se vio sacudida posteriormente por las acusaciones contra el cardenal Theodore Edgar McCarrick en 2017, y luego por el informe del Gran Jurado de Pensilvania de 2018 que sacó a la luz más de mil casos de abuso previamente silenciados[7]. Del mismo modo, en Irlanda se han publicado numerosos informes a lo largo de los años, cada uno de los cuales ofrece nuevas informaciones[8]. La Iglesia católica de Australia formaba parte de una investigación más amplia a escala gubernamental sobre abusos sexuales a menores en diversas instituciones, y Francia todavía está procesando su reciente y devastador informe, que fue encargado por los mismos obispos[9]. Sin embargo, otros países tienen aún

---

[6] Spotlight Team, «Church Allowed Abuse by Priest for Years», *The Boston Globe*, 6 de enero de 2002, www.bostonglobe.com/news/special-reports/2002/01/06/church-allowed-abuse-priest-for-years/cSHfGkTIrAT25qKGvBuDNM/story.html; Conferencia de Obispos Católicos de Estados Unidos, «Charter for the Protection of Children and Young People», 1ª ed., junio de 2002 (revisado en 2005, 2011 y 2018), y John Jay College of Criminal Justice, «The Nature and Scope of Sexual Abuse of Minors by Catholic Priests and Deacons in the United States, 1950–2002», febrero de 2004, www.loc.gov/item/2019667266/.

[7] Secretaría de Estado de la Santa Sede, «Informe sobre el conocimiento institucional y el proceso de toma de decisiones de la Santa Sede en relación con el excardenal Theodore Edgar McCarrick (de 1930 a 2017)», 10 de noviembre de 2020, www.vatican.va/resources/resources_rapporto-card-mccarrick_20201110_en.pdf, y Office of Attorney General, Commonwealth of Pennsylvania, «Report I of the 40th Statewide Investigating Grand Jury», 27 de julio de 2018.

[8] Reuters Staff, «Factbox: Reports into Abuses in the Irish Catholic Church», *Reuters*, 12 de enero de 2021, www.reuters.com/article/us-ireland-church-abuses-factbox-idUSKBN29H1JJ.

[9] Real Comisión sobre las Respuestas Institucionales al Abuso Sexual Infantil de Australia, «Final Report», 15 de diciembre de 2017, www.childabuseroyalcommission.gov.au/final-report, y Comisión Independiente sobre los Abusos Sexuales en la Iglesia (CIASE), «Violence sexuelle dans l'Église catholique France 1950–2020», resumen del informe final, 5 de octubre de 2021, www.ciase.fr/wordpress/wp-content/uploads/CIASE-Summary-of-the-Final-Report-

mucho trabajo por hacer. Por ejemplo, un grupo encargado por los obispos portugueses está a medio camino en su investigación, mientras que los obispos suizos y el parlamento español han iniciado recientemente las investigaciones[10]. Asimismo, se exigen respuestas más contundentes allí donde se ha hecho más bien poco en el ámbito institucional, como en la India, Italia y en toda América Latina[11].

Los proyectos de indemnización y sanación también varían en todo el mundo en cuanto a quién los dirige y qué compensaciones se ofrecen. Por ejemplo, las congregaciones católicas de Irlanda contribuyeron a la Ley de Reparación de las Instituciones Residenciales (2002) que ofrecía compensaciones monetarias por los abusos a menores ocurridos en numerosas instituciones[12]. Los obispos alemanes establecieron un pago de «reconocimiento» estandarizado de unos 5.000 € por superviviente en 2011, que desde entonces se ha modificado, mientras que la Iglesia holandesa ha indemnizado con más de 30.000 € a cada superviviente y los obispos polacos se han resistido a pagar indemnización alguna (pero esto

---

5-%20october-2021.pdf. Para más información sobre la situación en todo el mundo, véase James Keenan, «Hierarchicalism», *Theological Studies* 83, núm. 1 (2022): 86-89. Para una lista de informes, véase Bishop Accountability, «Reports», www.bishopaccountability.org/AtAGlance/reports.htm.

[10] Comisión Independiente para el Estudio de los Abusos Sexuales contra Menores en la Iglesia Católica Portuguesa, darvozaosilencio.org/; «Swiss Catholic Church to Open Secret Files to Sexual Abuse Investigators», *Le News*, 8 de abril de 2022, lenews.ch/2022/04/08/swiss-catholic-church-to-open-files-to-sexual-abuse-investigators/, y «Los parlamentarios españoles aprueban investigar los abusos sexuales en la Iglesia católica», *AFP* y *Euronews*, 11 de marzo de 2022, www.euronews.com/2022/03/10/spanish-mps-approve-investigation-into-sexual-abuse-within-catholic-church.

[11] Shaji George Kochuthara, «The Sexual Abuse Scandal and a New Ethical Horizon: A Perspective from India», *Theological Studies* 80, núm. 4 (2019): 931-949, y Adalberto Méndez López, «The Time is Ripe for a Clergy Abuse Inquiry in Latin America», *Aljazeera*, 29 de marzo de 2022, www.aljazeera.com/opinions/2022/3/29/the-time-is-ripe-for-a-clergy-abuse-inquiry-in-latin-america.

[12] James Gallen, «Jesus Wept: The Roman Catholic Church, Child Sexual Abuse and Transitional Justice», *International Journal of Transitional Justice* 10 (2016): 346–347.

ha sido impugnado ante los tribunales)[13]. En Australia, los supervivientes pueden optar por un programa de compensación monetaria patrocinado por el gobierno, el *National Redress Scheme*, abierto a los supervivientes de abusos sexuales a menores en numerosas instituciones, y también pueden optar por el método pastoral de *Towards Healing*, patrocinado por la Conferencia de Obispos Católicos de Australia y Catholic Religious Australia, que aborda las necesidades holísticas de cada persona, incluidos los posibles pagos[14]. En total, la Iglesia estadounidense ha entregado miles de millones de dólares a los supervivientes, mientras que algunos grupos de laicos u obispos han puesto en marcha iniciativas creativas de sanación, como un círculo de curación en Milwaukee[15]. Podría decirse que las acciones judiciales son escasas en todo el mundo[16]. Y aunque ha habido numerosas disculpas por parte de papas, los supervivientes y los miembros de la Iglesia esperan que se exijan suficientes responsabilidades, que se diga la verdad y se haga justicia[17]. Este planteamiento aparentemente

---

[13] Gallen, «Jesus Wept», 346–347; Geir Moulson, «German bishops set up system for larger sex abuse payments», *Associated Press*, 24 de septiembre de 2020, apnews.com/article/religion-%20europe-sexual-abuse-by-clergy-sexual-abuse-germany-e20f1819d791ee04cbfef533bed28420, y Daniel Tilles, «Catholic Diocese in Poland Ordered to Pay Compensation to Victim of Child Sex Abuse by Priest», *Notes from Poland*, 23 de mayo de 2022, notesfrompoland.com/2022/05/23/catholic-diocese-in-poland-ordered-to-pay-compensation-to-victim-of-child-sex-abuse-by-priest/.

[14] Departamento de Servicios Sociales del Gobierno de Australia, «National Redress Scheme», www.dss.gov.au/national-redress-scheme-for-people-who-have-experienced-institutional-child-sexual-abuse, y Conferencia de Obispos Católicos de Australia (ACBC, siglas en inglés) y Catholic Religious Australia, *Towards Healing*, 2021, www.catholic.org.au/professional-standards/towards-healing. Doy las gracias a Tanja Stojadinovic y Ulrike Marwitz, que compartieron conmigo su trabajo con *Towards Healing*. Destacaron la importancia de un enfoque basado en el trauma (de ello hablo más adelante).

[15] Gallen, «Jesus Wept», 346; *The Healing Circle: Victims of Sexual Abuse by Clergy Share Their Stories* (Milwaukee, WI: Marquette University Law School, 2009), y para las técnicas actuales relativas al lamento de la crisis, véase M. Cathleen Kaveny, «Anger, Lamentation, and Common Ground», *Theological Studies* 82, núm. 4 (2021): 681–684.

[16] Gallen, «Jesus Wept», 345–346.

[17] Para un ejemplo de respuesta papal, véase papa Francisco, «Carta del santo padre Francisco al pueblo de Dios», 20 de agosto de 2018, www.vatican.va/content/francesco/es/letters/2018/documents/papa-francesco_20180820_lettera-popolo-didio.html.

descoordinado impide que la Iglesia universal determine plenamente el alcance del problema y frustra la sanación porque la Iglesia es incapaz de sanar unida.

Además, una TRC es una respuesta global adecuada al problema de los abusos clericales porque las TRC tratan de curar los daños que sufren las personas en organismos a los que se confió su protección. Sin embargo, los contextos son distintos porque, a diferencia de los daños políticos que las TRC tratan de reparar, los abusos clericales no fueron ni fomentados ni sancionados por el Magisterio. No obstante, la evaluación de los daños causados por los abusos clericales desde un punto de vista político clarifica la naturaleza de los daños y pone de manifiesto la necesidad de una respuesta enérgica y de carácter político.

Las heridas de los abusos clericales coinciden con muchas de las «heridas primarias de la injusticia política» que describe el teórico político Daniel Philpott[18]. Según Philpott, estas se producen cuando «una injusticia política rompe una relación correcta en el seno de una comunidad política o entre comunidades políticas y perjudica el progreso humano de quienes se ven implicados en esa injusticia»[19]. Philpott identifica las violaciones de los derechos humanos como el primer daño primario, el cual también puede servir para describir los delitos de abusos sexuales clericales[20]. El segundo daño de Philpott también es relevante, ya que implica «daño a la víctima, en cuerpo y alma»[21]. Esto es evidente en el análisis que Brian Clites hace del fenómeno del «asesinato del alma», relatado por el autor a través de una serie de testimonios de supervivientes

---

[18] Daniel Philpott, *Just and Unjust Peace: An Ethic of Political Reconciliation* (Nueva York: Oxford University Press, 2012), 33–41.

[19] Philpott, *Just and Unjust Peace*, 31. Philpott da esta definición general y luego distingue entre heridas primarias y secundarias. Me centraré en las heridas primarias.

[20] Philpott, *Just and Unjust Peace*, 33. Sobre los abusos sexuales y los derechos de los niños, véase Asamblea General de las Naciones Unidas, «Convención sobre los Derechos del Niño», art. 19 y 34, UN Doc. E/CN.4/RES/1990/74, 20 de noviembre de 1989, www.ohchr.org/es/instruments-mechanisms/instruments/convention-rights-child.

[21] Philpott, *Just and Unjust Peace*, 34.

de abusos clericales, incluido este de Max: «Podía sentir cómo se destruía mi alma mientras le dejaba [al sacerdote] salirse con la suya»[22]. Y Thomas P. Doyle revela las profundidades del «trauma espiritual» del abuso clerical, en el que, entre otros daños, los supervivientes «a menudo exclaman que el abuso sexual les arrebató a Dios»[23]. En este sentido, el abuso por parte del clero conlleva profundos daños para el alma.

Otra dimensión del daño causado por abuso clerical se describe muy bien con lo que Philpott identifica como el daño político derivado de la «falta de reconocimiento del sufrimiento de las víctimas» por parte del gobierno[24]. Según Philpott, esto atenta contra la dignidad y es otra forma de debilitar la relación correcta. Es un daño que persiste cuando los abusos clericales han sido, y pueden seguir siendo, encubiertos. Este daño y la consiguiente ruptura entre un superviviente y la Iglesia se hace evidente en el caso de Marie Collins, quien relata las dolorosas consecuencias que tuvo el hecho de que los responsables desestimaran sus abusos: «El mal manejo de mi caso por parte de los dirigentes de la Iglesia condujo a un colapso total de mi confianza y respeto por ellos y por mi Iglesia»[25]. Para los supervivientes de abusos clericales, el reconocimiento es crucial, ya que, como explica la terapeuta Shelia Hollins, «ser creído es en sí mismo curativo»[26]. Philpott observa que el daño también se extiende a los propios

---

[22] Brian J. Clites, «Soul Murder: Sketches of Survivor Imaginaries», *Exchange* 48, núm. 3 (2019): 273.

[23] Thomas P. Doyle, «The Spiritual Trauma Experienced by Victims of Sexual Abuse by Catholic Clergy», *Pastoral Psychology* 58, núm. 3 (2009): 250.

[24] Philpott, *Just and Unjust Peace*, 37.

[25] Marie Collins y Shelia Hollins, «Healing a Wound at the Heart of the Church and Society», en *Toward Healing and Renewal: The 2012 Symposium on the Sexual Abuse of Minors Held at the Pontifical Gregorian University*, ed. Charles J. Scicluna, Hans Zollner, David John Ayotte y Timothy J. Costello (Mahwah, Nueva Jersey: Paulist Press, 2012), 24. Sigo la siguiente versión española: Marie Collins y Sheila Hollins, «Sanando una herida en el corazón de la Iglesia y la Sociedad», en *Abuso sexual contra menores en la Iglesia. Hacia la curación y la renovación*, eds. C. J. Scicluna, H. Zollner y D. J. Ayotte (Santander: Sal Terrae, 2012), aquí 48 (N. de la T.).

[26] Collins y Hollins, «Sanando», 50.

agresores[27], lo cual pone de manifiesto cómo los sacerdotes que cometieron estos delitos y los que los encubrieron también se hacen daño a sí mismos al actuar en contra de lo que Dios desea para ellos. Así, sus pecados perjudican a los demás y a sí mismos.

Es importante destacar que Philpott explica que la injusticia persiste sobre los supervivientes y la comunidad hasta que se supera adecuadamente, creando así otra herida[28]. En la Iglesia, existe una falta de confianza entre el clero y los laicos, los cuales se sienten traicionados por los horribles sucesos y el encubrimiento por parte de los guías morales y espirituales[29]. La visión de Philpott indica que las heridas de los supervivientes y los lazos rotos dentro de la Iglesia persistirán hasta que se renuncie firmemente a los abusos clericales, manifestando una responsabilidad y una justicia visibles.

Fundamento teológico para una TRC sobre el abuso clerical

Una TRC sobre el abuso clerical podría proporcionar una respuesta global a estos daños basada en la justicia restaurativa, en una forma que sea apropiada para la Iglesia universal y necesaria para los cambios integrales y la sanación compartida. La reconciliación entre los supervivientes y los clérigos abusadores, entre los supervivientes y la Iglesia institucional, y la curación para toda la Iglesia deberían ser objetivos primordiales del episcopado, porque la reconciliación se halla en el corazón del Evangelio. Como proclama Pablo, «Todo esto es obra de Dios, quien, por medio de Cristo, nos reconcilió consigo mismo y nos dio el encargo de anunciar la reconciliación» (2 Cor. 5,18). Así pues, por el amor y la bondad de Dios, nos hemos reconciliado con Él por medio de Cristo y, a su vez, la reconciliación es nuestra misión como cristianos. Joshua Snyder define la reconciliación desde el punto de vista cristiano: «La auténtica reconciliación, entendida como el restablecimiento de relaciones justas con

---

[27] Philpott, *Just and Unjust Peace*, 39–41.
[28] Philpott, *Just and Unjust Peace*, 38.
[29] Marie Keenan, *Child Sexual Abuse and the Catholic Church: Gender, Power, and Organizational Culture* (Nueva York: Oxford University Press, 2012), 262.

Dios, con uno mismo y con el prójimo, requiere la triple dimensión de la verdad, la justicia y el perdón»[30]. Por consiguiente, la esperanza de la reconciliación tras los abusos clericales se basa en el compromiso de restablecer relaciones justas mediante el esclarecimiento de la verdad, la defensa de la justicia y el fomento del perdón.

El perdón es previo a la reconciliación, ya que consiste en liberarse del dolor, mientras que la reconciliación reconstruye la relación[31]. Ambos pueden asociarse con la justicia. El perdón es fundamental para el cristianismo, ya que lo encarnó Jesús en la cruz y es esencial para la misión de los discípulos (Lc. 23,34; Jn. 20,23). El don del perdón lo recibimos de Dios y por eso el Evangelio nos anima a perdonar (Mt. 6,9-15; Lc. 11,2–4). El arzobispo Desmond Tutu reconoce que el modelo de perdón de Jesús es instructivo y define el perdón de esta manera: «Perdonar significa renunciar a tu derecho a pagar al agresor con su propia moneda»[32]. En opinión de Tutu, el perdón es poderoso y humanizador, ya que «da resiliencia a las personas, permitiéndoles sobrevivir y seguir siendo humanas a pesar de todos los esfuerzos por deshumanizarlas»[33]. El perdón es un don que se da libremente.

Al relacionar el perdón cristiano con los abusos clericales y su encubrimiento, Stephen Pope y Janine Geske sostienen que una visión tomista de la *caritas* aclara que «el perdón es la reanudación de la buena voluntad hacia un malhechor»[34]. Según ellos, esta encarnación de la buena voluntad va de la mano de la justicia para el abuso clerical y puede implicar una ira justificada, el castigo adecuado para los agresores y la asunción de responsabilidades.

---

[30] Joshua R. Snyder, «Should Transitional Justice Promote Forgiveness? Insights from Guatemala's Recovery of Historical Memory Project», *Journal for Peace & Justice Studies* 29, núm. 1 (2019): 7.

[31] El perdón sin reconciliación puede ser apropiado en algunos casos, especialmente cuando una relación es dañina.

[32] Tutu, *No Future*, 272.

[33] Tutu, *No Future*, 31.

[34] Stephen J. Pope y Janine P. Geske, «Anger, Forgiveness, and Restorative Justice in Light of Clerical Sexual Abuse and Its Cover-Up», *Theological Studies* 80, núm. 3 (2019): 622.

Pope y Geske, así como Hans Zollner, advierten contra el «perdón barato» a la hora de responder a los abusos clericales, con argumentos en contra de una forma fácil de perdón que contribuye a ignorar los problemas más que a abordarlos[35]. Zollner recoge la afirmación de Juan Pablo II según la cual el perdón no excluye la reparación o la justicia, y plantea la necesidad de que tanto los agresores como la Iglesia rindan cuentas. Y lo que es más importante, aclara que «una confesión no sustituye a una investigación judicial»[36].

La conceptualización que hace Tomás de Aquino de la relación entre la verdad y la justicia ilustra aún más esta cuestión. Según él, «la justicia es un hábito por el cual un hombre [sic] da a cada uno lo que le corresponde con una voluntad constante y perpetua» (ST II-II q. 58, a. 1). Para Tomás de Aquino, la verdad está relacionada con la justicia, porque tanto la verdad como la justicia van «dirigidas hacia otro» y ambas «establecen una cierta igualdad entre las cosas» (ST II-II q. 109, a. 3). Aunque ambas se refieren a lo que a uno se le debe, en el caso de la justicia es lo que se debe según la «deuda legal» y, en el caso de la verdad, es lo que se debe según la «deuda moral» (ST II-II q. 109, a. 3). La verdad es una exigencia moral y está relacionada con la justicia porque «un hombre [sic] debe a otro una manifestación de la verdad» (ST II-II q. 109, a. 3). Esta exigencia solo se cumplirá cuando se conceda a los supervivientes el espacio para contar sus historias y cuando sus verdades sean reconocidas por el episcopado.

Por último, la reconciliación debe entenderse a la luz de la solidaridad y el compromiso de Jesús con los marginados, como recoge la noción de solidaridad y preferencia por los pobres y vulnerables de la doctrina social católica (*Sollicitudo rei socialis*, núm. 38; *Compendium*, núm. 182-184). En lo que se refiere a los abusos sexuales clericales, el énfasis en los marginados nos impulsa a centrarnos en las necesidades de los supervivientes de los abusos.

---

[35] Pope y Geske, «Anger», 612; Hans Zollner, SJ, «The Child at the Center: What Can Theology Say in the Face of the Scandals of Abuse?», *Theological Studies* 80, núm. 3 (2019): 699–702.

[36] Zollner, «Child at the Center», 702.

Preguntas básicas para crear una TRC sobre abusos clericales

Paso ahora a la tarea de imaginar cómo podría funcionar una TRC sobre abusos clericales. Para ello, ofrezco unas reflexiones iniciales organizadas en torno a algunas preguntas cruciales que se basan en lecciones aprendidas de TRC anteriores, especialmente en el trabajo de la experta en TRC, Priscilla Hayner[37].

¿A quién serviría la TRC sobre abusos clericales y quién la dirigiría?

Una TRC sobre abusos clericales serviría principalmente a los supervivientes de abusos sexuales clericales en la Iglesia católica romana. Este esfuerzo se centraría en los supervivientes y serviría también para restaurar la confianza en el episcopado y los miembros de la Iglesia. Sugiero que una comisión de este tipo constituya un esfuerzo conjunto de laicos y clérigos para que unos y otros puedan trabajar juntos en la búsqueda de la curación. Sugiero un equipo de liderazgo global que dirija el proceso y celebre audiencias y disculpas públicas, mientras que las secciones regionales servirían de guía a las Iglesias locales para recoger testimonios, informar sobre su área, tratar asuntos legales y ofrecer oportunidades de sanación específicas para cada contexto.

¿Cómo podría la comisión ser culturalmente sensible?

El marco que propongo podría ser aplicado en todo el mundo por las Iglesias locales en formas específicas conforme a las diversas culturas, según lo que determine cada grupo regional, a fin de garantizar una respuesta universal cohesionada que esté atenta a situaciones y lugares particulares. La importancia de una respuesta culturalmente adaptada al trauma queda patente en el uso que hace Hayner del trabajo de las psiquiatras Cécile

---

[37] Muchas de las preguntas siguientes se basan en las ideas de Hayner y en su extraordinario trabajo de síntesis de las enseñanzas extraídas de numerosas comisiones anteriores; véase Hayner, *Unspeakable Truths*.

Rousseau y Aline Drapeau, quienes explican que «la cultura proporciona las herramientas para el duelo»[38]. Además, las diferentes regiones tendrán prácticas, tradiciones, lenguas y dialectos específicos que deberán integrarse en la forma de trabajar de cada sección regional y de cada Iglesia local.

¿Cómo podrían recogerse y escucharse públicamente los testimonios?

Propongo que las secciones regionales guíen a las Iglesias locales en la recopilación de testimonios y, a continuación, el equipo de liderazgo global podría celebrar audiencias públicas para un número más reducido de casos representativos que se investigarían más a fondo (y solo para los supervivientes implicados que así lo desearan). Esto se inspira en el modelo establecido por el gobierno de El Salvador en colaboración con la ONU, en el que reunieron un gran número de testimonios para esclarecer lo que Hayner describe como «los patrones generales de violencia», y luego investigaron exhaustivamente un pequeño número de ellos[39].

Los esfuerzos regionales/locales para reunir testimonios podrían seguir el modelo del Proyecto Interdiocesano de Recuperación de la Memoria Histórica en Guatemala, que se basó en «facilitadores de la reconciliación», personas expertas en salud mental y en la situación histórica de Guatemala que viajaron a los pueblos para realizar entrevistas[40]. De forma similar, los «facilitadores de la reconciliación» de la TRC sobre abusos clericales podrían ir a los hogares de las personas o a los centros locales. Los grupos regionales también podrían asociarse con organizaciones locales para recoger testimonios, de forma similar a como muchas TRC se han asociado con ONG en diversas capacidades[41].

Hayner también advierte del peligro que entraña no preparar adecuadamente al personal de las comisiones, lo que puede resultar

---

[38] Hayner, *Unspeakable Truths*, 146.
[39] Hayner, *Unspeakable Truths*, 73.
[40] Snyder, «Should Transitional Justice Promote Forgiveness?», 14. Gracias a Josh por esta sugerencia.
[41] Hayner, *Unspeakable Truths*, 234–239.

perjudicial tanto para los supervivientes como para el personal. Según ella, los encargados de tomar declaraciones deben estar preparados para obtener información teniendo en cuenta que el trauma puede afectar a la capacidad de los supervivientes de recordar o describir sucesos traumáticos[42]. Quienes toman las declaraciones e introducen los datos también tienen que recibir apoyo porque esas funciones pueden resultar agotadoras[43]. Así pues, sugiero que los encargados de tomar las declaraciones reciban formación sobre los métodos basados en el trauma que garanticen que son capaces de recopilar información con sensibilidad y de un modo coherente con las necesidades de los supervivientes[44]. Además, los miembros de la comisión necesitarían contar con los medios para procesar sus experiencias.

¿Qué historias corroboraría la comisión? ¿Nombraría la comisión públicamente a los culpables?

Será imposible corroborar todos los casos de abusos[45]. Por lo tanto, la comisión debería elaborar modelos de evidencias, quizás basándose en las opiniones de académicos de universidades católicas que conozcan tanto los estatutos jurídicos internacionales como el derecho canónico.

Puede parecer injusto que la TRC sobre abusos clericales nombre a los infractores, ya que, como señala Hayner, esta práctica no es apropiada cuando no se trata de un órgano judicial oficial y los culpables no han tenido la oportunidad de defenderse[46]. Por otro lado, como explica Hayner, «contar toda la verdad exige nombrar a las personas responsables de cometer delitos contra los derechos humanos cuando existan pruebas

---

[42] Hayner, *Unspeakable Truths*, 148–149.
[43] Hayner, *Unspeakable Truths*, 149–151.
[44] Substance Abuse and Mental Health Services Administration, «Quick Guide for Clinicians Based on TIP 57: Trauma-Informed Care in Behavioral Health Services», HHS Publication, www.store.samhsa.gov/sites/default/files/d7/priv/sma15-4912.pdf.
[45] Hayner, *Unspeakable Truths*, 230-233. Por ejemplo, el informe francés utiliza una metodología sociológica para extrapolar el número de casos; véase CIASE, «France 1950–2020».
[46] Hayner, *Unspeakable Truths*, 107.

claras de su culpabilidad»[47]. Aunque esto es imposible en todos los países, algunas órdenes clericales y diócesis de Estados Unidos, por ejemplo, ya han revelado los nombres de los abusadores[48]. Por consiguiente, parece razonable nombrar a los agresores cuando sea legalmente posible, según lo determinen los responsables regionales.

¿Sería necesario el perdón o la reconciliación?

Muchas TRC son criticadas por su incapacidad para promover la reconciliación entre abusadores y supervivientes. Por ejemplo, Richard Wilson critica la TRC de Sudáfrica por limitar las posibilidades de reconciliación, ya que rara vez ofrecía oportunidades para que los abusadores y los supervivientes se reunieran cara a cara, pero también por ser muy dura con el perdón, ya que se preguntaba directamente a los supervivientes si perdonaban a los agresores[49]. Surge así la cuestión de que una TRC sobre abusos clericales debería ser un instrumento que favoreciera la reconciliación, creando las condiciones necesarias para que esta fuera posible, pero sin forzarla. La reconciliación es, en última instancia, una elección de los supervivientes. Por lo tanto, una TRC sobre abusos clericales ha de dar espacio a las personas que deseen reunirse con sus abusadores para una disculpa pública o privada. En caso de que el infractor no pueda reunirse con el individuo, es crucial que un líder de la Iglesia con poder de decisión se reúna con los supervivientes que deseen tales reuniones. Este es el modelo del programa *Towards Healing* de Australia[50]. Las reuniones públicas opcionales podrían formar parte de los

---

[47] Hayner, *Unspeakable Truths*, 107.

[48] Por ejemplo, véase Archidiócesis de Nueva York, «Update on the Sexual Abuse Crisis», 28 de mayo de 2021, archny.org/ministries-and-offices/child-protection/list/, y Jesuitas de la provincia central y meridional de EUA, «Lista de jesuitas con acusaciones creíbles de abuso sexual de un menor», febrero de 2020, www.jesuitscentralsouthern.org/es/acerca-de-nosotros/proteccion-de-menores/lista-de-jesuitas-con-acusaciones-creibles-de-abuso-sexual-de-un-menor/.

[49] Wilson, *Politics of Truth and Reconciliation*, 153–155, 119.

[50] ACBC, *Towards Healing*.

procedimientos que lleva a cabo el equipo de liderazgo global de la TRC, de modo que toda la Iglesia pudiera ser testigo de las disculpas.

¿Cómo serían la reparación y la sanación?

Las reparaciones y la indemnización a menudo implican una compensación monetaria que intenta reparar el daño causado, así como cubrir cualquier necesidad legal, médica o de salud mental derivada del daño[51]. En Chile, por ejemplo, las reparaciones de la TRC gubernamental incluían dinero, prestaciones sanitarias y educación pagada[52]. Esto no siempre es factible. En el caso de Sudáfrica, Megan Shore explica que el discurso religioso que impregnó la TRC fue incapaz de persuadir al gobierno para que gastara una cantidad significativa de dinero en reparaciones[53]. Es de esperar que los fundamentos teológicos de una TRC sobre abusos clericales sustenten su trabajo lo suficiente como para que el episcopado tome en serio sus recomendaciones. Las reparaciones son coherentes con la noción de «penitencia» en el sacramento de la reconciliación, que debe realizar el penitente «para reparar el daño causado por el pecado y restablecer los hábitos propios del discípulo de Cristo» (*Catecismo*, núm. 1494). Sugiero que las reparaciones recomendadas por una TRC sobre abusos clericales constituyan un programa global de compensaciones coherente que apoye las necesidades físicas, psicológicas y espirituales de los supervivientes. El programa podría ser implementado por las secciones regionales y por las Iglesias locales de manera apropiada. Las reparaciones podrían incluir ofrecer servicios educativos para los supervivientes y sus familias—como la exención del pago de la matrícula en escuelas y universidades católicas—y también oportunidades de empleo en diversas organizaciones sin ánimo de lucro e institutos católicos.

---

[51] Hayner, *Unspeakable Truths*, 170–182.
[52] Hayner, *Unspeakable Truths*, 172–174.
[53] Shore, *Religion and Conflict Resolution*, 102–104.

¿Cómo podría una TRC sobre abusos clericales promover cambios estructurales?

Al igual que las TRC políticas, una TRC sobre abuso clerical establecería la verdad y haría sugerencias de cambios[54]. Las recomendaciones deberían surgir de parámetros identificados por la comisión y en conversación con trabajos anteriores sobre las causas estructurales del abuso clerical[55]. Para asegurar cambios apropiados, la comisión debería poseer el poder institucional y el apoyo financiero para llevar a cabo los cambios que considere necesarios. Se trata de una tarea formidable, ya que las comisiones políticas anteriores han sido criticadas por ser incapaces de poner en práctica sus recomendaciones de cambios estructurales[56].

¿Qué aspectos litúrgicos y rituales podrían incluirse?

Para solidarizarnos con los supervivientes, es necesario que los testimonios de abusos se reconozcan como parte de la historia de la Iglesia y se incorporen a nuestra realidad litúrgica. Así, una TRC sobre abusos clericales debería abrir y cerrar sus procedimientos globales y regionales con expresiones de lamento y esperanza. Bryan Massingale, escribiendo desde el contexto del racismo en los EUA, explica que «los lamentos son gritos de angustia»[57]. En opinión de Massingale, el lamento engendra esperanza porque es en la fe donde uno se puede adentrar en lo más profundo del sufrimiento, y al mismo tiempo, esto supone un acto de esperanza. Massingale explica que el lamento también suele provocar cambios porque los opresores ven el daño que causan[58]. La Iglesia puede lamentar los abusos

---

[54] Hayner, *Unspeakable Truths*, 154–169.

[55] Por ejemplo, Bettina Böhm, Hans Zollner, Jörg M. Fegert y Hubert Liebhardt, «Child Sexual Abuse in the Context of the Roman Catholic Church: A Review of Literature from 1981–2013», *Journal of Child Sexual Abuse* 23, núm. 6 (2014): 635–656; Keenan, «Hierarchicalism», y Keenan, *Child Sexual Abuse and the Catholic Church*.

[56] Hayner, *Unspeakable Truths*, 180-182.

[57] Bryan N. Massingale, *Racial Justice and the Catholic Church* (Maryknoll, NY: Orbis Books, 2010), 105.

[58] Massingale, *Racial Justice*, 111–114.

clericales y esperar cambios a través de lo que Cathleen Kaveny denomina «liturgias de lamentación»[59]. Según ella, estas reconocen la importancia de las disculpas. Siguiendo el modelo del Libro de las Lamentaciones, estas liturgias insisten en que el pueblo de Dios «lamente la ruptura» y admita que no todas las rupturas se curarán. Así, se hace un esfuerzo por «*ver* la devastación, por *verla* de verdad» y «alimentar la esperanza en el cuidado de Dios, sin contar con la reivindicación del optimismo por un inexorable progreso futuro»[60].

Una TRC sobre abusos clericales podría ser una vía de sanación enraizada en la esperanza de reconciliación y entendida de acuerdo con los compromisos teológicos con la verdad, la justicia y el perdón, en la que las necesidades y las historias de los supervivientes ocupen un lugar central y en la que la asunción de responsabilidades pueda garantizarse a través de un proceso visible. Una TRC sobre abusos clericales podría dar paso a que los abusadores o los representantes episcopales pidieran perdón a los supervivientes y podría marcar el comienzo de una era de esfuerzos concretos para la reparación y el cambio[61].

Kate Jackson-Meyer es becaria posdoctoral en el Human Flourishing Program de la Universidad de Harvard. Es doctora en Ética Teológica por el Boston College y licenciada en Biología y Religión por la Universidad del Sur de California; posee además un máster en Ética por la Yale Divinity School. La investigación de Kate se centra en cuestiones situadas en la intersección de la teología moral fundamental y la ética social. En la actualidad, Kate investiga los problemas de los dilemas trágicos, la angustia

---

[59] Kaveny, «Anger», 678-684.
[60] Kaveny, «Anger», 682, 683.
[61] Gracias a Jim Keenan y a la mesa redonda virtual por sus comentarios sobre esta idea, a Lisa Cahill por comentar un primer borrador, a Joshua Snyder por conversar sobre este tema y a Amber Herrle por su ayuda en la comprobación de los hechos y en la corrección de un primer borrador.

moral y el daño moral en campos como la bioética, la guerra y la pacificación, con el fin de analizar la complejidad de la toma de decisiones morales y las perspectivas de sanación. Sus trabajos se han publicado en medios como *Health Progress*, *Political Theology Network* y *Health Care Ethics USA*. El primer libro de Kate, *Tragic Dilemmas in Christian Ethics*, fue publicado en 2022 por Georgetown University Press.

Capítulo 15: Abuso, encubrimiento y necesidad de una reforma de la Iglesia y la teología

Werner G. Jeanrond

En este artículo analizo la relación entre la convicción católica romana de poseer, proclamar y hacer valer interpretaciones doctrinales inmutables e infalibles de la revelación divina y de la fe, y el consiguiente clima creado en torno al poder, el sistema y el sometimiento administrativos que ha contribuido a facilitar y encubrir el abuso de niños y adultos vulnerables en la Iglesia. El hecho de que la auto comprensión doctrinal del Magisterio católico romano no reconozca ninguna posibilidad *sistémica* de error, fallo y abuso ha hecho que el fracaso de la Iglesia sea una «imposibilidad» estructural (*Catecismo*, núm. 888-896). Este modo de comprender la doctrina y su proclamación por parte de una jerarquía clerical formada por varones encontraron su máxima expresión en el Concilio Vaticano I (1869-1870). De ahí que algunas admisiones de fracaso eclesiales verdaderamente sinceras —más allá del mero lamento por los abusos cometidos por responsables y miembros de la Iglesia— a menudo no se hayan tomado en serio. Si la Iglesia como tal no puede equivocarse o fallar, tampoco puede pedir perdón de manera válida, ni tampoco puede aspirar a restaurar la confianza perdida sin canales transparentes de crítica y autocrítica. Las expresiones individuales de vergüenza ante miles de delitos atroces contra niños y adultos vulnerables no bastan para restablecer la credibilidad en la Iglesia institucional, en su misión de proclamar el Evangelio y en su liderazgo. Así pues, la brecha percibida entre el Evangelio y la Iglesia ha aumentado drásticamente.

Esta incapacidad sistémica para equivocarse y fracasar ha dificultado especialmente que las víctimas y supervivientes de abusos vean denuncia, escucha y reconocimiento de sus experiencias. Sus relatos de abusos han evidenciado que la institución consideraba su experiencia imposible o posible solo con respecto a los agresores. Los individuos pueden fallar, la

Iglesia como tal no. En consecuencia, las reacciones oficiales a los relatos de abusos que iban apareciendo mostraron primero una gran preocupación por individualizar los abusos y proteger a la institución contra cualquier intento de identificar las dimensiones sistémicas del fracaso clerical en la Iglesia. Este afán por mantener la imagen de una institución intachable agravó aún más la situación de las víctimas y supervivientes de abusos en la Iglesia.

Sin embargo, el gran número de casos de abusos registrados y publicados en los últimos veinte años por una serie de comisiones de investigación en muchos países, como Australia, Estados Unidos de América, Canadá, Alemania, Irlanda, Francia, Reino Unido y Polonia, ha hecho imposible no investigar y debatir las dimensiones potencialmente *sistémicas* de los abusos en la Iglesia. Reconocer y examinar el fracaso *sistémico* podría ayudar a abrir espacios nuevos y vitales para que las víctimas y los supervivientes busquen la sanación y se relacionen de nuevo con la Iglesia en el futuro[1].

En primer lugar, me ocuparé de la necesidad de escuchar la voz de las víctimas y los supervivientes en la Iglesia y de situar sus voces en el centro de la Iglesia y de la teología. En segundo lugar, hablaré de la división entre el clero y los laicos en la Iglesia y de qué modo superar esta división podría ayudar a restaurar la confianza en la Iglesia y en su misión. Por último, señalaré la primacía de la praxis cristiana del amor como marco apropiado para reconocer las heridas de las víctimas y supervivientes de abusos, y para responder al reino de Dios que está por llegar.

Las voces de las víctimas y los supervivientes de abusos en la Iglesia

En los últimos tiempos, las publicaciones teológicas han comenzado a centrarse en la naturaleza *sistémica* de los abusos físicos, sexuales,

---

[1] Tomáš Halík, «'With a Sorrowful Heart'... – the Scandal of Abusive Priests», *The Tablet*, 2 de octubre de 2021, 8–11.

espirituales y administrativos en la Iglesia católica romana². Además, cada vez hay más declaraciones de supervivientes y víctimas de abusos que se han hecho públicas³. Sin embargo, aún queda pendiente una reflexión en profundidad sobre el lugar y el papel de las víctimas y los supervivientes en cualquier futura disposición de la Iglesia católica romana. Es comprensible que la atención inicial de la Iglesia y la sociedad se haya centrado en las estrategias de prevención de los abusos y en la identificación de sus posibles causas y manifestaciones. La prevención, por supuesto, es de la máxima urgencia. Ahora bien, persiste la impresión de que los niños, mujeres y hombres que han sufrido los abusos y han sobrevivido a ellos han sido en gran medida ignorados en las reflexiones en curso sobre la prevención y las medidas relacionadas con la reforma de la Iglesia. Me parece que debemos preguntarnos si un debate sobre los modelos más apropiados de Iglesia podría ser veraz y justo sin la debida consideración a las víctimas y supervivientes de abusos. ¿Qué clase de Iglesia sería aquella en la que las víctimas y los supervivientes de abusos no recibieran una atención particular, un reconocimiento urgente, la asistencia necesaria y alguna forma de reparación y compensación? ¿Por qué alguien querría pasar por alto a las víctimas y supervivientes de abusos a la hora de planificar la reforma de la Iglesia? ¿Por qué se da esta amnesia eclesial en lugar de promover una cultura adecuada del recuerdo que reconozca y respete a las víctimas y supervivientes de abusos en la Iglesia?

---

² Magnus Striet y Rita Werden, eds., «Preface», en *Unheilige Theologie! Analysen angesichts sexueller Gewalt gegen Minderjährige durch Priester* (Friburgo de Brisgovia: Herder, 2018), 7-14. Véase también Hans Zollner, SJ, «Kirchenleitung und Kinderschutz: Theologie im Kontext des Kinderschutzgipfels 2019», en *Nicht ausweichen: Theologie angesichts der Missbrauchskrise*, ed. Matthias Remenyi y Thomas Schärtl (Ratisbona: Pustet, 2019), 189–200, 190s., y Klaus Mertes, SJ, «Vorwort», en Doris Wagner, *Spiritueller Missbrauch in der katholischen Kirche*, 2ª ed. (Friburgo de Brisgovia: Herder, 2020), 6.

³ Véase, por ejemplo, Barbara Haslbeck, Regina Heyder, Ute Leimgruber y Dorothee Sandherr-Klemp, eds., *Erzählen als Widerstand: Berichte über spirituellen und sexuellen Missbrauch an erwachsenen Frauen in der katholischen Kirche* (Münster: Aschendorff, 2020). Véase también la definición de «abuso» de Haslbeck, Heyder y Leimgruber, 15: «El abuso es una compleja red de factores individuales y sistémicos, de formas teológicas, psicológicas y estereotipadas tradicionales de leer [*Lesarten*] lugares, espacios y personas que actúan». Traducción propia.

Teniendo esto en cuenta, merece la pena considerar cómo la teología ha tratado otras atrocidades a gran escala. En relación al Holocausto—un fenómeno único e incomparable—se ha argumentado que no hay camino posible para la sociedad, la cultura, la Iglesia y la teología (dentro y fuera de Alemania) sin las víctimas[4]. Johann Baptist Metz abogó por el establecimiento de una «cultura anamnéstica» en la que todas las víctimas del Holocausto y del asesinato y la opresión nazis recibieran el debido reconocimiento y la restauración de su dignidad humana[5]. En términos generales, Metz defendió la necesidad de comprometerse con los recuerdos dolorosos a la hora de abordar el futuro humano.

> La subyugación de los pueblos comienza cuando se les arrebata la memoria. Toda colonización tiene aquí su principio. Y toda resistencia a la opresión se nutre del poder subversivo del sufrimiento recordado. Esta memoria del sufrimiento se levanta siempre contra el cinismo moderno de la política del poder[6].

Del mismo modo, no hay salida para la Iglesia y la teología sin recordar a las víctimas y supervivientes de abusos, sin escuchar sus voces y tomar en serio sus experiencias, sin invitarles a considerar y comentar las propuestas de prevención de abusos y de reforma de la Iglesia, y sin revisar y reajustar la estructura de la Iglesia a través del prisma de su experiencia.

Los diversos intentos de eludir o silenciar a las víctimas y supervivientes de abusos revelan el malestar sistémico de una Iglesia y sus dirigentes que se enfrentan ahora a un grupo de personas que, por su propia existencia, desafían cualquier imagen y pretensión de pureza institucional, infalibilidad

---

[4] Véase el debate y las referencias correspondientes en Werner G. Jeanrond, *Reasons to Hope* (Londres/Nueva York: T&T Clark, 2020), 103–107.
[5] Johann Baptist Metz, *Zum Begriff der neuen Politischen Theologie 1967–1997* (Maguncia: Grünewald, 1997), 149–155.
[6] Johann Baptist Metz, *Faith in History and Society: Toward a Practical Fundamental Theology*, trad. y ed. J. Matthew Ashley (Nueva York: Crossroad, 2007), 106.

tradicional, mera continuidad apostólica e inocencia moral[7]. Inicialmente, las víctimas y supervivientes de abusos que, tras mucho sufrimiento, ansiedad, dolor y vergüenza, acabaron reuniendo fuerzas para alzar la voz y revelar la naturaleza de sus respectivos abusos no se encontraron con una Iglesia que les escuchara y les mostrara empatía y amor. Por el contrario, muchas autoridades eclesiásticas los consideraron principalmente alborotadores: al fin y al cabo, estas personas han evidenciado el grave fracaso y el colapso sistémico de la Iglesia. En lugar de ocuparse de las víctimas, las jerarquías eclesiásticas se apresuraron a ocuparse de los propios abusadores, es decir, de los miembros del clero que, según se decía, ahora necesitaban más que nunca el perdón por sus actos vergonzosos[8].

Estos actos se identificaron en términos de incumplimiento de la promesa de celibato clerical y no en términos de lo que se había hecho realmente a las víctimas. En consonancia con esta valoración jerárquica, la Santa Sede formuló normas y reglamentos más severos para restaurar la santidad de la vida sacerdotal y el cumplimiento clerical de los sacramentos, como el *motu proprio Sacramentorum sanctitatis tutela* (2001)[9]. Se consideró necesario actuar para proteger el orden sistémico de la jerarquía, el clero y los laicos en la Iglesia. Las víctimas y los supervivientes fueron, en el mejor de los casos, testigos de la necesidad de endurecer y restaurar la estructura de poder existente en la Iglesia, a saber, papa, obispos y sacerdotes, mientras que los laicos continuaron siendo un grupo en su

---

[7] Para más información sobre los distintos intentos de eludir o silenciar las voces de las víctimas y supervivientes de abusos en la Iglesia, véase, por ejemplo, Doris Reisinger y Christoph Röhl, *Nur die Wahrheit rettet: Der Missbrauch in der katholischen Kirche und das System Ratzinger* (Múnich: Piper, 2021), esp. 211-221.

[8] Véanse, por ejemplo, las reflexiones de víctimas y supervivientes de abusos, como Kai Christian Moritz, «Theologie—es geht weder mit ihr noch ohne sie», en *Nicht ausweichen*, eds. Remenyi y Schärtl (Ratisbona: Pustet, 2019), 32-37.

[9] En el contexto de la reflexión sobre el abuso sexual de una joven por parte de su sacerdote local, la insistencia del papa Benedicto en que «debemos hacer todo lo posible para proteger el don de la sagrada eucaristía contra los abusos» dio ocasión a muchas preguntas. Jan Feddersen y Philipp Gessler, *Phrase unser: Die blutleere Sprache der Kirche* (Múnich: Claudius, 2020), 79s. (Traducción propia).

mayor parte pasivo que debía ser guiado, instruido y protegido por sus autoproclamados pastores[10].

Sistémicamente, esto tiene «sentido»: al atender y perdonar a los agresores, el sistema eclesiástico esperaba mantener su estructura tradicional y su imagen pública, mientras que escuchar los relatos de las víctimas y los supervivientes podía conducir a desestabilizar la imagen pública y el orden interno de la Iglesia. Por lo tanto, según esta lógica, la verdadera amenaza para el sistema imperante no procede de los agresores, sino de las propias víctimas y supervivientes de los abusos.

Sin embargo, el hecho es que, en primera instancia, no son los abusadores, sino sus víctimas y supervivientes, así como sus respectivas familias y grupos de apoyo, quienes han perdido la confianza en la Iglesia, en sus autoridades, en sus estructuras y en su proclamación de las verdades eternas. Además, la misión de la Iglesia en el mundo se ha visto profundamente comprometida por muchas otras personas dentro y fuera de la comunidad eclesial. La confianza de las víctimas, de los supervivientes de abusos y de la opinión pública solo podrá recuperarse mediante una forma radicalmente distinta de ser Iglesia. Por ello, para la Iglesia del futuro es de vital importancia que se anime activamente a las víctimas y supervivientes de abusos y a todos los entornos afectados a participar en el proceso de revisión del discipulado cristiano, en el ejercicio del poder en la Iglesia y en el consiguiente proceso de reforma. Las estrategias meramente retóricas para apaciguar a las víctimas en particular y a los laicos en general ya no servirán[11].

Incluso para la teología, el abuso masivo de seres humanos en la Iglesia marca un evidente cambio de época. En vista de los terribles abusos de

---

[10] Doris Reisinger, «Religiöse Eigenlogik und ihre Konsequenzen: Eine Analyse der katholischen Mehrdeutigkeit des Missbrauchsbegriffs», en *Gefährliche Theologien: Wenn theologische Ansätze Machtmissbrauch legitimieren*, ed. Doris Reisinger (Ratisbona: Pustet, 2021), 58–76.

[11] Para un análisis de la historia reciente de las estrategias retóricas de pacificación, véase Norbert Lüdecke, *Die Täuschung: Haben Katholiken die Kirche, die sie verdienen?* (Darmstadt: Wissenschaftliche Buchgesellschaft, 2021).

niños, hombres y mujeres en la Iglesia, la teología no puede volver a sus antiguos programas y formas tradicionales de pensar. Por el contrario, tal y como piden explícitamente algunas víctimas y supervivientes, la teología debe reflexionar de forma autocrítica sobre su propia implicación—que lleva ya mucho retraso—en la Iglesia donde el abuso sexual, espiritual, físico y teológico se ha convertido en una realidad generalizada en contradicción directa con las exigencias centrales del discipulado cristiano[12].

Una anécdota de mi experiencia personal ilustra el significado de estos puntos. Hace algún tiempo, tuve ocasión de hablar con un sacerdote católico romano condenado por abuso de menores. Había sido condenado y castigado en un tribunal civil de justicia por un delito que, estando de servicio nocturno en un internado, había cometido contra un menor. No obstante, este monje sacerdote y profesor no podía aceptar que el mero hecho de tocar los genitales de un niño dormido representara ante todo un acto sexual. La teología que le habían enseñado consideraba los actos sexuales solo en términos de coito entre un hombre y una mujer. Por consiguiente, para este abusador, tocar de noche a un niño en un internado no equivalía en absoluto a una actividad sexual y, a su juicio, nunca debería haberse considerado un delito. Así, este sacerdote no comprendió el hecho de que había violado la integridad humana y sexual y el derecho a la autodeterminación de una persona joven. La conciencia, la teología y la ética sexual del sacerdote permanecieron prácticamente intactas a pesar de la denuncia del chico, la acción policial subsiguiente y la sentencia del tribunal civil. No cabe la menor duda de que la teología y la ética sexual que guiaban los pensamientos y las acciones de este sacerdote no le habían proporcionado ninguna protección contra sus impulsos sexuales. La historia de este abusador, por tanto, está íntimamente ligada a una moral sexual obsoleta y falsa proclamada por el Magisterio y enseñada en las

---

[12] Véase Wolfgang Beinert, «Gottesmissbrauch», en *Nicht ausweichen*, eds. Remenyi y Schärtl, 203–215.

facultades y seminarios católicos romanos[13].

Así pues, cuando las víctimas de abusos sexuales clericales piden ahora una mejora radical de la teología católica romana en general y de la teología moral en particular, es difícil argumentar en otra dirección[14]. Exigen situar al ser humano en el centro de la reflexión teológica sobre los abusos en la Iglesia, en lugar de defender y mantener el sistema eclesial existente y su integridad e infalibilidad doctrinales. Además, las víctimas y los supervivientes instan a los teólogos autocríticos a alejarse por completo de la obsesión por la pureza doctrinal y a valorar más profundamente la buena nueva que los Evangelios describen como la anunció Jesucristo a las víctimas y a los que sufren por igual.[15] Por último, se preguntan cómo puede restablecerse la confianza sin una nueva apertura de la Iglesia al don del amor de Dios, que, con todo, requiere primero una confesión genuina y veraz de culpabilidad[16].

En consecuencia, los teólogos y líderes eclesiásticos deberían dejar de sacrificar una vez más a las víctimas y supervivientes de abusos en el altar de la integridad eclesial y de la pureza de una jerarquía de varones. En su lugar, deberían cambiar el sistema de poder patriarcal en la Iglesia promoviendo las medidas necesarias de transparencia, cooperación, justicia y crítica en el espíritu del Evangelio[17]. Más que creer en la vocación sacerdotal otorgada por Dios para estructurar y organizar la Iglesia en el mundo, los teólogos podrían concentrarse en una praxis del amor en respuesta a las exigencias

---

[13] A este respecto, véanse también las reflexiones de Hans-Joachim Sander, *Anders glauben, nicht trotzdem: Sexueller Missbrauch der katholischen Kirche und die theologischen Folgen* (Ostfildern: Grünewald, 2021), 84–86.

[14] Moritz, «Theologie», 35.

[15] Moritz, «Theologie», 36–37.

[16] Moritz, «Theologie», 37. Véase también Klaus Mertes, *Den Kreislauf des Scheiterns durchbrechen: Damit die Aufarbeitung des Missbrauchs am Ende nicht wieder am Anfang steht* (Ostfildern: Patmos, 2021).

[17] Cf. Ute Leimgruber, «Frauen als Missbrauchsbetroffene in der katholischen Kirche? Wie Missbrauch tabuisiert und legitimiert wird», en *Gefährliche Theologien*, 119–136, esp. 131.

del sacerdocio de todos los bautizados[18]. Además, una teología crítica y autocrítica tendría que recordar a los cristianos su responsabilidad hermenéutica colectiva de interpretar la revelación divina en la Iglesia. Cualquier titular de un cargo en la Iglesia, clérigo o laico, tiene la responsabilidad de ejercer conjuntamente esta responsabilidad hermenéutica con un espíritu transparente, cooperativo, crítico y autocrítico. Por lo tanto, la formación de una estructura de poder absolutista en la Iglesia no debe justificarse con referencia a una instrucción o revelación dada por Dios a un grupo selecto de personas de la Iglesia. Aunque este no es el lugar para revisar y discutir en detalle la invención del laicado en la Iglesia, es necesario recordar algunos aspectos de este desarrollo[19].

Superar la división entre clero y laicado en la Iglesia

El término «laico» (en griego *laikos*) aparece por primera vez hacia el año 100 d. C. en la carta de Clemente Romano a la comunidad de Corinto. Aquí, el término se refiere a uno de los «fieles ordinarios», a diferencia de un diácono o un presbítero. No obstante, no se generaliza su uso hasta el siglo III, cuando las estructuras particulares del ministerio ya están bien establecidas en todas las comunidades cristianas. La continua diferenciación de un triple ministerio especial —obispo, presbítero y diácono— durante los cuatro primeros siglos tuvo consecuencias más implícitas que explícitas para todos aquellos cristianos que no ocupaban ningún cargo específico. Estos constituían el cuerpo general de los fieles, aunque ello no significa que no tuvieran ninguna función en la

---

[18] La Constitución dogmática sobre la Iglesia del Concilio Vaticano II, *Lumen gentium*, sigue siendo muy ambigua sobre el significado y las implicaciones del «sacerdocio de todos los creyentes» (LG 10), e insiste repetidamente en la estructura jerárquica de la Iglesia en la que los pastores sirven a los laicos (LG 37).

[19] Véanse las reflexiones sobre la aparición del «laicado» en la Iglesia cristiana de Alexandre Faivre, *Les laïcs aux origines de l'Église* (París: Centurion, 1984), y Werner G. Jeanrond, «One Church: Two Classes? The Lesson of History», en *Pobal: The Laity in Ireland,* ed. Seán MacRéamoinn (Dublín: Columba Press, 1986), 22–34.

organización ministerial de la Iglesia. Gran parte, si no la mayoría, de la labor misionera de los primeros tiempos la realizaba el cristiano normal que trabajaba o viajaba[20]. Las mujeres cristianas eran responsables de la mayor parte de la educación espiritual de los niños, y todos los cristianos bautizados tenían funciones en la vida litúrgica de la Iglesia y en su organización como, por ejemplo, en la elección del líder de la comunidad, el obispo[21].

Ahora bien, el término «laico» pasó a identificar cada vez más a quienes no tenían ningún trabajo o servicio en particular, o ya no se les permitía tenerlo. Así pues, la aparición del «laicado» es el resultado implícito del desarrollo explícito del ministerio y de la identidad clerical. Sin embargo, debido a la elección del clero y especialmente del obispo por parte de todo el pueblo, los dos grupos emergentes de clérigos y laicos no estaban de hecho separados entre sí. El liderazgo era una autoridad otorgada por la comunidad cristiana[22]. Las «ordenaciones absolutas», es decir, las ordenaciones fuera de un contexto comunitario, siguieron siendo teológica y eclesiológicamente impensables durante mucho tiempo. Se introdujeron por primera vez en la Edad Media.

El cristianismo no se desarrolló en el vacío. Por consiguiente, no es de extrañar que las imágenes y los modelos organizativos judíos y grecorromanos influyeran en la configuración de las Iglesias cristianas. Así, el clero llegó a adoptar el rango y el estatus de los empleados públicos. Su estatus aumentó aún más, ya que a menudo representaban el único grupo instruido e influyente que subsistió tras las convulsiones que siguieron a la desaparición del Imperio romano. Bajo la influencia de la filosofía en la Antigüedad tardía, se utilizaron distinciones ontológicas para separar al clero del resto del pueblo de Dios no solo en cuanto a su *función*, sino también en cuanto a su *ser* ordenado. La noción de un sacerdocio cultual se sumó a esta separación entre los dos grupos de la Iglesia, sobre todo a la luz de las espiritualidades generadas por los movimientos monásticos

---

[20] Norbert Brox, *Kirchengeschichte des Altertums*, 2ª ed. (Düsseldorf: Patmos, 1986), 38.
[21] Brox, *Kirchengeschichte des Altertums*, 96s.
[22] Brox, *Kirchengeschichte des Altertums*, 100.

emergentes. La imaginación jurídica del mundo medieval completó el desarrollo de una Iglesia ordenada jerárquicamente, con el papa y los obispos en la cúspide y las masas de hombres y mujeres incultos en la base[23].

El cambio en la forma de entender la eucaristía, que pasó de ser un culto comunitario a una actividad ritual realizada por un sacerdote, fue de la mano del cambio de un liderazgo comunitario a un oficio sacerdotal ritualista. Ya no es la comunidad cristiana la que celebra, sino solo el sacerdote con una comunidad reducida a la condición de espectadora. Mientras que en la Iglesia primitiva el ministerio era una función del pueblo de Dios, ahora el pueblo se ha convertido en una función del ministerio. Mientras que en las primeras comunidades todos los dones surgían del mismo Espíritu, ahora se cree que solo el clero posee el Espíritu en plenitud[24].

No se trata aquí de afirmar que la estructura de clero-laicado imperante en la Iglesia fuera simplemente el resultado de una ambición clerical cada vez mayor, convenientemente respaldada por sofisticados argumentos teológicos. Deseo subrayar más bien la complejidad de un proceso en el que la práctica administrativa y litúrgica y la imaginación teológica de género se fusionaron lentamente, ayudadas también por las presiones dinámicas de un sistema educativo desigual, de los desarrollos políticos y de una forma de entender el culto. No obstante, es notable observar cómo se perdieron en la Iglesia algunas de las ideas e iniciativas teológicas y sociales más originales del cristianismo primitivo y cómo, irónicamente, muchos de los absolutismos legales y culturales cuestionados por Jesús resurgieron lentamente y mostraron un grado de poder absoluto desconocido hasta entonces. A partir del siglo IV, la alianza y la simbiosis acríticas entre la Iglesia y el Estado apoyaron aún más este desarrollo de la identidad clerical cristiana. Además, cuando la interpretación de los textos de la Biblia pasó de ser un ejercicio comunitario a una tarea y responsabilidad especial del clero, la inspiración cristiana básica para la transformación teológica,

---

[23] Véase también Jürgen Werbick, «Laie», en *Lexikon für Theologie und Kirche*, 3ª ed., vol. 6 (Friburgo de Brisgovia/Basilea/Viena: Herder, 2009), 589–594.
[24] Werbick, «Laie», 591s.

espiritual y social se convirtió en un libro cerrado para la mayoría de los cristianos hasta la época de la Reforma protestante[25]. El rechazo de la jerarquía por parte de la mayoría de los movimientos modernos de emancipación, en particular el movimiento feminista, junto con la definición de la infalibilidad papal en 1870, aumentaron aún más el sentimiento de que la Iglesia católica romana representaba una forma de monarquía absolutista por voluntad divina. El ejercicio del poder en la Iglesia escapaba a la preocupación y al control más amplio de los fieles discípulos de Jesucristo.

Este panorama ha cambiado un poco desde el Concilio Vaticano II. Los textos bíblicos han entrado ahora en los hogares católicos y en la imaginación católica. La educación teológica se ha hecho más accesible a hombres y mujeres. El triunfalismo clerical y el clericalismo en general han sido puestos en tela de juicio en algunas partes de la Iglesia, de manera más notoria por el propio papa Francisco, quien dijo: «Uno de los peligros más graves, más fuertes hoy en la Iglesia es el clericalismo»[26]. Pese a ello, el Concilio no ha modificado la principal división ontológica ni la separación eclesial entre clérigos y laicos. Es más, la estructura del poder clerical masculino en su conjunto y su problemático soporte teológico han permanecido en gran medida intactos. La Iglesia posconciliar no han sabido adoptar bien las nuevas aperturas del Concilio para restablecer la confianza en una Iglesia inclusiva[27]. A pesar de la alentadora afirmación del Concilio sobre el apostolado común de todos los cristianos, la muy arraigada estructura jerárquica masculina de estilo medieval sigue existiendo. A menudo se desconfía de los laicos cultos, sobre todo ahora

---

[25] Werner G. Jeanrond, *Theological Hermeneutics: Development and Significance* (Londres: SCM Press, 1994), 159–182.

[26] Papa Francisco, «Discurso del santo padre Francisco a los participantes en el Capítulo General de la orden de los clérigos regulares de Somasca», Boletín de la Oficina de Prensa de la Santa Sede, 30 de marzo de 2017, www.vatican.va/content/francesco/es/speeches/2017/march/documents/papa-francesco_20170330_capitolo-chierici-somaschi.html.

[27] Knut Wenzel, *Das Zweite Vatikanische Konzil: Eine Einführung* (Friburgo de Brisgovia/Basilea/Viena: Herder, 2014), 190.

que estos tienen acceso al mismo nivel de formación teológica que el clero. A veces, los cristianos laicos, sobre todo las mujeres, están incluso mejor formados que el clero, y este hecho ensancha aún más la brecha y aumenta la desconfianza entre ambos grupos.

Es un privilegio estar vivo hoy en día, cuando las mujeres cristianas, hasta ahora ontológicamente consideradas como el eterno laicado de la Iglesia, están cuestionando las posiciones teológicas de una jerarquía patriarcal y reclaman la plena participación en todos los asuntos del discipulado cristiano y en la organización de la Iglesia. Sin embargo, en lugar de «completar» la existente jerarquía masculina añadiendo la hasta ahora inexistente participación femenina, me parece más oportuno dejar que la crítica feminista ayude a desenmascarar la insuficiencia generalizada del modelo ministerial que sigue funcionando en la Iglesia actual y que ha proporcionado el marco idóneo para el abuso espiritual, administrativo, físico y sexual, y su encubrimiento[28]. Así pues la relación entre los laicos y el clero sigue siendo, en última instancia, una cuestión sobre el correcto modo de entender la vocación de la Iglesia en el mundo globalizado actual.

En vista de la distribución ampliamente desacreditada del poder y la responsabilidad en la Iglesia y de la incapacidad sistémica para reconocer la conexión entre un sistema de poder y el encubrimiento del abuso a menores y adultos vulnerables, la Iglesia se enfrenta hoy a un dramático problema de credibilidad. «Los abusos sexuales siempre tienen lugar en sistemas y en sus complejas cadenas causales, especialmente en aquellos cuyas relaciones de confianza en combinación con asimetrías de poder son fundacionales para el propio sistema. Y toda sociedad necesita tales sistemas»[29]. El abuso de poder constituye un «mal uso» y, como tal, no apunta aún a un fallo de un sistema, sino que presupone un uso correcto del poder. No obstante, el sistema católico romano de ejercicio del poder

---

[28] Véase el intento de superar estos patrones eclesiales por parte de Elisabeth Schüssler Fiorenza, «Prophet of Divine Wisdom-Sophia», en *Negotiating Borders: Theological Explorations in the Global Era*, ed. Patrick Gnanapragasam y Elisabeth Schüssler Fiorenza (Delhi: ISPCK, 2008), 59-76.

[29] Mertes, *Den Kreislauf des Scheiterns durchbrechen*, 67.

está construido sobre bases monárquicas y paternalistas. Hoy en día, ya no se puede imaginar ni justificar un uso *correcto* de dicho poder, y menos aún con referencia a Jesucristo y su proclamación de la praxis del amor de Dios. Al contrario, el poder absoluto puede conducir a la corrupción absoluta[30]. Por lo tanto, se necesita con urgencia una nueva forma de ejercer el poder en la Iglesia.

¿Cómo puede restablecerse la confianza en una Iglesia traumatizada por su fracaso, pero aún poco preparada para escuchar a las víctimas de abusos y atender sus experiencias y preocupaciones?[31] ¿Cómo puede organizarse de nuevo la Iglesia para promover relaciones de confianza entre unos líderes que, en general, han ignorado a las víctimas de abusos y, en cambio, han defendido su propia autoridad «divinamente otorgada» en cuestiones de fe y moralidad? «La confianza crítica implica la capacidad de juicio crítico, que a su vez presupone condiciones que permiten el ejercicio del juicio crítico. Dondequiera que la naturaleza de las instituciones particulares bloquee sistemáticamente el ejercicio del juicio crítico, no puede ni debe surgir la confianza»[32]. Con respecto a la reforma de la Iglesia, es obvia la necesidad de un nuevo clima en su interior que apoye el ejercicio del juicio crítico por parte de todos sus miembros. La atención de la Iglesia debe reorientarse, pasando de estar centrada en su propia situación a volcarse hacia los *otros*, las víctimas y los supervivientes de los abusos y su necesidad de justicia y reparación[33].

La primacía de la praxis del amor

Los cristianos estamos implicados en una cuádruple red de relaciones de amor interdependientes y dinámicas: con el prójimo, con Dios, con el

---

[30] Mertes, *Den Kreislauf des Scheiterns durchbrechen*, 68.
[31] Dieter Steinman, «Diskussion über Missbrauch ohne die Opfer», *Saarbrücker Zeitung*, 19 de mayo de 2022, www.saarbruecker-zeitung.de/saarland/saarbruecken/saarbruecken/diskussion-ueber-missbrauch-in-katholischer-kirche-ohne-die-opfer_aid-69919763.
[32] Martin Hartmann, *Vertrauen: Die unsichtbare Macht* (Fráncfort del Meno: Fischer, 2020), 135. Traducción propia.
[33] Mertes, *Den Kreislauf des Scheiterns durchbrechen*, 26, 39.

universo como creación divina y con nuestro propio yo. El abuso espiritual, físico y sexual en la Iglesia daña esta red de relaciones. Cualquier forma de abuso es un pecado contra el don divino del amor y perturba la dinámica transformadora del amor divino y humano. El abuso interfiere en los procesos de participación humana en la propia eternidad de Dios. Más que intentar restablecer el respeto por cualquier aspecto supuestamente infalible del orden eclesiástico, lo que parece más urgente es una sanación de las relaciones que permita procesos de participación para los niños y adultos cuya subjetividad y capacidad de acción se han visto gravemente comprometidas y dañadas[34]. En otras palabras, lo que se necesita en una Iglesia marcada por los abusos es recuperar una praxis del amor de la que pueda surgir una nueva confianza, en lugar de restablecer un orden jerárquico de poder totalizador.

Las pretensiones de la jerarquía masculina y célibe de gobernar la Iglesia se han demostrado incapaces de inspirar el necesario proceso de curación de las heridas de víctimas y supervivientes. Organizar programas de prevención de abusos, dejando de lado a las víctimas y supervivientes y sus dolorosas experiencias con el poder eclesiástico, no haría más que instrumentalizar y victimizar a las víctimas una vez más[35]. No promovería la justicia y la reparación ni conduciría a un nuevo clima de confianza; no liberaría el potencial del amor; no desintoxicaría el entorno eclesiástico en el que se permitió que se produjeran abusos y que en gran medida quedaran impunes; no apoyaría los procesos de curación física y espiritual. La praxis del amor en la Iglesia solo puede promoverse mediante actos auténticos de amor, respaldados por una teología adecuada. Esto incluiría, en primer lugar, la atención a las víctimas y a los supervivientes; en segundo lugar, la reevaluación teológica de todos los cargos, funciones y servicios en las comunidades cristianas, y, en tercer lugar, una nueva visión corporativa del discipulado cristiano en la Iglesia.

El orden tradicional según el cual la fe es lo primero, apoyada por la

---

[34] Mertes, *Den Kreislauf des Scheiterns durchbrechen*, 41, subraya que trabajar con víctimas de abusos significa trabajar con relaciones («*Aufarbeitung ist Beziehungsarbeit*»).
[35] Reisinger, *Spiritueller Missbrauch in der katholischen Kirche*, 183.

esperanza y el amor, debe invertirse: la praxis del amor ha de ser lo primero. El amor puede inspirar esperanza y conducir a la confianza y a la fe[36]. Así, cualquier búsqueda de formas más auténticas de discipulado cristiano requerirá la conversión continua y la transformación de todos los miembros de la Iglesia, no solo del clero. Todos deben estar dispuestos y animados a participar más plenamente en la praxis cristiana del amor. Se requieren procesos de educación continua sobre el don divino del amor que respondan a los fundamentos bíblicos del amor, a los desarrollos históricos del amor, a su potencial teológico, ambigüedades y distorsiones, a sus actores, a su íntima conexión con la justicia y la verdad, y a sus expresiones concretas en contextos y horizontes cambiantes[37]. Los cristianos no creen en el amor, pero se comprometen en la praxis del amor. No creen en la sanación, pero participan crítica y autocríticamente en procesos de sanación y desintoxicación en la Iglesia.

Hacer que la Iglesia dependa de un modelo de servicio clerical históricamente forjado que ha demostrado ser incapaz y a menudo inadecuado para atender a los cristianos de hoy y que se ha convertido en la ocasión de tantos abusos equivale a una blasfemia[38]. Es necesario desarrollar nuevas formas de ministerios masculinos y femeninos en la Iglesia, de acuerdo con las necesidades reales de servicio en las comunidades cristianas en las diferentes culturas y contextos de la Iglesia global. La praxis compartida del amor puede restaurar la confianza en la Iglesia y en sus expresiones de esperanza y fe; puede ayudar a imaginar nuevas y mejores formas de servicio sacerdotal en la Iglesia.

Sin embargo, el amor no debe confundirse con la simple emoción ni con aspirar a una especie de sentimiento romántico de armonía dichosa. El amor es más bien la praxis de tratar con la diferencia humana y con la

---

[36] Para un argumento sobre la prioridad del amor sobre la esperanza y la fe, véase Jeanrond, *Reasons to Hope*, 179-194.

[37] Para un análisis de la compleja noción de una praxis cristiana del amor, véase Werner G. Jeanrond, *A Theology of Love* (Londres/Nueva York: T&T Clark, 2010). (En Español: *Teología del amor*, trans. Isidro Arias Pérez [Santander: Sal Terrae, 2013].)

[38] Cf. también Beinert, «Gottesmissbrauch», 213.

diferencia radical de Dios. El amor es un trabajo duro, pero un trabajo inspirado por la promesa de la presencia transformadora de Dios en nuestras vidas. Así pues, el amor es el auténtico punto de conexión con Dios y con la alteridad de Dios. La praxis del amor humano siempre permanecerá inacabada, precisamente porque negocia la alteridad y la diferencia entre nosotros, en Dios, en el universo divino y en nuestro propio yo en desarrollo[39]. El don de Dios del amor «permanece» (1 Cor. 13,13), pero nuestras respuestas a este don divino son débiles y a menudo vagas, equivocadas y confusas. De ahí que los cristianos necesitemos un acompañamiento en el amor que permita a nuestra capacidad de amar desarrollarse y cooperar con Dios, entre nosotros y, lo que es más urgente, con las víctimas de abusos en nuestra propia comunidad cristiana.

Ahora bien, una cultura cristiana de acompañamiento mutuo también requiere estructuras de transparencia, responsabilidad y justicia. ¿Nos ayudamos mutuamente a desarrollar nuestra respectiva capacidad de amar? ¿Buscamos el poder en ese acompañamiento o tratamos de empoderar a las personas a las que acompañamos? ¿Cuál es la mejor manera de organizar estructuras que nos ayuden a acompañarnos unos a otros en favor de la praxis mutuamente transformadora del amor en nuestras comunidades? ¿Cómo podemos formarnos y prepararnos adecuadamente unos a otros para esa praxis del amor y la consiguiente labor de acompañamiento? ¿Qué recursos espirituales y teológicos tenemos a nuestra disposición para fortalecer la praxis cristiana del amor? ¿Cómo podemos aprender de los discípulos cristianos de otras Iglesias? ¿Cómo podríamos entablar un «diálogo inter-amor» con personas de otras tradiciones religiosas y no religiosas?

Ninguna praxis genuina del amor puede producir jamás una especie de unidad del amor, ya que por naturaleza el amor encuentra, experimenta y reconoce la diferencia y la alteridad. No obstante, como cristianos, actuamos con la promesa del Espíritu unificador de Jesucristo, que no debe confundirse con un espíritu restrictivo del amor que impone armonía,

---

[39] Cf. Jeanrond, *A Theology of Love*, 1–23.

unidad o unificación. El don del amor de Dios sigue siendo dinámico y transformador. Infunde en cada uno de nosotros un deseo y un anhelo por los demás y por la alteridad humana y divina. Motiva formas de comunidad en las que la diferencia y la alteridad son bienvenidas y en las que todos los miembros reconocen su capacidad para contribuir tanto a su propio desarrollo como al desarrollo de la comunidad cristiana dentro del proyecto global divino de creación y reconciliación. En un proyecto así, no hay espacio para «laicos» en el sentido de personas sometidas, alienadas, desvinculadas o no implicadas. No hay lugar para espectadores que se limitan a mirar cómo se desarrolla el reino de Dios. Por el contrario, la praxis cristiana del amor es una praxis inclusiva, sus fronteras son permeables y su centro divino desea atraer a todas las personas de buena voluntad sin someterlas a doctrinas de unidad absoluta, pureza espiritual y conformidad total. Esta praxis no se basa en pretensiones doctrinales de aprobación, adhesión y sumisión a una serie atemporal de postulados veraces y sus respectivos protagonistas. Una vez más, el poder de la praxis del amor reside en su potencial atractivo para invitar a la gente a venir y ver cómo nos amamos los cristianos y, especialmente, cómo tratamos a las víctimas y supervivientes de los abusos que hay entre nosotros.

La praxis cristiana del amor exige estructuras, funciones, cargos y servicios adecuados. Así pues, las necesidades y formas institucionales de una Iglesia comprometida con una praxis del amor en respuesta a la invitación de Dios en Jesucristo y en el Espíritu diferirán necesariamente de las necesidades y formas de una Iglesia construida sobre un catecismo que irradia un poder inamovible[40].

Conclusión: amor a las víctimas y reforma de la Iglesia

«[L]a Iglesia abraza con su amor a todos los afligidos por la debilidad humana; más aún, reconoce en los pobres y en los que sufren la imagen de su Fundador pobre y paciente, se esfuerza en remediar sus necesidades y

---

[40] Para un estudio de las instituciones del amor, véase Jeanrond, *A Theology of Love*, 173–204.

procura servir en ellos a Cristo» (*Lumen gentium*, núm. 8). Este claro compromiso con los pobres y afligidos expresado por el Concilio Vaticano II podría guiar la necesaria reforma de la Iglesia tras la crisis de los abusos, sobre todo en lo que respecta a aquellas personas cuyos abusos en y por parte de la Iglesia han causado su aflicción y sus heridas. «Los supervivientes y las víctimas de abusos deben estar en el centro de nuestra preocupación»[41]. La sanación de las heridas de estas víctimas y supervivientes de abusos seguirá siendo el principal criterio para juzgar si la Iglesia católica romana está en camino hacia una auténtica renovación y reforma en respuesta a la llamada de Dios en Cristo a embarcarse en un viaje de amor, esperanza y fe.

Werner G. Jeanrond ha enseñado Teología Sistemática en las universidades de Dublín (Trinity College), Lund, Glasgow, Oxford y Oslo. Natural de Sarrebruck (Alemania), estudió Teología, Literatura, Filosofía y Ciencias de la Educación en las universidades del Sarre, Ratisbona y Chicago. Sus libros y artículos sobre hermenéutica y teología, sobre la Iglesia y la reforma eclesiástica y sobre las virtudes teologales del amor, la esperanza y la fe se han traducido a muchos idiomas.

---

[41] Halík, «'With a Sorrowful Heart'», 8.

Capítulo 16: La necesidad del enfoque historiográfico para comprender y abordar la crisis de los abusos sexuales en la Iglesia católica

Massimo Faggioli

Los años 2017 y 2018 inauguraron una nueva fase en la historia moderna de la crisis de los abusos en la Iglesia católica debido a la publicación de informes de ámbito nacional y estatal (Australia, Estados Unidos y, posteriormente, Francia en 2021) y a la revelación de casos destacados que implicaban a obispos y cardenales (en Chile, Estados Unidos y Francia, entre otros países). Se trata de una nueva etapa por cuatro razones: primero, por la ampliación del concepto de «abuso clerical» a abuso de poder, abuso espiritual y abuso sexual no solo por parte de clérigos sino también de miembros laicos de la Iglesia; segundo, por las revelaciones de abusos en continentes distintos a Europa y Norteamérica; tercero, por la implicación del Vaticano y las acusaciones contra cardenales que llevaron a juicios, condenas y encarcelamiento de prelados por parte del sistema de justicia secular; cuarto, por la respuesta institucional del papado con la decisión de convocar la cumbre de febrero de 2019 en el Vaticano para los superiores religiosos, todos los presidentes de las conferencias episcopales y los miembros de la curia romana sobre el tema de la protección de los menores.

La sensación de que las oleadas de revelaciones e investigaciones de abusos han abierto una nueva fase se desprende de la intensidad y la frecuencia de las intervenciones de diversos sujetos en el debate eclesial y público. Hay un nuevo sentido de urgencia transmitido por los medios de comunicación y recibido por la Iglesia institucional. Sin embargo, todavía son mínimos los esfuerzos por comprender la crisis de los abusos en la Iglesia católica como un problema histórico. Por este motivo, es necesario llevar a cabo un análisis histórico y comparativo. Un estudio histórico del fenómeno de los abusos en la Iglesia católica desde una perspectiva global investigará dicho fenómeno como una crisis que implica a la Iglesia católica en múltiples continentes y países. Un estudio comparativo establecerá comparaciones entre Iglesias católicas de diferentes regiones, entre diferentes instituciones católicas, entre instituciones católicas y no católicas, y entre diferentes periodos históricos.

En este artículo, abogo por una transformación metodológica en la forma en que las instituciones—seculares, independientes y eclesiales—encargadas de las investigaciones entienden el fenómeno y lo presentan a los miembros de la Iglesia y al público en general. Un análisis histórico global y comparativo sobre la crisis de los abusos en la Iglesia católica requiere una inversión a largo plazo de energía y recursos por parte de las redes nacionales e internacionales de académicos. Por lo tanto, este artículo defiende intelectual y eclesialmente este esfuerzo intensivo, esencial y transformador[1].

Los planteamientos dominantes respecto a la crisis de los abusos

Dos planteamientos dominantes determinan la forma de entender la crisis de los abusos. Son dominantes no solo entre los lectores y la audiencia de los medios de comunicación y de los medios católicos, sino también entre los líderes de la Iglesia institucional y las élites intelectuales, tanto católicas

---

[1] A finales de 2019, en los Estados Unidos de América, el Cushwa Center for the Study of American Catholicism de la Universidad de Notre Dame puso en marcha el proyecto «Gender, Sex, and Power: Towards a History of Clergy Sex Abuse in the U.S. Catholic Church». El proyecto está dirigido por Kathleen Cummings (directora del Cushwa Center, Notre Dame), junto con Peter Cajka (Notre Dame), Terence McKiernan (www.bishop-accountability.org/) y Robert Orsi (Northwestern University), cushwa.nd.edu/about/gender sexpower/. Véase también «Taking responsability», un proyecto dirigido por Bradford Hinze, lanzado en 2020 para avanzar en la investigación sobre la protección de niños, jóvenes y personas vulnerables en las instituciones educativas jesuitas; se trata de una iniciativa interdisciplinar del Francis and Ann Curran Center for American Catholic Studies y el Departamento de Teología de la Universidad de Fordham; véase «Taking Responsibility», Universidad de Fordham, 2 de julio de 2022, takingresponsibility.ace.fordham.edu/.

como laicas. El primero es el *periodismo de investigación*, que dio a conocer la profundidad y la magnitud del escándalo de los abusos en la Iglesia católica. El estudio de la crisis de los abusos en la Iglesia católica en la época moderna se basa en gran medida en el periodismo y en las fuentes periodísticas, que contribuyeron a revelar el escándalo de forma decisiva. Todo comenzó a mediados de la década de 1980 en EUA con periodistas independientes, concretamente con los artículos publicados por el periodista independiente John Pope en el *New Orleans Times-Picayune* y por Jason Berry en el *National Catholic Reporter*, después de que los principales medios de comunicación estadounidenses se negaran a publicar los resultados de las serias investigaciones de Berry[2]. No fue hasta una segunda fase cuando equipos de periodistas de investigación—especialmente el «equipo Spotlight» del *Boston Globe* en 2001-2002— decidieron analizar la crisis de la Iglesia católica. Esta crisis se convirtió en un acontecimiento mundial y entró con fuerza en el panorama cultural con la película *Spotlight*, que ganó el Óscar a la mejor película en 2015[3].

El segundo planteamiento dominante es el *enfoque judicial*. La percepción de la Iglesia y de la opinión pública sobre la crisis de los abusos ha dependido en gran medida de la cobertura de los medios de comunicación, que a su vez se ha visto influenciada por el marco jurídico de los litigios por daños civiles. El énfasis en los litigios de responsabilidad civil contra la Iglesia católica promueve una interpretación estrecha de los abusos sexuales clericales como un fallo institucional por parte de los

---

[2] A este respecto, véase Jason Berry, *Lead Us Not into Temptation: Catholic Priests and the Sexual Abuse of Children* (Nueva York: Doubleday, 1994); Jason Berry y Gerald Renner, *Vows of Silence: The Abuse of Power in the Papacy of John Paul II* (Nueva York: Free Press, 2004).

[3] Véase el libro publicado por el equipo de investigación del *Boston Globe*: Equipo de investigación del *Boston Globe*, *Betrayal: The Crisis in the Catholic Church* (Boston: Little, Brown, and Company, 2002). Véase también el sitio web creado en enero de 2020 por ProPublica (una organización sin ánimo de lucro que produce periodismo de investigación y cuyos reportajes se distribuyen a socios informativos para su publicación o emisión) con una «Nationwide [USA] Database of Priests Deemed Credibly Accused of Abuse» en «Credibly Accused», ProPublica, 28 de enero de 2020 (última modificación), 2 de julio de 2022, projects.propublica.org/credibly-accused/.

responsables eclesiásticos:

> Una narración con implicaciones claras y lecciones morales directas se considera más noticiable que una narración abierta a muchas interpretaciones diferentes. Los medios de comunicación favorecen las historias que se sitúan en contextos culturalmente familiares para los lectores. La familiaridad del contexto permite a los lectores entender una noticia y relacionarse con ella sin necesidad de una amplia información de fondo. Al mismo tiempo, una historia que retrata lo inesperado o inusual dentro de entornos familiares se considera más noticiable. Los acontecimientos sorprendentes atraen más la atención que los rutinarios. Y, por último, una historia sobre élites o personajes conocidos se considera más noticiable[4].

Este nexo entre el marco legal y el periodismo de investigación sobre los documentos de los litigios ha presentado la crisis al público y a la comunidad eclesial en una narrativa que tiende a minimizar los contextos históricos y sociales en los que tuvieron lugar estos delitos y su encubrimiento. Ya en el «Informe Doyle», presentado confidencialmente a los obispos estadounidenses en 1985, los autores describieron proféticamente los efectos del planteamiento legal en la crisis de los abusos, diciendo: «Esta es la era de los litigios»[5]. La prevalencia del marco legal y de una perspectiva de aplicación de la ley en la historia de la crisis de los abusos en EUA también quedó patente en el documento histórico

---

[4] T.D. Lytton, «Framing Clergy Sexual Abuse as an Institutional Failure: How Tort Litigation Influences Media Coverage», *William Mitchell Law Review* 36, núm. 1 (2009): 175. Véase también Peter Steinfels, «The Media as a Source for the History of the Catholic Sex Abuse Scandal in the United States», *Studies: An Irish Quarterly Review*, 105, núm. 420 (2016): 427–440.

[5] F. Ray Mouton, JD, y Thomas P. Doyle, OP, *The Problem of Sexual Molestation by Roman Catholic Clergy: Meeting the Problem in a Comprehensive and Responsible Manner* (1985), 10, www.bishop-accountability.org/reports/1985_06_09_Doyle_Manual/. También se conoce como el «Informe Doyle».

«Pennsylvania Grand Jury Report», publicado en agosto de 2018[6].

Bajo estos dos planteamientos dominantes subyace una concepción «sociológica» del catolicismo que se contrapone a la Iglesia como «institución». Los relatos periodísticos y legales se centran en los (innegables) fallos institucionales y las responsabilidades de los cargos oficiales de la Iglesia en el escándalo—los delitos y el encubrimiento—pero tienden a ignorar la amplia cultura del silencio en relación con los abusos sexuales que se extiende mucho más allá de los confines de los entornos eclesiásticos y el personal clerical. El análisis sociológico se asume como modelo y habla en nombre de una sociedad civil idealizada, como una nueva *societas perfecta*, contra la corrupción de la dimensión institucional (tanto de la Iglesia institucional como de las instituciones políticas). En un importante libro publicado en 2021, los historiadores de la Iglesia italiana Francesco Benigno y Vincenzo Lavenia describen el marco de estos delitos en función de una «polaridad» moral que se ordena «en un único discurso público, el de una sociedad civil idealizada». Este orden moral opone «por un lado, cualidades (honestidad, racionalidad, apertura, independencia, cooperación, participación e igualdad) y, por otro, peligros (engaño, histeria, adicción, secretismo, agresión, jerarquía, desigualdad)»[7].

Esta contraposición de lo social y lo institucional, en la que la culpa de la crisis de los abusos recae casi exclusivamente en las instituciones, es el resultado de la aparición de culturas de gobierno eclesial que pretenden importar modelos directivos y tecnocráticos a la vida de la Iglesia. También

---

[6] Para una crítica del informe—Office of Attorney General, Commonwealth of Pennsylvania, *Report I of the 40th Statewide Investigating Grand Jury*, 2018, www.attorneygeneral.gov/report/— elaborado con la ayuda de agencias policiales como el FBI, revelando la ausencia total de una perspectiva histórica en el mismo, véase Peter Steinfels, «The PA Grand-Jury Report: Not What It Seems», *Commonweal*, 9 de enero de 2019, www.commonwealmagazine.org/pa-grand-jury-report-not-what-it-seems.

[7] Francesco Benigno y Vincenzo Lavenia, *Peccato o crimine: la Chiesa di fronte alla pedofilia* (Roma-Bari: Laterza, 2021), 244 (traducción propia). Sobre este predominio del modelo de sociedad idealizada, véase Roberto Calasso, *L'innominabile attuale* (Milán: Adelphi, 2017), y Roberto Calasso, *The Unnamable Present*, trad. Richard Dixon (Nueva York: Farrar, Straus and Giroux, 2019), 24–31.

representa la otra cara de una cultura clerical que ve la crisis de los abusos como el resultado de la corrupción moral procedente del exterior (secularización, disidencia contra la doctrina católica) y que defiende el modelo «interno» y la suficiencia de la enseñanza «ortodoxa» y de la disciplina impuesta por los líderes jerárquicos de la Iglesia como solución a la crisis[8].

Los límites del acercamiento periodístico y jurídico-penal a la crisis de los abusos

No cabe duda de que los miembros de la Iglesia católica y las estructuras eclesiásticas del sistema institucional protegieron a los autores de abusos sexuales. Sin el periodismo de investigación, sin un acercamiento jurídico y sin centrarse en los fallos institucionales, la comunidad católica nunca habría podido afrontar la realidad de los abusos sexuales, los abusos de poder y los abusos espirituales contra niños, adultos vulnerables y adultos en situación de vulnerabilidad. Las revelaciones de casos de abusos sexuales demuestran que la Iglesia necesita una prensa libre e independiente. Estos planteamientos han sido necesarios y seguirán siéndolo en la labor de prevención y en la búsqueda de la verdad.

Ahora bien, quedan cuestiones importantes por resolver. Entre ellas, se debe aclarar quién y qué constituye la Iglesia y qué tipo de verdad debe perseguirse en relación con las responsabilidades legales, morales e históricas en la crisis de los abusos sexuales. El problema de los abusos sexuales en la Iglesia católica debe abordarse a diferentes niveles y con diferentes objetivos, siendo los más importantes la justicia para las víctimas

---

[8] Un ejemplo de este modelo fue el documento de Benedicto XVI «The Church and the Scandal of Sexual Abuse», *Catholic News Agency*, 18 de agosto de 2010, www.catholicnewsagency.com/news/41013/full-text-of-benedict-xvi-essay-the-church-and-the-scandal-of-sexual-abuse. Esta interpretación de la crisis de los abusos fue elogiada por algunos destacados líderes católicos, por ejemplo, el entonces arzobispo de Filadelfia, Charles J. Chaput, OFM Cap., en su artículo «Benedict and the Scandal», *First Things*, 11 de abril de 2019, www.firstthings.com/web-exclusives/2019/04/benedict-and-the-scandal.

y los supervivientes y para sus familias, amigos y comunidades; la prevención de otros abusos y de nuevas formas de abuso, y la rehabilitación de quienes han sido acusados injustamente. Todo ello requiere una amplia gama de aproximaciones e instrumentos diferentes, que ocuparán a la Iglesia durante generaciones.

El problema de la responsabilidad de la Iglesia en la protección de los abusadores ha de incluir una perspectiva cultural y teológica, siendo uno de los retos más importantes el de la memoria y la verdad. Desde un punto de vista metodológico, la primera cuestión se refiere al tipo de verdad que debemos buscar para responder a esta pregunta: «¿Protegió la institución a los agresores?» El punto de partida es la palabra y el testimonio de las víctimas y los supervivientes, que durante demasiado tiempo han sido ignorados por las autoridades eclesiásticas. También han sido ignorados durante mucho tiempo por otras autoridades—en la política, en el sistema judicial, en el estamento intelectual—y, a menudo, por otros miembros laicos de la Iglesia.

Hay que dar espacio a la palabra de las víctimas y los supervivientes; hay que recibirla y ponerla al servicio de los demás. Este es el trabajo de los periodistas, abogados, jueces, historiadores y, en la comunidad cristiana, de los teólogos y líderes eclesiásticos. Se ha trabajado mucho más en el ámbito de las investigaciones periodísticas que en el de la justicia penal, los historiadores y los teólogos. Esta desproporción entre la cantidad de información facilitada por los periodistas, por un lado, y por el trabajo del sistema judicial y de los historiadores y teólogos, por otro, tiene que ver con las limitaciones del sistema judicial y del trabajo de los historiadores y teólogos. El sistema judicial debe respetar los plazos de prescripción. El trabajo de los historiadores y teólogos debe operar dentro del marco de las posibilidades limitadas del trabajo académico sobre una cuestión plagada de problemas éticos y metodológicos, especialmente desde la perspectiva de la necesidad de un relato completo sobre el escándalo de los abusos sexuales en la Iglesia Católica.

Aunque la necesidad de que la Iglesia adopte un acercamiento jurídico-penal a la crisis sigue siendo evidente—no solo canónicamente, sino también civilmente—estos últimos veinte años de la historia del escándalo han dejado claros los límites de la «tribunalización» de la Iglesia. Las oleadas de revelaciones, investigaciones y procesamientos contra abusadores sexuales en la Iglesia y contra quienes no los denunciaron pueden cegarnos ante las múltiples capas y dimensiones de esta crisis. Todos tenemos el deber de buscar la verdad. Pero, ¿cuál de los muchos tipos de verdad buscamos? Sin lugar a dudas, hay una verdad judicial que hemos de buscar, pero también hay una verdad moral, una verdad histórica y una verdad teológica relacionadas con la tragedia de la crisis de los abusos. La Iglesia debe pedir ayuda a la policía y al sistema de justicia penal para alcanzar el tipo de verdad que puede probarse en la sala del tribunal. Sin embargo, no podemos limitarnos solo a la verdad judicial porque la verdad de los tribunales siempre se quedará trágicamente corta si queremos entender los mecanismos de protección de los abusadores en la Iglesia. Además, el periodismo de investigación es necesario para abordar el fenómeno, pero las fuentes periodísticas y la influencia de los medios de comunicación se han convertido en parte integrante de la estrategia y la dinámica de la guerra política eclesiástica actual, en la que la crisis de los abusos desempeña un papel singular. Profundizaré en este punto en la siguiente sección.

La necesidad de un enfoque histórico

Para la Iglesia católica, la crisis de los abusos es, según algunos, la mayor crisis desde la Reforma protestante porque, al igual que esta, se trata de una serie de cataclismos en varios niveles. El primer nivel consiste en la violación sistémica de las normas y en la corrupción. Además, en el segundo nivel, se encuentran las desavenencias teológicas dentro de la Iglesia, con interpretaciones diferentes—y a veces opuestas—de las causas profundas y de las soluciones al problema desde un punto de vista teológico y magisterial. El tercer nivel se refiere a las consecuencias de las revelaciones en el contexto político: en el ámbito nacional, en lo que se refiere a los efectos sobre las relaciones entre la Iglesia y el estado a escala institucional y jurídica, y en el ámbito internacional, en lo que se refiere a las tensiones entre la Santa Sede y los gobiernos nacionales, así como entre el papado y las conferencias episcopales nacionales[9].

En los últimos años, hemos observado signos de una creciente conciencia en el seno de la Iglesia sobre la necesidad de un enfoque histórico de la crisis de los abusos. Por ejemplo, el informe de ámbito nacional publicado en Francia el 5 de octubre de 2021 por la Comisión Independiente sobre los Abusos Sexuales en la Iglesia (el informe CIASE) demuestra un fructífero alejamiento de la única perspectiva de litigio judicial que prevalecía en otras investigaciones de ámbito estatal y nacional, y presenta el fenómeno en un marco configurado por el sentido de la historia. Esta constatación es cierta a pesar de algunas incoherencias metodológicas en la forma en que el informe incorpora las diferentes estimaciones sobre el número de abusadores y de víctimas[10]. Este podría ser el comienzo de un giro metodológico en el modo en que las instituciones laicas, independientes y eclesiásticas encargadas de las investigaciones entienden el fenómeno y lo presentan a los miembros de la Iglesia y al público en general.

Debemos recordar siempre lo pequeña que es la proporción de lo registrado en los documentos en comparación con el número de veces que realmente se produjeron abusos y, sobre todo, la gran limitación del factor tiempo. Este dato es especialmente pertinente en el caso de la crisis de los abusos debido a las formas específicas en que se produjeron los delitos, las modalidades de aparición en la memoria de las víctimas y los supervivientes, y la práctica de las instituciones de ocultar o destruir el rastro documental relacionado con estos casos. Por ejemplo, la política de destruir los expedientes eclesiásticos relativos a este tipo de delitos en los

---

[9] Véase Massimo Faggioli, «The Catholic Church's Biggest Crisis Since the Reformation», *Foreign Affairs*, 11 de octubre de 2018, www.foreignaffairs.com/articles/world/2018-10-11/catholic-churchs-biggest-crisis-reformation.

[10] En sí mismos, los procedimientos utilizados en cada una de las partes son coherentes. El informe final y los demás documentos sobre los trabajos de la Comisión están disponibles en el sitio web de la CIASE: «Commission Indépendante sur les abus sexuels dans l'Église», 2 de julio de 2022, www.ciase.fr/.

archivos de la Congregación del Santo Oficio en el Vaticano (al menos hasta principios del siglo XX) hace imposible recuperar los registros históricos de la gestión institucional de esas denuncias durante largos periodos de tiempo[11]. Así pues, es esencial y urgente volver a valorar la perspectiva histórica por cinco razones.

La primera razón es que la crisis de los abusos en la Iglesia católica no es solo una serie de individuos que cometen o encubren delitos. Es la historia de una *institución compleja* que se enfrenta a un pasado complicado. En este caso, una comparación con el período posterior a la Segunda Guerra Mundial puede ser útil. Tras una fase inicial, en los primeros años tras el final de la guerra, países como Italia, Francia y Alemania se ocuparon del pasado a través de tribunales de justicia y procesos de depuración. Más tarde, las nuevas democracias europeas de posguerra pasaron a una forma diferente de tratar el pasado a escala institucional y sociocultural, utilizando un método denominado en alemán *Vergangenheitsbewältigung* (afrontar el pasado). Se exigió a las Iglesias, incluida la católica entre otras, que realizaran lo que en Alemania se denominó (no sin controversia sobre la interpretación de la expresión) «Aufarbeitung der Vergangenheit», es decir, «trabajo a través del pasado». Entre las cuestiones históricas y morales que plantea el «trabajo a través del pasado» respecto a las relaciones entre las Iglesias y los regímenes autoritarios del siglo XX, figuran la distinción entre culpabilidad y responsabilidad; la diferenciación de la responsabilidad individual y las responsabilidades colectivas, y los riesgos de una segunda explotación de las víctimas, esta vez ideológica, en el contexto de un panorama político polarizado.

Este ejemplo puede servir de advertencia para la Iglesia católica. Después de 1945, los nuevos estados democráticos europeos y las instituciones europeas permitieron una rehabilitación demasiado fácil para muchos altos cargos implicados con los regímenes totalitarios[12]. La

---

[11] Véase Benedetto Fassanelli, *Il corpo nemico. Organizzazione, prassi e potere del Sant'Ufficio nel primo Novecento* (Roma: Edizioni di Storia e Letteratura, 2017), 1–19.

[12] Véase, por ejemplo, Perry Anderson, «Ever Closer Union», *London Review of Books* 43, núm. 1 (2021), www.lrb.co.uk/the-paper/v43/n01/perry-anderson/ever-closer-union; Hans Woller,

transición de la fase de litigio a la *Vergangenheitsbewältigung* también tendrá lugar en la Iglesia católica en algún momento, y es crucial que no brinde la oportunidad de más engaños o encubrimientos. Al mismo tiempo, la historización de la crisis de los abusos debe considerar metodológicamente—en otro paralelismo con la historiografía de los regímenes totalitarios y de la Shoah—las implicaciones provocadas por el final de «la era del testigo»[13] y las complicaciones creadas por los relatos patrocinados por las instituciones públicas para obedecer el «deber de memoria»[14], a menudo a expensas de verdades históricas más complicadas e incómodas. Enfrentarse a un pasado trágico conlleva el descubrimiento gradual de numerosos colaboradores y supone abordar el tema de los chivos expiatorios y lidiar con mitos autoexculpatorios profundamente arraigados, tanto para los organismos políticos como para los grupos religiosos.

La segunda razón para la perspectiva histórica es que entender la crisis de los abusos en la Iglesia como un problema histórico es clave para una *despolitización de los relatos*. Un enfoque histórico del fenómeno se mantiene fiel al complejo entramado de responsabilidades y rechaza la estructura narrativa excesivamente simplista de un relato moralista sobre el bien y el mal. Se pone así en tela de juicio la narrativa culturalmente familiar que implica a las élites con una clara lección moral: el encubrimiento institucional de los abusos sexuales a menores por parte de altos cargos de la Iglesia. Las responsabilidades de los líderes jerárquicos de la Iglesia deben verse en el contexto de un sistema más amplio de negación y de abusos que incluye a católicos laicos y a otros organismos e instituciones dentro y fuera de la comunidad eclesial y del sistema clerical. La historia es un ejercicio de

---

Die Abrechnung mit dem Faschismus in Italien 1943 bis 1948 (Múnich: Oldenbourg, 2009); Copertina Flessible, *I conti con il fascismo. L'epurazione in Italia: 1943–1948* (Bolonia: Il Mulino, 1997).

[13] Véase Annette Wieworka, *L'ère du témoin* (París: PLURIEL, 2002).

[14] Véase François Hartog, *Évidence de l'histoire. Ce que voient les historiens* (París: Éditions EHESS, 2005). Sobre el problema del «presentismo» y el papel inestable de la historiografía ante los grandes traumas morales, véase Diana Napoli, *Michel de Certeau: lo storico «smarrito»* (Brescia: Morcelliana, 2014).

humildad hermenéutica: es una forma de entender problemas complejos tomando distancia, en la medida de lo posible, de nuestros propios prejuicios y presuposiciones—incluidas las presuposiciones sociales, políticas y teológicas—sobre quién lo hizo, cómo ocurrió, quién dejó que ocurriera y quién lo encubrió. Una historia de la crisis de los abusos también es crucial para desmontar y corregir las narrativas político-religiosas de la «guerra cultural», según las cuales los abusos se produjeron como consecuencia del *aggiornamento* teológico del Concilio Vaticano II. Un gran número de abusos tuvieron lugar antes del Vaticano II, y muchos de ellos se produjeron en grupos eclesiales conocidos por su distanciamiento de la teología del Vaticano II, cuando no por su oposición frontal a ella[15].

La tercera razón para adoptar una perspectiva histórica es que la crisis de los abusos en la Iglesia católica necesita una historia social *no separada de la dimensión institucional*, que preste atención no solo a lo que es relevante en los tribunales, sino también a la experiencia vivida. El énfasis del discurso religioso público en lo profético ha creado relatos hipermoralistas que van en detrimento de entender lo que es paradójico y ambivalente en la vida de los católicos «corrientes». También es importante comprender este fenómeno desde el punto de vista penal y moral. Debe hacerse un esfuerzo por entender la crisis de los abusos en el contexto de una crisis más amplia de reajuste entre la moral cristiana y el mundo, donde una crisis intracatólica de autoridad se sitúa en un momento más amplio de transición que tiene dimensiones tanto

---

[15] Tanto en América como en Europa, se han levantado acusaciones de abusos contra líderes de nuevas comunidades y movimientos eclesiales creados por figuras carismáticas, pero también contra la Sociedad de San Pío X creada por monseñor Marcel Lefebvre tras el Concilio Vaticano II en rechazo del Vaticano II. La SSPX creó su propia «junta de revisión independiente» que puede verse aquí: Sociedad de San Pío X, «Update on SSPX Independent Review Board», 18 de mayo de 2021, sspx.org/en/news-events/news/update-sspx-independent-review-board-66397. Sobre el fenómeno de los abusos en las nuevas comunidades, véase Céline Hoyeau, *La trahison des pères* (París: Bayard, 2021); Massimo Faggioli, «Ecclesial Lay Movements in 21st-Century Global Catholicism: Open Questions in Light of the Sex Abuse Crisis», *Japan Mission Journal* 74, núm. 2 (2020), 75–86.

socioculturales como institucionales[16]. Una historiografía de la crisis de los abusos en la Iglesia católica necesita llamar la atención sobre diferentes tipos de silencios y fallos más allá de las jerarquías eclesiásticas y conectar diferentes momentos desde el periodo de la Iglesia primitiva hasta hoy[17].

La cuarta razón es la necesidad de un *análisis global e histórico* en esta nueva fase de globalización del catolicismo para comprender la crisis de los abusos, puesto que afecta a la Iglesia de diferentes maneras en distintas zonas del mundo. Dicho análisis es clave para la despolitización y desideologización de la crisis, porque la investigación histórica impone complejidad, tanto en su método como en sus interpretaciones. La explotación cínica de la crisis de los abusos con fines políticos y eclesiásticos desmonta esa complejidad, selecciona un marco o parte de un proceso histórico y esgrime la crisis como arma propagandística, dañando no solo el tejido eclesial sino también la fibra intelectual de la tradición teológica.

Por último, la tradición aprende de los grandes traumas históricos y los elabora. El proceso de formación de la tradición requiere mucho más que estudios históricos: la *traditio* no es solo *historia*. No obstante, esta *traditio* solo puede desarrollarse en conjunción con estudios históricos dedicados a comprender traumas como la crisis de los abusos en la Iglesia. La Iglesia necesita aprender de la crisis de los abusos, de los propios abusos y de la incapacidad de actuar y responder. La historia global es esencial porque ser global en el estudio del pasado significa aprender sobre la historia de otros sistemas de explotación y delitos sexuales, otros sistemas de silenciamiento de las víctimas y otros tipos de discriminación de género, sin la moralización idiosincrática centrada en una cultura o tradición particular que ofusca la capacidad de aprender del pasado.

---

[16] Véase, por ejemplo, Alana Harris, ed., *The Schism of '68: Catholicism, Contraception and Humanae Vitae in Europe, 1945-1975* (Cham: Palgrave Macmillan, 2018).

[17] Véase, por ejemplo, Michele Mancino y Giovanni Romeo, *Clero criminale. L'onore della Chiesa e i delitti degli ecclesiastici nell'Italia della Controriforma* (Roma-Bari: Laterza, 2013); Claude Langlois, *On savait, mais quoi? La pédophilie dans l'Église de la Révolution à nos jours* (París: Seuil, 2020); Dyan Elliott, *The Corruptor of Boys: Sodomy, Scandal, and the Medieval Clergy* (Filadelfia: University of Pennsylvania Press, 2020).

Implicaciones eclesiológicas y eclesiales de una aproximación histórica

El esfuerzo por concebir y estudiar la crisis de los abusos en la Iglesia católica como una cuestión histórica no debe confundirse con la idea errónea y peligrosa de que la crisis pertenece solo al pasado y el problema está resuelto. Por el contrario, debe entenderse como parte del esfuerzo por abordar la crisis a través de una comprensión más profunda de las raíces y los mecanismos del propio abuso, del encubrimiento y de la falta de respuesta al mismo.

La crisis de los abusos en la Iglesia católica es un problema que la Iglesia no puede resolver sola, sin la ayuda de, por ejemplo, las autoridades públicas y policiales, el sistema educativo público y los profesionales de la salud. Al mismo tiempo, es una crisis con profundas raíces y consecuencias eclesiológicas y eclesiales que exige recursos internos de la comunidad cristiana para orientarla hacia mejores sistemas de prevención y, en la medida de lo posible, hacia una forma justa de afrontar el pasado y el presente de la Iglesia.

Hasta hace muy poco, la atención principal y a menudo exclusiva se centraba en la jerarquía episcopal. Los obispos a título individual y las conferencias episcopales nacionales han sido los principales objetivos de las investigaciones y de la indignación moral, lo que ha supuesto un alivio inmerecido para otros responsables en la Iglesia. Solo en la última fase de la historia global de la crisis de los abusos sexuales en la Iglesia católica, a partir del invierno de 2017-2018, hemos empezado a buscar una imagen más completa y precisa del escándalo y de las responsabilidades. Lo que entendemos por «jerarquía de la Iglesia» solo recientemente ha empezado a incluir a las órdenes religiosas y a los nuevos movimientos eclesiales. Estos han formado parte de la información a disposición de los responsables clericales durante varias décadas, pero no entraron en el cuadro de la crisis de los abusos debido a la mayor dificultad, en comparación con la linealidad de las estructuras parroquiales y diocesanas, de enmarcarlos desde una óptica judicial.

La necesidad del enfoque historiográfico

La necesidad de un enfoque historiográfico de la crisis de los abusos también es apremiante porque la óptica judicial en los tribunales, al centrarse en las responsabilidades y los fallos de los obispos, ha clericalizado aún más una crisis que es eclesial y no solo clerical. Los abusadores podían contar con una red de protección mucho más amplia que solo la Iglesia jerárquica. En la mayoría de los casos, esto incluía una falta de atención combinada con una ignorancia voluntaria de las informaciones que estaban a disposición de una serie de miembros de la Iglesia más allá de los obispos, las curias diocesanas, los superiores de las órdenes religiosas y el Vaticano. Los abusadores podían contar con el silencio y la ignorancia voluntaria en las estructuras institucionales y clericales de la Iglesia católica, *pero también* entre los católicos laicos como individuos y como organizaciones[18]. Un estudio historiográfico de la crisis de los abusos en la Iglesia católica desde una perspectiva comparada ha de contemplar diversos actores: el sistema católico de medios de comunicación (tanto los medios católicos que dependen del apoyo de la Iglesia institucional como los medios católicos independientes); las organizaciones dirigidas por laicos católicos; los movimientos eclesiales laicos; los católicos en el sistema judicial, en la policía, en los medios de comunicación laicos y en la política; y los padres y familiares tanto de las víctimas/supervivientes como de los agresores.

El periodismo de investigación y la persecución penal de los abusadores y de sus protectores son absolutamente necesarios. Aun así, hemos de recordar la tentación que conlleva la «tribunalización» de la Iglesia haciendo recaer la culpa únicamente sobre los abusadores y sobre la jerarquía que los encubrió. Hablar de unos pocos o muchos hace referencia

---

[18] Un ejemplo de la amplia red de silencio de los que sabían surge también del siguiente informe: Secretaría de Estado de la Santa Sede, *Informe sobre el conocimiento y el proceso de decisión institucional de la Santa Sede en relación con el excardenal Theodore Edgar McCarrick (1930-2017)* (Ciudad del Vaticano: 2020), www.vatican.va/resources/resources_rapporto-card-mccarrick_20201110_en.pdf. Se sabe que, hasta que se publicaron los informes de investigación del *Boston Globe* a principios de 2002, los principales medios de comunicación nacionales de EUA se habían negado casi unánimemente a publicar los artículos de Jason Berry.

a un número reducido de individuos. Esta dicotomía entre unas pocas «manzanas podridas» y el grupo, que en cambio es sano, puede convertirse con demasiada facilidad en una autoabsolución para el resto de la Iglesia. Si asumimos que podemos identificar claramente a los individuos responsables de los delitos, nos sentimos aliviados de la culpa que pesa sobre la Iglesia. Hay una zona gris entre «los malos» y «los buenos» que toda la Iglesia debe afrontar: «La zona gris no son solo los otros. La zona gris también somos nosotros»[19]. La comunidad eclesial no puede delegar este trabajo en otros, y es difícil llevarlo a cabo sin enfocar la crisis históricamente.

No hay ninguna garantía de que un enfoque historiográfico de la crisis de los abusos evite el debate de la «tribunalización»; la historia forense es una de las formas posibles de escribir la historia de un trauma colectivo. Sin embargo, especialmente en la época moderna y contemporánea, en la que existe un mayor acceso a fuentes más abundantes y diversas que en la época medieval, podemos y debemos pensar históricamente el fenómeno de los abusos en la Iglesia católica en un modo que sea consciente del hecho de que la excesiva dependencia de las fuentes de los tribunales tiene como consecuencia que solo se escuchen y se potencien las voces de aquellos que tienen acceso al sistema judicial. Algo parecido puede decirse de aquellos cuyas historias se escuchan porque captan la atención de los periodistas de investigación. En un momento de crisis para el periodismo local, hemos de recordar el papel clave desempeñado por esos medios de comunicación en descubrir casos de abusos.

Es necesario un examen histórico de la crisis de los abusos en la Iglesia para dar voz, y también algo de justicia, a todos aquellos que no fueron ni serán escuchados en los tribunales, cuyas historias no fueron ni serán contadas por los periodistas. Necesitamos una nueva generación de estudios históricos capaces de comprender y presentar el fenómeno de los

---

[19] Hans Zollner, «Die Stille vor dem Showdown», *Die Zeit*, 13 de febrero de 2019, www.zeit.de/2019/08/sexueller-missbrauch-katholische-kirche-weltbischoefe-vatikan. En versión impresa, Hans Zollner, «Die Stille vor dem Showdown», *Die Zeit* 8, 14 de febrero de 2019, 48.

abusos en la Iglesia católica desde una perspectiva comparativa y global, sin reservas, sin intenciones apologéticas y sin invocar coartadas ni culpar a otros. Esta sería una manera importante de acoger la invitación del papa Francisco a «juzgar el pasado con la hermenéutica del pasado»[20].

Vivimos en una crisis que hace época, que ha evocado comparaciones con los tiempos de las indulgencias que condujeron a la Reforma protestante en el siglo XVI. La respuesta de la Iglesia al escándalo de la corrupción en la época de la Reforma exigió una actualización de la tradición teológica y una reforma católica; la misma actualización y reforma son necesarias hoy para afrontar la crisis de los abusos. Ahora bien, no puede haber ni actualización ni reforma de la tradición sin una reflexión historiográfica y sin comprender lo que ha sucedido.

Massimo Faggioli es profesor del Departamento de Teología y Estudios Religiosos de la Universidad de Villanova (Filadelfia). Sus libros y artículos se han publicado en más de diez idiomas. Es columnista de las revistas *Commonweal* y *La Croix International*. Entre sus publicaciones más recientes figuran los libros *A Council for the Global Church: Receiving Vatican II in History* (Fortress, 2015); *The Rising Laity: Ecclesial Movements since Vatican II* (Paulist, 2016); *Catholicism and Citizenship: Political Cultures of the Church in the Twenty-First Century* (Liturgical, 2017); *The Liminal Papacy of Pope Francis: Moving Toward Global Catholicity* (Orbis Books, 2020); *Joe Biden and Catholicism in the United States* (Bayard, 2021). Junto con Catherine Clifford es coeditor de *The Oxford Handbook of Vatican II* (Oxford University Press, 2022).

---

[20] Papa Francisco, «Felicitaciones navideñas de la curia romana», 21 de diciembre de 2018, www.vatican.va/content/francesco/es/speeches/2018/december/documents/papa-francesco_20181221_curia-romana.html.

Capítulo 17: La eclesiología y el reto del fracaso eclesiológico

Richard Lennan

El 2021 fue un año típico en la historia reciente de la Iglesia católica. «Típico» podría implicar la ausencia de algo digno de mención. En este caso, ocurre todo lo contrario. El 2021 fue el año en que las autoridades de Francia y del estado norteamericano de Nebraska publicaron informes que detallaban un largo historial de abusos sexuales a menores y adultos vulnerables por parte de sacerdotes, religiosos y trabajadores laicos católicos. También fue en 2021 cuando en una antigua «escuela residencial» para niños indígenas en Canadá—escuela administrada por la Iglesia católica—unos investigadores descubrieron tumbas sin nombre que contenían los restos de cientos de niños, muchos de los cuales fueron víctimas de abusos o de negligencia. Este descubrimiento resultó ser representativo de un patrón generalizado de abusos en las escuelas gestionadas por la Iglesia. Además de estos delitos a gran escala, hubo numerosos casos de sacerdotes y obispos que se enfrentaron a acusaciones o demandas por abusos sexuales. Lamentablemente, estos sucesos son los que hacen que 2021 sea un año representativo de la vida católica actual. Desde 2002, cuando el *Boston Globe* publicó su emblemática serie sobre los abusos sexuales cometidos por sacerdotes y sobre la negligencia de los obispos—serie que más tarde la película *Spotlight* dio a conocer ampliamente—otras fuentes informativas y las autoridades judiciales han publicado hallazgos similares.

A medida que se han multiplicado los hallazgos sobre los delitos sexuales de ministros ordenados y se ha puesto en entredicho la integridad de muchos cargos de la Iglesia, la ira y la consternación se han extendido también por la comunidad eclesial. Los delitos contra niños y adultos vulnerables siguen despertando la indignación moral de los católicos, especialmente cuando, como en las escuelas canadienses, a menudo quienes tienen el «deber de cuidar» y la responsabilidad ministerial directa son los que no solo cometen horrendos abusos físicos o sexuales, sino que también realizan «decididos esfuerzos por inculcar a las personas un sentimiento de inferioridad, por despojarles de su identidad cultural, por cortar sus raíces»[1].

Sin embargo, lo que ha desaparecido en la respuesta de la mayoría de los católicos es cualquier sentimiento de sorpresa ante el flujo constante de tales revelaciones. Los católicos han vivido ya demasiados años como el 2021, demasiados informes que les han condicionado a esperar más noticias angustiosas. Las revelaciones que son tan familiares en los Estados Unidos también se han vuelto más frecuentes en muchas otras partes del mundo. El «escándalo» se adhiere ahora a la Iglesia católica con una viscosidad desalentadora, dejando poco espacio a la sorpresa cuando otra investigación publica conclusiones condenatorias sobre sacerdotes y obispos.

Los católicos que siguen participando fielmente en la liturgia mientras se celebra la eucaristía—un compromiso que la crisis de los abusos ha roto para muchos «antiguos católicos»—proclamarán cada semana en el credo que la Iglesia es «una, santa, católica y apostólica». Es comprensible que estos fieles experimenten una profunda disconformidad al profesar su fe en la santidad de la Iglesia. En conjunto, los elementos de la fórmula del credo identifican a la Iglesia como el producto de la iniciativa de Dios y su presencia perdurable; dan testimonio de la existencia de la Iglesia como «sacramento universal de salvación» (*Lumen gentium*, núm. 48), la garantía única de que Dios, a través de Jesucristo y en el Espíritu Santo, ofrece el amor reconciliador de Dios a toda la creación. No obstante, la imagen de la «santidad» difícilmente encaja con los delitos de los ministros de la Iglesia, delitos que han infligido daños duraderos en vidas frágiles y han envuelto también a la comunidad eclesial en la vergüenza.

Un hecho que agrava el dilema de los católicos sobre su participación

---

[1] Papa Francisco, «Meeting with Representatives of Indigenous Peoples in Canada», 1 de abril de 2022, www.vatican.va/content/francesco/en/speeches/2022/april/documents/20220401-popoli-indigeni-canada.html.

en una Iglesia plagada de escándalos es que son sus ministros ordenados los que más notoriamente han fracasado a la hora de practicar «lo más importante de la ley, que es la justicia, la misericordia y la fe» (Mt. 23,23). El Concilio Vaticano II encargó explícitamente a los obispos que edificaran «a sus súbditos con el ejemplo de su vida, guardando su conducta de todo mal y, en la medida que puedan y con la ayuda de Dios, transformándola en bien» (*Lumen gentium*, núm. 26). A raíz de la crisis de los abusos, este precepto suena a vacío. La devastación que han causado los ministros ordenados de la Iglesia ha deteriorado la confianza en ellos, al tiempo que ha arrojado una luz crítica sobre el privilegio clerical. Estos acontecimientos han hecho más urgente lo que muchos católicos demandan para que se reformule el ministerio ordenado de la Iglesia y se eliminen todos los vestigios de los privilegios clericales. En la misma línea, hay una creciente presión para que se revisen los órganos de gobierno de la Iglesia, sobre los cuales los clérigos ostentan actualmente el monopolio[2].

El contraste entre la actual sombra que se cierne sobre la Iglesia católica y una comunidad eclesial comprometida con entusiasmo con la «opción misionera» (*Evangelii gaudium*, núm. 27), que el papa Francisco considera esencial para una auténtica vida eclesial, plantea interrogantes para la labor de la eclesiología. Si los eclesiólogos son incapaces de hacer frente a los desafíos de la crisis de los abusos, incapaces de mostrar cómo la fe heredada de la Iglesia podría proporcionar respuestas constructivas a la crisis, entonces es poco probable que la disciplina sea un agente constructivo en la formación de la comunidad cristiana para el discipulado en el mundo. En ausencia de recursos teológicos con capacidad de generar conversión y creatividad en la Iglesia, su respuesta oficial a la crisis quedaría en manos de abogados y aseguradoras, como ya parece ocurrir a menudo.

Este artículo aborda si la eclesiología ofrece posibilidades fructíferas a una Iglesia necesitada. La sacramentalidad de la Iglesia forma parte

---

[2] Como ejemplo de una propuesta para reformar el gobierno de la Iglesia en Australia, véase Conferencia de Obispos Católicos de Australia, «Light from the Southern Cross: Promoting Co-Responsible Governance in the Catholic Church in Australia», 1 de mayo de 2020, drive.google.com/file/d/1TXZd4SP-EBk4VtH9JyB9PMSmjY9Mfj7E/view.

integrante de este debate eclesiológico. Aunque existen otros marcos eclesiológicos, la sacramentalidad merece especial atención, ya que ocupa un lugar destacado en la enseñanza eclesiológica del Concilio Vaticano II: «Dios formó una congregación de quienes, creyendo, ven en Jesús al autor de la salvación y el principio de la unidad y de la paz, y la constituyó Iglesia a fin de que fuera para todos y cada uno el sacramento visible de esta unidad salutífera» (*Lumen gentium*, núm. 9). No solo este estatus «canónico» de la eclesiología sacramental, sino también su potencial para transmitir una visión sublime de la Iglesia, la convierten en un tema de investigación especialmente adecuado en el contexto de la crisis de los abusos. Si la sacramentalidad sugiere una Iglesia inmune al fracaso, ello fomenta una visión irremediablemente ingenua de la Iglesia, una fantasía en desacuerdo con las duras realidades del pasado y el presente de la Iglesia.

La tarea inmediata de este capítulo es doble: por un lado, especificar el papel de la eclesiología dentro del abanico de disciplinas teológicas y, por otro, considerar la capacidad de la eclesiología para abordar las realidades concretas de la historia de la Iglesia, un paso que implicará centrarse en la esperanza en relación con la vida eclesial. Estas dos tareas proporcionarán una base para valorar la eclesiología sacramental en la sección final del artículo.

La dinámica de la eclesiología

El objetivo de la eclesiología no es conjurar una Iglesia ideal, a prueba de fracasos, inmune a la complejidad o compuesta solo por santos. Del mismo modo, la eclesiología no puede garantizar que la comunidad de la Iglesia marche al unísono hacia un resultado concreto ni certificar que una visión de la comunidad de fe se traduzca invariablemente en una acción eficaz. Lo que sí puede hacer la eclesiología, basándose en su afinidad con la tradición cristiana y su familiaridad con las circunstancias actuales y los contextos específicos de la comunidad eclesial, es poner de relieve cualquier falta de congruencia entre la profesión de fe de la comunidad cristiana y sus acciones³. Con ello, la eclesiología subraya que la Iglesia sigue siendo responsable ante el Espíritu Santo, en lugar de dirigir al Espíritu. Como corolario de su reconocimiento de la primacía del Espíritu, la eclesiología puede desafiar a la comunidad eclesial a reconocer en qué ha fallado a la hora de responder a la llamada de la gracia.

Tal autorreflexión es un preludio a la conversión, a una apropiación renovada de todo lo que da a la Iglesia su identidad como pueblo de Dios. La labor de la eclesiología, por lo tanto, se alinea con la misión general de la teología: «La teología debe ser capaz de encontrar en la actividad pastoral la presencia del Espíritu que inspira la acción de la comunidad cristiana»[4]. La eclesiología critica las prácticas de la comunidad eclesial a la luz de sus consecuencias. Al mismo tiempo, la disciplina también identifica lo que podría estar más de acuerdo con las respuestas auténticas a la gracia. En ambas acciones, la eclesiología exhorta a la comunidad cristiana a una fidelidad más radical.

Presentar la eclesiología como una exhortación, como una visión y una aspiración, podría generar la percepción de que no es más que una forma de ilusión. Del mismo modo que las exhortaciones a la acción en el contexto de la emergencia climática actual llevan el estigma de ser «bla, bla, bla», de carecer de planes de acción y calendarios detallados, la eclesiología exhortativa puede parecer impotente para efectuar cambios en la Iglesia. Aunque el poder de materializar una visión puede parecer más deseable que la exhortación, es crucial tener en cuenta que la gracia también es exhortadora. En consonancia con el despojo de Dios de sí mismo en la encarnación de Jesucristo (Flp. 2,5–11), el Espíritu Santo no impone la salvación a la humanidad. El Espíritu mueve los corazones en lugar de

---

[3] Sobre el papel de la eclesiología a la hora de indicar si las acciones de la Iglesia son congruentes con su fe, véase Paul Murray, «Searching the Living Truth of the Church in Practice: On the Transformative Task of Systematic Ecclesiology», *Modern Theology* 30 (2014): 252–281; véase también Clare Watkins, «Practical Ecclesiology: What Counts as Theology in Studying the Church?», en *Perspectives on Ecclesiology and Ethnography*, ed. Pete Ward (Grand Rapids, MI: Eerdmans, 2012), 167–181.

[4] Gustavo Gutiérrez, *A Theology of Liberation*, ed. y trad. Sister Caridad Inda y John Eagleson (Maryknoll, Nueva York: Orbis Books, 1988), 9.

torcer los brazos. El marco escatológico en el que actúa el Espíritu ofrece la seguridad de que «todo colabora al bien de los que aman a Dios, de los que han sido elegidos conforme a su designio» (Rom. 8,28), pero no ofrece ni un calendario ni un plan paso a paso para lograr lo que es bueno. Tampoco esta garantía inequívoca ilumina la estrategia del Espíritu para superar la susceptibilidad de la Iglesia peregrina a la falta de fe.

La eclesiología afirma que Cristo y el Espíritu son «los principios co-institutivos» de la Iglesia, pero rechaza adecuadamente atribuir un estatus casi divino a la comunidad eclesial[5]. Aun cuando las teologías de la Iglesia articulan cómo esta podría encarnar en el mundo la gracia del Espíritu, ninguna puede trascender las limitaciones de la Iglesia: «Enfrentados a las prácticas, intenciones e interpretaciones confusas y pecaminosas de nuestras congregaciones, necesitamos saber cómo el Espíritu Santo, en lugar de estar "atado" a la Iglesia y a sus prácticas, puede *superar* los efectos de las iglesias sobre sus miembros y de los miembros sobre las iglesias, para que, a pesar de la Iglesia y con su ayuda, podamos santificarnos y acercarnos a Cristo»[6]. De acuerdo con esta necesidad, la eclesiología impulsa a la comunidad eclesial a ser más fiel en el presente.

Como comunidad peregrina que «lleva en sus sacramentos e instituciones, pertenecientes a este tiempo, la imagen de este siglo que pasa» (*Lumen gentium*, núm. 48), la Iglesia, eclesiólogos incluidos, debe vivir «por la fe y no por lo que vemos» (2 Cor. 5,7). Este requisito es congruente con la existencia de la Iglesia como un cuerpo que es «el resultado de la sinergia de un don divino gratuito puro en sí mismo y una actividad humana que se caracteriza por la libertad, las limitaciones y la falibilidad natural humanas»[7]. Paradójicamente, la eclesiología subraya la intimidad entre Dios y la comunidad cristiana, al tiempo que recuerda a los

---

[5] Yves Congar, *I Believe in the Holy Spirit*, vol. 2, trad. David Smith (Nueva York: Seabury, 1983), 9.

[6] Nicholas Healy, «Practices and the New Ecclesiology: Misplaced Concreteness?», *International Journal of Systematic Theology* 5 (2003): 303; cursiva original.

[7] Yves Congar, *True and False Reform in the Church*, rev., ed. y trad. Paul Philibert (Collegeville, MN: Michael Glazier, 2011), 90.

miembros de la Iglesia sus limitaciones, que confirman que solo Dios, y no la Iglesia, es la fuente de la salvación. Así, la propia eclesiología es un acto de fe. Más explícitamente, la eclesiología es una expresión de confianza en la capacidad de Dios para superar el impacto del pecado de la humanidad. Esta confianza encarna la «esperanza que no defrauda, porque el amor de Dios ha sido derramado en nuestros corazones por el Espíritu Santo que nos ha sido dado» (Rom. 5,5)[8].

Eclesiología y esperanza

La invocación de la esperanza, al igual que el perfil del Espíritu como exhortador, no es una opción fácil. En el ámbito cristiano, la esperanza tiene su fundamento en la vida, muerte y resurrección de Jesucristo. Por esta razón, la esperanza cristiana implica la capacidad de «obedecer ante lo que horroriza», de afrontar la realidad sin vacilaciones, en lugar de evitar una confrontación con la verdad[9]. La esperanza configurada por Cristo permite abrazar la verdad, ya que confía en que nada puede superar «el bien supremo de conocer a Cristo Jesús, mi Señor» (Flp. 3,8). La esperanza, por tanto, procede de la fe, a la vez que es también una recepción del amor de Dios en Cristo, el amor que es fuente de compasión y generosidad tanto dentro de la Iglesia como fuera de ella: «Solo la gran esperanza-certeza de que, a pesar de todas las frustraciones, mi vida personal y la historia en su conjunto están custodiadas por el poder indestructible del Amor [...]. Podemos liberar nuestra vida y el mundo de las intoxicaciones y contaminaciones que podrían destruir el presente y el futuro» (*Spe salvi*, núm. 35). Esta esperanza permite reconocer el alcance de los abusos sexuales clericales, escuchar con humildad el testimonio de los supervivientes y aceptar la llamada al arrepentimiento y a la conversión,

---

[8] Para un análisis de la Iglesia en términos de esperanza y para el papel de la eclesiología en la transmisión de esta esperanza, véase Richard Lennan, «The Church as a Sacrament of Hope», *Theological Studies* 72 (2011): 247–274.
[9] Paul Crowley, *Unwanted Wisdom: Suffering, the Cross, and Hope* (Nueva York: Continuum, 2005), 61.

sin ponerse a la defensiva.

Los abusos sexuales clericales comparten el abuso de confianza intrínseco a cualquier abuso, pero el hecho de que las víctimas de los abusos en la Iglesia hayan sido en gran medida los miembros más indefensos de la comunidad añade una carga adicional de agravio. Este aspecto de la crisis, junto con el gran número de agresiones documentadas por parte de obispos, sacerdotes y religiosos, así como los múltiples casos de encubrimiento por parte de los obispos, convierte el abuso sexual clerical en una atroz traición a un Dios vivificador y compasivo. Por horripilantes que sean los datos de la situación actual, este momento dista mucho de ser la primera vez en la historia de la Iglesia en que las acciones de los cristianos han contradicho la fe que profesan. La historia nos recuerda que la Iglesia nunca ha estado a prueba de fracasos. De ahí la necesidad permanente de teologías que promuevan la conversión de la comunidad eclesial en lugar de proceder como si la Iglesia no conociera barreras para la santidad inspirada por el Espíritu.

Existe un legado innegable de santidad en el pasado y en el presente de la Iglesia, «una muchedumbre inmensa, incontable» (Ap. 7,9) de personas santas que cuidaron desinteresadamente de los necesitados y dieron testimonio por otros medios de la llegada del reino de Dios. Por desgracia, las historias de santidad no son la única entrada en los anales de la comunidad eclesial. Junto a las crónicas de santidad, se encuentran innumerables expresiones de autojustificación, vanidad y arrogancia, que alimentan la explotación de los demás. De hecho, incluso el círculo íntimo de los seguidores de Jesús se mostraba engreído y egoísta, «porque en el camino habían discutido sobre cuál de ellos era el más importante» (Mc. 9,34). Las disputas y divisiones en la comunidad cristiana que comenzaron en la primera generación—«Yo soy de Pablo», «Yo soy de Apolos», «Yo soy de Cefas» o «Yo soy de Cristo» (1 Cor. 1,12)—no cesaron con la Iglesia primitiva, sino que han continuado y se han ampliado desde entonces.

El legado perenne de división en la Iglesia es más evidente en las separaciones aún no sanadas entre católicos y ortodoxos, y entre católicos y protestantes. Como si esta herida histórica no fuera suficiente para dañar el testimonio de Cristo que ofrece la Iglesia, la actual generación de miembros de la Iglesia es perfectamente capaz de añadir sus propias formas de resistencia al Evangelio. Al evidenciar el impacto de las «guerras culturales» de hoy sobre la Iglesia, los católicos actuales reproducen en la esfera eclesial la polarización característica de la cultura social y política más amplia[10].

La comunidad católica refleja a menudo las carencias del mundo, en lugar de la forma de estar presente en el mundo que el Espíritu posibilita. Así, los católicos, lejos de encarnar un discipulado cristiano valiente, han sido tan cómplices como otros sectores de la sociedad civil en, por ejemplo, la prolongación de la injusticia racial en los Estados Unidos, incluso dentro de la propia Iglesia[11]. La comunidad eclesial profesa su convicción de que ya no tiene importancia ser «esclavo o libre, hombre o mujer, porque unidos a Cristo Jesús, todos sois uno solo» (Gál. 3,28), pero su falta de apertura a muchos grupos situados al margen de la sociedad y de la Iglesia indica que la comunidad cristiana no siempre se inspira en principios centrados en el Evangelio.

Por descorazonador que sea reconocer tales fracasos colectivos, estos se hacen eco de la verdad ineludible propia de todo cristiano según la cual «todos pecaron y están privados de la gloria de Dios» (Rom. 3,23). En consecuencia, como reconoció el papa Juan Pablo II, las vidas de los miembros de la Iglesia pueden constituir «un antitestimonio en relación con el cristianismo. [...] Nuestro pecado ha obstaculizado la acción del

---

[10] Para un análisis de las divisiones ideológicas en la Iglesia contemporánea de los Estados Unidos, véase Michael Peppard, «Can the Church Transcend a Polarized Culture?», en *Polarization in the US Catholic Church: Naming the Wounds, Beginning to Heal*, ed. Mary Ellen Konieczny, Charles Camosy y Tricia Bruce (Collegeville, MN: Liturgical Press, 2016), 145–157.

[11] Sobre la experiencia de los católicos negros en los Estados Unidos, véase, por ejemplo, Edward Braxton, *The Church and the Racial Divide: Reflections of an African-American Catholic Bishop* (Maryknoll, NY: Orbis Books, 2021); M. Shawn Copeland, *Knowing Christ Crucified: The Witness of African-American Religious Experience* (Maryknoll, NY: Orbis Books, 2018), y Bryan Massingale, *Racial Justice and the Catholic Church* (Maryknoll, NY: Orbis Books, 2010).

Espíritu en el corazón de tantas personas» (*Incarnationis mysterium*, núm. 11). Esto es explícitamente cierto a propósito de la catástrofe que supone la crisis de los abusos sexuales clericales. La realidad pasada y presente de la pecaminosidad en la Iglesia subraya la orientación escatológica de la Iglesia, confirmando solo a Dios como fuente de salvación y plenitud de vida. De forma más inmediata, los fracasos que expresan la pecaminosidad amplifican la imposibilidad de que la comunidad eclesial esté a prueba de fracasos, y de certificar que el testimonio de la Iglesia sobre Cristo puede estar libre de cualquier manifestación de pecaminosidad humana[12].

De acuerdo con la historia de fracasos de la Iglesia, los eclesiólogos podrían abogar por la práctica de la «gestión de pérdidas», ajustando frecuentemente a la baja la proclamación que la Iglesia hace de su relación con Dios. Esta táctica, que responde a los fracasos de la Iglesia, garantizaría que la concepción que la comunidad eclesial tiene de sí misma generase unas expectativas mínimas de santidad y virtud. Rebajar las afirmaciones sobre la Iglesia permitiría rechazar con un encogimiento de hombros todas las revelaciones de fracaso individual y comunitario, clasificándolas como meros indicadores de la humanidad irreductible de la Iglesia. Una Iglesia así se desvanecería inexorablemente en el olvido a medida que su futilidad fuera cada vez más difícil de disimular[13].

Una eclesiología que intentara resistirse al derrotismo y afirmar los méritos de la Iglesia podría desestimar incluso la amplitud y la profundidad de los abusos clericales al considerarlos como pecados cometidos por unas «manzanas podridas», de las que se desmarca el resto de la comunidad. En términos más generales, los miembros laicos de la Iglesia podrían afirmar—con más de una justificación—que, dado que los miembros ordenados de la Iglesia son los principales responsables de la crisis de los abusos, el «pueblo de Dios», entendido como un grupo que incluye únicamente a

---

[12] Véase un estudio reciente sobre la pecaminosidad de la Iglesia en Brian Flanagan, *Stumbling into Holiness: Sin and Sanctity in the Church* (Collegeville, MN: Liturgical Press, 2018).

[13] Véase, por ejemplo, el análisis de la desvinculación de los jóvenes de la Iglesia recogido en Robert McCarty y John Vitek, *Going, Going, Gone: The Dynamics of Disaffiliation in Young Catholics* (Winona, MN: St Mary's, 2017).

los laicos, es el que representa a la Iglesia de forma más auténtica[14]. A su manera, cada una de estas opciones reduce una realidad compleja a una solución unidimensional que trafica con la idea errónea de que la esperanza requiere la negación del fracaso.

Es importante destacar que dos componentes de la eclesiología surgida del Concilio Vaticano II ofrecen una forma de proceder más acorde con la auténtica esperanza. En primer lugar, el Concilio subraya que toda la Iglesia es «al mismo tiempo santa y necesitada de purificación», por lo que «avanza continuamente por la senda de la penitencia y de la renovación» (*Lumen gentium*, núm. 8). Por consiguiente, no puede haber ni una Iglesia perfecta ni sectores de la Iglesia exentos de conversión. En segundo lugar, el Vaticano II reconoce que «la totalidad de los fieles, que tienen la unción del Santo, no puede equivocarse cuando cree» (*Lumen gentium*, núm. 12). En consecuencia, la posibilidad de una Iglesia santa, que responda a la gracia que sustenta las auténticas expresiones de fe, requiere el compromiso de todo el pueblo de Dios.

El análisis de la sacramentalidad de la Iglesia, que es el tema de la sección final de este artículo, considera si una apreciación renovada de los aspectos de la teología eclesial que amplió el Vaticano II podría contribuir a formular respuestas constructivas a la crisis de los abusos. Dicho análisis argumenta a favor de la compatibilidad entre la sacramentalidad y una Iglesia autocrítica, sosteniendo que la autocrítica hace más profunda la esperanza de la comunidad y, por lo tanto, aumenta su sacramentalidad[15].

Sacramentalidad e Iglesia autocrítica

Las identificaciones de la Iglesia como «el pueblo de Dios», «el cuerpo de

---

[14] «El pueblo de Dios» aparece a menudo como sinónimo de «los laicos», pero este no es el planteamiento del Vaticano II. *Lumen gentium*, núm. 9–17, describe al «pueblo de Dios» como toda la comunidad de los bautizados, es decir, los laicos y los ordenados forman juntos el único pueblo de Dios.

[15] Sobre la necesidad de autocrítica en la vida y la misión de la Iglesia, véase Karl Rahner, «The Function of the Church as a Critic of Society», en *Theological Investigations*, vol. 12: *Confrontations 2*, trad. David Bourke (Nueva York: Seabury, 1974), 229-249.

Cristo» o «el templo del Espíritu Santo» son quizá más familiares para la mayoría de los católicos que la invocación de la Iglesia como sacramento. Sin embargo, es la sacramentalidad de la Iglesia la que ocupa el primer plano en la eclesiología del Vaticano II. El Concilio comienza su documento sobre «la Iglesia» comparándola con un sacramento, nombrando a la comunidad eclesial como «signo e instrumento de la unión íntima con Dios y de la unidad de todo el género humano» (*Lumen gentium*, núm. 1).

Como sacramento, la Iglesia tiene un estatus sublime. Este estatus puede hacer que la eclesiología sacramental sea problemática, especialmente si fomenta una postura de autocomplacencia que se resiste a la necesidad permanente de conversión común a todos los miembros y a todas las actividades de la Iglesia[16]. Entonces, ¿es «la Iglesia como sacramento» un obstáculo para la reforma de la comunidad eclesial o incluso una táctica que legitima la negación de la pecaminosidad de la Iglesia?

Es cierto que la eclesiología sacramental presupone una conexión íntima entre la Iglesia y la autorrevelación de Dios en Jesucristo y el Espíritu Santo: «El Espíritu del Padre, con el que Jesús el *Christos* fue ungido, es el mismo Espíritu que el Padre envía sobre la comunidad de los discípulos de Cristo en Pentecostés y que el Resucitado comparte con ellos. [...] La Iglesia es el lugar en el que la misión del Verbo y la misión del Espíritu encuentran su punto de coyuntura más claro en la historia humana»[17]. Basándose en la presentación de la iniciativa trinitaria de Dios en la constitución de la Iglesia, el Vaticano II concluye que existe «una analogía nada despreciable» entre la «articulación social de la Iglesia» y el Espíritu Santo, y entre la naturaleza humana de Jesús y su naturaleza divina (*Lumen*

---

[16] Véase, por ejemplo, la crítica de la eclesiología sacramental en Avery Dulles, *Models of the Church* (Nueva York: Image Books, 1978), 78-79. Para una visión positiva del concepto, véase Richard Lennan, «"Narcissistic Aestheticism?": An Assessment of Karl Rahner's Sacramental Ecclesiology», *Philosophy and Theology* 25, núm. 2 (2013): 249-270.

[17] Ormond Rush, *The Eyes of Faith: The Sense of the Faithful and the Church's Reception of Revelation* (Washington, DC: The Catholic University of America Press, 2009), 37-38.

gentium, núm. 8). Esta notable afirmación podría sugerir que el Vaticano II estaba atribuyendo un carácter divino a la comunidad eclesial, una percepción que la descripción que el Concilio hace de la Iglesia como «indefectiblemente santa» (*Lumen gentium*, núm. 39) podría reforzar.

Es crucial, por tanto, dejar claro que todas las referencias a la santidad de la Iglesia atestiguan la presencia ininterrumpida del Espíritu como fuente de vida de la Iglesia. El énfasis del Concilio en el Espíritu equipara la santidad con la presencia de Dios, no con la perfección humana. El Vaticano II también insiste en que los miembros de la Iglesia han de permanecer abiertos a la gracia. Esta apertura es necesaria para que «la santidad de la Iglesia se manifieste y sin cesar debe manifestarse en los frutos de gracia que el Espíritu produce en los fieles» (*Lumen gentium*, núm. 39). La gracia no es posesión de la comunidad eclesial ni transforma automáticamente a los seres humanos en paradigmas de santidad. Más bien, «a fin de que la caridad crezca en el alma como una buena semilla y fructifique, todo fiel debe escuchar de buena gana la palabra de Dios y poner por obra su voluntad con la ayuda de la gracia [de Dios]» (*Lumen gentium*, núm. 42). La oración, la abnegación, el servicio a los demás y el deseo de abrazar la virtud—todos ellos con fundamento en la eucaristía (*Lumen gentium*, núm. 42)—son ayudas para obtener el «buen fruto» que la Iglesia debe hacer presente. Este fruto es la expresión sacramental de la gracia que actúa en la comunidad eclesial.

Lejos de legitimar la superioridad o la mediocridad, el vínculo entre la Iglesia y la sacramentalidad es el motor de la conversión que puede florecer en acciones justas y compasivas que encarnen la gracia en el mundo. El cumplimiento de esta misión requiere que todos los miembros de la comunidad eclesial comprendan que la Iglesia es siempre «portadora de la palabra reveladora de Dios como expresión de salvación para el mundo *y, al mismo tiempo*, [el] sujeto que escucha y cree, a quien se dirige la palabra de salvación de Dios en Cristo»[18]. En resumen, la sacramentalidad de la

---

[18] Karl Rahner, «What is a Sacrament?», en *Theological Investigations*, vol. 14: *Ecclesiology, Questions in the Church, the Church in the World*, trad. David Bourke (Nueva York: Crossroad, 1976), 143; cursiva original.

Iglesia exige que la comunidad eclesial no se vea a sí misma como un cuerpo privilegiado. En lugar de ser la comunidad exclusiva de los salvados, una comunidad siempre a salvo del fantasma del fracaso, la Iglesia es un pueblo cuya fidelidad a Dios, y a la misión que Dios le ha encomendado, no puede separarse de la apertura permanente a la gracia y del reconocimiento de la inevitable brecha entre todo lo que el Espíritu hace posible y lo que sus acciones revelan de su respuesta al Espíritu.

El reconocimiento de esta brecha es clave en el pensamiento de Louis-Marie Chauvet, para quien la Iglesia como sacramento «radicaliza la vacante del lugar de Dios. Aceptar su mediación es aceptar que esta vacante nunca se llenará»[19]. La Iglesia, a través de la iniciativa y la gracia eterna de Dios, puede ser una expresión sacramental de la presencia vivificante de Dios en el mundo, pero la Iglesia no es un sustituto de Dios. De hecho, la constitución de la Iglesia en la gracia significa, paradójicamente, que la Iglesia tiene la capacidad de ser un obstáculo único para la acción de la gracia en el mundo, como ilustra trágicamente la crisis de los abusos. Para no ser un obstáculo, la Iglesia debe ser, y seguir siendo, autocrítica y estar alerta ante la posibilidad de que la comunidad eclesial oscurezca el don del Espíritu Santo en lugar de simbolizarlo.

La autocrítica es también «una condición primordial que permite a la Iglesia ejercer una función crítica con respecto a la sociedad», ya que solo una Iglesia que reconoce su propia capacidad de alejarse de Dios puede cuestionar esa misma capacidad evidente en el mundo en general[20]. Una vez más, es obvio que existe una conexión indisociable entre la sacramentalidad de la Iglesia y la conversión de la comunidad de fe, la cual reconoce humildemente que depende de la gracia en lugar de ser la fuente de la gracia. De esta conexión se deriva la posibilidad de que la Iglesia sea un cuerpo que alimente la esperanza en el mundo.

La autocrítica y la conversión, que son componentes indispensables de

---

[19] Louis-Marie Chauvet, *Symbol and Sacrament: A Sacramental Reinterpretation of Christian Existence*, trad. Patrick Madigan y Madeleine M. Beaumont (Collegeville, MN: Pueblo, 1995), 178.

[20] Rahner, «The Function of the Church as a Critic of Society», 237.

la sacramentalidad de la Iglesia, pueden resistir cualquier tendencia a utilizar la eclesiología sacramental de forma que idealice a la Iglesia. Y lo que no es menos importante, reconocer que, en el corazón de la Iglesia, el Espíritu es un don que comparten todos los bautizados, permite desafiar aquellas prácticas y relaciones que dan la impresión de que la Iglesia es «un tipo de sistema totalitario clerical, religiosamente camuflado»[21]. Por consiguiente, no son solo los clérigos quienes representan la Iglesia. Todos los bautizados comparten la vocación de proclamar a Cristo mediante palabras y obras. Como producto de la iniciativa de Dios—el único Dios que llevará a la Iglesia a su plenitud—la Iglesia no está a disposición de ningún sector de la comunidad eclesial.

La sacramentalidad de la Iglesia implica a toda la comunidad eclesial. En consecuencia, el culto, los ministerios, las iniciativas misioneras y los órganos de gobierno de la Iglesia tendrán más probabilidades de reflejar todo lo que el Espíritu potencia cuando faciliten la participación de todos los bautizados. Una mayor reciprocidad y responsabilidad entre los titulares de los cargos y la comunidad en general contribuirá al fortalecimiento de una Iglesia autocrítica que, a su vez, fomentará la sacramentalidad de la Iglesia. La defensa que hace el papa Francisco de una Iglesia «sinodal», una Iglesia que involucre conscientemente a todos los que buscan vivir como discípulos, concuerda perfectamente con la misión sacramental de la comunidad eclesial en el mundo[22].

La eclesiología sacramental no es una fórmula para lograr la perfección. El énfasis en la gracia que ocupa el corazón de la Iglesia y que es esencial en la eclesiología sacramental puede estimular el arrepentimiento y la reforma de la comunidad eclesial. Esta conversión, a su vez, facilita el resurgir de una Iglesia más fiel y esperanzada, más capaz de reflejar a Cristo en sus

---

[21] Karl Rahner, «Freedom in the Church», en *Theological Investigations*, vol. 2: *Man in the Church*, trad. K.H. Kruger (Nueva York: Crossroad, 1983), 99.

[22] Respecto a la enseñanza papal sobre la sinodalidad, véase, por ejemplo, Papa Francisco, «Discurso del santo padre Francisco para el inicio del proceso sinodal», 9 de octubre de 2021, www.vatican.va/content/francesco/es/speeches/2021/october/documents/20211009-apertura-camminosinodale.html.

acciones. Una Iglesia así no deja atrás la necesidad de asumir el arrepentimiento que exigen sus fracasos en la crisis de los abusos. La Iglesia solo será un sacramento de sanación y esperanza si asume su propia fragilidad y necesidad de conversión, una necesidad que existe en todos los bautizados y en todos los ministerios y organismos de la vida eclesial. Renovando constantemente su dependencia de la gracia, la comunidad eclesial podrá dar testimonio de la misericordia reconciliadora y vivificante de Dios.

Richard Lennan es sacerdote de la diócesis de Maitland-Newcastle (Australia). Es doctor en Teología por la Universidad de Innsbruck y actualmente es profesor de Teología Sistemática y presidente de la Facultad Eclesiástica en la Escuela de Teología y Ministerio del Boston College. Su investigación y docencia se centran en la eclesiología, el ministerio y la teología fundamental, con especial interés en la teología de Karl Rahner. Sus libros más recientes son *Tilling the Church: Theology for an Unfinished Project* (Liturgical Press, 2022) y, como coeditor, *Priestly Ministry and the People of God: Hope and Horizons* (Orbis Books, 2022).

Capítulo 18: Interconexión: el hilo que permite una respuesta teológica y sinodal al abuso

Gill Goulding

En la mitología griega, Ariadna entregó un hilo a Teseo para que pudiera encontrar la salida del laberinto. Si Teseo se hubiera distraído y hubiera perdido ese hilo, habría sido condenado a vagar por el laberinto o, lo que es más probable, habría sido asesinado y devorado por el minotauro, que vivía en las profundidades del mismo. Solo siguiendo el hilo era posible salir de la oscuridad del laberinto para encontrar la Vida. La interconexión, sugiero, es un hilo que nos permite ver los elementos congruentes de una respuesta teológica a la crisis de los abusos sexuales—en medio de un abanico de áreas, diversas y todas importantes, en las que podríamos centrar sistemáticamente nuestra atención—y avanzar hacia una respuesta coherente y generadora de vida. Este hilo dorado (o, a decir verdad, algo deslucido) de interconexión también nos permite apreciar en cierto modo la magnitud y profundidad de la oscuridad/profanidad que yace en el corazón de la crisis de los abusos sexuales y que sigue afectando a toda la Iglesia católica.

Este artículo plantea algunas características clave que forman parte integral de esta interconexión, incluida la comprensión de la autoridad como servicio y la importancia del niño como sujeto y maestro. Aunque son áreas diferenciadas, están interrelacionadas y tienen un gran significado teológico. Además, si se reconocen como integrales, contribuyen de manera fructífera a una respuesta sinodal. Ambas características encuentran su resonancia más intensa en la persona de Jesús, quien exhorta a prestar atención a los niños. En efecto, su propia identidad es inseparable de su condición de niño en relación con el Padre, de niño eterno, siempre Hijo del Padre. Este enfoque cristocéntrico abre el fundamento del misterio trinitario de la infancia. La confianza primordial en el Padre descansa en el Espíritu Santo, común al Padre y al Hijo.

Hay también una llamada a la conversión y a la transformación de la comunidad eclesial, desde el abuso de poder y de autoridad—un abuso en el que todos podemos incurrir como padres, profesores, trabajadores sociales, conductores de autobús, personal de limpieza, cualquiera que se relacione con los demás—hasta el ejercicio de la autoridad como servicio al estilo de Cristo. En consecuencia, toda la Iglesia se enfrenta al reto de apreciar con más profundidad la magnitud de esta interconexión, la cual permite dar un impulso teológico a favor de un modo de proceder sinodal en nuestra respuesta vivificante a la crisis de los abusos.

La autoridad como servicio

Las generaciones contemporáneas han sido testigos del cuestionamiento radical de la autoridad. Atrapado entre la Escila de la anarquía, con la consiguiente destrucción de la cultura, y la Caribdis del despotismo que pisotea la dignidad humana, el concepto de autoridad parece ser indispensable para nuestras interacciones humanas. ¿Cómo podría ser una autoridad edificante en la Iglesia? ¿Y cómo puede re-establecerse la relación fundamental de confianza que es vital para el ejercicio de la verdadera autoridad como servicio? Digo re-establecer, porque la crisis de los abusos sexuales se basa en una traición a la confianza y en un abuso depredador de la autoridad. El papa Francisco ha sostenido que en el centro de la crisis de los abusos sexuales está el abuso de poder. He propuesto que parte del camino para abordar este tema pasa por un debate sobre el uso adecuado del poder[1]. Tal vez la mejor manera de pensar en el uso adecuado del poder sea a través de la noción del uso adecuado de la autoridad, es decir, como servicio[2]. En la tradición cristiana ha habido un ejercicio respetable de la

---

[1] Gill Goulding, CJ, «Towards a Theological and Synodal Response to the Abuse Crisis», *New Blackfriars* 102, núm. 1097 (2021): 96–107.

[2] Christopher Butler señala que las fuentes del Nuevo Testamento lamentablemente consideran que la autoridad de Cristo fue percibida por sus seguidores principalmente por sus exorcismos y curaciones dentro de la comunidad; véase Christopher Butler, «Authority in the New Testament», *Downside Review* 57, núm. 4 (1939): 505-523.

autoridad en este sentido durante generaciones: en el servicio a los pobres, la promoción de la educación, especialmente para las niñas, la fundación de centros de atención médica y el testimonio diario de innumerables hombres y mujeres santos en posiciones de autoridad. El hecho de que a veces se deshonre la autoridad no niega esa realidad. «Una reflexión teológica responsable podría hacer posible esa autoridad auténtica mediante un proceso dialéctico que también identifique y trate de reformar lo deshonroso»[3].

Según la tradición de fe cristiana, hay una cierta autoridad dentro de nuestro propio ser. Esta se deriva del acto trinitario de la creación, que surge de la efervescencia de la actividad amorosa y dinámica de Dios y afirma la dignidad, el valor y la bondad esenciales de cada persona humana, hecha a imagen y semejanza de Dios. Esta autoridad del ser implica una dependencia que pertenece a la naturaleza misma de la criatura. Somos criaturas que tienen un Creador, y este vínculo íntimo de dependencia nos llama a una relación profunda con Dios que se refleja en nuestra necesidad humana de relacionarnos en profundidad unos con otros. Aquí hay una doble dinámica: depender de Dios «nos libera de las esclavitudes y [en segundo lugar] nos lleva a reconocer nuestra propia dignidad [como personas humanas]» (*Gaudete et exsultate*, núm. 32). La madurez de una vida cristiana bien vivida manifiesta esa intimidad relacional con Dios y la expresión apropiada de intimidad con otras personas humanas. La consideración de tales vidas da aliento y apoyo a las identidades relacionales en desarrollo de niños y jóvenes. Cuando las vidas jóvenes sufren el trauma del abuso sexual, la huella pervertida sobre su experiencia de identidad e intimidad relacionales puede estropear todas las relaciones futuras.

Los pueblos inuit de la región ártica de Canadá construyeron *inuksuk* o *inukshuk*, hitos o mojones de piedra que se encuentran en el norte de Canadá. Estas estructuras de piedra eran importantes para navegar por el territorio helado. Se utilizaban, entre otras cosas, como punto de referencia que indicaba la dirección del viaje. Señalaban algo que se encontraba más

---

[3] Goulding, «Towards a Theological and Synodal Response to the Abuse Crisis», 98.

allá de ellos mismos. De manera similar, quienes ejercen la autoridad en el contexto de la fe cristiana están llamados a ser personas que señalan una autoridad que está más allá de ellos mismos, que es muy superior a ellos. Dios es la autoridad final y todas las criaturas están sujetas a Dios. En consecuencia, los llamados a representar a Dios en el ejercicio de la autoridad dentro de la Iglesia están llamados también a dar ejemplo de obediencia a Dios si quieren ser creíbles en el ejercicio de esa autoridad como servicio. La vida del representante de la autoridad de Dios debe reflejar esa intimidad con Él que es el fundamento de toda autoridad y que se manifiesta en un servicio lleno de esperanza y generador de vida para los demás. Se trata de un ejercicio de autoridad ciertamente edificante.

La autoridad de Cristo

«La total y generosa disponibilidad para servir a los demás es el signo distintivo de quien en la Iglesia está revestido de autoridad [...] [ya que] el primer "Siervo de los siervos de Dios" es Jesús»[4]. Afianzado en la profundidad de su relación con el Padre, Jesús siempre tendía la mano a sus discípulos y, más allá de ellos, a los más pobres y olvidados. «En Él, Dios revela su ser personal más íntimo: su amor más humilde en el mundo hasta despojarse de todo poder propio (Flp. 2,6-7), hasta morir por obediencia y morir en una cruz (Flp. 2,8), y precisamente en todo esto irrumpe la luz de su absoluta superioridad sobre todo poder opuesto a Él que no sea el poder del amor. [...] Cristo permanece como el que realiza (a través de su Cruz) la decisión de Dios de amar plenamente al mundo»[5]. En el misterio de la cruz encontramos la liberación del abuso de poder y la imagen más profunda de la autoridad como servicio. De hecho, la hermenéutica final es siempre la cruz.

Este poder del amor es central en la forma en que Jesús delegó la

---

[4] Papa Benedicto XVI, «Homilía de su santidad Benedicto XVI», 24 de marzo de 2006, www.vatican.va/content/benedict-xvi/es/homilies/2006/documents/hf_ben-xvi_hom_20060324_consistory.html.

[5] Hans Urs von Balthasar, «Authority», en *Elucidations*, trad. John Riches (San Francisco: Ignatius Press, 1998), 137–139.

Interconexión: el hijo permite una respuesta teológica y sinodal al abuso

autoridad a su Iglesia, a Pedro, a los doce y a aquellos en quienes ellos delegarían posteriormente. Es importante señalar, como hace Balthasar, que la autoridad primordial era la de perdonar los pecados, la cual era clave para la misión de Jesús[6]. Además, está claro que Pedro solo asume esta responsabilidad porque está dispuesto a dar su vida por la Iglesia. El don de poder ofrecer el perdón está ligado a la disposición de los que son capaces de ofrecer su vida al servicio de los demás. No obstante, es importante indicar que, en virtud del bautismo por el que somos bautizados en la muerte y resurrección de Cristo, recibimos una parte de su autoridad y recibimos el don del Espíritu Santo. Esto significa que el testimonio de vida cristiana es un deber fundamental. En el centro de este testimonio se halla la voluntad de estar abiertos a perdonar y ser perdonados.

Existe una importante demarcación de la autoridad dentro de la Iglesia, que solo puede entenderse verdaderamente en un sentido análogo. «Una analogía entre la autoridad de la Iglesia en su totalidad y la autoridad de aquellos que por Cristo están dotados de una autoridad particular en medio del pueblo, una analogía en la que la presencia de la autoridad de Dios en Cristo se hace concreta (encarnada) para el pueblo en su diferenciación»[7]. El dilema a través de todas las generaciones es que la autoridad de la Iglesia debe ser una continuación de la propia autoridad de Cristo y, sin embargo, nunca puede estar totalmente al mismo nivel que el mandato de Cristo. Solo cuando la autoridad se ejerce con ese espíritu de amor humilde que caracterizó el ministerio de Jesús es creíble para el pueblo[8]. El papa Francisco ha subrayado la importancia del ministerio

---

[6] Balthasar, «Authority», 137.

[7] Balthasar, «Authority», 138.

[8] Balthasar, «Authority», 139. Y continúa: «La autoridad de la Iglesia debe comprender que solo puede funcionar dentro de la analogía de la autoridad total del pueblo de la Iglesia o, dicho en términos modernos y concretos, en un diálogo continuo entre toda la Iglesia y el liderazgo de la Iglesia (los obispos en su colegialidad y su cabeza, el papa); [...] el justo sentido de la dirección reside tanto en los creyentes de la Iglesia universal como en el colegio de todos los obispos y en la cabeza que, por así decirlo, los engloba y personifica, pero que, no obstante, solo es "cabeza" *de* y *para* y *con* algo. [...] Cristo es la autoridad en la Iglesia que nunca podrá ser superada. Pero no ejerce su autoridad unilateralmente como el Cristo exaltado que juzga y

sacerdotal como un gran misterio de amor que debe fomentarse «con la oración, con la escucha de la Palabra de Dios y con la celebración cotidiana de la Eucaristía, y también con una frecuentación al Sacramento de la Penitencia». Sin recurrir a estas prácticas, el sacerdote «termina inevitablemente por perder de vista el sentido auténtico del propio servicio y la alegría que deriva de una profunda comunión con Jesús»[9]. En ese momento puede iniciarse la trayectoria hacia un comportamiento abusivo.

Evidentemente, la llamada a la santidad es un recordatorio muy llamativo para quienes ocupan puestos reconocibles dentro de la Iglesia—sacerdotes, obispos, religiosos y laicos—pero ellos, como nosotros, son todos miembros del Pueblo de Dios. Como tales, compartimos una responsabilidad y una necesidad de rendir cuentas sobre el modo en que usamos la autoridad en nuestras diferentes circunstancias. Todos estamos llamados «a ser un pueblo, que le confesara [a Dios] en verdad y le sirviera santamente» (*Lumen gentium*, núm. 9), y ¿dónde debería verse esa santidad sino en el modo en que ejercemos la autoridad en los distintos ámbitos? En efecto, *Lumen gentium* insiste en que todos los fieles «son llamados por el Señor [...] a la perfección de aquella santidad con la que es perfecto el mismo Padre» (*Lumen gentium*, núm. 11).

La importancia del niño

En el centro de toda consideración sobre la crisis de los abusos sexuales está la persona del niño o del joven vulnerable. Sin embargo, a menudo no se consigue hablar directamente con los niños sobre su experiencia. Todavía existe una ambivalencia cultural hacia los niños, quizás arraigada en el idealismo romántico de la infancia de Rousseau o en la visión de Kant de los niños como algo no formado y de apariencia animal, y de la infancia como una preparación para la edad adulta que vendrá cuando la infancia

---

promulga la ley, sino como la imagen de Dios que solo es exaltado en la humillación, que solo legisla en el amor y que solo juzga en la medida que perdona».

[9] Papa Francisco, «Audiencia General», 26 de marzo de 2014, www.vatican.va/content/francesco/es/audiences/2014/documents/papa-francesco_20140326_udienza-generale.html.

desaparezca[10]. También está la idealización victoriana de la familia nuclear[11]. Estas representaciones apenas tienen en cuenta la capacidad de acción de los niños, a pesar de que la noción de la capacidad de acción del niño es fundamental para las diversas subdisciplinas de las humanidades que han florecido desde los años ochenta, denominadas *estudios sobre la infancia, estudios sociales sobre la infancia* o *sociología de la infancia*. Es vital que pongamos en tela de juicio nuestras actuales suposiciones culturales sobre lo que constituye el conocimiento real y las capacidades necesarias para una comunicación fiable, sobre la naturaleza de los niños y sobre las dificultades de una conversación honesta en torno al dolor y el sufrimiento, más aún cuando se trata de un niño a quien por encima de todo se desea proteger y preservar del sufrimiento. Una pregunta honesta podría ser la siguiente: ¿nos estamos protegiendo a nosotros mismos del dolor en lugar de proteger al niño? Sugiero que es posible y necesario hablar con los niños sobre sus experiencias, porque los niños son personas que conocen, sujetos intersubjetivos; en realidad, son sujetos comunicantes en razón de su intersubjetividad fundamental[12]. Aunque a menudo carecen de capacidad para la formulación abstracta, los niños tienen un afán de conocimiento y un don para la creación de significados. Son capaces de comunicarse y dialogar con los demás, incluidos los adultos, a través de la conversación, pero sobre todo mediante el arte, los cuentos y el juego. Tenemos mucho que aprender de los niños y no es para menos, porque el mandato evangélico (Mc. 10,13-16 y Mt. 18,1-6) es que debemos prestar

---

[10] Véase Immanuel Kant, *Über Pädagogik* (Königsberg: D. Friedrich Theodor Rink, 1803). Kant aborda específicamente esta visión del desarrollo del niño en la introducción y en el capítulo 1.

[11] Véase David Popenoe, «Victorian Fathers and the Rise of the Modern Nuclear Family», en *Families Without Fathers* (Nueva York: Routledge, 2009), 81–108.

[12] Existe bibliografía sobre cómo hablar de los abusos sufridos con los niños víctimas. Véase «Practitioner and Parent/Caregiver Guides», Office for Victims of Crime, ovc.ojp.gov/child-victims-and-witnesses-support/guides; Haroon Siddique, «Child victims of sexual abuse 'often accused of lying to police'», *The Guardian*, 24 de junio de 2021, www.theguardian.com/world/2021/jun/24/child-victims-of-sexual-abuse-often-accused-of-lying-to-police.

atención a los niños, no solo para protegerlos, sino para aprender de ellos.

Décadas antes de los estudios sobre la infancia, Karl Rahner, SJ, escribió un artículo[13] que ensalzaba la capacidad de acción del niño y el valor insuperable de la infancia, explorando la dimensión trascendente del conocimiento y el amor de los niños y cuán abiertos están al misterio de la presencia de Dios. Rahner subrayó que la infancia no es algo que perdamos o dejemos atrás a medida que avanzamos hacia la edad adulta. Más bien «vamos hacia su encuentro como hacia lo realizado y salvado en el tiempo[14]. Nosotros *seremos* los niños que *fuimos*, porque un día recogeremos el tiempo y nuestra infancia en la eternidad»[15]. La infancia, afirma Rahner, tiene un valor y una importancia que van más allá de nuestra concepción humana porque «la misma infancia tiene una inmediata relación con Dios»[16]. La infancia tiene un valor único en sí misma, y esto es aplicable a todos los niños[17]. El cristianismo muestra reverencia por el niño. La concepción teológica que Rahner tiene de la infancia no se caracteriza por un optimismo ingenuo, sino por una esperanza puesta en la abundante gracia de Dios.

El niño es un niño, y todos hemos sido niños o, mejor dicho, todos

---

[13] Karl Rahner, «Ideas for a Theology of Childhood», en *Theological Investigations*, vol. 8, trad. David Bourke (Londres: Darton, Longman & Todd, 1971), 33–50.

[14] Rahner, «Ideas for a Theology of Childhood», 39: «El niño y sus orígenes son abrazados por el amor de Dios mediante la promesa de esa gracia que, en la voluntad de Dios de salvar a toda la humanidad, llega en todas las circunstancias y a toda persona de parte de Dios en Cristo Jesús».

[15] Rahner, «Ideas for a Theology of Childhood», 36: Y continúa: «Nuestra infancia permanece abierta... Pero esto no significa que dejamos la infancia, sino que nos dirigimos hacia la eternidad y hacia la definitiva validez de esta infancia delante de Dios. Por esto la infancia es importante para el destino del hombre no solo como preparación para decisiones trascendentales futuras, sino mucho más como un tiempo de su historia personal en el cual se desarrolla lo que solamente en él se puede desarrollar».

[16] Rahner, «Ideas for a Theology of Childhood», 36.

[17] Rahner, «Ideas for a Theology of Childhood», 38: «El niño es desde el primer momento el compañero de Dios [...] quien puede amar lo más pequeño porque para él lo más pequeño está siempre lleno del todo; quien no siente lo inefable como algo que le es letal porque experimenta el hecho de que, cuando se abandona a ello sin reservas, cae en las profundidades inconcebibles del amor y de la bienaventuranza».

hemos sido un niño/a particular y único/a. Nuestras experiencias de ser niño serán diferentes según la naturaleza única de nuestro ser y según las circunstancias en las que hayamos vivido. Lo importante aquí es recordar la experiencia de nuestra propia infancia. Es vital que no ignoremos nuestra experiencia de ser niño. Como insiste Rahner, tanto la Escritura como la tradición dan por sentado que entendemos lo que es realmente un niño a partir de nuestra propia experiencia, en lugar de tratar esta cuestión como algo que hay que analizar. Entre otras cosas, nuestra infancia puede recordarnos nuestra vulnerabilidad compartida, nuestra fragilidad como seres humanos en relación con los demás.

Hijos de Dios

Según Rahner, la infancia también está abierta al misterio. Es, en última instancia, un misterio. «Y porque es un misterio [...] la vida misma es misteriosa [...] y siempre que conservemos reverente y amorosamente nuestra entrega al misterio, la vida se convierte para nosotros en un modo de ser en el que nuestra infancia original se conserva para siempre [...] un modo de ser que nos confiere la capacidad de seguir jugando, de reconocer que la fuerzas que rigen la existencia son mayores que nuestros propios designios, y de someternos a su control como nuestro bien más profundo»[18]. La naturaleza misteriosa de ser niño solo la llegamos a comprender más tarde en la vida, cuando crecemos hasta convertirnos en lo que somos, es decir, niños. De hecho, como indica Rahner, la experiencia de la infancia implica no solo una realidad existencial, sino también escatológica. Jesús señala a los niños como aquellos que conocen sus propias necesidades (Mt. 18,4), que no tienen nada de sí mismos que merezca la ayuda de Dios, pero que lo esperan todo de Dios y confían en su bondad amorosa y en su protección. Este misterio de apertura confiada a Dios refleja en parte la relación entre Jesús y el Padre.

---

[18] Rahner, «Ideas for a Theology of Childhood», 42. Y continúa: «una vida que cuando llega a su fin sabe y confía infantilmente haber acabado su tarea [...] Una actitud tal hace del misterio la protección y la defensa de nuestras vidas».

Sin embargo, es vital, como afirma san Pablo (Ef. 3,26), reconocer que las personas humanas están llamadas a realizar su identidad como hijos de Dios. En esto consiste, para Rahner, la madurez de nuestro modo de entender lo que significa ser hijo. Aquí se conjugan la «confianza, la apertura, la esperanza, la armonía interior con las fuerzas impredecibles a las que el individuo se enfrenta [...] la disposición a adentrarse en lo desconocido y lo no experimentado»[19]. En esta expresión de madurez, se hace evidente que el hecho mismo de que somos hijos de Dios ha estado presente en nuestras vidas desde el principio. No se trata de un atributo adquirido con el paso del tiempo por medio de un esfuerzo diligente o de méritos. «Solo se comprende la última esencia de la infancia cuando se comprende la filiación divina»[20].

Rahner parece ser consciente de que quienes de niños se sintieron desatendidos, abandonados o —añadiría yo— sufrieron el azote del abuso sexual pueden interpretar esa experiencia en un sentido último y metafísico trastornando toda su vida. A menudo, estas personas no podrán superar posteriores experiencias difíciles en la vida o el impacto de nuevos traumas psicológicos reapropiándose de los recuerdos de una infancia segura que les encamine de manera positiva hacia el sentido y la vida. En su lugar, interpretarán tales experiencias como una proyección más de la experiencia de negatividad, inseguridad y abuso retraumatizado.

Son esos niños y jóvenes que han sufrido abusos los que en muchos casos son incapaces de reconocer y vivir la plenitud de su identidad como hijos de Dios, debido al sufrimiento causado por el abuso. La experiencia del abuso sexual cuando el agresor es un miembro del clero no solo implica violar el modo de entender la relación y la intimidad, sino que también es una gran traición al alma del niño o de la persona vulnerable. Si luego hay un intento por parte del perpetrador de justificar tal abuso usando la autoridad del sacerdote o utilizando sacramentos, como el de la reconciliación, se produce una profanación de lo sagrado. Tanto la realidad

---

[19] Rahner, «Ideas for a Theology of Childhood», 47–48.
[20] Rahner, «Ideas for a Theology of Childhood», 49.

del niño o del joven como los sacramentos son profanados por un acto sacrílego. El sacerdote que se presenta ante ese niño o adulto vulnerable como una autoridad espiritual en su relación con Dios traiciona esa confianza y marca irreversiblemente el alma de la persona de la que abusó. Stephen Rossetti, en un libro histórico escrito en 1990, utilizó el término «asesino del alma»[21] para describir la profundidad del acto profano del abuso. Es de suma importancia que la comunidad eclesial reflexione sobre el inmenso sufrimiento que ocasiona el abuso, tanto de forma catastrófica para la víctima como para la familia, los amigos y la comunidad eclesial en general.

El niño eterno que es Cristo

En esta grave traición sufrida por los que han sido objeto de abusos, también podemos vislumbrar la profundidad de la traición a Jesús. En la profanación de la especie sagrada que es su cuerpo, mediante la tortura y la crucifixión, vislumbramos la traición a su cuerpo místico, que es la Iglesia, y especialmente a los más vulnerables en ella. En la indiferencia mostrada hacia su cuerpo sagrado, que se nos hace vulnerable en la eucaristía, vislumbramos en parte el rechazo y la indiferencia mostrados a lo largo de los años hacia las víctimas de abusos. En la parábola del juicio final del Evangelio de Mateo, Jesús afirma claramente: «Os aseguro que todo lo que hayáis hecho en favor del más pequeño de mis hermanos, a mí me lo habéis hecho» (Mt. 25,40). Abusar de cualquier niño o adulto vulnerable es abusar de Jesús, es un acto sacrílego. Porque, continúa diciendo, «Os aseguro que cuanto no hicisteis en favor de estos más pequeños, tampoco conmigo lo hicisteis» (Mt. 25,45). Cuando no se quisieron escuchar las dolorosas historias de abusos sexuales, cuando se culpaba a las víctimas por atreverse a sugerir tal acción por parte de un sacerdote y cuando no se ofrecía consuelo, sino solo incomprensión, negación y ostracismo, aquí, una vez más, Jesús afirma que tales acciones fueron realizadas contra él. La

---

[21] Stephen Rossetti, *Slayer of the Soul: Child Sexual Abuse and the Catholic Church* (Mystic, CT: Twenty-Third Publications, 1990).

relación que Jesús establece entre él y los más vulnerables es inviolable. Cuando se trata de niños, sus palabras se vuelven muy explícitas: «Y el que recibe en mi nombre a un niño como este, a mí me recibe. Pero a quien sea causa de pecado para uno de estos pequeños que creen en mí, más le valdría que lo arrojaran al fondo del mar con una piedra de molino atada al cuello» (Mt. 18,5–6). Se trata de un castigo impuesto al más pernicioso de los delitos.

Según Mt. 18,5, quien acoge a un niño en nombre de Jesús, acoge al mismo Jesús. Con estas palabras, Jesús no está afirmando que un niño sea una especie de analogía del Hijo de Dios, sino que más bien subraya que acogerlo es acoger «al Niño arquetípico que tiene su morada en el seno del Padre. [...] Quien se dirige al más insignificante de los niños está, de hecho, llegando a lo que es definitivo, al Padre mismo»[22]. Aquí tocamos un misterio profundo en el corazón del Evangelio, a saber, Jesús es siempre el hijo eterno del Padre. La palabra se hace carne en la persona concreta de Jesús de Nazaret, nacido de la virgen María y con un padre adoptivo, José. Al mismo tiempo, este Dios-Hombre, Jesucristo, es Hijo de Dios, Hijo del Padre. Su propia obediencia fiel al Padre incluye una apertura y una voluntad de llegar hasta donde la voluntad amorosa del Padre disponga[23]. El fundamento sobre el que se asienta Jesús en su vida terrena es su relación con el Padre. Esto lo reitera muchas veces el propio Jesús, sobre todo en el Evangelio de Juan. Su propia identidad es inseparable de su condición de

---

[22] Hans Urs von Balthasar, *Unless You Become Like This Child*, trad. Erasmo Leiva-Merikakis (San Francisco: Ignatius Press, 1991), 10.

[23] Balthasar, *Unless You Become Like This Child*, 31: «Esta confianza primigenia en el Padre, que ninguna desconfianza enturbia jamás, descansa en el Espíritu Santo común al Padre y al Hijo. En el Hijo, el Espíritu mantiene viva la confianza inquebrantable en que todo mandato del Padre (incluso cuando la distinción entre las personas de la Trinidad se transforma de tal modo que se experimenta como abandono del Hijo) será siempre un mandato de amor que el Hijo, ahora que es hombre, debe corresponder con obediencia humana». Es necesaria una mayor reflexión teológica que sondee las profundidades de la infancia eterna de Jesús para poner de manifiesto el alcance de esta fecunda interpretación. Una exploración a ese nivel trasciende el propósito de este artículo, aunque se está trabajando en ello con vistas a otra publicación.

hijo en relación con el Padre. «Precisamente esto muestra hasta qué punto sigue siendo niño incluso de adulto, y por qué esta característica permanente le permitió comprender la infancia de un modo tan singular y le hizo exaltar tanto la condición de ser niño»[24].

¿Y qué significa ser un hijo adulto de Dios? Significa ser alguien siempre dependiente, que sabe que debe su existencia a Dios y que, con la conciencia permanente de ser niño, está siempre dispuesto a pedir y a dar gracias. Un niño también está abierto a dar a los demás. Una actitud infantil es una actitud que está abierta al carácter intrínseco de la Iglesia como misterio reconocido en la recepción de los sacramentos: en la proclamación de la palabra, en el liderazgo ordenado por Cristo y el sacerdocio especial de los fieles, y en la confianza de que este sacerdocio contiene la gracia de Dios destinada a ser acogida como lo hace un niño. El niño también vive en el presente, dispuesto a aceptar lo que cada día trae consigo y a buscar la gracia en ese preciso día. «Un niño que conoce a Dios puede encontrarlo en cada momento, porque en cada momento se le desvela y le muestra el fundamento del tiempo: como si descansara sobre la eternidad misma»[25]. Ser hijo del Padre tiene la primacía sobre el drama de la salvación en su totalidad, ya que es lo que conduce al Hijo desde su infancia humana, a través de su ministerio público y el rechazo de las personas, hasta su oficio de sumo sacerdote en la cruz[26]. El hijo eterno nos sostiene ante el Padre mientras intercede por nosotros como sumo sacerdote eterno. La maternidad de la Iglesia, forjada por la gracia, descansa sobre el fundamento primario de su propia infancia, que persiste y que impregna toda autoridad cuando se ejerce como servicio.

Para que esta interconexión contribuya positivamente a la vida de la Iglesia y a su modo de proceder, es necesario que se produzcan una

---

[24] Balthasar, *Unless You Become Like This Child*, 33.
[25] Balthasar, *Unless You Become Like This Child*, 55.
[26] Véase Hans Zollner, SJ, «The Child at the Center: What Can Theology Say in the Face of the Scandals of Abuse?», *Theological Studies* 80, núm. 3 (2019): 692–710, donde expone algunas líneas teológicas para futuros estudios teológicos, en particular «una subestimación del poder y la sutileza del mal», con vistas al «desarrollo de una teología moderna del niño».

conversión y una transformación significativas. La conversión es necesaria para pasar del abuso de poder y autoridad a una forma de ejercer la autoridad como servicio según el ejemplo de Cristo. Nos convertimos en hijos de Dios por adopción; el Hijo nos une a él y nos lleva al Padre. En definitiva, esto se realiza en la cruz y se hace presente para nosotros en la eucaristía, pero este ser-en-él ya está contenido en el plan de Dios antes de la fundación del mundo, pues el Padre nos eligió en Cristo (Ef. 1,4). La Iglesia bautiza según la fórmula trinitaria, consagra el ser humano a Dios y comunica a la persona el don divino del nacimiento de Dios y la pertenencia a la familia de la Iglesia. De este fundamento se derivan claras implicaciones para la forma en que estamos llamados a ejercer la autoridad. Cualquier ejercicio de la autoridad que quiera ser generador de vida debe incluir: la conciencia de su responsabilidad, el conocimiento de la dignidad única de los que están confiados a su cuidado, y una apertura y receptividad humildes y semejantes a las de un niño, tanto hacia Dios como hacia los demás, en la expresión de esa autoridad.

Para ayudar a la reflexión individual sobre esta cuestión del ejercicio de la autoridad, sugiero tomar en consideración tres preguntas importantes. *¿Cuál* es la autoridad que estás llamado a ejercer? Es importante identificarla y reconocerla. *¿Cuándo* ejerces esta autoridad, ante qué personas? *¿Cómo* ejerces esa autoridad? ¿Te ves a ti mismo tratando de servir a las personas ante quienes ejerces esa autoridad o te limitas a decir a los demás lo que tienen que hacer o dejar de hacer? En tercer lugar, *¿por qué* ejerces esa autoridad?, ¿es por amor a los demás, es un camino de servicio? Una forma de responder a estas preguntas podría ser considerar tu experiencia en la oración con la ayuda del Espíritu Santo. Como ya he indicado, la autoridad es creíble para las personas y está libre de abusos solo cuando se ejerce con el espíritu del amor humilde que caracterizó el ministerio de Jesús. Este amor humilde necesita ser alimentado por la oración, la eucaristía y el sacramento de la reconciliación para recibir la alegría que brota de la comunión profunda con Jesús.

El espíritu sinodal

Este amor que recibimos del Señor es la fuerza que transforma nuestra vida, abriendo nuestro corazón al Espíritu Santo y haciendo posible la misión. Aquí nos encontramos con la dinámica del proceso sinodal, en el que son esenciales dos actitudes clave. La primera es la apertura a una escucha profunda y humilde de todos los implicados en el proceso. La segunda es tener la audacia de hablar abiertamente, con honestidad y sin inhibiciones originadas por el miedo. En un proceso de estas características se está dispuesto a escuchar y a aprender de los más vulnerables, frágiles y marginados, a entrar en comunión con ellos y a participar en la misión de estar a su servicio.

Además, yo afirmaría que explorar esta forma de interconexión es una forma sinodal de actuar. Por lo tanto, está en consonancia con lo que el papa Francisco ha designado como una forma adecuada de proceder para la Iglesia en la vivencia de su misión evangélica. En particular, esta forma sinodal de actuar, que incluye a quienes han sufrido el trauma del abuso sexual, puede contribuir a un camino de sanación tanto para las víctimas/supervivientes como para la Iglesia en general. Cuando nos comprometemos en ese proceso de escucha intensa del Espíritu Santo, una escucha «con los oídos del corazón», como afirma el papa Francisco[27], somos capaces, por la gracia, de oír y percibir la verdad profunda. Al escuchar a quienes han sufrido abusos, podemos vislumbrar en parte la profundidad de su dolor y la profanación tanto de toda su persona como de la persona de Jesús. Darse cuenta de que han sido escuchados en lo más íntimo de su ser puede ser un paso estimulante para el superviviente del abuso y un momento de gracia también para la Iglesia, llevada a reconocer su propia complicidad. Escuchar juntos, discernir juntos, centrarse en la comunión y la participación y estar abiertos al Espíritu de Dios que se

---

[27] Papa Francisco, «Mensaje del santo padre Francisco para la 56 Jornada Mundial de las Comunicaciones Sociales», 24 de enero de 2022, www.vatican.va/content/francesco/es/messages/communications/documents/20220124-messaggio-comunicazioni-sociali.html.

mueve dentro de la Iglesia permite al pueblo de Dios seguir el hilo que conduce a la Vida. Como afirmó el papa Francisco, «[e]ste último tiempo es tiempo de escucha y discernimiento para llegar a las raíces que permitieron que tales atrocidades se produjeran y perpetuasen, y así encontrar soluciones al escándalo de los abusos no con estrategias meramente de contención—imprescindibles pero insuficientes—sino con todas las medidas necesarias para poder asumir el problema en su complejidad»[28].

Conclusión

El tema de la interconexión no es una solución inmediata al problema de los abusos sexuales dentro de la Iglesia. Lo que sí hace es plantear la complejidad que implica cualquier respuesta. La interconexión indica algunos de los elementos teológicos del problema diversos y diferenciados y sugiere que el camino a seguir implica considerar diferentes niveles de discurso, uno de los cuales conlleva consideraciones teológicas. Centrarse en un solo elemento—incluso en la experiencia de las víctimas/supervivientes de abusos sexuales—es demasiado simplista.

Si la Iglesia quiere avanzar para volver a ser un signo de esperanza y un faro de luz y de vida en el mundo contemporáneo, debe abrirse al modo de proceder del Espíritu de Dios. Como el hilo de Ariadna, el Espíritu desea sacarnos de la oscuridad y llevarnos a la luz, aunque dolorosa, de la actividad redentora de Dios en la vida de los que han sufrido y en la comunión eclesial más amplia. Tomar en una mano el hilo de la interconexión mientras se trabaja en cualquiera de las áreas específicas—tanto las indicadas anteriormente como otras—sienta las bases para una apertura en la que el Espíritu de Dios puede obrar prodigiosamente.

---

[28] Papa Francisco, «Carta del santo padre Francisco al pueblo de Dios que peregrina en Chile», 31 de mayo de 2018, núm. 3, www.vatican.va/content/francesco/es/letters/2018/documents/papa-francesco_20180531_lettera-popolodidio-cile.html.

Gill Goulding, CJ, es doctora en Teología por la Universidad de Edimburgo (Escocia). Es docente de Teología Trinitaria, Eclesiología y Antropología Teológica, y entre los teólogos que más le interesan figuran Hans Urs von Balthasar y Romano Guardini. En 2022, Gill completó un proyecto de investigación de año sabático titulado «The Forgotten Dimension: Theology Informing a Response to the Abuse Crisis» («La dimensión olvidada: una respuesta teológica a la crisis de los abusos»), el cual implicó la redacción de dos textos, uno para los obispos y otro para una comunidad eclesiástica más amplia, que se han traducido a cuatro idiomas. Gill es también investigadora asociada en el Instituto Von Hügel, St Edmund's College (Cambridge, Reino Unido). Es miembro de las comisiones teológicas de la Conferencia de Religiosos de Canadá, del Consejo Canadiense de Iglesias y del Sínodo de los Obispos en Roma. Fue nombrada por el papa Benedicto como experta para el Sínodo en 2012 y nombrada en 2021 para ayudar en el proceso sinodal 2021-2023 y posteriores.

Capítulo 19: ¿Puede ayudar el purgatorio? Reflexiones desde la teología dramática en el contexto de la crisis de los abusos

Nikolaus Wandinger

En las últimas décadas, la teología ha hecho hincapié en la misericordia y el perdón de Dios. Tras el Concilio Vaticano II, importantes teólogos, entre ellos Hans Urs von Balthasar, Karl Rahner y Joseph Ratzinger, han hablado de una esperanza de salvación universal a pesar de la posibilidad real de una condena eterna[1]. En muchos lugares la práctica pastoral ha relegado a un segundo plano la idea de la justicia y el castigo de Dios, y por buenas razones. Se ha abandonado una larga historia de alarmismo en favor de una postura más compatible con el mensaje del reino de Jesús[2]. En consecuencia, se ha eliminado de la liturgia de los difuntos la secuencia tradicional del *Dies Irae*, que daba lugar a grandes composiciones musicales. Sin embargo, más recientemente varios teólogos han renovado la cuestión, y algunos han protestado contra lo que percibían como una injusticia hacia las víctimas y una desvalorización de la gracia divina[3]. Del

---

[1] Hans Urs von Balthasar, *Theodramatik*, vol. IV (Friburgo: Einsiedeln, 1983), 223-294; Karl Rahner, «Grundkurs des Glaubens. Einführung in den Begriff des Christentums», en *Sämtliche Werke 26* (Friburgo de Brisgovia: Herder, 1999), 417-418; Joseph Ratzinger, *Eschatologie—Tod und ewiges Leben* (Ratisbona: 1977), 178-179.

[2] Según la investigación neotestamentaria de finales del siglo XX, el mensaje del reino de Dios (*Basileia tou theou*) es el mensaje primordial que los Evangelios sinópticos atribuyen a Jesús en su ministerio terrenal; su contenido quedará más claro en el transcurso del artículo.

[3] Véase, en particular, Klaus von Stosch, *Gott—Macht—Geschichte. Versuch einer theodizeesensiblen Rede vom Handeln Gottes in der Welt* (Friburgo de Brisgovia: Herder, 2006), 207, n. 112. Para el debate al respecto, véase Jan Heiner Tück, «Inkarnierte Feindesliebe. Der Messias Israels und die Hoffnung auf Versöhnung», en *Streitfall Christologie. Vergewisserungen nach der Shoah*, ed. Helmut Hoping y Jan Heiner Tück, Quaestiones Disputatae 214 (Friburgo de Brisgovia: Herder, 2005), 216-258; Magnus Striet, «Streitfall Apokatastasis. Dogmatische Anmerkungen mit einem ökumenischen Seitenblick», *Theologische Quartalschrift* 184 (2004): 185-201; Bernhard Nitsche, «Eschatologie als dramatische Nach-Geschichte?», en *Von der*

mismo modo, en los debates sobre la crisis de los abusos sexuales, he observado que muchas personas consideran que hablar de perdón es una ofensa para los supervivientes de los abusos sexuales y su encubrimiento. El hecho de que muchos agresores ya han fallecido cuando los supervivientes encuentran la fuerza para hablar y por fin se les cree agrava aún más esta situación. No solo es imposible abordar legalmente las acciones de muchos agresores debido a los plazos de prescripción existentes, sino que también es inconcebible enfrentarse a ellos en el terreno personal y moral, al menos no en esta vida.

La fe cristiana espera una vida después de la muerte. Ahora bien, ¿qué implica esta esperanza para las víctimas de abusos y sus verdugos? En una época anterior, la respuesta habría sido bastante sencilla: los pecadores graves que murieran en pecado irían al infierno. Si se arrepentían y se reconciliaban con Dios y con la Iglesia en la confesión, tendrían que purificarse en el purgatorio, pero luego podrían entrar en el cielo. Todo ello se pondría de manifiesto en el juicio final, donde Cristo separaría a las ovejas redimidas de los cabritos condenados (Mt. 25,31–46)[4].

No obstante, este modelo tan claro ha perdido su poder de resonancia. La idea del infierno parece incompatible con un Dios misericordioso; la idea de la purificación parece, cuando menos, extraña. ¿Cómo se produciría esta purificación? ¿Sufriendo dolor para compensar las faltas cometidas? ¿Cómo podría contribuir eso a la purificación? Tanto la perspectiva tradicional como la visión optimista contemporánea tienen problemas en común. ¿Dónde está la voz de las víctimas de abusos sexuales en la Iglesia? ¿Tienen voz y voto cuando Dios reparte perdón a sus verdugos o los condena al infierno? ¿La misericordia para los agresores no equivale a una nueva injusticia para las víctimas? ¿O la condena de los agresores disminuye la misericordia de Dios?

A medida que la esperanza en la salvación universal y el énfasis en la

---

Communio zur Kommunikativen Theologie. Bernd-Jochen Hilberath zum 60. Geburtstag (Berlín: LIT-Verlag, 2008), 99–109.

[4] Franz-Josef Nocke, «Eschatologie», en *Handbuch der Dogmatik*, ed. Theodor Schneider (Düsseldorf: Patmos, 1995), 444–447.

misericordia de Dios se convirtieron en la expectativa dominante, estas cuestiones se descuidaron considerablemente en el ministerio de la palabra de la Iglesia. En cambio, los teólogos que trabajan bajo el enfoque de la teología dramática han sugerido nuevos modelos de juicio final con un modo narrativo que apela a la imaginación humana más que otras formas de teología sistemática. En este artículo, hago un breve resumen de este enfoque y luego considero cómo este modelo podría contribuir a una nueva plausibilidad de la teología del purgatorio[5]. Por último, muestro cómo puede promoverse la idea de «justicia en la misericordia» en el caso de los abusos sexuales en la Iglesia.

El enfoque dramático

Raymund Schwager opina que el mensaje de Jesús sobre el reino de Dios incluía la imagen de un Padre que todo lo perdona y que tiene una misericordia infinita[6]. Por otro lado, sostiene que esto tenía que demostrarse examinando el Nuevo Testamento de forma sistemática. Al hacerlo, uno se da cuenta rápidamente de que el mensaje del reino parece terminar en un momento determinado y, en su lugar, se transmite un mensaje de juicio. Los dos mensajes son, en apariencia, diametralmente opuestos, pero el Nuevo Testamento pone ambos en boca de Jesús. Ejemplos destacados serían, para el primero, la parábola del padre misericordioso (Lc. 15,11–32) y, para el segundo, la parábola del siervo que no quiso perdonar (Mt. 18,23–35).

Schwager defiende que una interpretación dramática puede mostrar que las dos parábolas—y otras parecidas—reflejan situaciones diferentes de la misión de Jesús y que su clave interpretativa deriva de estas situaciones y

---

[5] Véase también Nikolaus Wandinger, «The Rationale behind Purgatory», en *Personal Identity and Resurrection: How Do We Survive Our Death?*, ed. Georg Gasser (Farnham: Ashgate, 2010).

[6] Raymund Schwager, *Jesus in the Drama of Salvation: Toward a Biblical Doctrine of Redemption*, trad. James G. Williams y Paul Haddon (Nueva York: Crossroad, 1999).

de sus respectivas colocaciones en el drama general[7]. En este sentido, Schwager se toma muy en serio las parábolas del juicio, aunque las sitúa en una escala muy diferente a la del mensaje del reino. Considera que este último mensaje es el mensaje de Jesús, ya que él no reacciona ante otra persona, sino que proclama la buena nueva para la que fue enviado, a saber, que su Padre celestial ha preparado un reino para todos los que acepten esta oferta de gracia[8]. No obstante, este reino no se materializa de la nada. Solo puede hacerse realidad cuando los seres humanos aceptan el mensaje de Jesús y viven de acuerdo con la visión que se refleja con toda claridad en el sermón de la montaña. Es importante destacar que Jesús insta a sus oyentes a amar incluso a sus enemigos, como hace el Padre cuando deja que el sol brille y la lluvia caiga tanto sobre las personas buenas como sobre las malas[9]. La plena realización del reino, por tanto, depende de la reacción humana a su propuesta. Sin embargo, esta reacción resulta ser mayoritariamente negativa. El mensajero, el mensaje y las consecuencias implícitas son rechazados.

Esta es la situación de las parábolas del juicio. «Las dos situaciones son [...] opuestas entre sí, no como oferta y rechazo de la propuesta, sino como oferta y demostración de las consecuencias que trae consigo rechazar la propuesta. La transición a la segunda situación no la hace Jesús, sino que resulta de la reacción de sus oyentes. Jesús simplemente aclara las consecuencias teológicas de su decisión»[10]. Estas consecuencias son que los oyentes se juzgan a sí mismos. Se trata de un autojuicio, ya que ellos mismos lo provocan y también determinan los criterios a tener en cuenta. Solo puede llamarse juicio divino en la medida en que Dios permite que se produzca, pero, de hecho, no lo provoca Dios, sino la resistencia humana ante el mensaje del reino. La parábola del siervo que no quiso perdonar lo

---

[7] Schwager, *Jesus in the Drama*, 54–59. Para una visión de conjunto, véase Nikolaus Wandinger, «Raymund Schwager, SJ, Dramatic Theology», *Lonergan Workshop* 19 (2006): 325–346.
[8] Schwager, *Jesus in the Drama*, 29–53.
[9] Schwager, *Jesus in the Drama*, 36.
[10] Schwager, *Jesus in the Drama*, 56.

ilustra bien, ya que el amo perdona inicialmente una suma astronómica y, cuando cambia de opinión, se limita a emular el comportamiento de su siervo despiadado. Los criterios con los que el amo juzga y castiga son los del siervo.

El clímax del drama es la crucifixión de Jesús. Al entregar libremente su vida, se produce una nueva situación. Los cambios que provoca su entrega se aprecian comparando la parábola de los labradores (Mt. 21,33-46) con los acontecimientos que los Evangelios narran sobre la muerte de Jesús y sus secuelas. A primera vista, la parábola parece predecir el destino de Jesús y sus consecuencias, aunque mirándola más de cerca vemos que esto solo es así parcialmente, y justo en esta identidad parcial reside la clave hermenéutica de nuestra pregunta. La parábola alude claramente a las imágenes de Israel como viña de Dios, a Dios enviando a los profetas cuyas advertencias no son escuchadas y, por último, a Dios enviando a su hijo que tampoco es escuchado, sino condenado a muerte. Existe, pues, una similitud estructural entre la parábola y la pasión de Jesús, pero las diferencias son significativas. La parábola no relata ningún dicho del hijo; los Evangelios relatan numerosos dichos de Jesús durante su pasión. En la parábola, el padre venga a su hijo matando a los asesinos[11]; en los Evangelios, el Padre resucita al Hijo de entre los muertos, y el Hijo regresa a los discípulos y les trae un mensaje de paz, que ellos comunican después de Pentecostés.

Una de las palabras de Jesús durante la pasión es su oración pidiendo al Padre que perdone a sus verdugos (Lc. 23,34). La oración contiene dos aspectos importantes. En primer lugar, revela la voluntad divina de perdonar, porque la oración de Jesús no puede interpretarse como una exigencia al Padre en contra de su voluntad, sino como un consentimiento y una proclamación de la voluntad del Padre. En segundo lugar, indica que los autores del mal tienen una responsabilidad limitada porque no saben lo que hacen.

---

[11] Sobre la parábola y las sutiles diferencias entre las versiones de Mateo (21,33-46) y Marcos (12,1-12), véase Schwager, *Jesus in the Drama*, 135-136.

La crucifixión de Cristo ha de entenderse como un acontecimiento revelador. Reveló el insondable amor de Dios y de Cristo por nosotros. También reveló el espinoso vínculo de los seres humanos con el pecado. Todas las personas que participaron activamente en el juicio y la ejecución de Jesús no sabían lo que hacían. Schwager argumenta que, además de otras cosas, no se dieron cuenta de que en realidad estaban juzgándose a sí mismos, de que ellos también eran víctimas del pecado en sus propias acciones pecaminosas. «El razonamiento de la petición de Jesús [...] deja claro que la distinción entre acción responsable y ser víctima no es idéntica a la que existe entre hechos activos y sufrimiento pasivo. Los verdugos de Jesús fueron ciertamente activos en la crucifixión, pero debido a su falta de conocimiento no fueron en última instancia sujetos responsables: en sus acciones fueron víctimas»[12]. A un «nivel más profundo, Jesús ya no se enfrentó a sus adversarios, sino que sufrió junto con ellos los golpes de un poder destructor, pero de tal manera que *solo él experimentó este sufrimiento por lo que era*. Identificándose con sus verdugos, sufrió junto con ellos [...] siendo asesinado por el pecado»[13]. Józef Niewiadomski analiza cómo fue posible. A partir de su lectura de Jean Améry[14], concluye:

> El odio de la víctima dirigido inmediatamente contra el agresor solo crea una distancia superficial. En la fantasía de la víctima, esta se convierte en agresor por un instante, y el agresor en víctima; la extinción odiosa del otro solo crea un espacio en blanco, una pantalla para una proyección desde la que el odio rebota sobre la víctima. De ese modo, la víctima se encamina a la autovictimización, a convertirse en lo que, de hecho, el autor pretende, a saber, una *víctima* y nada más que una *víctima*, victimizada por el agresor y por sí misma. Una víctima así definida encarna el vínculo víctima-agresor[15].

---

[12] Schwager, *Jesus in the Drama*, 171.

[13] Schwager, *Jesus in the Drama*, 187, cursiva añadida.

[14] Jean Améry, *Jenseits von Schuld und Sühne* (Múnich: Szczesny, 1966).

[15] Józef Niewiadomski, «Das Opfer-Täter-Verhängnis und die Frage nach dem Letzten Gericht», en *Erben der Gewalt. Zum Umgang mit Unrecht, Leid und Krieg*, ed. Jörg Ernesti,

Jesús pudo evitar esta opción porque no orientó su deseo hacia sus enemigos humanos, sino hacia su Padre divino. Por consiguiente, no hay un enfrentamiento directo entre Jesús y sus adversarios en la crucifixión, sino que la situación se plantea como un triángulo en el que el Padre media en la relación. Así lo demuestra el hecho de que Jesús no perdona directamente a sus enemigos, sino que ruega al Padre por ellos[16].

Sin embargo, hay una diferencia significativa entre las relaciones de Cristo con los que se convierten en víctimas del pecado al pecar y con los que —como Cristo mismo— se convierten en víctimas del pecado al ser maltratados. Con estos últimos se identifica directamente, es uno de ellos y ha experimentado su dolor. Con los primeros se identifica sin que ellos se den cuenta de lo que hacen y de lo que hace él, y solo en cierto sentido: «Puesto que el crucificado se identificó con los pecadores solo en cuanto víctimas, todos los hombres conservan una responsabilidad sobre sí mismos, para la que no existe ni puede haber sustitución, y esta responsabilidad hace que la conversión de cada uno sea necesaria, precisamente debido al acto de Cristo de sustituir a todos»[17]. En resumen, la pasión puede entenderse como una sustitución, pero no una sustitución por la que Jesús se sometió al juicio de Dios, sino una sustitución por la que Jesús se sometió a *nuestro autojuicio*.

El juicio final reimaginado

La vívida imagen que, en su teología dramática, Józef Niewiadomski construye del juicio final como autojuicio humano es muy relevante para este estudio[18]. Según él, que los seres humanos que han sido maltratados

---

Ulrich Fistill y Martin M. Lintner (Brixen-Innsbruck: Brixner Theologisches Jahrbuch, 2015), 111–112.
[16] Niewiadomski, «Opfer-Täter-Verhängnis», 112–113.
[17] Schwager, *Jesus in the Drama*, 192.
[18] Desarrollado por primera vez en Józef Niewiadomski, «Hoffnung im Gericht. Soteriologische Impulse für eine dogmatische Eschatologie», en *Herbergsuche. Auf dem Weg zu einer christlichen Identität in der modernen Kultur*, Beiträge zur mimetischen Theorie (Münster: LIT Verlag, 1999). Mejorado en Niewiadomski, «Opfer-Täter-Verhängnis».

acusen a quienes consideran responsables y exijan una retribución en forma de juicio, condena, exclusión, expulsión o incluso asesinato es un fenómeno transhistórico y transcultural[19]. Niewiadomski se lo imagina entre todos los seres humanos, incluidos los grandes villanos de la historia de la humanidad: Hitler frente a las víctimas de Auschwitz, Stalin frente a las del Gulag; las víctimas de Hiroshima frente a los que desarrollaron la bomba y ordenaron su uso; los terroristas suicidas y los que abusan de los niños frente a sus víctimas; los no nacidos frente a una sociedad que no les dio la bienvenida a la vida; y los millones de niños pobres del hemisferio sur que fueron engañados en sus derechos frente a los ciudadanos ricos del norte[20].

> Todos los que violaron mis derechos, me maltrataron, convirtiéndome en su víctima, están ante mí como perpetradores. Siendo su víctima, podré dar un veredicto sobre su justicia. De mí depende. ¿Qué exigiré? Probablemente, insistiré en mis derechos y exigiré castigo y venganza. Simultáneamente, me enfrentaré a todas las víctimas de mi vida, de mis mentiras, mis acusaciones. Tendrán el mismo derecho contra mí. Probablemente, también insistirán en sus derechos, su resarcimiento y su venganza; yo, en cambio, declararé mi inocencia acusando a otros para evadir el castigo [...]. Esto podría convertirse en un *dies irae*—día de la ira—en la mejor tradición bíblica, si todo dependiera solo de nosotros en este día y si este juicio fuera solo un autojuicio. Entonces la humanidad [...] sin ninguna intervención de Dios, se condenaría mutuamente al infierno (de la justicia propia, de la acusación, de la evasión y la mentira). Todos insistirían en su condición de víctimas, exigirían represalias y desviarían hacia los demás el castigo dirigido hacia ellos[21].

No obstante, el juicio no dependerá únicamente de los seres humanos. Otro elemento decisivo en este ajuste de cuentas universal será «la caridad

---

[19] Niewiadomski, «Hoffnung im Gericht», 169.
[20] Niewiadomski, «Opfer-Täter-Verhängnis», 116.
[21] Niewiadomski, «Opfer-Täter-Verhängnis», 116, traducción propia.

inconmensurable de Dios y su disposición a perdonar»[22], que desde una perspectiva cristiana se experimenta al encontrarse con Cristo en cuanto juez indulgente[23]. Niewiadomski especula que, al enfrentarse al modelo de perdón que Cristo propone, «casi nadie podrá negar el perdón e insistir anacrónicamente en sus derechos y su recompensa»[24]. El autor concluye su artículo expresando su convicción de que «esta confrontación será dolorosa y "como a través del fuego" [...] pero sin afectar en absoluto la esperanza de que el día de la ira se transforme en un día de perdón, gracia y misericordia»[25]. Niewiadomski alude aquí a 1 Cor. 3,15—el texto que generalmente se utilizaba como fundamento bíblico de la teología del purgatorio—y recomienda repensar la teología del purgatorio desde esta perspectiva[26].

Juicio y purgatorio

Sobre la base del análisis realizado hasta ahora, la teología dramática nos permite imaginar el juicio final y el purgatorio de una manera nueva: un día de ajuste de cuentas entre todos los reunidos, un día en el que todos expresan su dolor y rabia por haber sido maltratados y acusan a los culpables. Esta acusación está al servicio del componente imprescindible de la justicia. La justicia exige que se descubran todos los delitos, todos los pecados y sus autores. Las acusaciones de las víctimas deben ser escuchadas, incluidas aquellas que no han sido atendidas por ningún abogado, juez o consejero. Se escucharán las quejas y el dolor de quienes han sido marginados como testigos poco fiables o como niños que no saben lo que dicen. En este escenario, serán escuchados por Dios, por todos los reunidos y—entre ellos—por los propios agresores a quienes les costará cerrar los oídos en presencia de Dios. Que estas acusaciones estén impregnadas y

---

[22] Niewiadomski, «Opfer-Täter-Verhängnis», 117, traducción propia.

[23] Niewiadomski, «Opfer-Täter-Verhängnis», 116–117.

[24] Niewiadomski, «Opfer-Täter-Verhängnis», 117, traducción propia.

[25] Niewiadomski, «Opfer-Täter-Verhängnis», 117, traducción propia.

[26] Niewiadomski, «Hoffnung im Gericht», 185, n. 202.

revestidas de ira, cólera, incluso odio, parece probable solo en los casos en que no haya podido tener lugar aún un proceso de sanación y reconciliación, y tal proceso difícilmente podría darse cuando los perpetradores se nieguen a ello o cuando ya hayan muerto. En el juicio final, ya no podrán evitar este ajuste de cuentas.

Ahora bien, si recurrimos únicamente a la misericordia de Dios, podríamos causar la impresión de que, una vez más, el agravio y el dolor de las víctimas quedan anulados por un poder superior. Según el credo y su fundamento bíblico—la parábola del juicio final (Mt. 25,31–46)—Cristo será el juez. Si nos lo tomamos en serio y consideramos a Cristo en su doble naturaleza divina y humana, podemos evitar esta impresión de injerencia divina[27].

El papel de Jesús en el juicio

Consideremos a Jesús, el ser humano, y su papel en ese juicio. Puesto que Jesús es igual a nosotros en todo menos en el pecado, no ha hecho mal a nadie. Por tanto, nadie puede acusarle legítimamente. Jesús, sin embargo, puede acusar a los que le han hecho daño, como los responsables y los artífices de su crucifixión, si bien resultaría extraño dado que él ya había pedido al Padre que les perdonase (Lc. 23,34). Parece, pues, más plausible que Jesús actúe de acuerdo con su plegaria y les perdone.

Ahora bien, la parábola del juicio final indica que Cristo se ha visto afectado por mucho más que los pecados cometidos contra él durante su ministerio terrenal. Todo lo que se hizo o se dejó de hacer a uno de los hermanos y hermanas más pequeños de Jesús se hizo también a él mismo (cf. Mt. 25,40–45), y repercute, pues, en el juicio final. ¿Puede Cristo perdonar sin más estas ofensas? Por una parte, así parece desprenderse de su plegaria y de la empatía que transmitía. Por otra parte, la parábola del

---

[27] Para más información, véase Nikolaus Wandinger, *Die Sündenlehre als Schlüssel zum Menschen. Impulse K. Rahners und R. Schwagers zu einer Heuristik theologischer Anthropologie*, Beiträge zur mimetischen Theorie (Münster: LIT-Verlag, 2003), 374–386. Véase también Niewiadomski, «Opfer-Täter-Verhängnis», 117.

juicio final afirma claramente que el Hijo del Hombre enviará a algunos al «fuego eterno preparado para el diablo y sus ángeles» (Mt. 25,41). ¿Hay alguna forma de resolver este enigma?

Yo sostengo que es aquí donde se hace evidente la transformación que trajo consigo la crucifixión, representada en la parábola de los labradores. Schwager demostró que Cristo incluyó incluso a los perpetradores entre las víctimas al darse cuenta de que también ellos eran víctimas del pecado. Así pues, el acontecimiento de la crucifixión trasciende la neta separación entre ovejas y cabritos que establece la parábola y muestra que—ciertamente en menor o mayor grado—todos los seres humanos (excepto Cristo y su madre) pertenecen a ambos bandos[28]. Si Jesús no hubiera sufrido la pasión amando a sus enemigos, entonces se produciría la condena de los «cabritos», pero la sustitución de Cristo en la cruz ha subvertido este resultado del mismo modo que ha transformado el final de la parábola de los labradores.

Hacia la reconciliación

Volviendo a la imagen de Niewiadomski de aquel día de ira, podemos imaginar a Jesús, el humano, de pie entre todas las víctimas del pecado que acusan y se evaden, siendo él y su madre las únicas víctimas que no son perpetradoras. Jesús, el humano, no acusa ni exige resarcimiento, sino que ofrece perdón y aspira a la reconciliación. Al tratarse del juicio final, se revela a todos los participantes la identidad de Jesús, el humano, con Cristo, el Hijo divino. Se dan cuenta de que, a través de Jesús, Dios invita a una reconciliación universal que, con todo, solo puede producirse después de que se hayan expresado todos los agravios. ¿Qué sería necesario para que esto ocurriera?

En primer lugar, como ya se ha dicho, habría que desvelar todos los pecados y delitos, mencionar todos los dolores y sufrimientos. Si no han sido descubiertos antes, sin duda lo serán ahora, ya que «no hay nada escondido que no llegue a descubrirse ni nada secreto que no llegue a

---

[28] Schwager, *Jesus in the Drama*, 196.

conocerse y salga a la luz» (Lc. 8,17). También se harán visibles todos los vínculos con el pecado, todas las inhibiciones de la libertad y todas las consecuencias del pecado original que limitaban la responsabilidad de los malhechores. Entonces, víctimas y agresores se encontrarán con la increíble reacción de Jesús: su disposición a perdonar lo que sufrió en la cruz, identificándose con todas las víctimas del pecado humano.

Parece razonable que las demás víctimas no se limitarán a contemplar esta situación como espectadores despreocupados. Cristo se ha identificado con ellas de la manera más directa. De este modo, su identificación con las víctimas será más palpable para quienes han sido más victimizados. Al igual que durante la crucifixión Jesús no dirigió su deseo hacia sus enemigos, sino hacia su Padre divino, de forma que, como víctima, no se enfrentó directamente a sus perseguidores, sino que se encontró con ellos a través de su relación con el Padre[29], así también las víctimas en este proceso no necesitan enfrentarse ahora directamente a sus acosadores, sino que lo hacen a través de Cristo, lo cual también les permite ver que sus verdugos fueron en realidad víctimas del pecado. Es de esperar que esta nueva visión permita a las víctimas acercarse poco a poco a la sanación y, por consiguiente, acercarse a la capacidad de perdonar. Están cara a cara con aquel que se identificó completamente con ellas, aquel a quien nadie puede acusar y que podría acusar a (casi) todo el mundo, aunque no acusa, sino que perdona. Cabe esperar que se sientan movidas por una especie de mímesis positiva[30] y sean también capaces de ofrecer el perdón.

Además, los perpetradores se verían confrontados con el perdón de Cristo y, en caso de que se produjera, también con la disposición de sus víctimas a perdonar. Eso no significa en absoluto que ya haya terminado el proceso judicial. Ofrecer el perdón es solo el primer paso; es necesaria la aceptación de ese ofrecimiento para convertirlo en perdón realizado, y es necesario establecer un nuevo tipo de relación entre agresor y víctima para

---

[29] Niewiadomski, «Opfer-Täter-Verhängnis», 112.
[30] Petra Steinmair-Pösel, «Original Sin, Grace, and Positive Mimesis», *Contagion: Journal of Violence, Mimesis, and Culture* 14 (2007): 1–12.

llegar a la reconciliación. La aceptación del perdón presupone la aceptación de la propia culpabilidad. Significa renunciar a todo pretexto, excusa, menosprecio, negación y evasión de la culpa y aceptar esa responsabilidad «para la que ya no hay ni puede haber sustitución»[31]. Significa sufrir las acusaciones y aceptar la carga del dolor que uno ha causado a los demás. Si las personas atrapadas en el pecado consiguen avanzar —lenta y dolorosamente— hacia esa actitud, se producirá la redención. Si eso ocurriera con toda la humanidad, se produciría la salvación universal. Esta es la esperanza a la que conduce tal visión teológica.

El juicio como purgatorio

Hasta ahora he imaginado el juicio final. En la doctrina clásica, el juicio final tiene lugar después del purgatorio. Entonces, ¿por qué sigo insistiendo en el purgatorio? Es obvio que el juicio final, tal como se imagina aquí, no es el pronunciamiento instantáneo de un veredicto divino. Es un proceso arduo en el que se va revelando el veredicto final. Los límites que separaban el purgatorio del juicio final en la visión tradicional se han difuminado deliberadamente aquí, ya que tanto el purgatorio como el juicio final se convierten en aspectos de un proceso complicado que requiere ciertamente tiempo psicológico, pero no necesariamente tiempo cronológico. Asimismo, la distinción entre el juicio individual en el momento de la muerte, el estado intermedio hasta el juicio final y el juicio final es deliberadamente borrosa. Estos teologúmenos ponen de relieve aspectos importantes del proceso que imaginamos, pero no tienen por qué ser entidades distintas. Pueden verse como etapas de un único proceso que podemos llamar purgatorio o juicio[32]. El término «juicio» subraya que este

---

[31] Schwager, *Jesus in the Drama*, 192.
[32] Al difuminar deliberadamente estos límites, también parece posible evitar las discusiones sobre si existe una diástasis entre la muerte individual y la resurrección del cuerpo y sobre el estado del alma, discusiones que han determinado gran parte del debate en la teología germanófona de finales del siglo XX. La concepción propuesta recoge las preocupaciones más importantes de ambas partes de este debate: es la persona humana la que entra en este proceso, no solo un alma incorpórea, pero la salvación de esta persona no es completa a menos que todas

proceso no es indefinido, sino que llega a su fin y su resultado es para la eternidad. El término «purgatorio» pone de relieve que, mientras transcurre, siguen produciéndose cambios que pueden describirse mediante la noción de purificación en dos sentidos: ser purificado de las manchas de los propios pecados y también ser purificado del doloroso residuo que dejan los delitos cometidos contra uno mismo[33].

Abuso sexual, purgatorio y reconciliación

Al aplicar este modelo al caso de los abusos sexuales a menores, surge un grave problema. El modelo propuesto de autojuicio humano implica que un agresor incapaz de aceptar el perdón no podría salvarse. ¿Supone esto también que una víctima que finalmente no fuera capaz de perdonar tampoco podría salvarse? ¿Y no es esta la máxima revictimización que amenaza a las víctimas de delitos graves con la condena por su incapacidad de perdonar? Esta cuestión ya está implícita en el final abierto de la parábola del padre misericordioso (Lc. 15,11–32): cuando el hijo «bueno» se enfada porque su padre invita a su hermano a un gran banquete y se

---

sus relaciones hayan sido examinadas e incorporadas al cuerpo de la resurrección. Dejaré las implicaciones ontológicas de este tema para otra ocasión.

[33] La tradición también afirma que algunos irán al cielo inmediatamente después de la muerte, que otros podrían ser condenados al infierno inmediatamente después de la muerte y que todos los que entran en el purgatorio acabarán entrando en el cielo. ¿Puede nuestro modelo contemplar esto también? No estamos hablando de lugares, sino de la fase culminante de la relación de una persona con Dios y con el resto de la humanidad. Es posible que algunos no necesiten someterse a este doloroso proceso porque no tienen nada por lo que sufrir o porque ya lo han hecho durante su peregrinación en la tierra. Entonces, estos van «directamente al cielo». Para la mayoría de la gente la purificación puede que sea necesaria, pero al final los llevará a la reconciliación, al «cielo». Algunos parecen haber tomado decisiones definitivas contra el amor a Dios y al prójimo. Para ellos, la presencia de Cristo, que ofrece su perdón, es una invitación a explorar la finalidad de esa decisión. Y podría haber algunos cuyo rechazo del amor fuera realmente definitivo. Para ellos, el proceso no conduciría a la reconciliación, sino a la autoexclusión eterna; para ellos, el proceso descrito no es el purgatorio, sino el comienzo del «infierno». Eso implica, por supuesto, que mientras el proceso sigue su curso, la persona no sabe si se trata del purgatorio o ya del comienzo del «infierno». Este punto solo será revelado cuando el proceso termine, lo cual no contradice la certeza de que Dios lo sabe.

niega a entrar, el padre sale para convencerle de que se una al banquete. Sin embargo, la parábola no nos dice si su deseo se llega a cumplir. No se trata de que no le dejen entrar; se trata de que no quiere entrar y unirse a la celebración con los que le han ofendido. Aun cuando la interpretación de esta parábola también debe tener en cuenta la transformación que se produjo mediante la cruz y la Pascua, la objeción se impone: para muchos supervivientes de abusos sexuales y sus defensores, la simple mención de la posibilidad de perdón y reconciliación suscita objeción, incluso resentimiento. Decirles, entonces, que su salvación eterna depende de ello parece un absoluto despropósito[34].

Una primera respuesta es que esto es, de hecho, lo que presupone la imagen de Niewiadomski sobre el juicio final. He hecho hincapié en que la acusación debe considerarse como el cumplimiento de una tarea importante: hacer justicia. Pese a ello, dejarla ahí no solo haría imposible la reconciliación, sino que inmovilizaría a las víctimas en su victimismo y actuaría en contra de sus procesos de sanación. Una de las razones por las que reaccionar ante cualquier propuesta de reconciliación es tan duro podría ser que la propuesta a menudo llega prematuramente y se percibe como interesada. Cuando una organización cuyos representantes han sido infractores, que ha protegido a los agresores y que, por tanto, ella misma se ha convertido en agresora, predica luego el perdón a los supervivientes, es inevitable que suscite rechazo. Ahora bien, proclamar el mensaje del perdón pertenece al núcleo de la misión de la Iglesia. Al destruir la capacidad de la Iglesia para cumplir de modo plausible esta misión, la crisis de los abusos y el encubrimiento amenaza la esencia misma de la fe cristiana.

Para que quede claro, no hablo de reconciliación hoy o mañana, sino de reconciliación al final de un largo y arduo proceso que podría continuar más allá de esta vida y que se llama «purgatorio». Es una reconciliación que probablemente se parezca más a una resurrección que a una simple continuación de lo que había antes. Este horizonte escatológico podría

---

[34] Niewiadomski, «Opfer-Täter-Verhängnis», 105–106; para las referencias, véase 118, n. 4–5.

abrir posibilidades que permanecen cerradas en el aquí y ahora. En esta imagen, no es la Iglesia quien predica el perdón ni Dios quien lo exige. Es Cristo, la víctima inocente, quien lo concede y ofrece su propio ejemplo para ser emulado por otras víctimas a través del Espíritu Santo, defensor de las víctimas[35].

Este proceso puede comenzar ya en esta vida a través de la oración, la eucaristía y la conversión por parte de los cristianos que viven el mensaje de la reconciliación[36]; puede comenzar con sesiones de asesoramiento y terapia, en la mediación con aquellos abusadores que se dejan confrontar y quizás también mediante la aplicación de modelos de justicia que vayan de una justicia retributiva a una justicia restaurativa[37]. Evitar el sufrimiento de este tipo de purificación significaría permanecer prisionero del dolor y del resentimiento que los perpetradores han causado. Si es cierto que una víctima mantiene su condición de víctima y sigue vinculada a su agresor mientras esté dominada por el odio que siente contra este, entonces las víctimas se convierten en verdaderos supervivientes solo si se permiten a sí mismas liberarse de este vínculo, es decir, si logran sanar de su odio. Un ejemplo muy sorprendente de superación de este tipo de vínculo es el de Eva Mozes Kor, que de niña sobrevivió en Auschwitz junto con su hermana, siendo conocidas como las «gemelas Mengele»: ambas fueron sometidas a abusos en experimentos médicos por el médico nazi Josef Mengele. Cuando descubrió que podía perdonar a uno de los cómplices de Mengele, se dio cuenta de que se sentía finalmente empoderada:

> Yo [...] descubrí [...] el poder que realmente poseía. ¡Tenía el poder de perdonar! Y nadie podía darme ese poder, nadie podía quitármelo.

---

[35] Niewiadomski, «Opfer-Täter-Verhängnis», 115–117.

[36] Niewiadomski, «Opfer-Täter-Verhängnis», 117.

[37] Del vasto campo de publicaciones y sitios web, me limito a citar estos dos: Tom Roberts, «Justice for all: Restorative Justice Goes beyond Retribution», *National Catholic Reporter*, 4 de junio de 2021, www.ncronline.org/news/justice/justice-all-restorative-justice-goes-beyond-retribution; Clare McGlynn, Nicole Westmarland y Nikki Godden, «"I Just Wanted Him to Hear Me": Sexual Violence and the Possibilities of Restorative Justice», *Journal of Law and Society* 39, núm. 2 (2012): 213-240, doi.org/10.1111/j.1467-6478.2012.00579.x.

Estaba bajo mi control y podía usarlo como me pareciera mejor. Un descubrimiento asombroso. Hasta ese momento, simplemente había reaccionado a todo lo que la gente me había hecho. Había actuado como suelen actuar las víctimas. No sienten que tengan control sobre sus vidas. Así que, en su lugar, reaccionan a lo que los demás hacen y dicen. Ahora, de repente, me doy cuenta: tengo el control de mi vida, *tengo poder*[38].

Luego lo aplica mentalmente incluso al propio Mengele:

La idea de que de alguna manera podía imponerme a Josef Mengele fue una experiencia increíble para mí. Ya no era la víctima, pasiva e indefensa, sino la persona activa. Eso me hizo sentir poderosa. Me di cuenta de que el perdón era liberador, no para el agresor, sino para la víctima. No necesitaba venganza, represalias ni expiación para experimentar este sentimiento sublime. [...] Perdonaría al Dr. Mengele y por fin sería libre. Esa fue mi epifanía personal[39].

De este modo, el perdón no se ve como una exigencia a los supervivientes. Se ve como un acto de autoliberación y empoderamiento para ellos. Algunos, aunque pocos, como Eva Kor, son capaces de actuar así incluso en vida. ¿Por qué no cabría la esperanza de que todos puedan hacerlo en el juicio final? Cuando hablamos de la esperanza de la salvación universal, no se trata de una esperanza infundada. Esta esperanza proviene de saber que, pese a ser Dios «lo más grande que pueda concebirse», Jesús en su crucifixión cayó más bajo de lo que ningún ser humano puede caer[40]. Puesto que Jesús se identificó con las víctimas del pecado en un modo que no podemos superar, su empatía abarca e impregna sus heridas y su dolor de un modo que no podremos comprender hasta encontrarnos con él en el juicio final. Así pues, cabe esperar que las víctimas de esos crímenes se verán

---

[38] Eva Mozes Kor, *The Power of Forgiveness* (Las Vegas: Central Recovery Press, 2021), 94.
[39] Mozes Kor, *The Power of Forgiveness*, 95.
[40] Józef Niewiadomski, «Vom Geheimnis königlicher Hingabe. Predigt zum Christkönigsonntag», 21 de noviembre de 2021, www.childabuseroyalcommission.gov.au/case-studies/case-study-26-st-josephs-orphanage-neerkol.

impregnadas del amor de Cristo por ellas, pero también de su amor por los agresores. Por descabellado e inconcebible que suene ahora, cabe esperar que a los niños abusados les resulte menos difícil perdonar a sus verdugos que a estos aceptar ese ofrecimiento. De forma similar, podría ser menos difícil para las víctimas de los grandes crímenes de la humanidad perdonar a sus asesinos que para los asesinos aceptar ese ofrecimiento.

En conclusión, sostengo que la idea del purgatorio puede ayudar a abrir un horizonte para los supervivientes de delitos graves, tales como los abusos sexuales, prometiéndoles que serán escuchados y transmitiéndoles la esperanza de que al final podrán obtener curación. Dicha idea no debe ser una excusa para descuidar las medidas de protección de los menores o para llevar a los infractores ante la justicia aquí y ahora, pero sí permite albergar esperanzas cuando—como suele ocurrir—la justicia humana resulta inadecuada.

Nikolaus Wandinger es profesor asociado de Teología Dogmática Católica en la Universidad de Innsbruck. Estudió teología y filosofía católicas en Innsbruck, en la Universidad de San Francisco y en la Graduate Theological Union de Berkeley (California). Su principal área de investigación es la aplicación del enfoque de la teología dramática a importantes cuestiones teológicas, especialmente la soteriología, la escatología y la teología de la persona humana. En este propósito, la teología del pecado (original) en Karl Rahner y Raymund Schwager fue de especial importancia. Asimismo, el diálogo de este enfoque con otras escuelas teológicas —especialmente con Karl Rahner y Bernard Lonergan— despertó su interés. La propensión humana al comportamiento mimético, analizada por René Girard, también constituye un elemento importante en la teología de Wandinger. Wandinger ha impartido cursos de introducción a la teología cristiana y cursos sobre teología de los sacramentos, sobre eclesiología y sobre la creación.

Capítulo 20: Misión, reforma y sufrimiento: el desafío de la crisis causada por los abusos sexuales en la Iglesia

Neil Ormerod

Es difícil imaginar algo tan opuesto a la misión de la Iglesia como la explotación sexual de los vulnerables. La promesa de la Iglesia de promover la misión de Jesucristo en el mundo suena a vacío ante las evidencias en materia de abusos que hoy conocemos. Dice una antigua máxima que el mal es la perversión del bien; cuanto mayor es el bien, mayor es la perversión. Menospreciar de este modo la misión de la Iglesia, que comporta el bien de la salvación, es un mal terrible, y no solo se deriva de los abusos, sino de la complicidad de quienes protegieron a los abusadores «por el bien de la Iglesia»[1]. Que tantos de los responsables actuaran del modo en que lo hicieron representa un colapso estrepitoso de su moralidad. ¿Cómo se ha podido permitir que se produzca una situación tan atroz, cuando incluso una lectura superficial del Evangelio debería haberla detenido? El Evangelio de Jesús ha sido sustituido por el antievangelio de un anticristo en el que proteger el poder y la reputación de la Iglesia han reemplazado la proclamación del reino de Dios.

Para abordar este tema, tomaré en consideración tres cuestiones. La primera es el carácter de la misión de la Iglesia y su relación con la misión de Jesús, lo cual ayude tal vez a descubrir al menos una de las formas en que esa misión puede malograrse. La segunda es la cuestión del sufrimiento

---

[1] En el informe de la Real Comisión sobre las Respuestas Institucionales al Abuso Sexual Infantil de Australia pueden encontrarse numerosas pruebas del daño causado tanto por los agresores como por los cómplices de los ulteriores encubrimientos. El volumen 16, de un total de diecisiete, trata específicamente de las instituciones religiosas, incluida la Iglesia católica en Australia. Dicho volumen consta de tres libros, el segundo de los cuales, de más de 900 páginas, trata exclusivamente de la Iglesia católica: Real Comisión sobre las Respuestas Institucionales al Abuso Sexual Infantil, *Final Report*, vol. 16: *Religious Institutions Book 2* (Australia: Commonwealth of Australia, 2017), www.childabuseroyalcommission.gov.au/final-report.

redentor en la misión de la Iglesia. Y, por último, me ocuparé de la naturaleza de la reforma en la Iglesia, identificando tres dimensiones de una posible reforma.

Misión

Como sigue recordando el papa Francisco, la misión está en el corazón de la Iglesia: «Sueño con una opción misionera capaz de transformarlo todo» (*Evangelii gaudium*, núm. 27). Este impulso de llevar a la Iglesia más allá de sí misma resultó evidente incluso en su discurso previo al cónclave, en el que habló de los peligros de una Iglesia que se vuelve «autorreferencial», de un «narcisismo teológico» que se apodera de la Iglesia. En este punto, sigue la enseñanza del papa Juan Pablo II en la encíclica *Redemptoris missio*, en la que afirmaba que la «Iglesia es misionera por naturaleza» (núm. 5). Esta idea de la naturaleza misionera de la Iglesia ha sido fundamental en mi investigación eclesiológica. En mi libro *Re-Visioning Ecclesiology*, expongo cinco tesis sobre la relación entre la misión de Jesús y la misión de la Iglesia[2].

Tesis 1. La misión de la Iglesia es la prolongación histórica de la misión de Jesús[3].

El objetivo de esta tesis es desviar la atención desde la propia Iglesia hacia la persona de Jesús: de la eclesiología a la cristología. Aunque por la fe creemos que Jesús es el único e insustituible redentor de la humanidad, también aceptamos que, si bien la muerte de Jesús puede tener un efecto universal, no es universalmente eficaz. Hay una labor continua y necesaria que perdura en su nombre, una comunidad de creyentes que hace efectiva la presencia de Jesús en el mundo para llevar a cabo su misión. Este cuerpo de creyentes suple en nuestros propios cuerpos lo que le falta al sufrimiento

---

[2] Neil Ormerod, *Re-Visioning the Church: An Experiment in Systematic-Historical Ecclesiology* (Mineápolis: Fortress, 2014).
[3] Ormerod, *Re-Visioning the Church*, 103–105.

redentor de Cristo (Col. 1,24). En la medida en que la misión de Jesús es incompleta en sus efectos, cuando no en su eficacia, la misión de la Iglesia es continuar esa tarea y llevarla a cabo en la historia humana.

Tesis 2. La misión de Jesús es el advenimiento del reino de Dios entre la humanidad[4].

Uno de los logros principales del pensamiento cristológico en el último siglo ha sido una renovada valoración del papel del reino de Dios en la misión de Jesús. Es el motivo central en torno al cual gira su misión terrena. Desde el comienzo de su predicación («el reino de Dios está cerca», Mc. 1,15) hasta sus acciones en la última cena («no volveré a beber vino hasta que venga el reino de Dios», Mc. 14,25), el reino es el núcleo de la predicación de Jesús. Del mismo modo, todos los milagros de Jesús, su comunión en la mesa y su acercamiento a los pobres y marginados de la sociedad tienen que ver con la llegada del reino entre la humanidad. De hecho, Jesús encarna el reino de Dios en la tierra. No obstante, la noción del reino de Dios es heurística y capta algo así como «el florecimiento humano total». Si bien esto se puede expresar en lenguaje simbólico y metafórico con cierta facilidad, es mucho más difícil dar una explicación de su significado[5].

Tesis 3. Jesús logra el advenimiento del reino de Dios a través de un sufrimiento redentor que vence al mal mediante el amor abnegado[6].

Este es el núcleo del mensaje de Jesús. El advenimiento del reino de Dios exige algo más que hacer el bien y evitar el mal. Hay que preguntarse qué tipo de bien hace Jesús y por qué eligió hacer ese tipo concreto de bien. Según los relatos evangélicos, las autoridades religiosas de la época de Jesús

---

[4] Ormerod, *Re-Visioning the Church*, 105–108.
[5] Gran parte de la complejidad metodológica de *Re-Visioning the Church* es un intento de aproximarse a esa explicación, basándose en la obra de Robert M. Doran, *Theology and the Dialectics of History* (Toronto: University of Toronto Press, 1990).
[6] Ormerod, *Re-Visioning the Church*, 108–110.

se habían convertido en instrumentos de opresión, poniendo pesadas cargas sobre las espaldas de la gente, pero sin ayudarles a llevarlas. La religión que promovían ya no era un medio de salvación, sino de opresión. Jesús se identificó con las víctimas de esas fuerzas opresoras, se enfrentó a ese mal y lo desafió, y es ese mal el que intentó destruirle en la cruz. Jesús transforma este destino sin sentido en sacramento generador de vida, haciendo de su muerte un símbolo de la fuerza del amor, una nueva alianza en su sangre, con el poder de vencer el mal mediante un acto libre de amor y donación. Este es el misterio eucarístico representado en la última cena y encarnado en la cruz y la resurrección de Jesús.

Tesis 4. La misión de la Iglesia es la transformación de la situación actual en una situación nueva que se aproxime más al reino de Dios en la tierra, mediante la puesta en práctica de un amor abnegado que supere los males del presente a través del sufrimiento redentor[7].

La Iglesia será un instrumento de cambio personal, cultural y social en su intento de hacer avanzar la historia hacia una nueva situación que se aproxime más al reino de Dios. Como señala John Fuellenbach, «La Iglesia, como comunidad de aquellos que han sido elegidos para llevar a cabo la misión que Jesús transmitió, debe definirse a sí misma en relación con el reino, que está destinado a la humanidad y a toda la creación»[8]. Al igual que la misión de Jesús, esta transformación no se logrará mediante la dominación y los juegos de poder: «No romperá la caña quebrada, ni apagará el pábilo humeante» (Mt. 12,20, citando a Is. 42,3). Su camino será el camino del discipulado, del sufrimiento redentor. En un mundo pecador, la integridad moral tiene un precio, un precio que Jesús no eludió. Lo mismo ocurrirá con sus seguidores. Así, «la tradición es unánime en que [...] Jesús no dejó a sus discípulos ninguna duda de que se

---

[7] Ormerod, *Re-Visioning the Church*, 110-111.
[8] John Fuellenbach, *The Kingdom of God: The Message of Jesus Today* (Maryknoll, NY: Orbis Books, 1995), 15.

comprometían a sufrir si le seguían»[9]. Es a través de ese sufrimiento como suplimos en nuestros propios cuerpos lo que falta en el sufrimiento redentor de Cristo (Col. 1,24) y así redimimos el tiempo presente (Ef. 5,8-16; Col. 4,5-6).

Tesis 5: La Iglesia es fortalecida en su misión por el don del Espíritu Santo derramado en el corazón de los creyentes, dándoles un amor más poderoso que el mal, una fidelidad a la misión de Jesús y una esperanza que trasciende todas las expectativas humanas[10].

Del mismo modo que Jesús recibió el Espíritu del Padre sin reservas (Jn. 3,34) para llevar a cabo su misión, así también quienes llevan a cabo la misión de Jesús deben recibir la fuerza de su Espíritu. Este Espíritu es el «amor de Dios que ha inundado nuestros corazones» (Rom. 5,5), lo que garantiza que nuestro punto de partida no sea el enaltecimiento de uno mismo o el poder, sino el amor a Dios y al prójimo. Sin el amor por delante, somos una campana que repica o unos platillos que retiñen (1 Cor. 13,1). El Espíritu también nos capacita para permanecer fieles a la misión, dándonos la confianza de que podemos afrontar los retos que se nos presenten (Mt. 10,20). El Espíritu viene a nosotros en nuestra debilidad (Rom. 8,27 y ss.), conformándonos a la mente de Cristo (1 Cor. 2,16). Como espíritu de consolación, el Espíritu Santo nos hace confiar en nuestra esperanza última, una esperanza más allá de todas las expectativas humanas, una esperanza revelada en la resurrección de Jesús, según la cual Dios actúa en la historia humana resucitando al humilde y al marginado y convirtiéndolo en el Señor de la historia.

Aquí me centro en la cuarta de estas tesis porque creo que ayuda a entender cómo un cuerpo como la Iglesia, que está comprometida con la misión, puede desviarse de modo tan radical. El lenguaje de la abnegación

---

[9] K.H. Rengstorf, «Mathetes», en *Theological Dictionary of the New Testament* (Grand Rapids: Eerdmans, 1967), citado en David Bosch, *Transforming Mission: Paradigm Shifts in Theology of Mission* (Maryknoll, NY: Orbis Books, 1991), 38.
[10] Ormerod, *Re-Visioning the Church*, 111–112.

y del sufrimiento redentor se puede pervertir con demasiada facilidad si no se presta suficiente atención a los problemas que ocasiona y se reflexiona sobre ellos. En el centro de esta perversión se encuentra una visión equivocada de Dios, en la que Dios se confunde con el acusador (Satanás)[11]. Cuando esto sucede, la religión se convierte en demoníaca y, dada la magnitud del daño causado dentro de la Iglesia por el escándalo de los abusos, no deberíamos rehuir tal implicación.

Es necesario explicitar la dualidad en el lenguaje del sacrificio. Existe lo que nuestra liturgia llamaría un «sacrificio de alabanza», el sacrificio voluntario de uno mismo para lograr un bien mayor—el celibato por el bien del reino, las dificultades personales por el bien de la familia, el servicio militar para proteger a la patria—que es bueno, noble y digno de alabanza. Este sacrificio voluntario frente al mal manifiesto tiene el poder de revertir el colapso moral al revelar el núcleo del amor, que pone la otra mejilla, que va más allá, que responde al insulto con la oración. La fidelidad de Jesús a su misión conduce inevitablemente a su sufrimiento y a su muerte en la cruz, no porque Dios lo quiera, sino por la condición pecadora del ser humano. El amor de Jesús hasta la muerte es una revelación de la profundidad del amor divino por la humanidad: «Pues bien, Dios nos ha dado la mayor prueba de su amor haciendo morir a Cristo por nosotros cuando aún éramos pecadores» (Rom. 5,8).

Sin embargo, existe una forma más oscura de sacrificio, en la cual sacrificamos al otro para satisfacer nuestros propios deseos: es el sacrificio del maltratador, el violador, el narcisista. Es un sacrificio que perpetúa la espiral de violencia y destrucción en las relaciones personales y sociales. Estas personas están dispuestas a sacrificarlo todo para protegerse de la verdad de su propia incapacidad para amar. Vemos esa actitud de sacrificio en los dictadores y aspirantes a dictadores que surgen regularmente en nuestros tiempos turbulentos. También la observamos en la Iglesia: en primer lugar, en aquellos sacerdotes y religiosos que han abusado

---

[11] Véase Neil Ormerod, *Creation, Grace and Redemption* (Maryknoll, NY: Orbis Books, 2007), 84–87.

sexualmente de sus víctimas, sacrificándolas en el altar de su propia complacencia; en segundo lugar, en las autoridades eclesiásticas que han sacrificado aún más a esas mismas víctimas para proteger el «buen nombre» de la Iglesia, haciéndose eco de la postura de Caifás: «No os dais cuenta de que es mejor para vosotros que muera un solo hombre por el pueblo» (Jn. 11,50).

El primer tipo de sacrificio nace de la plenitud del amor, el segundo nace del vacío provocado por el odio a uno mismo. El Dios que evoca el primero es un Dios dador de vida y generoso; un Dios que exige el segundo es un monstruo moral. De hecho, las soteriologías que pintan el sufrimiento y la muerte de Jesús como una forma de aplacar a un dios enfadado son blasfemas, confunden a Dios con Satanás, confunden la voz del amor que dice «Sí» al universo con la voz de la acusación y siembran la duda, la vergüenza y el odio a uno mismo[12]. Históricamente, la Iglesia ha caído con regularidad en esta perversión relativa a la naturaleza de Dios, acorralando a la gente para que obedezca mediante el miedo y el castigo. Desde esta perspectiva, es relativamente fácil para la Iglesia presentar a la víctima del abuso como el problema, hacerse portavoz de la acusación contra la víctima mientras protege al abusador como «uno de los nuestros». La víctima carga con la vergüenza, mientras que al agresor se le ofrece terapia[13].

---

[12] Lonergan señala las formas en que se produce esta confusión, pero no ofrece un ulterior análisis de la misma. Véase Bernard J.F. Lonergan, *The Redemption*, ed. Robert M. Doran, Jeremy D. Wilkins y H. Daniel Monsour, trad. Michael G. Shields (Toronto: University of Toronto Press, 2018), 153–167.

[13] La vergüenza, la pérdida de autoestima y la culpa son los sentimientos más comunes entre los supervivientes de abusos clericales. Véase Rocío Figueroa y David Tombs, «Listening to Male Survivors of Church Sexual Abuse: Voices from Survivors of Sodalicio Abuses in Peru», *The Canonist: Journal of the Canon Law Society Australia and New Zealand* 8 (2017): 135–167; Jennifer Beste, «Envisioning a Just Response to the Catholic Clergy Sexual Abuse Crisis», *Theological Studies* 82, núm. 1 (2021): 29–54: «Si tomamos en serio la visión de la teoría del trauma sobre el papel crucial que desempeñan las comunidades en la intensificación o mejora de la traumatización, queda claro que la respuesta pastoral inadecuada de las comunidades cristianas a las acusaciones de abuso u otras formas de lesión traumática contribuye significativamente a las secuelas postraumáticas y al sufrimiento de los supervivientes. Además, la experiencia de la traición institucional puede aumentar los síntomas de TEPT, los

Esta disposición a sacrificar al «otro» para protegerse personal o institucionalmente es la antítesis de la misión de la Iglesia. Sin embargo, esta ha sido la experiencia recurrente de las víctimas de abusos sexuales clericales, que no encuentran en la Iglesia el amor consolador y sanador de Jesús, sino una voz que acusa, intimida y pretende silenciarlas. Los Evangelios presentan a Jesús advirtiendo a su primera comunidad sobre el peligro de que la institución se convierta en un instrumento de poder y prestigio: «Sabéis que, entre los paganos, los jefes gobiernan con tiranía a sus súbditos y los grandes descargan sobre ellos el peso de su autoridad. Pero entre vosotros no debe ser así. Al contrario, el que entre vosotros quiera ser grande, que sirva a los demás» (Mt. 20,25-26). No obstante, en las primeras décadas de la Iglesia, el autor de 1 Clemente describe a quienes pretendían derrocar a los líderes eclesiásticos existentes como personas más interesadas en el poder y el beneficio personal que en un auténtico servicio a sus rebaños. No es difícil encontrar ejemplos a lo largo de toda la historia de la Iglesia en los que esto haya sido así. El problema es recurrente. Ahora bien, la Iglesia es incapaz de reconocerlo y abordarlo de forma igualmente recurrente. Lo que se necesita es una reforma continua.

Sufrimiento redentor

La historia del abuso sexual clerical es una historia de sufrimiento. Como se constata en la Real Comisión australiana y en la vasta literatura sobre agresiones sexuales, las víctimas sufren traumas continuos a largo plazo como consecuencia de los abusos. Recuerdo muy bien a un superviviente de abusos en la infancia que con frecuencia se despertaba empapado en sudor después de una pesadilla, unos cincuenta años después de sufrir

---

sentimientos de inadecuación, autodesprecio, angustia, ansiedad, depresión, vergüenza, autoinculpación, la mala salud física, las ideas suicidas y el suicidio». TEPT son las siglas en español de «trastorno de estrés postraumático; en inglés, PTSD, «post-traumatic stress disorder» (N. de la T.).

abusos por parte de un sacerdote en un orfanato. Irónicamente, este superviviente permaneció célibe, ya que todas sus asociaciones con el sexo eran dolorosas. No quería causar dolor a nadie, mientras que el sacerdote que abusó de él, ostensiblemente comprometido con la vida célibe, vivía una mentira. Tras abandonar el orfanato, este superviviente se reunió con su madre biológica, la salvó de una relación abusiva y le proporcionó ayuda económica para criar a sus dos hermanastras. Con asesoramiento, trató de afrontar el impacto de los abusos que sufrió y trabajó para que la Iglesia y las autoridades estatales rindieran cuentas de su sufrimiento. Dio a su sufrimiento un significado redentor trabajando para abordar el problema de los abusos[14].

Aunque es posible que las víctimas asuman este sufrimiento y lo conviertan en una respuesta redentora creativa, como sucede en diversos grupos de supervivientes que trabajan por la sanación y la justicia, en su mayor parte este sufrimiento impuesto es simplemente degradante, deshumanizador y destructivo para la vida de las personas. Ese sufrimiento destructivo no es redentor, sino más bien su antítesis, un sufrimiento demoníaco impuesto por los poderosos para proteger sus privilegios y su reputación, tanto personal como institucional. Si bien es posible que las víctimas se conviertan en los sujetos de la transformación institucional, sufriendo no solo el abuso al que han sido sometidas sino también la agresión de la institución que se vuelve contra ellas, el verdadero cambio tiene que venir de dentro de la propia institución, cuando quienes tienen responsabilidades institucionales comienzan la dolorosa pero redentora labor de la reforma.

Pensemos en la transformación del obispo Geoffrey Robinson, que

---

[14] La víctima, David Owen, formó parte del caso de estudio 26 de la Real Comisión. Léase su testimonio en Real Comisión sobre las Respuestas Institucionales al Abuso Sexual Infantil, *Public Hearing—Case Study 26*, por Rockhampton Magistrates Court. Real Comisión sobre las Respuestas Institucionales al Abuso Sexual Infantil, 2015, www.childabuseroyalcommission.gov.au/sites/default/files/file-list/Case%20Study%2026%20-%20Transcript%20%20St%20Josephs%20orphanage%20Neerkol%20-%20Day%20C072%20-%2016042015.pdf, 15-37. Mi esposa y yo hemos tenido muchas conversaciones con David sobre su experiencia como víctima de abuso.

pasó de ser un ansioso defensor de los privilegios de la Iglesia a convertirse en un ferviente defensor de los supervivientes de abusos sexuales dentro de la Iglesia australiana[15]. A principios de la década de los 90, un colectivo de supervivientes lo invitó a reunirse con un pequeño grupo para hablar de su situación[16]. Escuchó el dolor de los supervivientes, su deseo de pedir cuentas a la Iglesia, su necesidad de apoyo pastoral y, en algunos casos, su amor constante por la Iglesia. Fue un acontecimiento transformador, uno de tantos, estoy seguro, pero luego desempeñó un papel importante en la Conferencia de Obispos Católicos de Australia para crear una nueva respuesta a los supervivientes de abusos sexuales y una nueva actitud para con ellos dentro de la Iglesia[17]. Le supuso mucho sufrimiento personal. Le ayudó a denunciar los abusos que él sufrió cuando era niño (en su caso, no se trató de abusos clericales) y, más tarde, los abusos cometidos por un sacerdote cuando era seminarista[18]. Y lo que es más importante, experimentó el aislamiento dentro de la Conferencia de Obispos por su

---

[15] Mons. Robinson fue obispo auxiliar de la archidiócesis de Sídney de 1984 a 2004. Cuando se jubiló, escribió sobre la necesidad de reformar la Iglesia y continuó su labor de defensa de los supervivientes. También prestó testimonio ante la Real Comisión Australiana; véase Geoffrey Robinson, *Confronting Power and Sex in the Catholic Church: Reclaiming the Spirit of Jesus* (Collegeville, MN: Liturgical Press, 2008).

[16] Aunque yo no asistí a la reunión, mi esposa Thea fue una de las supervivientes presentes. Gran parte de lo que expongo aquí son recuerdos personales de varias conversaciones mantenidas con el obispo a lo largo de los años.

[17] En particular, véanse estos dos documentos: National Committee for Professional Standards, *Towards Healing*, de la Conferencia de Obispos Católicos de Australia y Catholic Religious Australia (Alexandria, New South Wales: Australian Catholic Bishops Conference, 2010), www.catholic.org.au/documents/1346-towards-healing-2010-2/file, y National Committee for Professional Standards, *Integrity in Ministry*, de la Conferencia de Obispos Católicos de Australia y Catholic Religious Australia (Alexandria, New South Wales: Australian Catholic Bishops Conference, 2004), www.catholic.org.au/documents/1344-integrity-in-ministry-2010-1/file.

[18] Tras la muerte del obispo, Michael Kelly, SJ, reveló la historia de los abusos sufridos por Robinson cuando era sacerdote estudiante en Roma por parte del director espiritual de los estudiantes del seminario (Colegio de Propaganda Fide). Véase Michael Kelly, «Obituary for Bishop Geoff Robinson», *Pearls and Irritations*, 3 de enero de 2021, johnmenadue.com/obituary-for-bishop-geoff-robinson/.

continua defensa de los supervivientes y su voluntad de abogar por cada uno de ellos. Se trató de un sufrimiento verdaderamente redentor, al que se sometió por voluntad propia, con el fin de transformar la Iglesia para que viviera realmente su misión.

Estos dos casos representan ejemplos de un sufrimiento redentor, ejemplos de una voluntad de involucrar a la Iglesia en sus fracasos y tratar de cambiar sus procesos y su actitud. En concreto, necesitamos más líderes que, como el obispo Robinson, actúen como defensores de los supervivientes, a pesar de la continua resistencia de las estructuras institucionales de la Iglesia a escuchar la voz de las víctimas. No cabe duda de que estas personas se verán marginadas, pero, a menos que una gran mayoría de los líderes de la Iglesia estén dispuestos a asumir este sufrimiento, apenas habrá cambios.

Reforma

La reforma de cualquier institución es multidimensional[19]. Una de las dimensiones es la transformación personal, un cambio radical en el horizonte de un individuo, un compromiso con una nueva forma de vida, con nuevos valores. Sin embargo, el individuo existe dentro de una cultura institucional dominante, basada en una serie de significados y valores que establecen expectativas y modelos de conducta que el individuo también puede llegar a cambiar para convertirse en un sujeto de cambio cultural. Por último, todo ello funcionará dentro de un conjunto institucional de normas o deberes, autoridades, poderes y rutinas que son por naturaleza resistentes al cambio. Estas tres dimensiones interactúan de forma compleja, configurándose e influenciándose recíprocamente. Todo ello se pone de manifiesto en la institución de la Iglesia.

Reforma religiosa y moral

A menudo, los llamamientos a la reforma tienen que ver con una

---

[19] Véase la estructura general en Ormerod, *Re-Visioning the Church*, 279–283.

transformación interior, una conversión radical ante las exigencias de la fe y la predicación del Evangelio. Se centran en la persona y en su relación con Dios y con el bien. Exigen un mayor nivel de compromiso y fervor. Aunque estas reformas pueden crear nuevas formas institucionales, como los monasterios y las órdenes mendicantes, por lo general dejan intactas las estructuras existentes. A quienes están dentro de ellas, en cambio, se les exige un mayor nivel de actuación espiritual y moral.

Encontramos llamamientos a este tipo de reforma en los recientes mensajes del papa Francisco, que exhorta a sacerdotes y obispos a rezar más, a conocer el «olor de sus ovejas» y a dejar a un lado el ansia de poder[20]. Dicha actitud se refleja en su sencillez de vida, muy evidente como arzobispo de Buenos Aires y ahora como papa. Centrarse en la reforma espiritual y moral subraya la importancia de la gracia divina como principal agente de reforma. Cualquier intento de una reforma más amplia que ignore la importancia de esa transformación personal fracasará. Tal como Gandhi declaró despectivamente en una ocasión, seguimos soñando con formas institucionales tan perfectas que en ellas nadie necesita ser bueno[21]. Tales sueños están abocados al fracaso.

Hay al menos dos formas en las que el llamamiento a la reforma personal puede subvertir la reforma genuina. La primera es confundir esa reforma personal con la búsqueda de una piedad más fervorosa. En cuanto a la cuestión de los abusos sexuales, las muestras ardientes de piedad han demostrado su ineficacia a la hora de prevenir los abusos o de reducir el encubrimiento. Ciertamente, en el contexto australiano, algunos de los peores casos de abusos surgieron en órdenes religiosas con prácticas sumamente piadosas[22]. La piedad manifiesta no equivale a una

---

[20] Véase Robin Gomes, «Pope to Priests: Be "Shepherds with 'the Smell of the Sheep'"», *Vatican News*, 7 de junio de 2021, www.vaticannews.va/en/pope/news/2021-06/pope-francis-priests-students-church-louis-french.html.

[21] E.F. Schumacher, *Small Is Beautiful: Economics as if People Mattered* (Nueva York: Harper & Row, 1973), 24, señala que "Gandhi solía hablar despectivamente de soñar con sistemas tan perfectos que nadie necesitara ser bueno".

[22] Cabe destacar el abuso de niños por parte de la congregación Irish Christian Brothers en Australia Occidental—mucho antes de las reformas del Vaticano II—que fue uno de los casos

transformación religiosa y moral y, en realidad, puede ser una máscara que encubra la corrupción. La segunda forma consiste en utilizar los llamamientos a la reforma personal para negar o eludir las reformas culturales e institucionales necesarias: «la reforma empieza por uno mismo» y a menudo acaba ahí. Los que realmente ejercen el poder en la Iglesia pueden utilizar un llamamiento a la reforma personal para desactivar las demandas de reforma institucional. Antes bien, la reforma personal debería impulsar la reforma cultural e institucional.

Reforma cultural

La vida cultural de la Iglesia también es reformable. La cultura son los significados y valores vividos a partir de los cuales funciona una sociedad y, aunque la Iglesia está formada principalmente por los significados y valores del Evangelio, hay otros elementos que surgen de la cultura circundante, así como posibles distorsiones de los significados clave del Evangelio. Hemos señalado tales distorsiones a propósito de la tergiversación de la noción de sacrificio y la perversión del poder que han sido endémicas en la vida de la Iglesia. La reforma de la cultura de la Iglesia será impulsada en gran medida por quienes hayan emprendido su propia reforma personal, en el ámbito religioso y moral, de acuerdo con las exigencias del Evangelio. Tales personas impulsan la reforma de nuestras teologías, espiritualidades, enseñanzas morales y prácticas populares que conforman nuestra cultura eclesial.

Una vez más, el papa Francisco ha acertado al considerar el fenómeno cultural del clericalismo como uno de los principales factores que contribuyen al problema de los abusos sexuales clericales[23]. El clericalismo

---

estudiados por la Real Comisión australiana. Véase Real Comisión sobre las Respuestas Institucionales al Abuso Sexual Infantil, *Final Report*, caso de estudio 11; asimismo, la orden establecida en Australia, Brothers of Gerard Majella, creada después del Vaticano II, se menciona en el mismo informe.

[23] Kathleen N. Hattrup, «5 of the Many Times Pope Francis has Warned against Clericalism», *Aleteia*, 23 de agosto de 2018, aleteia.org/2018/08/23/5-of-the-many-times-pope-francis-has-railed-against-clericalism/.

combina elementos relacionados con el poder sagrado, un estilo de vida clerical y unas pautas de formación compartidas, y un sentido de lealtad al grupo que no permite identificar a los agresores en su entorno y encubre sus actos una vez descubiertos. El clericalismo convierte el sacerdocio en un estatus privilegiado dentro de la Iglesia y no en un servicio a la Iglesia. En el fondo, el clericalismo es una subversión de la misión de la Iglesia. Este problema es aún más flagrante en relación con el ministerio episcopal.

Por lo general, dentro de una institución los líderes son los que inician el cambio cultural. Lamentablemente, los dos últimos papados han promovido a algunos varones para ocupar altos cargos basándose en una aparente lealtad envuelta en una forma de piedad religiosa muy tradicional[24]. El resultado apenas ha servido para abordar el problema de los abusos sexuales. Si acaso, esos dos papados agudizaron el problema del clericalismo a través de sus escritos sobre el sacerdocio y la liturgia[25]. No es difícil percibir en el discurso de Bergoglio previo al cónclave una reacción contra estas tendencias.

Reforma social

Hay reformas que pretenden dejar en pie las estructuras e instituciones existentes, pero reformando, en cambio, a las personas que trabajan en ellas. A menudo se trata de reformas religiosas y morales. Hay reformas que tratan de adaptar y aumentar las estructuras existentes para mejorar su funcionamiento y eficacia en la consecución de sus objetivos. Las podemos llamar reformas sociales *menores*. Por último, hay reformas que pretenden introducir cambios en las propias formas institucionales. A estas las llamaremos reformas sociales *mayores*. Estas reformas responden a una crisis de legitimidad importante de las instituciones existentes, que han

---

[24] Se podría identificar el ascenso de grupos como el Opus Dei, los Legionarios de Cristo y el Camino Neocatecumenal. Algunos de estos movimientos han sido fundados por un líder carismático del que posteriormente se ha descubierto un historial de abusos sexuales.

[25] Ahora hay pruebas de la complicidad de Benedicto XVI en el encubrimiento de abusos sexuales cuando era arzobispo de Múnich y Frisinga (1977-1982), en un reciente informe encargado por la Iglesia alemana sobre los abusos en esa diócesis.

perdido su validez social. Las reformas institucionales auténticas buscan expresar mejor la misión del grupo; las reformas no auténticas buscan mantener el poder y los privilegios de quienes dirigen la institución.

El papa Francisco ha emprendido varias reformas sociales menores. Algunas de ellas iban dirigidas a ayudar a la Iglesia a responder a la crisis de los abusos sexuales como, por ejemplo, algunos cambios en el derecho canónico que aclaran los requisitos de denuncia y las penas asociadas a los delitos sexuales clericales[26]; la destitución de obispos que no han respondido adecuadamente a la crisis en su diócesis; la promoción de hombres que comparten su propia visión pastoral de la Iglesia. Sin embargo, todavía no hemos visto reformas que cambien de forma radical las relaciones de poder dentro de la Iglesia. La autoridad sigue firme en manos del clero, excluyendo en gran medida a las mujeres y a los laicos en general. A este respecto, la Real Comisión sobre las Respuestas Institucionales al Abuso Sexual Infantil de Australia aportó pruebas empíricas de que la presencia de mujeres en las estructuras diocesanas importantes coincidía con índices significativamente más bajos de abusos clericales. Una diócesis australiana en la que el obispo local había nombrado a mujeres para ocupar puestos de liderazgo (Adelaida) registró los índices más bajos de abusos en comparación con otras diócesis de Australia. El informe indicaba que se habían presentado denuncias creíbles de abusos contra el 7,9% del clero diocesano en todas las diócesis de Australia, mientras que en Adelaida la cifra era del 2,4%[27].

Esta creciente demanda de una mayor autoridad de los laicos en las estructuras de la Iglesia no debe considerarse en cierto modo paralela a la crisis de las investiduras en la Edad Media[28]. Lo que entonces estaba en

---

[26] Brendan Daly, «An Analysis of the Vademecum of the Congregation for the Doctrine of the Faith», *The Canonist* 11, núm. 2 (2020): 197–217.

[27] Neil Ormerod, «Sexual Abuse, a Royal Commission, and the Australian Church», *Theological Studies* 80, núm. 4 (2019): 950–966.

[28] Para un análisis exhaustivo de las relaciones Iglesia-estado en la Edad Media, véase Brian Tierney, *The Crisis of Church and State 1050–1300* (Englewood Cliffs NJ: Prentice-Hall, 1964). Para un análisis, véase Ormerod, *Re-Visioning the Church*, 243–245.

juego era liberar a la Iglesia del control de los señores feudales de la cristiandad medieval. La situación actual no se refiere a esas relaciones Iglesia-estado, sino a la participación adecuada y al reparto de poder por parte de los laicos en la gestión de su vida común, para el buen gobierno de la Iglesia. Las actuales estructuras de gobierno han fracasado de forma demostrable y sistemática en su gestión de la crisis de los abusos sexuales. Las restricciones actuales garantizan que el clericalismo nunca se cuestione, que no se escuchen voces alternativas. Se trata de un fracaso institucional recurrente que exige una respuesta institucional recurrente.

Un paso hacia delante podría ser el planteamiento del papa Francisco de llevar a la Iglesia por un camino más sinodal, incorporando un mayor abanico de voces a lo que podríamos llamar los «aspectos estratégicos» de la toma de decisiones. Ahora bien, se necesita algo más que un compromiso puntual con perspectivas no clericales; se necesita algo que involucre a la autoridad institucional en el día a día. Una de estas posibilidades, mencionada anteriormente, es la de la diócesis de Adelaida. Durante las audiencias de la Real Comisión australiana, el arzobispo Philip Wilson (2001-2018) explicó que, al hacerse cargo de la diócesis, instituyó cambios canónicos que aseguraron la posición de un consejo pastoral diocesano con mujeres en su equipo de liderazgo, las cuales tienen autoridad delegada del obispo[29]. En la diócesis él utilizó el cargo de canciller, un cargo canónico no específico de género que ha sido ocupado por hombres y mujeres. En la actualidad, la diócesis cuenta con dos cancilleres, una mujer y un hombre, ambos laicos. En un contexto más local, los consejos pastorales parroquiales deberían tener una auténtica autoridad deliberativa.

Como se ha señalado al principio de esta sección, estos tres niveles de reforma interactúan de forma compleja. Sin embargo, también se desarrollan en distintos periodos de tiempo. La reforma personal puede ser relativamente rápida, sobre todo cuando se produce alguna experiencia de conversión importante. La reforma social se produce en un plazo más

---

[29] Real Comisión sobre las Respuestas Institucionales al Abuso Sexual Infantil, *Final Report*, vol. 16: *Religious Institutions Book 2*, 665.

largo, a medida que los cambios se aplican y se incorporan a la práctica. La reforma cultural es la más difícil y la que se plantea a más largo plazo, aunque sin ella los avances en el ámbito institucional seguirán siendo precarios. Los pasos que el papa Francisco está dando en el plano cultural son los que a largo plazo determinarán si sus reformas institucionales sobreviven al pasar el relevo a su sucesor.

Conclusión

Cuando la Iglesia en su conjunto logre adoptar caminos de sufrimiento redentor, podrá volver verdaderamente íntegra a su misión. Para demasiados supervivientes, la Iglesia sigue sin ser un lugar seguro. Solo con una asunción de responsabilidades completa del pasado, con un arrepentimiento genuino por los fallos tanto individuales como institucionales y con un acercamiento positivo a los supervivientes en cuanto sujetos activos en el ministerio pastoral de la Iglesia, esta podrá ser un lugar seguro. Los supervivientes ya han sufrido bastante; ahora la Iglesia sufre la humillación de una continua exposición de sus pecados. Puede entregarse a la autocompasión y desarrollar un complejo de persecución o puede convertir este sufrimiento en un movimiento redentor para el bien de la Iglesia y su misión.

Neil Ormerod ha publicado catorce libros y más de ochenta y cinco artículos en revistas internacionales como *Theological Studies*, *Irish Theological Quarterly*, *Gregorianum* y *Louvain Studies*. Sus áreas de interés incluyen la Trinidad, la cristología, la eclesiología histórica y la obra de Bernard Lonergan. Es profesor honorario del Alphacrucis University College de Australia. Ha sido durante mucho tiempo defensor de los supervivientes de abusos por parte del clero.

Capítulo 21: Abuso sexual en un contexto eclesial y perspectiva de género: desafíos para una gestión ética del poder

Claudia Leal

Numerosos datos y fenómenos ponen de relieve el relativo fracaso de las organizaciones a la hora de controlar el uso del poder. Se encuentra, entre ellos, el índice de percepción de la corrupción, que en su última publicación denota la incapacidad de la mayoría de los países para controlar la corrupción, entendida como el uso del poder público con fines privados[1], y, asimismo, el índice de asunción de responsabilidades que, aunque se ha mantenido en niveles altos y relativamente estables, muestra un ligero pero sostenido descenso desde el año 2012[2]. Todo ello deja entrever un estancamiento o empeoramiento de las restricciones en el uso del poder político por parte de los gobiernos como, por ejemplo, exigir una justificación de sus acciones o someterlas a posibles sanciones.

Si bien estas diferencias en los índices globales antes mencionados pueden considerarse moderadas y referidas casi exclusivamente a la administración del poder en el sector público, la realidad en Chile presenta una situación más crítica, que se extiende a diversos sectores. La situación en Chile tiene como telón de fondo la profunda crisis que, como sociedad y comunidad moral, estamos viviendo a raíz de las denuncias de abusos sexuales en la Iglesia católica chilena[3], así como graves casos de corrupción

---

[1] Transparencia Internacional, *Índice de Percepción de la Corrupción 2018* (Transparencia Internacional, 2019), www.transparency.org/files/content/pages/CPI_2018_Executive_su mmary_web_ES.pdf.
[2] Para mayor información, véase la base de datos *Country-Date: V-Dem* V9, www.v-dem.net/en/data/archive/previous-data/data-version-9/.
[3] «Mapa chileno de los delitos de abuso sexual y de conciencia cometidos en entornos eclesiásticos», Red de sobrevivientes Chile, www.redsobrevivientes.org/post/mapa-abusos; Comisión UC para el Análisis de la Crisis de la Iglesia Católica en Chile, *Comprendiendo la*

empresarial[4], irregularidades en municipios y policía[5] y aumentos significativos en el número de denuncias por acoso sexual desde 2017[6].

En este trabajo, examino el ejercicio del poder a través de disciplinas como la psicología, la ética y la teología. Pongo en diálogo estas disciplinas con el objetivo de diagnosticar las principales deficiencias presentes en la evaluación habitual del ejercicio del poder institucional, que se acentúan cuando nos centramos en el fenómeno del abuso sexual. A partir de este diagnóstico y de las reflexiones de algunos eclesiólogos latinoamericanos, propongo la necesidad de incorporar una perspectiva de género en el análisis del poder. Tal perspectiva no solo permite comprender los abusos de poder cuando son las mujeres quienes los ejercen o sufren, sino también superar dos concepciones erróneas sobre los abusos de poder: en primer lugar, suponer que para acabar con el abuso basta con destruir el sitio del poder y, en segundo lugar, entender el abuso de poder como un fenómeno horrible o monstruoso ajeno a nuestra experiencia cotidiana de la vida social.

Algunas consideraciones desde la psicología de las organizaciones

El poder es intrínseco a la vida social y, por lo tanto, consustancial a las organizaciones[7]. Es evidente, asimismo, la dificultad que ha existido para

---

crisis de la Iglesia en Chile (Santiago, Chile: Pontificia Universidad Católica de Chile, 2020), www.uc.cl/site/assets/files/11465/documento-de-analisis-comprendiendo-la-crisis-de-la-iglesia-en-chile.pdf?it=site/assets/files/11465/documento-de-analisis-comprendiendo-la-crisis-de-la-iglesia-en-chile.pdf.

[4] Umut Aydin y Nicolás Figueroa, «The Chilean Anti-Cartel Experience: Accomplishments and Challenges», *Review of Industrial Organization* 54, núm. 2 (2019): 327–352.

[5] Eduardo Engel, «Políticas anticorrupción en Chile: ¿Cómo estamos?», *Mensaje* 67, núm. 668 (2018): 16–19.

[6] Pía Toro, «Denuncias por acoso sexual en el trabajo suben 34% en primer trimestre de 2019», *La Tercera*, 22 de abril de 2019, www.latercera.com/pulso/noticia/denuncias-acoso-sexual-trabajo-suben-34-primer-trimestre-2019/623951/.

[7] Cf. Miguel C. Moya Morales y Rosa Rodríguez Bailón, «Relaciones de poder y procesos cognitivos», en *Psicología Social*, ed. José Francisco Morales (Buenos Aires: Editorial Médica

circunscribir el poder como objeto de estudio, dado que el poder se suele confundir con otros conceptos similares, como la influencia, el liderazgo, el estatus o la autoridad, o se suele entender como estrechamente vinculado a ellos. La influencia no supone necesariamente una asimetría en la capacidad de los actores para controlar los posibles resultados del comportamiento[8], algo que sí ocurre en las definiciones de poder predominantes. El liderazgo se distingue por la congruencia implícita de metas u objetivos entre líder y seguidores, algo que no necesariamente ocurre en el uso del poder[9]. Respecto al estatus y a la autoridad, ambos conceptos se refieren a la posición de un sujeto en una jerarquía. El estatus se percibe en función de criterios como la riqueza, el prestigio, los privilegios o el honor, y no está necesariamente determinado de forma estructural[10]. La autoridad, entendida como el «grado de poder asociado a una posición según el diseño formal de la organización», sí que está, sin embargo, determinada estructuralmente[11].

Aunque las definiciones de poder son muchas, podemos resumir sus características más destacadas. El poder es el potencial o la capacidad de influencia—que puede ejercerse o no—que un actor o conjunto de actores posee sobre otro actor o conjunto de actores, de forma que las ideas del primero sean aceptadas por el segundo, o que el comportamiento del segundo se ejerza de forma instrumental para los intereses del primero.

Panamericana S. A., 2002), 177-199; Francisco Díaz Bretones et al., *Psicología de las organizaciones* (Barcelona: UOC, 2004); Stephen P. Robbins, Timothy A. Judge y Javier Enríquez Brito, *Comportamiento organizacional*, 15ª ed. (Nuacalpan de Juárez, México: Pearson, 2013); Antonio Marrero Hernández, Leonardo Romero Quintero y María Magdalena Castaño Trujillo, *El poder en las organizaciones* (Las Palmas de Gran Canaria, España: Imprenta Pérez Galdóz, SL, 1995).

[8] Analia Kornblit y Mónica Petracci, «El acoso sexual en el escenario laboral», en *Psicología social*, 167-171.
[9] Robbins, Judge y Brito, *Comportamiento organizacional*.
[10] Kornblit y Petracci, «El acoso sexual».
[11] Andrés Rodríguez Fernández y Francisco Díaz Bretones, «La organización y la red de organizaciones como unidad de análisis», en *Psicología de las organizaciones*, ed. Andrés Rodríguez Fernández (Barcelona, España: UOC, 2004), 233-283.

John French y Bertram Raven identifican cinco bases del poder[12]:

1. Poder del experto: influencia que un actor puede ejercer sobre otros como resultado de su experiencia, habilidades o conocimientos.
2. Poder referente: influencia que un actor puede ejercer sobre otros basándose en la admiración que estos sienten por él. Este tipo de poder lo tiene una persona que muestra características, valores o recursos que hacen que los demás quieran ser como ella.
3. Poder legítimo: poder basado en normas y expectativas. Las personas que ejercen el poder legítimo tienen derecho, por ejemplo, a imponer órdenes a los demás basándose en valores culturales que legitiman su ejercicio del poder, ya sea por la posición que ocupan o por el nombramiento/designación por parte de una autoridad legítima.
4. Poder coercitivo: basado en la aplicación, o amenaza percibida, de posibles sanciones por desobediencia.
5. Poder de recompensa: influencia que se basa en la capacidad de una persona para facilitar los resultados deseados por otros.

En esta tipología suelen aparecer breves—pero constantes—referencias a Jeffrey Pfeffer, el principal autor sobre el tema[13]. Pfeffer es citado por Robbins y Judge, por Marrero Hernández y por Rodríguez Fernández y Díaz Bretones.

Los autores difieren en su enfoque sobre los factores que guían la gestión ética del poder. Sin embargo, la idea de complejidad aparece como motivo constante por las siguientes razones[14]. En primer lugar, se ha demostrado que las bases del poder personal—es decir, el poder referente y el poder del experto, según la tipología de French y Raven—son más eficaces que las bases del poder formal. Esto significa que los tipos de poder

---

[12] John R.P. French y Bertram Raven, «The bases of social power», en *Classics of organization theory*, ed. D. Cartwright (Ann Arbor, MI: Institute for Social Research, 1959), 311-320.

[13] Los textos correspondientes a las referencias son: Jeffrey Pfeffer, «Merger as a Response to Organizational Interdependence», *Administrative Science Quarterly* 17, núm. 3 (1972): 382-394; Jeffrey Pfeffer, *Power in Organizations* (Toronto: Pitman, 1981); Jeffrey Pfeffer, *Power: Why Some People Have It - And Others Don't* (Nueva York: Harper Collins, 2010).

[14] Rodríguez Fernández y Díaz Bretones, «La organización».

más eficaces son los que se deben a acciones y atributos individuales, que eluden los mecanismos formales de control y asignación de poder de las organizaciones. A diferencia de la autoridad, el poder, especialmente el poder personal, no exige una legitimidad formal. Por consiguiente, su ejercicio ético es difícil de supervisar. En segundo lugar, diagnosticar el poder en una organización exige evaluar la capacidad de percepción y la exactitud del juicio sobre el mismo, según Greiner y Shein[15]. No obstante, estos aspectos son difíciles de determinar, ya que el poder tiende a ocultarse y a expresarse de diversas formas, muchas de las cuales pueden ser engañosas, como las manifestaciones de estatus. En tercer lugar, Rodríguez Fernández y Díaz Bretones reconocen que «el ejercicio del poder implica siempre una actitud ética que, en el contexto de las organizaciones, estará determinada por el sistema de valores que impere en la cultura concreta de cada organización»[16]. Dado que cambiar la cultura de una organización es un proceso largo y difícil, según Robbins y Judge, interpretamos que la afirmación anterior indica que el uso ético del poder depende de una variable difícil de introducir. La cultura debe entenderse como algo relativamente fijo a corto plazo. Además, el objetivo esencial de la cultura en las organizaciones, a saber, establecer los valores, normas y creencias predominantes de sus miembros, «no resulta nada fácil, pues la cultura no es algo unitario y compartido de la misma forma por todos, más bien por el contrario, existen diferentes subculturas que intentan erigirse en dominantes»[17]. En cuarto lugar, considerando que tanto las estructuras de una organización como sus actividades pueden explicarse en función del contexto en el que la organización existe[18], no podemos esperar que las organizaciones sean capaces de controlar absolutamente los valores y principios que rigen internamente el ejercicio del poder, como si fueran impermeables a los valores y costumbres del entorno. Por último, las diferencias de poder tienden a generar prejuicios cognitivos difíciles de

---

[15] Citados por Rodríguez Fernández y Díaz Bretones en «La organización».
[16] Rodríguez Fernández y Díaz Bretones, «La organización», 233.
[17] Rodríguez Fernández y Díaz Bretones, «La organización», 235.
[18] Alusiones a Pfeffer en Rodríguez Fernández y Díaz Bretones, «La organización».

controlar. Estos prejuicios operan de forma inconsciente y afectan a las interacciones entre quienes tienen más poder y quienes tienen menos, fomentando el distanciamiento social y el mantenimiento de las diferencias de poder[19]. Entre los ejemplos de esto último se incluye el prejuicio negativo que suele preponderar cuando un superior evalúa a sus subordinados o la ansiedad que afecta a las personas con muy poco poder, hasta el punto de representar una presión cognitiva que disminuye la capacidad de procesar la información, empeorando el rendimiento y dificultando el empoderamiento.

Dada la dificultad antes mencionada para definir una gestión ética del poder, no es de extrañar que se haya prestado poca atención al análisis del abuso de poder. Sin embargo, podemos identificar algunos elementos. En primer lugar, los estudios sugieren que hay individuos con una *orientación de intercambio*, en la que el poder activa conductas con fines egoístas, mientras que también hay otros con una *orientación comunal*, en la que el poder activa conductas con fines comunitarios[20]. Estas orientaciones son el resultado de diferencias en las asociaciones inconscientes. Algunas pruebas indican que, en condiciones experimentales, las orientaciones de las personas evaluadas se corresponden significativamente con los tipos de conducta que el poder activa en ellas[21]. En la misma línea, la variable de la *necesidad de poder*, estudiada con técnicas proyectivas y neurofisiológicas por McClelland, se corresponde positivamente con el interés en utilizar el poder en beneficio propio y negativamente con el uso del poder para ayudar a los demás[22]. En segundo lugar, los estudios demuestran que, en determinados varones, existe un vínculo inconsciente entre el poder y el sexo[23], lo cual explica en parte, según Bargh y Raymond, el fenómeno del

---

[19] Moya Morales y Rodríguez Bailón, «Relaciones de poder».
[20] Serena Chen, Annette Y. Lee-Chai y John A. Bargh, «Relationship Orientation as a Moderator of the Effects of Social Power», *Journal of personality and social psychology* 80, núm. 2 (2001): 173–181.
[21] Chen, Lee-Chai y Bargh, «Relationship orientation».
[22] Citado en Rodríguez Fernández y Díaz Bretones, «La organización».
[23] Moya Morales y Rodríguez Bailón, «Relaciones de poder».

acoso sexual. En condiciones experimentales, se ha evaluado con éxito la existencia de este vínculo inconsciente basándose en la escala LSH (Likelihood to Sexually Harass), que predice la conducta de acoso sexual[24]. Las mujeres son acosadas sexualmente por los varones con mayor frecuencia[25], y los porcentajes varían significativamente según el país. El concepto de poder es esencial para entender el acoso y, cuanto más desigual sea el nivel de poder, más probable será el acoso sexual[26]. En tercer lugar, la justicia organizacional parece atenuar significativamente las intenciones de cometer acoso sexual, lo que pone de manifiesto que la falta de políticas y procedimientos coherentes aumenta la frecuencia del mismo. Robbins y Judge proponen las siguientes medidas de protección contra el acoso sexual: *a)* una política activa en la organización que defina lo que constituye acoso sexual, informe a los trabajadores de que pueden ser despedidos si acosan a otra persona y establezca procedimientos para presentar denuncias; *b)* la garantía para quienes denuncian el acoso de que no sufrirán represalias; *c)* la investigación de los casos y la notificación a los departamentos jurídicos y de recursos humanos; *d)* la disciplina o el despido de los infractores, y *e)* la organización de seminarios internos para concienciar sobre diversos aspectos del acoso sexual. Finalmente, se recomienda establecer ciertas restricciones al uso del poder por parte de los líderes, ya que, por ejemplo, la evidencia sugiere que los líderes con mucho poder de recompensa lo ejercen de forma abusiva para influir en los demás, menospreciando las opiniones de los subordinados, manteniendo las distancias con ellos y atribuyendo el esfuerzo del subordinado más al ejercicio del propio poder que a la motivación de quien está bajo su mando[27].

---

[24] John A. Bargh, Paula Raymond, John B. Pryor y Fritz Strack, «Attractiveness of the Underling: An Automatic Power → Sex Association and its Consequences for Sexual Harassment and Aggression», *Journal of Personality and Social Psychology* 68, núm. 5 (1995): 768-781.

[25] Kornblit y Petracci, «El acoso sexual», 169.

[26] Robbins, Judge y Brito, *Comportamiento organizacional*.

[27] Kipnis (1972), citado en Marrero Hernández, Romero Quintero y Castaño Trujillo, *El poder en las organizaciones*, 69.

Hacia una eclesiología del poder

Lo que he defendido hasta ahora puede ser descartado argumentando que, en la Iglesia católica, el poder es diferente al de cualquier otra organización. De hecho, muchas fuentes teológicas articulan la legitimidad del poder ministerial contrastando su significado dentro de la Iglesia con el ejercicio del poder laico o mundano. Por el contrario, creo que el diálogo con disciplinas como la psicología de las organizaciones nos lleva a utilizar un lenguaje más preciso y sofisticado para hablar del poder y, lo que es más urgente, nos ayuda a formular una «sospecha objetiva» en relación con el poder carismático, aquel poder que se basa en atributos personales y que es muy común en las organizaciones religiosas.

La *stewardship theory* (teoría de la administración) supone una antropología que destaca los aspectos colaborativos y prosociales de las personas[28]. No obstante, las evidencias de los trabajos centrados en el tema ponen bajo sospecha esta atractiva teoría y llevan a la constatación de que el poder tiende a cambiar a quienes lo detentan en formas que ponen en riesgo la moralidad de la conducta. El poder reduce la tendencia a ver las cosas desde la perspectiva de los demás y a conectar con sus emociones[29]. Aumenta la atención instrumental y la cosificación, entendida como el proceso de relacionarse con los demás como si fueran objetos en función de su utilidad para los propios intereses[30]. El poder disminuye las inhibiciones, libera a las personas de las restricciones normativas que suelen

---

[28] James H. Davis, F. David Schoorman y Lex Donaldson, «Toward a Stewardship Theory of Management», *The Academy of Management Review* 22, núm. 1 (1997): 20-47; Joris Lammers y Diederik A. Stapel, «How Power Influences Moral Thinking», *Journal of Personality and Social Psychology* 97 (2009): 279-289.

[29] Adam D. Galinsky, Joe C. Magee, M. Ena Ineri y Deborah H. Gruenfeld, «Power and Perspectives Not Taken», *Psychological Science* 17, núm. 12 (2006): 1068-1074; Gerben A. van Kleef, Christopher Oveis, Ilmo van der Löwe, Aleksandr LuoKogan, Jennifer Goetz y Dacher Keltner, «Power, Distress, and Compassion: Turning a Blind Eye to the Suffering of Others», *Psychological Science* 19, núm. 12 (2008): 1315-1322.

[30] Deborah H. Gruenfeld, Ena Inesi, Joe C. Magee y Adam D. Galinsky, «Power and the Objectification of Social Targets», *Journal of Personality and Social Psychology* 95, núm. 1 (2008): 111.

regir el pensamiento, la expresión y la conducta[31].

Por otro lado, Magee, Kilduff y Heath mencionan otros mecanismos aún más indirectos, por medio de los cuales el poder afecta a quienes lo poseen incentivando conductas inmorales dentro de las organizaciones[32]. Así, el poder puede actuar como un mecanismo «des-socializador», ya que reduce la influencia de los valores organizacionales previamente internalizados en los procesos de socialización, debido a una mayor correspondencia entre los propios valores y la conducta. Los cambios en los procesos cognitivos que suelen producirse con la adquisición de poder pueden generar un desajuste en los resultados. Es decir, quienes ostentan el poder dirigen y animan a sus subordinados con un enfoque excesivamente orientado a los objetivos, prestando poca atención a la ética o la adaptación a los valores organizativos en los medios que los subordinados utilizan para alcanzar las metas.

Cabe señalar que los autores vinculan estrechamente el poder a la política. En general, la política y el poder se consideran dimensiones consustanciales a las dinámicas de la organización, pero el *comportamiento político* se distingue como algo que existe en diversos grados. La política incluye aquellas actividades que se desarrollan para adquirir, incrementar y utilizar el poder y otros recursos, con el fin de obtener los resultados esperados en una situación en la que existe incertidumbre o tensión sobre las alternativas a seguir[33]. Sin embargo, el comportamiento político se corresponde, en toda la bibliografía consultada, con la definición de Alcaide: «Aquellas actividades discrecionales, emprendidas por los actores organizativos, relacionadas con la adquisición, desarrollo y uso del poder para proteger o promover intereses propios en una situación de conflicto

---

[31] Dacher Keltner, Deborah H. Gruenfeld y Cameron Anderson, «Power, Approach, and Inhibition», *Psychological Review* 110, núm. 2 (2003): 265–284.

[32] Joe C. Magee, Gavin J. Kilduff y Chip Heath, «On the Folly of Principal's Power: Managerial Psychology as a Cause of Bad Incentives», *Research in Organizational Behavior* 31 (2011): 25–41.

[33] Rodríguez Fernández y Díaz Bretones, «La organización»; Marrero Hernández, Romero Quintero y Castaño Trujillo, *El poder en las organizaciones*; Pfeffer, *Power in Organizations*.

con los intereses del otro»[34].

El predominio del comportamiento político suele ser cuestionado moralmente, no solo porque supone la orientación, promoción y protección de los propios fines o conflictos, sino también porque consiste, por definición, en el uso de medios de influencia no sancionados, es decir, no regulados por la organización, y porque supone un déficit de racionalidad[35]. A esto se suma que en general se considera que, cuanto más se recurre a la política, la semejanza de los atributos demográficos se convierte con mayor probabilidad en la base de las alianzas, lo que potencialmente disminuye los beneficios meritocráticos o la diversidad, debilitando el rendimiento. Teniendo esto en cuenta, aunque el comportamiento político en las organizaciones puede ser adaptativo, la literatura al respecto sugiere posibles estrategias para reducir su predominio en los casos en que el poder se utiliza de forma poco ética a través de canales informales. Entre dichas estrategias, cabe destacar:

1. Estructurar las organizaciones de forma menos piramidal y favorecer una menor centralización del poder[36].
2. Establecer sistemas claros con criterios objetivos para evaluar el rendimiento.
3. Reducir la ambigüedad de roles, aclarando los comportamientos esperados.
4. Promover una cultura de la organización en la que prevalezca la confianza y no exista un enfoque de suma cero con relación a los beneficios. Es decir, las lógicas distributivas no deben implicar que si un actor gana es porque otro pierde.

Estas consideraciones plantean numerosas preguntas y nos mueven a ponderar con mayor distancia las medidas que hasta ahora se han adoptado

---

[34] Manuel Alcaide Castro, *Conflicto y poder en las organizaciones* (Madrid: Ministerio de Trabajo y Seguridad Social, 1987), 47.
[35] Alcaide Castro, *Conflicto y poder en las organizaciones*.
[36] Eisenhardt y Bourgeois (1988), citado en Marrero Hernández, Romero Quintero y Castaño Trujillo, *El poder en las organizaciones*.

como respuesta a la crisis de los abusos sexuales en contexto eclesial. Será necesario reconocer que la renovación de la jerarquía eclesial no genera por sí misma transformaciones que salvaguarden a la institución de nuevos casos de abuso de poder, sean estos en ámbito sexual o en cualquier otro.

El caso de Chile—como señala Carlos Schickendantz—nos deja algunas lecciones eclesiológicas[37] que confirman la importancia de una concepción menos idealizada del ejercicio del poder. La ingenuidad no debe ser reemplazada por la desconfianza, sino por el propósito de comprender mejor los riesgos y las zonas grises que los seres humanos recorren en sus relaciones. La eclesiología contemporánea ha dado pasos importantes para llegar a afirmar que la imagen que uno tiene de la Iglesia determina el estilo de relaciones—*ad intra* y *ad extra*—de la comunidad[38]. Una imagen marcadamente monolítica, egocéntrica y jerárquica, organizada en torno a principios androcéntricos y patriarcales, ha establecido un estilo de relaciones comunitarias en el que algunos grupos—en gran parte, pero no exclusivamente, las mujeres—han sido históricamente desplazados de los espacios pastorales, académicos y administrativos. También se ha establecido una cultura de clases en la cual aquellos que han recibido el ministerio del orden pertenecen a la primera clase, mientras que los demás fieles pertenecen a la segunda. Ambas características de este modelo eclesial dejan a algunos de sus miembros en una situación de vulnerabilidad posicional, es decir, en un lugar en el que su identidad se entiende desde la subordinación, independientemente de sus características personales.

¿Bajo qué condiciones y presupuestos es posible desarrollar un ethos de poder a partir del ejemplo de Jesús en los Evangelios? Esta pregunta requiere un marco teórico que permita a la teología hacer uso de una

---

[37] Carlos Schickendantz, «Mentalidades elitistas y clericalismo estructural. Algunas lecciones eclesiológicas que deja el "caso chileno"», en *Teología y prevención. Estudio sobre los abusos sexuales en la Iglesia*, ed. Daniel Portillo Trevizo (Bilbao: Sal Terrae, 2020), 95-126. Véase también John Beal, «"Tan inertes como un barco pintado sobre un océano pintado". Un pueblo a la deriva en la calma chicha eclesiológica», *Concilium* 306 (2004): 111–123.

[38] Sandra Arenas, «Desclericalización: antídoto para los abusos en la Iglesia», en *Teología y prevención*, 127–144.

fenomenología del poder eclesiástico, y un diseño que hunda sus raíces en el contenido de las relaciones típicas de una comunidad cristiana y arroje luz sobre las paradojas y las zonas grises a las que sus miembros están habitualmente expuestos.

La representación femenina del poder

De acuerdo con lo expuesto hasta ahora, se podría afirmar la regla general de que, para bien o para mal, el poder hace que los individuos actúen mostrando cómo son y manifestando y acentuando orientaciones, rasgos e idiosincrasias, ya sean pro o antisociales, que están enraizados tanto en la personalidad de cada individuo como en la cultura de la que forma parte.

Ahora bien, al considerar la variante de género en nuestro análisis, la evidencia muestra que el empoderamiento tiende a adoptar formas diferentes entre hombres y mujeres. Los hombres empoderados son más propensos a participar en funciones que representan a otros, mientras que las mujeres empoderadas suelen involucrar a otros en el proceso de toma de decisiones de la organización[39]. Estas y otras observaciones sugieren que las mujeres tienden más hacia procesos participativos y de carácter voluntario. Por el contrario, los hombres perciben su empoderamiento como producto de acciones individuales más que como resultado de inversiones en redes complejas de relaciones que proporcionan un sentido de comunidad.

A menudo se interpreta que las nociones socioculturales de género están vinculadas a representaciones implícita o explícitamente presentes en la cultura, la ideología y la arquitectura de una organización. En este sentido, Linstead y Marechal describen cómo las metáforas de la masculinidad fálica se manifiestan negativamente en el estricto control jerárquico de una organización mediante la imposición de roles, la

---

[39] Itzhaki & York (2000), citado en Paul W. Speer, N. Andrew Peters, Theresa L. Armstead y Christopher T. Allen, «The Influence of Participation, Gender and Organizational Sense of Community on Psychological Empowerment: The Moderating Effects of Income», *American Journal of Community Psychology* 51, núm. 1-2 (2013): 103–113.

competencia, la violencia y la falta de tolerancia ante el error[40]. La metáfora del falo masculino se identifica con la hegemonía, el poder y el control masculinos. Abordar estas variables como una simbología parcialmente inconsciente podría permitir una reflexión más profunda sobre los modos de intervención para contrarrestar las cualidades autoritarias del carácter patriarcal de las organizaciones, así como la recuperación de diversos aspectos matriarcales, lo que favorecería una mayor humanidad en las organizaciones[41].

La naturalización cultural de las diferencias y los roles de género requiere una reconstrucción crítica que nos permita nombrar la violencia y el abuso de una manera más sofisticada y coherente con la experiencia humana[42]. En el contexto eclesial global se ha enfatizado el análisis de las experiencias de abuso a varones, tanto menores como adultos, y solo recientemente se ha prestado atención a la narración de las mujeres que han sufrido abusos a manos de clérigos[43]. Sin embargo, esto es insuficiente, teniendo en cuenta la falta, tanto en el mundo civil como en el religioso, de una taxonomía del ejercicio del poder que distinga la actuación femenina de la masculina; en efecto, también existen mujeres que abusan, aunque aún estemos lejos de poder hablar científicamente de dicho fenómeno[44].

---

[40] Stephen Andrew Linstead y Garance Maréchal, «Re-Reading Masculine Organization: Phallic, Testicular and Seminal Metaphors», *Human Relations* 68, núm. 9 (2015): 1461–1489.

[41] Höpfl (2008), citado en Linstead y Maréchal, «Re-reading Masculine Organization», 1470.

[42] Un ejercicio interesante de este tipo, en el contexto chileno, está representado por el Observatorio contra el Acoso Callejero. Cf. Javiera Arancibia et al., *Acoso sexual callejero: contexto y dimensiones* (Chile: Observatorio contra el Acoso Callejero, 2015), www.ocac.cl/wp-content/uploads/2016/09/Acoso-Sexual-Callejero-Contexto-y-dimensiones-2015.pdf.

[43] Daniela Bolívar y Claudia Leal, «Abuso sexual contra mujeres adultas en contexto eclesiástico: evidencia y vacíos», en *La crisis de la Iglesia en Chile: Mirar las Heridas*, ed. Sofía Brahm y Eduardo Valenzuela (Santiago, Chile: Ediciones Universidad Católica, 2021).

[44] La Iglesia latinoamericana lleva a cabo una incipiente reflexión al respecto a partir de casos recientemente desvelados, tales como el del Sodalicio. Véase «Camila Bustamante, "El abuso de mujeres contra mujeres en la Iglesia no existe, tampoco la víctima, la justicia o la reparación"», *Religión Digital*, 2022, www.religiondigital.org/libros/Camila-Bustamante-mujeres-Iglesia-reparacion-siervas-sodalicio-libro-investigacion_0_2474452534.html.

Los enfoques sobre el rol del cuerpo en el ejercicio del poder pueden ser un punto de partida para tomar conciencia de las dinámicas implícitas del poder en su versión femenina[45]. Asimismo, las consideraciones teológicas que asumen la perspectiva de las mujeres comienzan lentamente a permear la mariología latinoamericana, tema que muy probablemente ha incidido en el autoconocimiento no solo de las mujeres creyentes del continente americano, sino de las mujeres latinas en general[46]. A partir de sus estudios sobre Elizabeth Johnson, la teóloga Blanca Besa presenta algunas de las paradojas e interrogantes que debemos revisar.

> [E]sta reflexión acerca del estrecho vínculo entre marianismo y culto a María—como la mujer/madre ideal—debiera tener en cuenta el hecho que, a pesar de la opresión y androcentrismo que conlleva, al menos en el caso chileno, no implica un detrimento de la devoción a la Virgen. Al contrario, al día de hoy, uno de los rasgos propios del país sigue siendo su veneración mariana. Lo especialmente curioso es que, si bien la devoción mariana también se da en los varones, la gran mayoría de las personas que acuden a los santuarios, realizan mandas, celebran el mes de María, rezan el rosario, entre otras actividades de la misma índole, son mujeres. Una posible explicación es que las chilenas, o no se sienten oprimidas por este modelo, o es algo que simplemente aceptan como parte del estereotipo que les corresponde encarnar. Pero, otra respuesta posible es que ven en María algo más que un modelo de maternidad ideal. Si es así, ¿qué es lo que ven en ella que las hace acudir a su persona en busca de aliento y consuelo, de fuerza y esperanza en sus penosas luchas de cada día por sobrevivir ellas y sus hijas(os)?[47]

---

[45] Rainer Bucher, «El cuerpo del poder y el poder del cuerpo. La situación de la Iglesia y la derrota de Dios», *Concilium* 306 (2004): 151-162.

[46] Sonia Montecino, *Madres y huachos: alegorías del mestizaje chileno* (Santiago, Chile: Pontificia Universidad Católica de Chile, 1994); Sonia Montecino, «Símbolo mariano y constitución de la identidad femenina en Chile», *Estudios Públicos* 39 (1990): 283-290.

[47] Blanca Besa Bandeira, «La mariología de Elizabeth Johnson en diálogo con el contexto chileno», *Palabra y Razón* 20 (2021): 67.

Conclusión

El poder, y en particular su relación con el abuso en la crisis eclesial, requiere una reconsideración crítica que exige una comprensión completa de sus complejos esquemas, relaciones y territorialidades. La topografía del poder no exige su sectorización o exclusión, sino el reconocimiento de su omnipresencia. Esta lectura exige una reorientación «des-esencializadora» que permita prestar atención al poder en su producción y ejercicio. Ante todo, hay que aclarar que el poder no es más que las relaciones, las redes y los entramados de poder. No es un poder que venga desde el exterior y se imponga sobre sujetos pasivos. Se trata más bien de un poder que se produce en virtud de las relaciones construidas intersubjetivamente: un poder entendido como verbo y como ejercicio eminentemente relacional.

Claudia Leal se doctoró en Teología Moral Fundamental por la Academia Alfonsiana (Roma, 2012) con una tesis centrada en la crítica contemporánea de la noción moderna de la identidad humana. Además, estudió Derecho (Universidad de Chile) y Diálogo Interreligioso (Beca Russell Berrie).

Capítulo 22: Abuso sexual clerical, teología basada en el trauma y promoción de la resiliencia

Nuala Kenny

La incidencia mundial de abusos físicos, emocionales, sexuales y espirituales y de explotación sexual de niños y jóvenes por parte de familiares y personas en puestos de confianza es estremecedora. Tal explotación es aún más trágica cuando es perpetrada por clérigos que representan a un Dios que es amor. Jesús muestra auténtica indignación ante esta violación de los inocentes: «Pero a quien sea causa de pecado para uno de estos pequeños que creen en mí, más le valdría que lo arrojaran al fondo del mar con una piedra de molino atada al cuello» (Mt. 18,6). La protección de los niños y los jóvenes, los más vulnerables entre nosotros, y el fomento de su desarrollo humano es fundamental en nuestra llamada al discipulado. Esto requiere reconocer los daños causados por el abuso sexual, abordar las creencias y prácticas sistémicas y culturales que fomentan el abuso y comprender la vulnerabilidad. Por último, requiere que fomentemos una resiliencia enraizada en los conocimientos científicos y el testimonio de la resurrección.

Reconocer los daños causados por el abuso sexual de niños y jóvenes

El abuso sexual de menores es un abuso de poder, de autoridad y de conciencia contra los más vulnerables entre nosotros. Ocurre en los hogares y en lugares seguros a manos de adultos de confianza. Es un grave problema social, aún no reconocido en muchas naciones y culturas. Conocemos los profundos daños de esta violación a través de los relatos de las víctimas-supervivientes recogidos en una abundante y detallada información procedente de casos judiciales penales y civiles. El género de la biografía, la autobiografía y el blog también proporcionan una visión crucial de tales daños[1]. El papa Francisco se aseguró de que las voces y las historias de las víctimas fueran centrales en la cumbre sin precedentes de 2019 sobre la protección de los menores[2].

La investigación confirma las consecuencias perjudiciales del abuso sexual en la infancia y la adolescencia por parte de una persona de confianza, incluyendo daños físicos, emocionales y espirituales[3]. El abuso sexual en esta etapa decisiva del desarrollo humano se traduce en dificultades en la percepción de uno mismo, la confianza y las expectativas depositadas en los demás, y en el funcionamiento cognitivo, lo que a menudo conduce a cambios dramáticos en el rendimiento escolar. Las víctimas pueden mostrarse erráticas, desde dependientes hasta rabiosas e iracundas, e incurrir en comportamientos autodestructivos, incluido el suicidio. Si los niños y jóvenes logran hablar de los abusos, el asesoramiento cercano al momento del abuso será de gran ayuda. Dado que suele transcurrir mucho tiempo entre la experiencia del abuso y su revelación, muchas personas sufren daños físicos, psicológicos y emocionales de por vida[4]. Las víctimas se forman una imagen negativa de sí mismas; sienten culpa, vergüenza y confusión sobre las normas y la identidad sexuales;

---

[1] Gary Bergeron, *Don't Call Me a Victim* (Lowell, MA: King Printing Company, 2004); Hank Estrada, *Unholy Communion: Lessons Learned from Life Among Pedophiles, Predators, and Priests* (Nuevo México: Red Rabbit Press, 2011); Carmine Galasso, *Crosses: Portraits of Clergy Abuse* (Londres, UK: Trolley Ltd., 2007); Tony Lembo, *The Hopeville Fire Department: A Boy's Tale of Betrayal by One of New England's Most Notorious Priests* (Doylestown, PA: Prose & Pictures, 2007); Colm O'Gorman, *Beyond Belief* (Londres, UK: Hodder & Stoughton, 2010); David Price, *Altar Boy, Altered Life: A True Story of Sexual Abuse* (Indianápolis, IN: Dog Ear Publishing, 2008).
[2] «Vatican Summit on the Protection of Minors in the Church», *St. Louis Review*, www.archstl.org/st-louis-review/vatican-summit.
[3] David Finkelhor y Angela Browne, «The Traumatic Impact of Child Sexual Abuse: A Conceptualization», *American Journal of Orthopsychiatry* 55, núm. 4 (1985): 530-541.
[4] Julia I. Herzog y Christian Schmahl, «Adverse Childhood Experiences and the Consequences on Neurobiological, Psychosocial, and Somatic Conditions across the Lifespan», *Frontiers in Psychiatry* 9, núm. 420 (2018): 1–8, doi.org/10.3389/fpsyt.2018.00420.

tienen dificultades para confiar y relacionarse, una sensación de impotencia que interfiere en la educación y el trabajo, depresión, ansiedad e ira, tendencias suicidas y un pequeño riesgo de convertirse ellas mismas en abusadores. El asesoramiento psicológico es un componente esencial del tratamiento.

Como ha demostrado Stephen Rosetti, la explotación sexual de niños y jóvenes por parte del clero también puede causar efectos devastadores en la fe y la espiritualidad. Las víctimas se sienten abandonadas por Dios, que no puso fin a los abusos, ni siquiera cuando se lo suplicaron[5]. Esta pérdida de un Dios bondadoso y comprensivo es el mayor daño del abuso sexual clerical. Thomas Doyle, que ha estudiado el «trauma espiritual», muestra que muchas víctimas pierden la confianza en su bondad inherente y creen que no son dignas de amor ni pueden curarse. Algunas experimentan una sensación de inutilidad y de limitación de su capacidad de actuar que en ocasiones tiene graves consecuencias para su identidad moral[6]. A menudo, los padres de las víctimas no las creían y a veces incluso las castigaban por atreverse a sugerir que el «santo sacerdote» había pecado[7]. Este daño se agravó cuando los representantes de la Iglesia no creyeron a las víctimas. La creencia en la Iglesia como lugar de santidad y seguridad puede derrumbarse para siempre, y las víctimas pierden el apoyo de la vida litúrgica y de oración de la comunidad.

Kenneth Pargament y sus colaboradores han observado que muchos terapeutas destacados no reconocen los daños espirituales específicos que se producen cuando el agresor es «otro Cristo». La atención pastoral corre el riesgo de agravar el abuso porque puede desencadenar el TEPT (trastorno de estrés postraumático) a través del olor del incienso, los

---

[5] Stephen J. Rosetti, *Slayer of the Soul: Child Sexual Abuse and the Catholic Church* (New London, CT: Twenty-Third Publications, 1991).

[6] Thomas P. Doyle, «The Spiritual Trauma Experienced by Victims of Sexual Abuse by Catholic Clergy», *Pastoral Psychology* 58, núm. 3 (2009): 239-260, doi.org/10.1007/s11089-008-0187-1.

[7] Jason Berry, *Lead Us Not into Temptation: Catholic Priests and the Sexual Abuse of Children* (Urbana, IL: University of Illinois Press, 2000).

sonidos de las campanas de la iglesia y otros símbolos. La sanación y la reconciliación por la fuerza no son posibles. Con ayuda, muchas víctimas logran cierta curación. Por desgracia, muchas otras nunca logran reconciliarse con Dios o con la Iglesia[8]. Un número especial del *Journal of Child Sexual Abuse* recopiló la investigación sobre el impacto a largo plazo del abuso sexual infantil en el funcionamiento y el bienestar de los adultos. Sin embargo, no prestó la debida atención a la vulnerabilidad ni se interesó por la resiliencia[9].

Dinámicas subyacentes y factores culturales sistémicos

Una cultura de protección de los menores y las personas vulnerables requiere la conversión tanto de las mentes y los corazones como de las políticas y las normas basadas en lo que mejor funciona en la práctica[10]. También exige comprender las fuerzas sistémicas y culturales más profundas, incluidas las creencias y las prácticas que permiten o promueven esos daños. En 1986, con el reconocimiento público de la prolongada crisis de los abusos sexuales a menores en Occidente, la investigación se centró inicialmente en identificar los factores de riesgo en las víctimas y en los agresores. Pronto se hizo evidente que este enfoque no evaluaba adecuadamente la complejidad de la casuística. El sociólogo estadounidense David Finklehor proporcionó un marco útil para evaluar las «dinámicas o condiciones previas» de los abusos. Entre ellas se incluyen la motivación para abusar, la superación de las inhibiciones, la superación

---

[8] Kenneth I. Pargament, Nichole A. Murray-Swank y Annette Mahoney, «Problem and Solution: The Spiritual Dimension of Clergy Sexual Abuse and Its Impact on Survivors», *Journal of Child Sexual Abuse* 17, núm. 3-4 (2008): 397-420, doi.org/10.1080/10538710802330187.

[9] Heather B. MacIntosh y A. Dana Ménard, «Where Are We Now? A Consolidation of the Research on Long-Term Impact of Child Sexual Abuse», *Journal of Child Sexual Abuse* 30, núm. 3 (2021): 253-257, doi.org/10.1080/10538712.2021.1914261.

[10] Karlijn Demasure, Katharina Fuchs y Hans Zollner, *Safeguarding: Reflecting on Child Abuse, Theology and Care* (Lovaina: Peeters, 2018).

de la resistencia del niño y la disminución de la vigilancia social[11]. Este planteamiento se ha modificado y ampliado con el tiempo, pero sigue siendo útil para centrarse en las cuestiones más profundas que están en juego. Estas condiciones previas pueden servir de base para un análisis específico de la Iglesia con el fin de identificar las creencias, prácticas y relaciones que han facilitado el abuso sexual clerical de niños y jóvenes confiados y dependientes[12].

En mis casi cuarenta años de trabajo en la sanación de la Iglesia ante la crisis del abuso sexual clerical, he identificado una patología en la Iglesia que es contraria a la misión, las palabras y el testimonio de Jesús:

> La patología incluye daños físicos, emocionales y espirituales devastadores para niños, jóvenes y personas vulnerables; silencio, secretismo y negación para evitar el escándalo; abuso de poder, autoridad y conciencia; fracaso de la teología moral para formar la conciencia y fomentar la virtud; fracaso del liderazgo para aprender de las ciencias empíricas y sociales; incapacidad o falta de voluntad para abordar los factores sistémicos y culturales subyacentes; y divisiones polarizadoras sobre la naturaleza de la crisis que están fracturando el Cuerpo de Cristo e impidiendo la sanación[13].

Una cuestión fundamental en toda patología es el abuso de poder, de autoridad y de conciencia[14]. Aunque se ha hecho mucho en todos los niveles de la Iglesia en cuanto a políticas y protocolos de protección y

---

[11] David Finkelhor, *Child Sexual Abuse: New Theory and Research* (Nueva York: Free Press, 1984).

[12] Nuala Kenny, «The Clergy Sexual Abuse Crisis: Dynamics and Diagnosis», *ET Studies* 4, núm. 2 (2013): 201-219, doi.org/10.2143/ETS.4.2.3007278.

[13] Nuala P. Kenny, *A Post-Pandemic Church: Prophetic Possibilities* (Toronto: Novalis, 2021), 34.

[14] Mary Gail Frawley-O'Dea, *Perversion of Power: Sexual Abuse in the Catholic Church* (Nashville, TN: Vanderbilt University Press, 2007); Stephen Bullivant, Eric Marcelo O. Genilo, Daniel Franklin Pilario y Agnes M. Brazal, ed., *Theology and Power: International Perspectives* (Mahwah, NJ: Paulist Press, 2016).

prevención, estos problemas más profundos persisten[15].

Vulnerabilidad

Vulnerabilidad deriva del latín *vulnus*, que significa «herida»; por lo tanto, vulnerabilidad significa poder ser herido. Es a la vez una noción espiritual y moral primordial y una noción vaga y compleja. Vulnerable no significa ser o haber sido herido, sino más bien la posibilidad de ser herido[16]. Comprender la naturaleza de la vulnerabilidad es crucial para poder proteger eficazmente a los niños, prevenir el abuso y propiciar la resiliencia ante acontecimientos adversos. Los investigadores han identificado la necesidad de definir con precisión la vulnerabilidad, de explorar la interacción entre riesgo y vulnerabilidad en contextos políticos y vitales específicos, y de comprender la importancia de la vulnerabilidad en nuestras vidas espirituales y morales[17].

La vulnerabilidad es inherente a nuestra existencia humana corporal y depende de cada situación personal. Mackenzie y sus colaboradores han clasificado la vulnerabilidad en tres categorías: inherente, contingente o situacional y patogénica. La vulnerabilidad inherente es nuestra vulnerabilidad ontológica o esencial. La vulnerabilidad contingente o situacional está causada o acentuada por condiciones personales específicas agudas o crónicas, como el estado de salud, los factores socioeconómicos, la cultura y el medio ambiente. La vulnerabilidad patogénica es creada por factores perjudiciales únicos en la historia personal, como una historia de

---

[15] Michael W. Higgins y Peter Kavanagh, *Suffer the Children unto Me: An Open Inquiry into the Clerical Sex Abuse Scandal* (Toronto: Novalis, 2010); Marie Keenan, *Child Sexual Abuse and the Catholic Church: Gender, Power, and Organizational Culture* (Nueva York: Oxford University Press, 2012); Nuala P. Kenny y David Deane, *Still Unhealed: Treating the Pathology in the Clergy Sexual Abuse Crisis* (Toronto: Novalis, 2019).
[16] Michael H. Kottow, «The Vulnerable and the Susceptible», *Bioethics* 17, núm. 5-6 (2003): 460–471, doi.org/10.1111/1467-8519.00361.
[17] Kate Brown, Kathryn Ecclestone y Nick Emmel, «The Many Faces of Vulnerability», *Social Policy and Society* 16, núm. 3 (2017): 497–510, doi.org/10.1017/S1474746416000610.

abuso, ruptura y marginación[18].

La vulnerabilidad genera connotaciones negativas de victimismo, indefensión y patología, pero es una noción esencial para comprender a los seres humanos[19]. Preocupa una visión reductivamente negativa de la vulnerabilidad, que es precisamente la condición indispensable para poder responder.

> Se asume que la vulnerabilidad es casi exclusivamente negativa, se equipara a debilidad, dependencia, impotencia, deficiencia y pasividad. Esta visión reductivamente negativa conlleva implicaciones problemáticas, poniendo en peligro la capacidad de respuesta ética a la vulnerabilidad, e impide así que el concepto posea el valor normativo que muchos teóricos desean que tenga. Cuando la vulnerabilidad se considera debilidad y, paralelamente, se valora la invulnerabilidad, entonces la atención a la propia vulnerabilidad y la respuesta ética al prójimo vulnerable quedan fuera del alcance de los objetivos[20].

La literatura de las ciencias sociales muestra su preocupación por la atención que se presta a la vulnerabilidad en la medida en que puede ser paternalista y opresiva, puede ampliar el control social y dar lugar a la estigmatización y a la marginación en lugar de a la capacitación y la protección de las personas[21]. Esto incluye a menores y adultos que carecen de capacidad para protegerse a sí mismos, como las personas sin hogar, los refugiados y las víctimas de la violencia doméstica. La vulnerabilidad tiene fuertes implicaciones éticas. Puede ser condescendiente y paternalista o unificadora y socialmente transformadora. Reconocer la vulnerabilidad

---

[18] Catriona Mackenzie, Wendy Rogers y Susan Dodds, *Vulnerability: New Essays in Ethics and Feminist Philosophy* (Oxford: Oxford University Press, 2014).

[19] Alasdair C. MacIntyre, *Dependent Rational Animals: Why Human Beings Need the Virtues* (Chicago: Open Court, 2006).

[20] Erinn C. Gilson, *The Ethics of Vulnerability: A Feminist Analysis of Social Life and Practice* (Nueva York: Routledge, 2016), i.

[21] Kate Brown, «"Vulnerability": Handle with Care», *Ethics and Social Welfare* 5, núm. 3 (2011): 313–321, doi.org/10.1080/17496535.2011.597165.

mutua nos permite ser conscientes de los demás, de su dignidad y capacidades.

La vulnerabilidad es una condición de la vida moral. Las respuestas éticas a la vulnerabilidad deben basarse en la promoción de la autonomía y la resiliencia con el fin de contrarrestar la sensación de impotencia y la pérdida de capacidad de acción[22]. La vulnerabilidad precede a todo lo relacionado con el ser humano. En lenguaje teológico, la prioridad de la vulnerabilidad es precisamente la base sobre la que descansa la *imago Dei*. Hemos sido creados a imagen de Dios. Si Dios es vulnerable, nosotros, que hemos sido creados a su imagen, también lo somos. En el Antiguo Testamento, la alianza, que nos une a Dios, es tan vulnerable como los lazos que nos unen entre nosotros. Vulnerable a la voz de Dios, el profeta descubre la capacidad de expresar la compasión de Dios[23].

El teólogo irlandés Enda McDonagh ha esbozado los elementos clave de una teología de la vulnerabilidad. Comienza con la autorrevelación de Dios como vulnerable en el acto mismo de la creación—«Dios dijo: "Que haya"...» para todos los elementos de la creación (Gn. 1)—y esta es su propuesta:

> Este es el riesgo de la creación para Dios, introducir en la existencia otra realidad distinta de Dios mismo [...]. Dios se alegró de esta alteridad como don, pero [...] el don se convirtió en amenaza, ajena y alienada de Dios en sus criaturas más importantes, el hombre y la mujer[24].

En la Encarnación, el Verbo divino se hizo carne humana en Jesucristo y asumió nuestra vulnerabilidad encarnada:

> Dios [...] se hizo humano en Jesucristo. Este desprenderse de su divinidad

---

[22] Mianna Lotz, «Vulnerability and Resilience: A Critical Nexus», *Theoretical Medicine and Bioethics* 37, núm. 1 (2016): 45-59, doi.org/10.1007/s11017-016-9355-y.
[23] Abraham J. Heschel, *The Prophets* (Nueva York: Harper, 1969).
[24] Enda McDonagh, *Vulnerable to the Holy: In Faith, Morality and Art* (Dublín: Columba Press, 2005), 19.

por parte de Dios en la encarnación supera toda imagen humana y, sin embargo, parece superarse aún más en la entrega hasta la muerte en cruz del Hijo de Dios que se hizo humano. Ese morir que conduce a la resurrección y al envío del Espíritu completa el modo en que Dios permite que sea la creación y el modo en que Dios se entrega a sí mismo en la encarnación, es decir, siendo Dios en el sentido trinitario de Dios y en el universo[25].

En la parábola del buen samaritano (Lc. 10,29-37), el prójimo asume un riesgo personal para responder a la necesidad de un hombre herido[26]. Esto desplaza la vulnerabilidad del necesitado a la vulnerabilidad de quienes responden a la necesidad.

La crisis de los abusos sexuales clericales ha demostrado que la Iglesia es vulnerable. No obstante, la vulnerabilidad no es solo producto del entorno de la Iglesia. La vulnerabilidad forma parte de la esencia misma de la Iglesia. La vulnerabilidad de la Iglesia se basa en una teología y una antropología de la vulnerabilidad, y se expresa en una ética y una misión de la vulnerabilidad[27]. Se necesitan respuestas eclesiales, políticas y económicas porque

> la vulnerabilidad puede reducirse mediante una protección igual para todos los miembros de la sociedad en virtud de un principio de justicia. La susceptibilidad es un estado determinado de miseria y, por tanto, solo puede reducirse o neutralizarse con medidas que a) estén específicamente diseñadas contra la situación en cuestión y b) se apliquen activamente. Los susceptibles, como los enfermos, requieren un tratamiento específico para paliar su miseria[28].

---

[25] McDonagh, *Vulnerable to the Holy*, 20.

[26] Vincent Leclerq, *Blessed Are the Vulnerable: Reaching Out to Those with AIDS* (Londres, UK: Twenty-Third Publications, 2010).

[27] Nico Koopman, «Vulnerable Church in a Vulnerable World? Towards an Ecclesiology of Vulnerability», *Journal of Reformed Theology* 2, núm. 3 (2008): 241, doi.org/10.1163/156973108X333731.

[28] Michael H. Kottow, «The Vulnerable and the Susceptible», *Bioethics* 17, núm. 5–6 (2003): 463, doi.org/10.1111/1467-8519.00361.

Lo anterior se relaciona con el argumento de Linda Hogan:

> La dependencia mutua y la vulnerabilidad compartida son elementos de la experiencia humana que rara vez han figurado entre las formas en que se construye la política o se enmarcan las teorías éticas [...]. Y, sin embargo, la vulnerabilidad compartida y la dependencia mutua pueden ser precisamente las cualidades emergentes en las personas y en las comunidades de todo el mundo que luchan por encontrar las bases de la esperanza de un futuro compartido en un mundo dividido[29].

Teología basada en el trauma

Las experiencias de dolor, pérdida y sufrimiento son componentes esenciales de la persona humana como ser corporal, social y culturalmente enraizado y a la vez dependiente. La respuesta a los múltiples traumas de nuestro tiempo debe fundamentarse teológicamente y convertirse en una realidad en nuestra vida, culto y misión. El trauma plantea retos para la cura pastoral y para la teología cristiana sistemática y práctica. El trauma, que es el resultado de la violencia, ha sido muy estudiado en psicología desde finales del siglo XIX[30]. Los estudios sobre los soldados en estado de shock de la Primera Guerra Mundial revelaron que no solo recordaban la violencia sufrida, sino que la revivían. En los momentos en que los recuerdos afluían a su mente, no podían distinguir entre el suceso traumático y el presente. Shelly Rambo ha identificado las tres lecciones fundamentales que se extraen de los estudios sobre el trauma: «El pasado no es el pasado. El cuerpo recuerda. Las heridas no desaparecen sin más»[31].

---

[29] Linda Hogan, «Vulnerability: An Ethic for a Divided World», en *Building Bridges in Sarajevo: The Plenary Papers from CTEWC 2018*, ed. Kristin E. Heyer, James F. Keenan y Andrea Vicini (Maryknoll, NY: Orbis Books, 2019), 219–220.

[30] Cathy Caruth, ed., *Listening to Trauma: Conversations with Leaders in the Theory and Treatment of Catastrophic Experience* (Baltimore: Johns Hopkins University Press, 2014).

[31] Shelly Rambo, «How Christian Theology and Practice Are Being Shaped by Trauma Studies: Talking about God in the Face of Wounds That Won't Go Away», *The Christian Century*, 1 de noviembre de 2019, www.christiancentury.org/article/critical-essay/how-christian-theology-and-practice-are-being-shaped-trauma-studies.

Estas lecciones nos ayudan a comprender el trauma personal del abuso sexual. Los obstáculos que suponen el bloqueo de la memoria y la dificultad de los supervivientes para hablar de los sucesos traumáticos han sido el centro de atención de la terapia. La superación del silencio y de la negación de los recuerdos es necesaria, pero no suficiente para curar el trauma moral y espiritual.

La atención pastoral se ocupa del bienestar espiritual y físico de las personas y las comunidades. Los trabajadores pastorales—los primeros en intervenir—experimentan el cansancio provocado por la tragedia, especialmente al atender a quienes han perdido la fe y cuestionan a un Dios que es amor; sufren fatiga emocional, agotamiento y estrés traumático. El cuidarse, compadecerse y aceptarse son esenciales, pero pueden verse afectados por el concepto teológico de abnegación. La protección eficaz de los niños y los jóvenes requiere la educación y el apoyo de las familias. Ellas son la Iglesia doméstica y cargan con la responsabilidad de educar y formar en la fe a sus hijos e hijas en tiempos de crisis e incredulidad.

En el Antiguo Testamento, la misión de los profetas en tiempos de crisis y calamidad, tales como la destrucción causada por la invasión babilonia y el ulterior exilio, consiste en restablecer relaciones de justicia con un Dios fiel, con la creación y con todos los demás[32]. La vida, el sufrimiento, la muerte y la resurrección de Jesús, es decir, el misterio pascual, es fundamental para la fe cristiana. La teología cristiana siempre ha lidiado con el sufrimiento y ha ofrecido palabras de consuelo y justificación a través de conceptos como «el mandato de Dios» y «la voluntad de Dios». La evangelización se ha centrado en la aceptación de un conjunto definido de creencias y en cierta culpabilidad y coacción. Cada Evangelio revela un relato diferente de la respuesta del evangelista al trauma de la crucifixión. El Evangelio nos dice que los discípulos de Emaús y María Magdalena, en su dolor y habiendo perdido toda esperanza y confianza, no reconocen en un primer momento a Jesús resucitado. Se trata de una respuesta clásica al

---

[32] Walter Brueggemann y Nahum Ward-Lev, *Virus as a Summons to Faith: Biblical Reflections in a Time of Loss, Grief, and Uncertainty* (Eugene, OR: Cascade Books, 2020).

trauma. Jesús muestra sus heridas, las cuales permanecen incluso después de la resurrección. Le pide a Tomás que las toque: «Mete aquí tu dedo y mira mis manos, y trae tu mano y métela en mi costado. ¡No seas incrédulo, sino cree!» (Jn. 20,27-28). La resurrección demuestra la máxima capacidad de recuperación tras un trauma.

Estas ideas facilitan el camino hacia una teología práctica basada en el trauma[33]. El trauma requiere testimonio y acompañamiento[34]. Los teólogos que aprenden del trauma se centran en el acompañamiento, en decir la verdad y en sanar las heridas[35]. Un enfoque sensible al trauma también tiene en cuenta las contradicciones que mantenemos entre nuestra creencia en un Dios bondadoso y misericordioso y la experiencia del daño y el sufrimiento[36]. Para responder al trauma, Collin-Vezina y sus colaboradores proponen algunos principios que contribuyen a una respuesta eficaz: fiabilidad y transparencia, seguridad, apoyo entre iguales, colaboración y reciprocidad, empoderamiento y elección, y atención a las cuestiones culturales, históricas y de género[37].

Algunos teólogos responden al trauma dentro de las tradiciones existentes de las teologías de la liberación, feministas, de la discapacidad y *queer*, que se centran en cuestiones de poder y socioculturales. Estas teologías son importantes y se hacen eco del llamamiento del papa Francisco a una nueva fraternidad: «La procura de la amistad social no implica solamente el acercamiento entre grupos sociales distanciados a partir de algún período conflictivo de la historia, sino también la búsqueda

---

[33] Meg Warner, Christopher Southgate, Carla A. Grosch-Miller y Hilary Ison, ed., *Tragedies and Christian Congregations: The Practical Theology of Trauma* (Nueva York: Routledge, 2019).

[34] Stephanie N. Arel y Shelly Rambo, eds., *Post-Traumatic Public Theology* (Londres, UK: Palgrave Macmillan, 2016).

[35] Rambo, «How Christian Theology and Practice Are Being Shaped by Trauma Studies».

[36] Jennifer Baldwin, *Trauma-Sensitive Theology: Thinking Theologically in the Era of Trauma* (Eugene, OR: Cascade Books, 2018).

[37] Delphine Collin-Vézina, Denise Brend e Irene Beeman, «When It Counts the Most: Trauma-Informed Care and the COVID-19 Global Pandemic», *Developmental Child Welfare* 2, núm. 3 (2020): 172-179, doi.org/10.1177/2516103220942530.

de un reencuentro con los sectores más empobrecidos y vulnerables» (*Fratelli Tutti*, núm. 233).

Promover la resiliencia en niños y jóvenes

La crisis de los abusos sexuales clericales demuestra trágicamente que no se ha sabido mantener al niño en el centro de la atención[38]. La convergencia de la crisis de los abusos sexuales y los estudios sobre pandemias y traumas plantea cuestiones críticas. La vulnerabilidad es una condición de la vida moral. Desde la infancia aprendemos a confiar en los demás y experimentamos la fragilidad de las relaciones humanas. Potenciar la integridad moral en los niños es básico para la protección, la prevención y la resiliencia.

El abuso sexual de niños y jóvenes por parte del clero ha planteado cuestiones sobre la teología de la infancia y el plan de estudios de los seminaristas en relación con los niños y su desarrollo. A los sacerdotes célibes de rito latino se les llama «padre», pero nunca «papá». Muchos tienen poca experiencia en el trabajo con niños. Los estudios sobre la infancia realizados en el ámbito de la psicología del desarrollo y la sociología tienen mucho que ofrecer. Para los cristianos, la importancia del valor de los niños y el desarrollo de la integridad moral es esencial[39]. Los primeros estudios empíricos entendían a los niños como pasivos, incompletos y carentes de la capacidad de establecer relaciones plenas y tener integridad moral. Los avances en el campo interdisciplinario de los estudios sobre la infancia han aportado ideas fundamentales para comprender el desarrollo de los niños como sujetos morales y sociales desde el nacimiento, así como la naturaleza eminentemente relacional de la vida.

---

[38] Hans Zollner, «The Child at the Center: What Can Theology Say in the Face of the Scandals of Abuse?», *Theological Studies* 80, núm. 3 (2019): 692–710, doi.org/10.1177/0040563919856867.

[39] James Gerard McEvoy, «Towards a Theology of Childhood: Children's Agency and the Reign of God», *Theological Studies* 80, núm. 3 (2019): 673–691, doi.org/10.1177/0040563919856368.

Alison Gopnik describe con detalle cómo durante los seis primeros años de vida los niños desarrollan la capacidad de comprender las intenciones comunicativas de los demás, de compartir emociones, de establecer una atención conjunta—preludio del lenguaje—y una intención conjunta, lo que constituye la base ontogénica del reconocimiento de la igualdad humana y del reconocimiento mutuo[40]. Todo ello comienza con una asombrosa e intensa atención en la mirada de un recién nacido durante el vínculo maternofilial. Continúa durante la primera infancia. A través de las sonrisas, los sonidos y el tacto, los padres establecen una conexión emocional. A los nueve meses, los niños comparten emociones. A los once, empiezan a señalar con el dedo y así establecen una atención conjunta, que es preludio del lenguaje. Entre los tres y los seis años, los niños desarrollan el reconocimiento mutuo y la intención conjunta, que «lleva a los niños pequeños a entender a los demás como, en cierto sentido, equivalentes o iguales a ellos mismos»[41].

La teología también se ha volcado en el estudio formal del niño. Marcia Bunge y sus colaboradores han presentado un estudio magistral del niño y la infancia en la Biblia[42]. En él se describen diversas y complejas relaciones de amor y cuidado, así como a los maldecidos, abandonados y víctimas de profundas injusticias. A menudo la Biblia se refiere a los niños metafóricamente como hijos e hijas de Dios y refuerza una visión positiva de los creyentes que necesitan llegar a ser como niños (Mt. 18,3). Las interacciones de Jesús con los niños son contraculturales. Además, él asocia su vulnerabilidad e impotencia con el reino de Dios.

McEvoy también argumenta de forma persuasiva que la consideración de los niños y la infancia debería ser un elemento primordial de la

---

[40] Alison Gopnik, *The Philosophical Baby: What Children's Minds Tell Us about Truth, Love, and the Meaning of Life* (Nueva York: Picador/Farrar, Straus and Giroux, 2010).
[41] Michael Tomasello, *Becoming Human: A Theory of Ontogeny* (Cambridge, MA: Bellknap Press, 2019), 200.
[42] Marcia J. Bunge, Terence E. Fretheim y Beverly Roberts Gaventa, eds., *The Child in the Bible* (Grand Rapids, MI: W.B. Eerdmans, 2008).

antropología cristiana[43]. Karl Rahner recurrió a las Escrituras y a la teología tradicional en busca de ideas sobre el significado cristiano de la infancia. Identificó el valor insuperable de la infancia: «La infancia misma tiene una inmediata relación con Dios, limita con el Dios absoluto, no solo a través de las otras edades, sino por sí misma»[44]. Criticó el punto de vista que habla del «carácter funcional y preparatorio de la infancia» para futuras etapas de la vida. La tradición enseña que niños y adultos están implicados en la dinámica de la gracia y el pecado. La Escritura ve la infancia de forma realista (1Cor. 3,1 y Mt. 11,16-17) e idealista, como cuando Jesús dice: «Os aseguro que quien no reciba el reino de Dios como un niño, no entrará en él» (Mc. 10,15). En su apertura y confianza, los niños muestran lo que es estar abierto a Dios. La infancia es un misterio.

Fomentar la resiliencia es de vital importancia para responder al trauma y al abuso y para curarse de ellos[45]. El origen de la palabra se encuentra en el latín *resilere*, que significa «retroceder o saltar hacia atrás». En psicología, ha pasado a significar la capacidad de responder eficazmente y hacer frente al trauma, la adversidad y el fracaso. Nunca se trata de volver a la normalidad, sino de una adaptación positiva que da lugar a una capacidad de protección duradera. Actualmente se están llevando a cabo estudios sobre importantes factores biológicos y epigenéticos. La investigación también ha identificado factores que promueven la resiliencia, como las redes sociales constructivas, afrontar nuestros miedos y una perspectiva optimista[46]. En cambio, si optamos por una teología incorrecta y una atención pastoral insensible e inadecuada, podemos obstaculizar la resiliencia e incluso volver a traumatizar.

Dar respuestas simples e inmediatas a nuestra Iglesia herida no

---

[43] James Gerard McEvoy, «Theology of Childhood: An Essential Element of Christian Anthropology», *Irish Theological Quarterly* 84, núm. 2 (2019): 117-136, doi.org/10.1177/0021140019829322.

[44] Karl Rahner, SJ, «Ideas for a Theology of Childhood», en *Theological Investigations*, vol. 8, trad. David Bourke (Londres: Darton, Longman &Todd, 1971), 36.

[45] Lotz, «Vulnerability and Resilience: A Critical Nexus», 45-59.

[46] Michael Ungar, *Multisystemic Resilience Adaptation and Transformation in Contexts of Change* (Nueva York: Oxford University Press, 2021).

producirá sanación, ni protección ni prevención. Todas las madres saben que dar a luz una nueva vida es un trabajo arduo y doloroso. ¿Cómo podemos responder a los abusos clericales de manera que promuevan la resiliencia de la resurrección? Queda mucho por hacer, si queremos ser verdaderos discípulos y discípulas del Jesús que ama a los niños.

Nuala P. Kenny, hermana de la caridad de Halifax, se licenció en Medicina por la Universidad de Dalhousie, Halifax (Nueva Escocia) y realizó estudios de posgrado en pediatría en Dalhousie y Tufts, Boston (Massachusetts). Hizo un curso de especialización en el Instituto Kennedy de Ética de la Universidad de Georgetown. Tras una distinguida carrera en pediatría en Canadá, se convirtió en la presidenta fundadora del Departamento de Bioética de la Facultad de Medicina de Dalhousie. En 1999, la Dra. Kenny fue nombrada viceministra de Sanidad de la provincia de Nueva Escocia. Ha sido asesora de ética y política sanitaria de la Catholic Health Alliance de Canadá y del Comité *Ad Hoc* para la Protección de Menores de la Conferencia Episcopal Canadiense sobre cuestiones de abuso de poder en la Iglesia. Ha recibido siete doctorados honoris causa y ha sido nombrada miembro de la Orden de Canadá por sus contribuciones a la salud infantil, la educación médica y la política sanitaria.

www.ingramcontent.com/pod-product-compliance
Lightning Source LLC
Chambersburg PA
CBHW071237300426
44116CB00008B/1072